本书系云南大学《中国边疆研究丛书》成果之一，得到云南大学专门史国家重点学科建设经费资助。

云南大学 中国边疆研究丛书

林文勋 主编

国家资源：清代滇铜黔铅开发研究

马 琦 著

人民出版社

图书在版编目（CIP）数据

国家资源：清代滇铜黔铅开发研究 / 马琦著 .
—北京：人民出版社，2013
（中国边疆历史研究丛书 / 林文勋主编）
ISBN 978-7-01-011939-7

Ⅰ . ①国… Ⅱ . ①马… Ⅲ . ①铜矿资源 – 资源开发 – 研究 – 云南省 –
清代 ②铅矿物 – 资源开发 – 研究 – 贵州省 – 清代 Ⅳ . ① F426.1

中国版本图书馆 CIP 数据核字（2013）第 068977 号

国家资源：清代滇铜黔铅开发研究

GUOJIAZIYUAN QINGDAI DIANTONGQIANQIAN KAIFAYANJIU

丛书主编：林文勋
作　者：马　琦
责任编辑：张秀平
封面设计：徐　晖

人民出版社出版发行
地　　址：北京市东城区隆福寺街 99 号
邮政编码：100706　http://www.peoplepress.net
经　　销：新华书店总店北京发行所经销
印刷装订：北京昌平百善印刷厂
出版日期：2013 年 6 月第 1 版　2013 年 6 月第 1 次印刷
开　本：880 毫米 ×1230 毫米　1/32
印　张：15
字　数：360 千字
书　号：ISBN 978-7-01-011939-7
定　价：45.00 元

总　序

林文勋

　　我国幅员辽阔,民族众多,是一个统一的多民族国家。而中国的边疆地区则是我国统一多民族国家的重要组成部分,历来在国家的经济发展、社会进步和政治稳定中占有十分重要的地位。古往今来,历朝历代莫不重视边疆问题的研究与边疆治理。近代以来,随着世界局势的变化和边疆问题的凸显,边疆问题的研究更加受到重视,并形成了几次大的研究热潮。在这一过程中,一些学者提出了"边政学"、"边疆学"等概念,极大地推动了边疆问题研究的开展。目前,尽管人们对"边疆学"、"边政学"等概念还持有不同的看法,但边疆问题研究的重要性已没有人怀疑。构建一门具有中国特色的边疆学学科,在更高的层面和更大的范围开展中国边疆问题的研究越来越成为更多的人们的认识。

　　云南大学地处祖国西南边疆,是我国西南边疆建立最早的综合性大学之一。长期以来,依托特殊的区位优势和资源优势,大批学者对边疆问题特别是西南边疆的问题开展了持续不断的深入研究。在几代学者的共同努力下,通过将区位优势和资源优势转化为学科优势,再将学科优势转化为人才培养的优势,云南大学边疆问题的研究与人才培养蓬勃发展,并积累了深厚的学术基础,呈现出旺盛的发展潜力。中国边疆研究现已成为云南大学重要的优势和特色学科。在全力推进、发展中国边疆学学科建设的进程中,云南大学应该义不容辞、责无旁贷地肩负起建设和发展中国边疆学学科的重任。

基于此,为进一步巩固和提升云南大学边疆问题研究的水平与实力,2002 年,我们提出了在云南大学建设中国边疆学学科的建议并拟定了具体的方案。2007 年,通过整合边疆问题研究、中外关系史和经济史研究的力量,云南大学专门史学科被批准为国家重点学科。同年,我们又在历史学一级学科博士学位授权下自主增设了"中国边疆学"二级学科博士学位授权。2008 年,我们再次抓住国家"211 工程"三期建设的契机,提出"西南边疆史与中国边疆学"作为云南大学国家立项的学科项目加以建设,旋即得到批准。

"西南边疆史与中国边疆学"学科项目,计划从中国西南边疆史、中国与南亚东南亚关系史和中国边疆学研究三个方面较全面地开展边疆问题的研究和中国边疆学学科体系的探讨。同时,还将有计划地整理有关西南边疆的历史文献和档案资料,翻译和介绍国外学者关于中国西南边疆研究的重要成果。

此次我们编辑和出版云南大学《中国边疆研究丛书》,就是为了系统地反映我们在推进边疆问题研究和中国边疆学学科建设中所形成的研究成果,增进与国内外学术界的交流与合作。

从传统的边疆史地研究到中国边疆学学科建设,决不只是研究范围的扩大和研究内容的增加,而是一种研究视野的转变和研究范式的创新。

中国边疆学学科的建设还将经历长期的探索过程并面临较为

艰巨的任务,我们的工作也仅只是在自己原有基础上的一个新的开端。为此,我们真诚地期望各位专家学者给我们提出宝贵的意见和建议,以便我们的工作做得更好,共同为推进中国边疆学学科的发展与繁荣作出新的贡献!

2011 年春节

目　录

图　表

导　论

　　资源是人类社会生存和发展的基础,资源和资源问题也是当今世界面临的两大主题之一。资源,尤其是战略性资源,一直都是国家关注的重大问题。那么,古代的王朝或国家是如何认识、开发、利用这类资源,如何管理和控制国家战略性资源? 现代资源问题的解答或许可以从历史中得到启示。

一、国家资源概念探析

　　资源,即资财之源,是创造人类社会财富的源泉。马克思认为创造社会财富的源泉是自然资源和劳动力资源[1]。现代资源科学认为:资源是指在一定的技术经济条件下,现实或可预见的将来能作为人类生产和生活所需要的一切物质的和非物质的要素[2]。资源可分为再生资源和不可再生资源,如人口、矿产等。资源是人类生存和发展的基础,人类社会的进步与对资源认识的深度和利用程度密切相关,人类在认识资源和利用资源的过程中推动着社会的进步和科学技术的发展,人类社会就是一部开发利用各类资源的历史。而今,资源和资源问题仍然是人类社会面临的两大主题之一。

　　人是资源开发的主体,也是资源开发的受益者。然而,进入文明时代以来,人类对资源的开发利用日趋多样化、复杂化。管理资源开发是国家的基本经济职能之一,中国古代也不例外。如《史记·货殖列传》载"夫山西饶材、竹、穀、纑、旄、玉石;山东多鱼、盐、漆、丝、声色;江南出柟、梓、姜、桂、金、锡、连、丹砂、犀、玳瑁、珠玑、齿革;龙门、碣石北多马、牛、羊、旃裘、筋角;铜、铁则千里往往山出棊置:此其大较也。"这是司马迁对西汉时期主要矿产、畜产、林产、水产等资源及其分布的简要概括。作为史官的司马迁,他的资料大多来源于官方档案,这段论述在一定程度上反映了西汉的国家资源观以及国家对资源开发的管理。

　　更为重要的是,资源由谁开发? 或者说,谁将受益? 这是一个必须明确的问题。《诗经》云:"普天之下莫非王土,率土之滨莫非王臣。"郑笺注曰:"此言王之土地广矣,王之臣又众矣,何求而不得,何使而不行。"[3]即土地、人口等资源的所有权、受益权、支配权均归"王"所有。司马迁在《史记·货殖列传》中列举了西汉之前许多因开矿而致富的名人,如猗顿、郭纵、蜀卓氏、程郑、宛孔氏等,表明当时资源开发权益为民所有。

　　然而,西汉武帝时期,因筹集军费,实行"盐铁专营",禁止私人开采,剥夺了民众资源开发的权益。元始六年,朝廷就盐铁专营问题展开论战,贤良、文学认为:"今郡国有盐、铁、酒榷、均输,与民争利。散敦厚之朴,成贪鄙之化,是以百姓就本者寡,趋末者众。"[4]贤良、文学的立论基础是当时被社会舆论广泛接受的资源权益民有观念,而"与民争利"首次作为官府控制资源权益的代名词而受到公开的谴责。

　　但是,资源为国家所有的观念并未消失。东汉班固言:"至于蜀卓,宛孔,齐之刁间,公擅山川铜铁鱼盐市井之入,运其筹策,上争王者之利,下锢齐民之业,皆陷不轨奢僭之恶。"[5] 而"争王者之利"的前提是资源权益归国家所有。唐玄宗开元元年,左拾遗刘彤上表:"……,而古费多而货有余,今用少而财不足,何也? 岂非古取山泽,而今取贫民哉。取山泽,则公利厚而人归于农。取贫民,则公利薄而人去其业。……臣愿陛下诏盐铁木等官收兴利,贸迁于人,则不及数年,府有余储矣。"刘彤建议实行盐铁专营,其默认前提是资源权益国家所有。德宗建中元年,户部侍郎韩洄亦言:"天下铜铁之冶,是曰山泽之利,当归于王者,非诸侯方岳所有。今诸道节度都团练使皆占之,非宜也,请总隶盐铁使。"[6]

宋代以后,对资源权益归属问题的认识出现了新的趋向。宋真宗时,刑部王禹偁疏言五事:"二曰减冗兵,并冗吏,使山泽之饶,稍流于下。……冗吏耗于上,冗兵耗于下,此所以尽取山泽之利,而不能足也。夫山泽之利,与民共之。自汉以来,取为国用,不可弃也。然亦不可尽也。"[7] 王禹偁建议资源收益与民分享,不应由国家独占。

纵观古代的资源观念和资源权益归属的演变,国家、民众乃至地主豪强之间对重要经济资源的争夺不可避免,"与民争利"与"与王争利"的呼声此起彼伏,左右着不同时期的资源开发政策。但是,从具体的资源开发过程来看,国家从未放弃对资源的控制。土地、人口是传统农业社会中的基本资源,中国古代最重要的经济制度都体现着资源与国家的关系。土地制度和赋税制度体现了王朝对土地资源和土地产生物的控制和分配关系,而户籍制度则是国家对土地资源开发的劳动力或人口的控制与管理。这些制度实现了对土地、人口等基本资源及其再生产的控制、分配和管理。同时,国家又通过其政治权力对关系国计民生和军事安全的重要经济战略资源进行掌控。如通过划定区域或特别资源种类,采取专卖、特许经营、国家专营等方式禁止私人经营，达到国家直接管控重要经济战略资源的目的。如古代的专营政策和专卖制度。

国家为何要对资源进行控制？袁林认为，中国古代国家不仅表现为凌驾于社会之上、与社会相异化的上层建筑，不仅具有维护社会"秩序"的功能，同时，它还像诺斯所分析的那样，是一个类似企业的"经济人"，为社会提供一定的服务，并以此为前提谋求自己的经济利益。这种"诺斯悖论"的产生，缘于国家本身的两重性，一方面，国家是一种政治机构，属于上层建筑，必须完成必要的社会管理职能；另一方面，国家又是一个经济机构，必须有经济的收入与支出，才能维持其运转。此外，国家又是由活生生的一部分社会人所组成的集团，这一部分人必然也有自己具体切实的经济利益[8]。从这一角度而言，国家垄断资源开发，进行商业经营，以及卖官鬻爵、强取豪夺、权利寻租等行为便不难理解。由此而诞生了资源国有的观念，成为国家获取资源收益的法理依据。实际上，这些都缘于国家至高无上的政治权利。由于古代缺乏对国家利益的有效控制，当国家对社会的索取过渡膨胀之后，必然导致社会秩序的崩溃，从而无法完成应有的维护社会秩序的功能，也就失去了国家存在的基础。

国家资源开发必须借助民力，而从事资源开发的商民都有一定的利益诉求。一旦国家将资源权益完全占有，势必导致商民无利可图，爆发权益之争。中国历史上反对"与民争利"的思想延绵不断，在矿产与动植物资源方面尤为明显。反对"与民争利"者的默认前提是资源属于民众所有，至少是官民共有。但这样的前提在中国古代并不带有普遍性，因为普通民众并不具有政治权利。国家对资源权益的绝对占有，窒息了民众参与开发的激情，导致开发收益减少，社会矛盾激化。历史上资源开发过程也表明，国家一且放松对资源权益的占有,必将迎来资源开发的高潮。

可见,自古以来,国家就掌控着重要经济资源和军事战略资源。一方面是因为这类资源关系国计民生和国防军事安全,国家对其控制是出于维护统治和实现发展的需要;另一方面,国家对这类资源的控制可以获得巨额收益,以维持国家机器正常运转和社会长治久安。同时,国家还会对特许的军事战略资源进行垄断性开发,以保证国家的战略安全和发展需要,如现代社会中的石油和铀矿的开发。

笔者将这类资源称为国家资源,即关系国计民生和军事国防的重要经济资源与军事战略资源。国家资源不仅指现实存在的资源,更重要的是从国家与资源的层面重新审视国家对这类资源的认识、开发、管理和控制,讨论国家在资源开发过程中的地位和作用,解读国家塑造下的资源经济景观,这即是国家资源的完整概念。国家掌握了这类资源开发的决定权、收益分配权和调控权,便可以维护国家的经济发展和长治久安。这是基于国家政治、军事权利的存在,是由国家性质所决定的。

这一概念有两方面来源,一是国家经济职能理论。制定开发政策、组织资源开发、调控资源供需、实施产业规划是国家的基本经济职能。"国家塑造了经济景观,它们试图调节贯穿在经济地理的货物流、货币流、能源流、劳动力流和信息流,国家自身就是主要的经济参与者。"[9] 而古代国家更是一个经济利益体,有控制重要资源、获取经济利益的需求[10]。二是资源科学理论。资源分布的不均衡性和个体开发的无序性、投机行为以及个人目标和社会目标的冲突,要求政府必须进行干预,即资源开发中的社会控制,实现资源的合理配置和产业的合理布局[11]。这一概念的提出,目的在于将国家、资源两大视角融入资源开发过程之中,从整体上思考重要资源开发的相关问题。

资源的自然属性赋予资源开发的空间性,任何资源开发行为都离不开一定的地域范围。"国家在经济构建中扮演了一个持续而重要的角色。因而,国家应该干预'多少'的传统焦点是放错了地方。这一国家'定量'的观点应该让位于'定性'的观点,即应关注国家在经济中的作用的性质,以及国家作用的地理"。"国家所扮演的许多角色本身具有明显的地理性,诸如自然资源开发、土地利用规划与调节、城市与区域发展,以及领土边界的管理。然而,它们几乎全部都有其地理分布,或者受到地理的影响:'经济'与'地理'是互相构建的"。[12]故此,在历史经济地理研究之中引入国家资源的概念,考察不同时空尺度下国家塑造的资源经济。

根据国家控制方式的不同,可将国家资源分为三类:一是体现国力的基本资源,如土地、人口等。中国传统的农业社会中,土地和人口是历代王朝最重视的基本资源,通过土地、赋税、户籍制度加以管理。对这类资源开发的研究,经济史学界关注较多,研究相对成熟,此不赘言。二是关系国计民生的重要经济资源,如盐、铁、铜等。盐是人日常生活必需品,铁是制造工具的基本材料,需求量巨大,铜是制造货币的基本原料,关系币制稳定和经济发展。这类资源对于社会经济发展至关重要,同时可以获得巨额资源收益,故中国历代王朝对这些资源实行专营或专卖制度,在控制国家经济命脉的同时获得大量财富。三是军事战略资源。在冷兵器时代,铜和铁先后成为制造武器的主要原料,而随着热兵器的产生,铜、铅、硝、磺等矿产必然从原来经济上用途有限的资源变为具有军事战略资源属性的物质,国家必将对这类资源进行管控和开发。国家通过对这些关系军备制造的特殊资源的垄断,以保持军事装备优势和国家军事实力。

　　值得一提的是"山林川泽",古代文献中多有记载。自秦汉以来即由少府管理,常被看作是皇帝的私人专属,禁止民间开发。如司马迁言:"汉兴,海内为一,开关梁,弛山泽之禁。"[13]当然,西汉初年开放山泽只是暂时性的。因为其后开禁的法令屡见不鲜,意味着开禁之前均曾封禁过山泽。北宋嘉祐四年,仁宗下诏:"古者山泽之利,与民共之,故民足于下,而君裕于上,国家无事,刑罚以清。"[14]山泽之利从国家专有变成与民共享。这一思想在元明清三代得以延续,如明代不但官府不与民争利,且禁止官员与民争利。如永乐中李庆言:"旧制,四品以上官员家不得与民争利。"[15]虽然山泽资源的权益归属从国家专属演变为官民共享。但是,山泽的开发、封禁和征税却是完全由国家来决定,即国家拥有山泽资源的所有权,只是所有权与受益权适当分离。

　　从资源角度看,首先,山泽在历史上是一个很宽泛的概念,包含未开发的土地、林木、山水特产以及其中蕴藏的矿产等资源,是一个尚未开发的资源总库。其次,皇帝亲自掌控山泽就等于掌控了未开发或待开发的资源,掌控了国家经济发展的命脉,限制了私人开发,保障了国家资源的专有权。再次,山泽与当时人民生活密切相关,诸如开荒、采樵、伐木、采药、放牧、打猎、捕鱼、采珠等经济活动均依赖山泽。最后,山泽是当时历史条件下和科学技术条件下尚无能力开发的资源。可见,皇帝控制山泽,等于国家拥有了可开发的土地资源和各种矿产资源,成为保证国家经济发展、军事实力和社会长治久安的根本。山泽的开与禁,一方面反映皇帝或国家资源控制的思想、手段和资源政策的特点;另一方面反映了资源开发技术与人地关系的变化。

　　国家资源的种类众多,不论是重要经济资源,还是军事战略资源,甚至在山林川泽之中,矿产资源的地位均非常重要。例如铜和铅,它们既是中国古代铸造货币的基本原料,属于重要经济资源,也是铸造武器弹丸的主要原料,属于军事战略资源,它们又都蕴藏于山林之下,是山林川泽资源中的一类。这类不可再生资源关系国计民生和军事战略,是历代国家重点控制的目标,也是国家资源概念关注的重点对象。

二、清代的滇铜与黔铅

清代是中国矿业发展史上的重要时期,铜、铅等主要矿种的产量增长了几十倍,甚至上百倍,"一百年的增长率大大超过了此前的二千年"[16],成为康乾盛世的表征之一。清代铜的主要用途有三方面,一是铸造制钱,二是制造火炮,三是制造生活器皿。清代文献中的"铅"包括黑铅(金属铅)与白铅(金属锌)两种,黑铅除了制造铅丹、铅粉之外,还广泛用于制造武器弹丸和铸造制钱,白铅亦是铸造货币的基本原料之一。可见,清代铜和铅的开发与供给,不但关系着国家的币制稳定和经济正常运转,而且关系着清代武器装备的优劣和军事实力的高低,均属于国家资源中的重要经济资源和军事战略资源。

清代铜的主产地在云南,滇铜是铸钱的基本原料,关乎国家的币制稳定和经济发展,军械制造对铜的需求也很大,铜矿业的发展成为清代军备工业发展的有力保障,在捍卫国家主权、保卫国防的过程中起着重要的作用。清代滇铜很早就引起中国古代史、中国经济史、中国矿业史、历史地理学等学科的关注,产生了一大批优秀的研究成果。然以往的滇铜研究大多从单一学科出发,将其视为一种地方资源,侧重于矿产开发与区域经济发展的关系。因此,作为清代重要经济资源和军事战略资源的滇铜,需要在国家资源概念下重新思考。

同时,正是由于在国家资源概念下研究视角的创新,笔者发现了黔铅的研究价值。铅锌是清代的主要币材之一,在铜钱中的比例高达48%,是国家重要的经济资源;同时,铅也是制造火器弹丸的主要原料,属于清代的军事战略资源,成为清代政府重点掌控的资源之一。就开发规模、产量、作用和地位而言,滇铜黔铅堪称清代矿业史上的双璧。然而,以往经济史或矿业史学者仅从经济发展角度,重视与社会经济和人民生活密切相关的一般矿产研究。正是这种研究视角的局限,清代黔铅基本被学界所忽略,黔铅研究几乎是一片空白。因此,需要对清代黔铅的开发过程、采冶特征、矿厂管理、产地分布、产品运销以及国家管控等方面进行系统的研究,这对于清史、经济史、矿业史、军事史、历史地理等相关学科均有重要的学术价值。

因此,本书在国家和资源的视角下研究清代滇铜黔铅。就国家视角而言,一方面,清代滇铜黔铅的产地虽在云贵地区,但其运输、销售已经覆盖全国,是全国性的矿产中心,必须从整个国家层面进行思考;另一方面,滇铜黔铅虽由商民自行采炼,但其绝大多数产品却由国家收购和运销,且铜铅矿的生产和运销均处于国家的严密管控之下。管理资源开发是国家的经济职能之一,从资源角度看,国家控制滇铜黔铅,不但掌控了币材的生产与流通,有利于币制稳定和经济正常运转,而且控制了火器及其弹丸制造的基本原料,巩固了国家在军事装备上的绝对优势,对于提高军事实力、维护国家安全具有重要的意义。同时,古代国家更是一个经济利益集团,通过控制重要经济资源的开发获取大量财富。从矿产资源开发而论,滇铜黔铅主产地相连(见下图),一在滇东北,一在黔西北,地理环境、民族构成、社会发展水平基本相似,将其并列研究,可以相互比较,发现深层次的问题。因此,在国家资源视角下研究清代滇铜黔铅,便于深入探讨国家的资源开发政策、开发组织、产业管理和资源调控。同时,铜铅属于矿产资源,从资源角度研究清代滇铜黔铅开发,便于将资源、产业、技术三者相结合,研究历史时期资源的权益归属、开发特征与规模、资源产地与产业格局、运输布局与国家调控等相关问题。

清代滇铜黔铅主产地位置示意图

　　作为清代滇铜黔铅主产地的云贵地区,地理环境复杂、社会发展相对滞后。在这样的区域实施大规模的资源开发,必须协调好资源开发与区域经济发展的关系。同时,云贵地处西南边疆,少数民族众多,在资源开发的同时,还必须处理好民族团结与边疆社会稳定这两大问题。当今,正值我国西部大开发的重要阶段,资源开发是西部大开发的重要内容,如何协调资源开发、边疆稳定、民族团结、区域社会经济发展之间的关系,是中央与地方必须面对的重大问题。本书以清代边疆地区重点矿产资源开发为对象,其研究成果可为西部大开发过程中协调资源开发与区域社会发展,处理资源开发过程中的民族关系和边疆社会稳定等重大问题提供借鉴,具有重要的参考价值。

从国家资源角度而言,重要经济资源和军事战略资源不仅仅是清代的滇铜黔铅,也包括现代的石油、橡胶和稀土。研究历史时期国家对重要经济、军事战略资源的开发、管理和控制,分析资源开发政策、产业布局、资源收储、政府调控与运输地理等问题,对于今天的国家资源安全、战略资源储备、重要资源运输等方面,同样具有重要的借鉴意义和参考价值。

三、历史运输地理

虽然国家区域开发政策会影响产业格局的分布,但资源产业的分布基本由地质条件所决定,如矿产资源一般分布于山区。而资源的主要消费地则与区域经济发展水平和交通条件有密切的关系,一般而言,经济发展水平较高、人口众多、交通便利的平原地区对资源的需求量较大。资源的产地与销售地的分离使运输成为资源开发中必须解决的重大问题,资源运输成为资源开发中的重要研究内容。同时,重要经济资源和军事战略资源的运输,不仅是经济问题,更是政治问题,关系国家的经济发展和国防军事安全。

史学界对交通问题比较关注,如交通史对不同历史时期交通路线的形成和演变的研究,历史交通地理对历史时期交通路线、运输方式与交通工具的形成与演变的研究,以及经济史在研究商品经济和区域经济开发过程中对重要经济物资运输状况的研究。不同学科对历史交通问题的研究,成为研究历史上国家资源运输的基础。

但是,运输是把人、货、财从出发地转移至目的地的过程,离开了具体的客货和运输过程,人们无法从交通路线上了解运输状况,以往历史交通地理和交通史研究恰恰缺少了具体的人和货物。不论交通还是运输,只有和具体的人和货物结合在一起才有实际意义。同时,运输是实现人和物空间位置变化的活动,这本身就是一个空间过程,而货物产销地的对接和运输路线的选择又都涉及地理要素。

因此,笔者提出历史运输地理问题,即研究历史时期资源运输的地理变化及其规律,内容包括重要资源的客货流分布与对接,运输布局(运输路线、中转站点、水陆枢纽以及运输工具的选择)、道路通过能力与货物分流、运输组织与运输过程等问题,属于历史地理学科范畴。历史运输地理和历史交通地理研究最大的区别是,历史运输地理研究在关注交通问题的同时,更加重视客货流分析、运输布局以及具体的运输过程。从研究内容上而言,历史运输地理比历史交通地理和交通史更为全面,现实意义更为显著。

历史运输地理研究的理论来源于现代交通运输地理学,它研究交通运输地域的组织规律,包括交通网的结构和类型及其演变规律,客流和货流的产生与变化规律,交通运输在地域生产力综合体中的地位与作用[17]。客货流分析和运输布局是交通运输地理学研究的基础,即以一定的客货流为基础,综合利用各种运输方式,形成合理的运输网络(或运输布局)。合理的运输布局应该满足安全(按时到达)、经济(运输成本最少)、便捷(运输时间最短)的三大原则,而要达到合理运输,就应尽量减少过远、相向、迂回、重复等不合理运输,这必须依赖合理的运输布局。因此,历史运输地理借用现代交通运输地理学的相关理论,在实证研究的基础上,采用历史地理学的研究方法,分析不同历史时期重要资源的运输问题。

　　因此，以清代滇铜黔铅为对象，对它们的运输地理研究是本书的重要组成部分。通过分析滇铜黔铅的产销地分布及其对接、运输路线的选择、中转站点和交通枢纽的确定、道路运输能力和货物分流，考察其运输组织和运输过程，归纳清代滇铜黔铅运输的时空变化，即清代滇铜黔铅的运输地理。

四、相关研究评述

　　由于滇铜开发在清代具有重要的地位，很早就引起地质矿产学界和经济史、清史等学科的高度关注，产生了一大批具有影响力的学术成果。1915 年，地质学家丁文江在两次考察云南地质与矿产的基础上，写成《东川矿政沿革考》一文[18]，详细梳理了东川铜矿业的发展脉络，认为清代乾隆朝是滇铜的鼎盛时期，并对历代铜业政策进行了归纳整理，其中尤以清代为重，他的研究具有开创意义。三十余年后，严中平的《清代云南铜政考》一书出版，这是一部研究清代滇铜的综合性著作。他在丁文江研究的基础上，基本理清了清代滇铜的开发过程，并总结出其阶段性特征。同时，他还对清代铜矿业开发政策、采冶技术、生产组织方式、产销量、运销和京运制度、矿业管理、滇铜兴衰原因等方面进行了细致的研究，取得了许多开创性的成果。如清代滇铜产量，他依据对不同方向滇铜销售量的考证，以此作为官府办铜数，另加 10% 的通商铜和私铜，推算出乾隆五年至嘉庆十六年云南的铜产量，最高年产量达到 1400 余万斤；再如清代铜政，他结合官价、私铜、厂欠等方面对清代滇铜"放本收铜"政策进行了探讨，认为发放工本、抽课收铜是清代云南铜政的主要任务。他的许多观点和方法被其后诸多学者所借用，在清代经济史和矿业史研究中具有深远的影响。《清代云南铜政考》成为建国前清代滇铜研究的代表性著作。

新中国成立后,对清代滇铜的研究方兴未艾。1962 年,张熠荣发文讨论清代滇铜兴衰的原因,他认为清代滇铜兴盛的主要原因是清代铸钱增加对铜、锌、锡的巨大需求,而扩大财政收入也是不可忽视的原因之一,更与当时全国经济的恢复与发展有着密切的关系[19]。1965 年,林荃考察了"放本收铜"政策演变过程,认为这是清代铜政的核心,而官价是这一政策内部矛盾的集中表现[20]。他虽然认为"放本收铜"政策对云南铜矿业的发展有一定的扶持作用,但基本上仍持否定态度。其后,常玲、潘向明、陈征平等学者又就"放本收铜"政策的作用和评价先后发表论文,至今仍未能取得一致意见[21]。这一时期,云南省历史研究所、云南大学历史系是清代滇铜研究的主阵地,先后出版了《云南矿冶史论文集》和《云南冶金史》,其中有大量关于清代滇铜的研究成果[22]。

清代滇铜京运,自严中平以后,蓝勇、川胜守、陈庆德等又先后发表过专门论文,都对清代滇铜京运的路线、制度和管理等问题进行了探讨,并对滇铜京运的作用和影响进行了研究,而蓝勇关于清代滇铜京运路线的详细考证,使得滇铜京运路线不再成为问题。近年来,清代滇铜产销的作用与影响越来越受到学者的关注,蓝勇、川胜守、陈庆德、杨熠达等学者对清代滇铜的运销对沿途社会影响、滇铜生产与民族经济发展、滇铜开发与生态环境的关系进行了研究[23],进一步丰富和扩展了清代滇铜研究的内容与范围。

此外,新中国成立初,伴随着国内关于"资本主义萌芽"问题的讨论,白寿彝、王明伦、张熠荣、韦庆远、鲁素、彭雨新等学者就明清矿业的生产性质问题发表了多篇论文[24],清代滇铜生产成为学者们讨论的主要话题。同时,云南省历史研究所云南地方史研究室、云南大学历史系组织学者专门探讨云南矿业中的"资本主义萌芽问题”，并出版了《云南矿冶史论文集》[25]。1985 年，许涤新、吴承明主编《中国资本主义发展史》第一卷《中国资本主义的萌芽》部分[26]，便是对这一时期“资本主义萌芽”研究的总结。

清代黔铅几乎无人问津，长期被学界所忽视，研究相当薄弱。50 年代，日本学者里井彦七郎首先关注清代铅矿业，他将滇铜与湘铅并列研究，围绕矿业发展的各种社会关系，探讨深层次的社会制度与生产关系[27]。清代黔铅，直至 2007 年，温春来《清前期贵州大定府铅的产量与运销》是第一篇专门研究清代黔铅的论文，该文考察了清代前期大定府铅矿的产量，并对其运输和销售进行了初步研究。但是，关于黔铅与滇铜的关系、黔铅兴衰的原因、黔铅的地理分布、黔铅产量的演变、黔铅的作用和影响均未展开论述，即使已有的研究，也有进一步探讨的空间。

纵观近百年的学术史，清代滇铜研究可谓一枝独秀，汇集了历史学、经济学、地质矿产、生态环境等多个学科的力量，成果丰硕，内容广泛，这些成果为研究的进一步深入奠定了很好的基础和平台。总体来看，清代滇铜黔铅研究仍然存在着不足，主要有以下几方面：

第一，研究极不平衡。滇铜的研究成果很多，而黔铅的研究却相当薄弱。这种极不平衡的研究现状与清代矿业的发展状况极不相称，急需加强黔铅的研究。而且，滇铜、黔铅同属清代国家资源，不但是主要的币材，而且是重要的军备物资，文献记载中往往两者并提，关系极为密切。但很少有学者将其并列研究，这可能是清代矿业研究无法深入的原因之一。

第二，研究视角单一。滇铜、黔铅虽然产于云南和贵州，但却供应着清代全国的市场需求。清代国家主导下的资源开发，使滇铜、黔铅从地方性产业演变成为国家控制下的全国性矿产中心。

同时,清代滇铜黔铅关系国计民生和军事实力,是国家严格掌控的重要经济资源和军事战略资源,不同于一般的矿种或地方资源。但是,以往的研究多从地方史、经济史或矿业史的视角下思考清代滇铜开发,将其作为一种地方产业来研究,出现了诸多难以解决的问题。例如滇铜、黔铅的兴衰问题,实则与清代国家资源需求的演变有密切的关系;而京运、楚运、各省采买等运销问题则更超越了地方经济史或矿业史的研究范畴;对放本收铜政策和官购、官运、官销的购销模式的理解必须从国家资源控制的角度去思考;而清代军事实力和国家实力的增强与滇铜黔铅的开发也有着密切的联系。因此,必须将清代滇铜黔铅上升到国家资源的高度,从国家和资源两大视角来重新审视。

第三,研究缺乏系统性,重大问题有待解决。纵观清代滇铜研究,单一研究较多,系统研究缺乏,而黔铅研究则更为滞后。有必要将滇铜黔铅并列,系统性研究清代矿业中的代表性矿种,从国家与资源的角度重新审视清代矿业兴衰,探寻清代矿业政策演变和清代矿业格局形成的内在原因,思考矿业发展与区域社会发展之间的关系。

五、本书结构、研究方法与基本资料

本书在历史地理的学科体系下研究清代国家资源的开发与管控,分为上、中、下三篇。上篇以前人研究为基础,结合笔者的新发现,讨论清代对国家资源——滇铜的开发与管控,包括四个方面:国家需求与滇铜兴衰、清代的边疆战略与铜矿业布局、国家管控下滇铜的生产与运销、清代滇铜开发与边疆社会经济发展。中篇研究清代黔铅开发,包括黔铅开发过程、采冶特征、矿厂分布、产量波动以及运销模式等内容。下篇为清代滇铜黔铅的运输地理研究,通过分析铜铅的产销地分布和对接、运输路线和中转站点的选择、道路运输能力与铜铅分流等问题,归纳滇铜黔铅的货流状况和运输布局。

具体研究过程中,历史地理学的时空分析法将广泛应用于产地分布、销量波动、运输线路等方面;矿产供求与矿政演变、矿业监管与政府调控、矿业发展与区域社会发展等方面内容则依靠历史学的实证法和综合分析法;在滇铜黔铅的货流状况和运输布局的研究中还将借助现代交通运输地理学的相关方法;制度分析和成本分析等方面内容则借用制度经济学和产业经济学的相关研究方法。

清代滇铜黔铅属于国家资源,是国家重点管控的对象,故本书的主要研究资料来自清代档案。如台湾中央研究院历史语言研究所藏的清代《内阁大库档》和《军机处档折件》等。再如《康熙朝汉文硃批奏折》、《宫中档雍正朝奏折》、《雍正朝汉文硃批奏折汇编》、《世宗宪皇帝硃批谕旨》、《宫中档乾隆朝奏折》、《嘉庆道光两朝上谕档》等近年来陆续出版的清代档案汇编。还有中国人民大学清史研究所编《清代的矿业》、台湾中央研究院近代史所编《中国近代史资料汇编·矿务档》、云南省档案馆编《云南近代矿业档案史料选编》等资料汇编。经笔者梳理发现,这类档案中有大量关于清代滇铜黔铅开发的内容,尤其是矿厂奏销方面的资料,为研究清代矿业政策演变、矿业分布格局以及矿业与区域社会经济发展关系提供了详实的资料。

同时,以档案为来源的实录类资料和云贵地方督抚奏折汇编也是本书的基本资料之一。如《清实录》、《东华录》、《东华续录》、杨雍建《抚黔奏疏》、鄂尔泰《鄂尔泰奏稿》、张允随《张允随奏稿》、裴宗锡《滇黔奏稿录要》、贺长龄《耐庵奏议存稿》、林则徐

《林文忠政书》等。实录类资料可以弥补档案的缺失,而云贵督抚都是清代滇铜黔铅开发的亲历者,他们的奏文为研究清代滇黔地区的矿业发展提供了不同视角下的资料。

清代的正史和典章制度类资料亦不可或缺。如《清史稿》,康熙朝、雍正朝、乾隆朝、嘉庆朝、光绪朝《钦定大清会典》,乾隆朝《钦定大清会典则例》,嘉庆朝、光绪朝《钦定大清会典事例》,《钦定户部则例》等。这些是研究矿业政策、产业发展和国家控制的系统性资料。地方史志、游记、笔记、诗文集、碑刻等地方性资料也有独特的作用。如乾隆《东川府志》、道光《大定府志》、檀萃《滇海虞衡志》、爱必达《黔南识略》、师範《滇系》、吴振棫《花宜馆诗抄》、贝青乔《半行庵诗存稿》等。此类资料大多皆来源于当时矿产地官府的档册和当时主管矿厂官吏的亲身经历,涉及面广,内容丰富,虽然可信度不高,但可弥补全国性档案资料的不足。

此外,矿业矿产类志书与近代地质矿产类调查资料,如《天工开物》、《云南矿厂工器图略》、《调查东川各矿山报告书》、《云南会泽巧家之铜矿业》、《贵州西部铅锌矿业之调查》等。这类资料涉及古代矿业生产中矿产勘探、矿石识别,以及开采、冶炼技术,弥足珍贵,可惜存世不多,因此适当补充一些民国时期的地质矿产调查资料,以满足对清代矿业生产过程和采冶技术方面研究的需求。

资源开发在社会经济发展中具有重要的地位。本书以清代国家战略性资源滇铜黔铅为中心,在历史地理研究领域提出了国家资源研究命题,试图诠释中国传统社会中国家资源的基本概念和内涵,通过研究清代国家对重要战略资源滇铜黔铅的开发历程,探讨传统社会的资源观以及国家对重要经济战略资源开发中的资源配置、资源管控、资源开发、运输和利用等一系列重大问题。

注　释

1　《马克思恩格斯选集》第四卷，人民出版社，1995 年 6 月第 2 版，第 373 页。

2　王敬国主编：《资源与环境概论》第一章《资源科学总论》，中国农业大学出版社 2002 年版，第 2 页。

3　《春秋左传注疏》卷四十四《诗经·小雅·北山》，四库全书本。

4　《盐铁论》卷一《本议》，四库全书本。

5　《汉书》卷九十一《货殖列传》，中华书局标点本。

6　《旧唐书》卷四十八、四十九《食货志上下》；《唐会要》卷八十七《转运盐铁总序》，四库全书本。

7　《宋史》卷二百九十三《王禹偁传》。

8　袁林《论国家在中国古代社会经济结构中的地位和作用》，《陕西师范大学学报》2006 年第 6 期。

9　参见〔美〕埃里克·谢波德、〔加拿大〕特雷弗.J.巴恩斯《经济地理学指南》第二十二章《国家与管治》，商务印书馆，2009 年第 1 版。

10　参见前述古代国家职能的相关研究。

11　参见蔡运龙《自然资源学原理》（第二版），科学出版社，2007 年版。

12　参见《经济地理学指南》第二十二章《国家与管治》。

13　《史记》卷一百二十九《货殖列传》卷六十九。

14　《宋史》卷一百八十四《食货志下》六茶下。

15　《明史》卷一百五十《李庆传》。

16　中国人民大学清史研究所与档案系、中国政治制度教研室合编《清代的矿业》，该书绪言，（北京）中华书局，1983 年。

17　参见杨吾扬等著《交通运输地理学》，商务印书馆，1986 年版。

18　丁文江著《漫游散记》，辽宁教育出版社，1989 年。

19　张熷荣《清代前期云南矿冶业的兴盛与衰落》，《云南矿冶史论文集》，1965 年云南省历史研究所刊印。

20　林荃《谈谈清代的"放本收铜"政策》，《云南矿冶史论文集》。

21　林荃《谈谈清代的"放本收铜"政策》，《云南矿冶史论文集》；常玲《清代云南的"放本收铜"政策》，《思想战线》1988 年第 2 期；潘向明《评清代云南的"官治铜政"》，

《清史研究通讯》1988 年 3 期；陈征平《清代云南铜矿开发的制度演化及"官冶铜政"的特征》，《思想战线》2003 年第 5 期。

22 云南省历史研究所、云南大学历史系编《云南矿冶史论文集》，云南省历史研究所1965 年印；《云南冶金史》，云南大学出版社，1980 年版。

23 蓝勇《清代滇铜京运对沿途的影响研究》，《清华大学学报》2006 年第 4 期；川胜守《清乾隆朝的云南铜京运问题与天津市的发展》《清史研究》1997 年第 3 期；陈庆德《清代云南矿冶业与民族经济的开发》，《中国经济史研究》1994 年第 3 期；杨煜达《清代云南铜矿开采对生态环境的影响研究》，《中国史研究》2004 年第 3 期。

24 白寿彝《明代矿业的发展》，《北京师大学报》1956 年第 1 期；王明伦《鸦片战争前云南铜矿业中的资本主义萌芽》，《历史研究》1956 年第 3 期；张熠荣《关于清代前期云南矿冶业的资本主义萌芽问题——兼与黎澍、尚钺同志商榷》，《学术研究》1963 年第 3 期；韦庆远、鲁素《论清初商办矿业中资本主义萌芽未能苗壮成长的原因》，《中国史研究》1982 年第 4 期；韦庆远、鲁素《清代前期的商办矿业和资本主义萌芽》，《清史论丛》第四辑，(北京)中华书局；彭雨新《清代前期云南铜矿业及其生产性质的讨论》，《武汉大学学报》1984 年 5 期；陈理《清前期云南矿业的发展与资本主义萌芽》，《中央民族学院学报》1990 年 6 期。等等。

25 云南省历史研究所云南地方史研究室、云南大学历史系合编《云南矿业史论文集》，(昆明)云南省历史研究所印，1965 年。

26 许涤新、吴承明主编《中国资本主义发展史》第一卷《中国资本主义的萌芽》，人民出版社，1985 年。

27 〔日〕里井彦七郎《关于清代的矿业资本》，《东洋史研究》第 11 卷第 1 号，1950 年；《清代铜、铅矿业的构造》，《东洋史研究》第 17 卷第 1 号，1958 年；《清代铜、铅矿业的发展》，《桃山学院大学经济学论集》第 2 集，1961 年。以上均收入作者《民众运动及其思想》，东京大学出版社，1972 年。

上　篇

清代国家资源滇铜的开发与管控

矿产是国民经济发展的重要资源，也是军事装备制造的主要原料，关系国计民生的发展和国家军事实力的强弱，是最重要的国家资源之一。对于矿产资源开发进行管理，是古今中外任何国家的基本经济职能之一。同时，作为国家资源，矿产也是国家控制的重点对象。清代矿产资源开发在中国矿业史上具有重要的地位，尤其是铜、铅等矿种的开发规模最为突出。它们不但是铸造制钱的主要原料，是重要的经济资源，而且用于制造火器弹丸，也是重要的军事战略资源。可见，铜铅是清代国家必须控制和掌握的重要矿产资源，属于国家资源范畴。

那么，清代国家是如何实现对这些重要矿产资源的开发、管理和控制？对于清代铜铅资源而言，首先是一种国家需求。这种需求的变化必然导致资源开发政策的演变，进而影响矿业的发展进程。沿着国家需求——矿政演变——产业发展这一线索，讨论清代铜铅矿业开发过程，才能厘清铜铅矿业兴衰的真正原因。其次，清代铜铅的产地主要分布于边疆地区，尤以滇黔两省为中心，滇铜黔铅闻名天下。这种产业格局和产业中心的形成，除了资源本身的分布条件之外，还与国家资源开发战略和区域性规划之间有着密切的联系，体现着国家管控的理念。再次，资金、人力、市场是决定产业发展的重要因素，而这些又与国家的税收、移民、工商贸易等政策密切相关。通过对产业发展的具体分析，探讨国家对重要矿产资源开发的管理和控制。最后，国家管控下的重要矿产资源开发，对矿产地社会经济发展的影响，也是本篇要讨论的问题之一。

本篇以清代滇铜开发为中心，从国家和资源的角度，通过实证研究，分析国家对重要矿产资源的开发、管理和控制，阐释国家在资源开发过程中的地位和作用，这即是本篇要讨论的核心问题。

第 一 章
清代国家控制下的矿产资源开发

  铜是清代重要的国家资源,它的开发关系国家的币制稳定、经济发展和军事安全,是国家控制的重要经济、军事战略资源。云南是清代铜矿的主产地,学术界对清代滇铜的研究已有丰富的成果,本章即在前人研究的基础上,结合自己的发现,以滇铜开发为中心,分析铜矿需求、矿政演变与矿业兴衰的内在联系,考察矿业布局、矿产中心形成过程中的国家边疆开发战略,于宏观层面思考国家在资源开发过程中的地位和作用。

第一节 国家需求、开发政策与矿业兴衰的内在联系

  清代康乾时期矿业开发达到鼎盛,"一百年的增长率大大超过了此前的两千年",这一时期矿业兴盛及其以后衰败的原因同样耐人寻味[1]。不少前辈学者从清代矿政演变中探寻到社会需求增长是矿业兴盛的根本所在[2],这一发现触及到了问题的症结所在。但是,对于这种需求的分析,在考虑经济发展的同时却忽视了军事需求,缺乏从国家和资源的角度进行分析。笔者试图沿着国家需求——矿政演变——矿业兴衰的路径,解释清代矿业兴衰原

因,窥视国家在这一过程中的作用。

一、币材需求的增长

铸造铜钱是清代铜铅的主要用途。早在清军入关以前就已开始鼓铸铜钱,如清太祖铸"天命通宝"。"世祖定鼎燕京,大开铸局,始定一品。于户部置宝泉局,工部置宝源局"。[3]宝泉、宝源二局为中央铸钱机构,连年按卯鼓铸,由户、工二部钱法侍郎管理。关于清代中央户、工二局的铸钱量,《清史稿》载:"'顺治通宝'钱,定制以红铜七成、白铜[笔者注:应为白铅]三成搭配鼓铸。钱千为万,二千串为一卯,年铸三十卯。每钱重一钱。"杜家骥先生认为,"钱千为"后脱"串"字,应是"钱千为串,万二千串为一卯",且认为此仅为户部宝泉局年铸额[4]。此说甚是。乾隆朝《钦定大清会典》亦载,"凡京师鼓铸,统设二局,其隶于部者曰宝泉局,岁铸钱六十一卯,以万二千四百八十缗为卯"[5]。清代顺治、康熙、雍正三朝实录中于每年岁末载有铸钱数,但未言明为何局所铸。彭威信认为此为户部宝泉一局铸钱量,此说甚是[6]。如康熙二十二年"铸钱二万九千四百八十五万一千四百八十有奇",然次年八月十七日吏部左侍郎管理京省钱法的陈廷敬在《制钱销毁滋弊疏》中言:"总计宝泉宝源二局每年各关动支税银二十五万三千两,办解铜三百八十九万二千三百零七斤十一两,内除耗铜三十五万三百零七斤十一两,实铜三百五十四万二千斤,现行例鼓铸钱四十万零四千八百串,直银四十万零四千八百两。"[7]显然,《清实录》记载铸钱量仅为户工二局铸钱总量的72.8%,其余部分应为工部宝源局的年铸量。因此,据上述户、工二局铸钱比例推算历年中央铸钱量如下:

顺治、康熙、雍正三朝中央铸钱数量表　　　单位:文

年代	《清实录》所载铸钱量	推算中央铸钱量	年代	《清实录》所载铸钱量	推算中央铸钱量
顺治十八年	291584600	400528297	康熙四十年	238065800	327013462
康熙五年	295879800	406428297	康熙四十五年	238075800	327027198
康熙十年	290475830	399005261	康熙五十年	374933400	515018407
康熙十五年	231365360	317809560	康熙五十五年	398969900	548035577
康熙二十年	294851480	405015769	康熙六十年	437325800	600722253
康熙二十五年	289869800	398172802	雍正五年	723528000	993857143
康熙三十年	289921050	398243201	雍正九年	1048759660	1440603929
康熙三十五年	237063050	325636058			

　　注:本表数据来源于《清实录》所载铸钱量,以此作为清代中央铸钱量的72.8%,推算出中央年铸钱量。

　　乾隆十年议准:"宝泉局额铸钱六十九万余串,系留放兵饷之用。宝源局额铸钱三十四万五千余串,除各工应用钱六万串,余钱二十八万五千四百余串,为数无多。请将宝源、宝泉二局于本年额铸外,带铸五卯,加铸二十二卯,共可得钱四十五万八千六百三十串有奇,流通民间,以平钱价。"[8] 户、工二局合计年铸钱 14.94亿文。

　　上述仅为清代前期中央铸钱量。清代除了户、工二局之外,地

方各省亦设局鼓铸。但是,顺治、康熙两朝"自部铸外,各省镇或设或停"[9]。雍正朝以后才逐渐稳定。乾隆时期,除了安徽、山东、河南、甘肃四省之外,其他各省均已开局铸钱。兹以乾隆朝中期铸钱量统计如下表[10]:

乾隆朝中期各钱局每年铸钱数量表　　　　单位:千文

年代	钱局	铸钱量	年代	钱局	铸钱量
乾隆十八年	宝泉局	671280	乾隆二十九年	宝陕局	74667
乾隆十八年	宝源局	443698	乾隆三十四年	云南七局	613333
乾隆二十二年	宝苏局	95337	乾隆二十八年	宝直局	44040
乾隆二十八年	宝福局	43200	乾隆二十年之后	宝川局	259000
乾隆五年之后	宝浙局	111820	乾隆二十四年之后	宝黔局	186250
乾隆二十年	宝南局	48000	乾隆九年之后	宝昌局	69888
乾隆二十七年	宝武局	106667	乾隆十三年以后	宝桂局	96000
乾隆三十一年	宝广局	34560	乾隆三十年前后	合计	3091203
乾隆二十一年之后	宝晋局	103463			

注:乾隆朝《钦定大清会典》中户部丁赋钱量为乾隆十八年数据,见该书编纂体例。

由此可见,清代前期中央铸钱量呈现明显的增长趋势。从顺

治十八年（1661 年）的 2.9 亿文到乾隆二十年（1755 年）左右的
14.9 亿文，在一百年之内增长了四倍有余。清代前期铸钱量之所
以会增加地如此之快，有三方面原因：其一，随着经济的恢复和发
展，人口数量增加，导致货币需求量增长。明清时期我国人口快速
增长，特别是从康熙十八年到乾隆四十一年，人口总数从 1.6 亿增
加至 3.1 亿[11]。人口增加，社会经济发展，对流通货币的需求相应
增加，制钱的使用范围亦随之扩大。康熙五十九年上谕言："钱法
流行莫如我朝，南至云南、贵州，北至蒙古，皆用制钱，从古所未有
也。"[12]乾隆六年，广东粮道朱叔权亦称："昔年交易，但用银不用
钱，且古钱与银兼用，今则用银者多改用钱，用古钱者多改用今钱，
即如黄河以南及苗疆各处，俱行用黄钱。"[13]再如云南，明代中期以
前以海贝为重要货币，之后铜钱逐渐替代海贝成为主要流通货
币[14]。至清乾隆时期，云南省已设铸局七处，年铸钱达 61 万余串。
其二，清代币制与前代有所不同。元明两代铜钱、白银、宝钞三者
并行，对铜钱的需求并不明显，不但铸钱时开时停，而且铸钱量有
限[15]。清代废除钞法，仅流通白银和铜钱，故铜钱需求会相应增
加。其三，政府追求铸币所带来的巨大利润，即铸息或余息。据王
德泰的研究，乾隆二年京局每铸钱千文的成本仅为白银 0.85 两，
乾隆二十三年成本为 0.85 两，乾隆五十八年成本为 0.92 两[16]。按
照清代法定制钱千文兑换白银一两计算，则乾隆十八年户工二局
铸钱余息即达 16.7 万两，若各省局铸钱成本与京局相近，则乾隆
三十年左右，全国铸钱余息可达 46.4 万两。铸钱的巨大利润是政
府扩大铸钱量的又一动因。

　　铸钱量的增长意味着币材需求的增加。清代铸钱量的变化已
如上述，但要考察币材的需求还需明确币材的种类和配铸比例，即
"钱法"。虽然我们将古钱统称为"铜钱"，但并非均是纯铜铸造。

汉晋时期盛行"即山铸钱",即用矿山开采的原铜来铸钱,而隋唐以来,开始以多种金属搭配铸钱。《隋书·食货志》云:"是时见用之钱,皆须和以锡镴。"唐代"天下炉九十九,……,每炉岁铸钱三千三百缗,役丁匠三十,费铜二万一千二百斤、镴三千七百斤、锡五百斤"。[17]宋代,"凡铸钱用铜三斤十两,铅一斤八两,锡八两,得钱千,重五斤"。[18]明代铸钱以黄铜为币材,如万历年间铸钱"用四火黄铜铸金背,二火黄铜铸火漆,务求铜质精美"[19]。所谓黄铜乃铜锌合金,由炉甘石(菱锌矿)点化红铜而成。如万历五年山西巡抚高文荐请增局铸钱,称"该省止潞安出芦甘石,可以点铜"[20]。综观古代铸钱的币材变化,正如章鸿钊所言:"隋唐之际铸钱皆合锡蜡,而民间之铅锡钱皆盛行。宋承五代之后,钱有铜铁二等,而铜钱辄合铅锡为之,犹唐制也。……下逮有明,铸钱辄用黄铜,而黄铜必得倭铅而后成。"[21]因此,明清之际,铜和锌成为铸钱的主要原料。

清代顺治元年,定铸钱每文重一钱,二年改定为一钱二分,八年增至一钱二分五厘,十四年增至一钱四分,均以红铜七成、白铅三成配搭鼓铸,每铜百斤准耗十有二斤[22]。以顺治十八年铸钱400528297文计算,则需铜245万斤、白铅105万斤,铜铅合计350余万斤。康熙二十三年,又改制钱铸重,每文由一钱四分减为一钱,加卯鼓铸,均以铜六铅四搭配,每铜百斤准耗九斤[23]。铜料由各关采办,每年"通共户工二部解铜三百六十四万二千七百五十八斤零"[24]。按配铸比例,需白铅2428505斤,铜铅合计600余万斤。康熙四十一年之后,又将每文铸重改为一钱四分,至五十四年,中央铸钱所需铜增至四百四十三万五千一百九十九斤,白铅增至三百九十五万六千七百九十九斤,合计8391998斤[25]。雍正五年,改配铸比例为铜铅对半,京局鼓铸"每年额办铅三百六十六万余斤"[26],则年需铜亦为 366 万斤,共计 732 万余斤。乾隆五年改铸青钱,以铜、白铅、黑铅、锡四色配铸,其比例分别为 50%、41.5%、6.5%、2%。之后,京局鼓铸所需铜铅由滇黔二省办运,每年办滇铜六百三十三万余斤,黔铅四百七十余万斤,粤锡十五万斤[27],合计 1118 万斤。乾隆十八年,京局鼓铸,云南岁输铜五百七十万四千斤,贵州岁输白铅三百八十四万千九百十有四斤,湖南、贵州岁输黑铅七十万五百七十一斤,广东岁输锡二十一万千七百十有二斤[28],合计 10458197 斤。至乾隆二十五年左右,中央户工二部及各省钱局铸钱达 3091203 串,年需铜铅锡 2318 万斤,其中铜 1159 万斤、白铅 962 万斤、黑铅 151 万斤、锡 46 万斤。

清代前期铸钱所需币材数量表 　　单位:万斤

年代	需红铜	需白铅	需黑铅	需锡	合计
顺治十八年	245	105			350
康熙二十三年	364	243			607
康熙五十四年	443	396			839
雍正五年	366	366			732
乾隆七年	633	394	76	15	1118
乾隆十八年	570	384	70	21	1050
乾隆二十五年	1159	962	151	46	2318

注:乾隆二十五年左右币材需求量为京局和各省局之和。

人口增长和社会经济发展对流通货币的需求使清代前期的铸钱量不断增加。自顺治十八年至乾隆二十五年左右,百年之间铸钱量从 4 亿文增加至 30 亿文。而铸钱量的增长意味着币材需求的扩大，铜铅等币材需求从 350 万斤增长至 2318 万斤。由此可见，清代前期因铸币增加所导致的币材需求量急剧扩大。

二、军备制造中的铜铅需求

前文已提及，清代铜铅矿产除了作为币材之外，还被用来制作火器弹丸的原料，军事工业对铜铅的需求很少引起学术界的关注。要考察清代军事工业发展对铜铅矿产的需求，首先须明确清代火器的制造、装备及其常备训练。

明末，辽东满洲人并不重视火器。"辽人浪言，搏战向以用火器为无勇，用战车为迂阔"[29]。但在天启六年的宁远之战中，清太祖努尔哈赤被明军火炮所伤，不治身亡，血的教训使满洲人逐渐认识到火器的重要性，开始改变重骑射轻火器的固有观念。清太宗天聪五年（明崇祯四年）开始铸造红夷大炮，清太祖崇德八年（崇祯十六年）"和硕郑亲王济尔哈朗、多罗武英郡王阿济格统领大军，载红衣炮及诸火器征明宁远"[30]。

清军入关之后对火器更加重视。在平定吴三桂叛乱之际，康熙帝谕："大军进剿急须火器，著治理历法南怀仁铸造火炮，轻利以便登涉。"[31] 其后，清代火器制造体系进一步完善。"凡直省需用铳炮、火砖、火箭、喷筒、火球、铅铁弹子等项，该督抚奏请，准其造备，用过银两报部查核。药弹遇有征剿，许动用开销，征防别省官兵、军前操演，亦准支给"[32]。而八旗兵所需枪炮弹药由工部武库造备支给。同时，清军中火器配置也逐渐形成定例。"各省每兵千名设立威远炮四位，子母炮六位，今除盛京、吉林、黑龙江三处子母炮百位照旧设立外，其余直省子母炮尽行解部，别制冲击便利之炮，总以兵千名设立炮十位之数为准"，"鸟枪一项能冲锐折坚，最为便利，如腹内省分地势平坦，利用弓矢，至沿边沿海省分山深林密,利用鸟枪,应将腹内省分每兵千名设鸟枪三百杆,沿边沿海省分每兵千名设鸟枪四百杆,该管官弁务须操演纯熟"[33]。

清军武器装备中火炮、鸟枪的增加,必须与日常操演结合,才能提高军队的战斗力。故清军入关之后就开始常规性的火器操练。顺治十二年即规定,军队"每年春季演放鸟枪,自二月十六日起至三月十六日止,树的四十一弓之地,每人放十枪。又红衣法贡炮,二年一次,于十月初一日起演放十日,树的于八十弓之地,每红衣法贡炮一座,各放五次"。[34]康熙十二年,皇帝上谕中说:"火器关系武备,甚为紧要,应严加操演,以俾实用",并于汉军八旗每佐领下增兵十八名演习鸟枪[35]。但是,在实际演练过程时,"营汛中枪手演习止放空枪,从未装入铅子打靶",有鉴于此,雍正七年上谕规定:"嗣后,著通行直省督抚提镇等转饬所属,于练习火器之时用铅子打靶,演熟准头,则火器皆成利用,于营伍实有裨益。"[36]自此,火器实弹操演成为清军中的定例。对于火器实弹演练的重要性,乾隆初年广西右江镇总兵丁大业曾言:"窃查营甲利器惟鸟枪为第一,诚以施放有准,可以毙人于百步之外也,故平时演习连环,使兵丁手足便捷,得以进退整齐,施放快利,又练以立跪卧三枪,使其较明星斗,演熟准头,无论上下左右可以随地而中,此我朝之火器实亘古所未有。"[37]故乾隆元年和乾隆六十年,皇帝两次重申火器实弹演练的规定,要求各地认真执行[38]。因此,清军中大量火器的装备以及实弹演练,增强了清军的战斗力,在历次重大征战中发挥了重要的作用。

火炮与鸟枪是清代军备中的主要火器。铁、铜用来制造枪炮,而铁、铅则是枪炮弹药的主要原料。"凡制造火器,大者曰炮,其制或铁或铜,或铁心铜体,或铜质木瓤,或铁质饰金,重自五百六十斤至七千斤,轻自三百九十斤至二十七斤,长自一尺七寸七分至丈有二尺,其击远或宜铁弹,或宜铅子,均助以火药,引以烘药,铁弹自四十八两至四百八十两,铅子自二两至二十八两,火药自一两三钱至八十两,烘药自三四钱至二两,皆按炮尺高下度数,以定所及之远近"。[39]

据乾隆朝《钦定大清会典则例》记载,康熙十四年至嘉庆五年,共铸造火炮954门,其中,康熙年间所铸铜炮达439门,总重量为192034斤[40]。铜制火炮占火炮总数的46%,可见,铜是清代铸造火炮的主要原料之一。铁、铜虽为清代火器铸造的主要原料,但火器一旦造就,其日常消耗最大的却是弹药。火炮弹丸分铁弹、铅弹两种,但铅弹的用量要远大于铁弹。上述这些火炮中,发射铅弹的火炮有672门,占火炮总数的70%。清代鸟枪所发均为铅丸。特别是自雍正年间实行火器实弹演练制度以来,意味着清代军队常备训练必将消耗掉大量的铅弹和铅丸。

要考察清代军队日常训练的弹药消耗,必须先明确清代的军队数量、火器装备比例及单位火器所需弹药基数。关于清代军队中火器装备的比例。据乾隆朝《钦定大清会典则例》记载:"雍正五年奏准,旧例各省每兵千名设立威远炮四位、子母炮六位,今除盛京、吉林、黑龙江三处子母炮百位照旧设立外,其余直省子母炮尽行解部,别制冲击便利之炮,总以兵千名设立炮十位之数为准。"该书又载:"腹内省分每兵千名设鸟枪三百杆,沿边沿海省分每兵千名设鸟枪四百杆。"[41]即每兵千名中,置火炮十门,内地省份鸟枪三百枝,沿边沿海省份鸟枪四百枝。但是,这一规定在执行过程中,尤其是鸟枪的配置往往超越原定比例。如"山东省,各镇协营应用军器,如大炮、鸟枪、弓箭、长枪、藤牌、大刀,均系各营通设之械,每兵百名分作十分,鸟枪五分,弓箭三分,藤牌一分,长枪一分,此外别设炮手,专演发炮,均令依法操演,不得擅为更换"。山东省属沿海省分,理应按四成配备鸟枪,但其比例却达五成。"滇、黔、粤三省各营,每兵千名内以百名操演大炮,兼习牌刀,以六百名习鸟枪,以二百名习弓箭,以百名习藤牌"[42]。云南、贵州、广东三省绿营中鸟枪配置比例更高达六成。以此判断,清代绿营兵中鸟枪配置比例应不少于四成。

至于单位鸟枪操演所需弹药基数。乾隆八年,归化城都统噶尔玺奏称:"归化城添设土默特兵一千名,操演鸟枪三百杆,……请于明岁春季为始,每岁按春秋二季操演,每季用铅子六次,每次每枪用铅子六枚,凡三百杆,二季应用铅子二万一千六百枚,每铅子重三钱,共需铅四百五斤,派员赴京采买,由部支领口票。"[43]即鸟枪一杆,每年演练所需铅丸基数为一斤半。另据乾隆三十六年上谕中言,每鸟枪兵一名,"岁得四十两之铅,作为铅丸令其演习打准"[44]。则鸟枪一枝,年需训练所需铅丸基数为二斤半。此取平均数为二斤,则每千人中四百枝鸟枪年需铅丸约为600斤。单位火炮操演所需弹药基数,乾隆五十七年工部题复四川成都八旗兵操演所需弹药时说:"乾隆壬子年春秋二季分八旗马步兵一千名,……,又子母炮二十四位,劈山炮二十位,……,应支铅子一千一十二斤八两,除乾隆五十六年分照例捡回铅子七百八斤十二两外,尚少铅子三百三斤十二两。"[45]成都满营兵额一千人,火炮配置达44门,每年需铅弹1012.5斤。直省驻防八旗的火炮配置远远高于每千人10门的比例,按此折算,每10门火炮年需铅弹约为230斤。鸟枪、火炮合计,清代军队每千人中火器操演每年所需铅弹、铅丸共计830斤。但是,清军日常火器演练所需铅丸并非全部被消耗掉。雍正十一年规定:"各省兵丁每岁操演所用铅子,准其捡七耗三,除捡回数目抵算外,将实用铅价,于公项银内开除,报部覆销。"[46]此谓"捡七销三"之例,实际铅丸消耗量为演练所需量的百分之三十,即每千人火器演练实际消耗铅249斤。

明确清代军队的鸟枪配置和单位火器的弹药消耗量之后,可以分不同时期来推算清代火器实弹操演中铅的实际消耗量。笔者推算清代前期军队火器实弹操演耗铅量如下表:

清代前期军队数量与火器实弹操演中的年用铅量表   单位:人或斤

时代	八旗兵额	绿营兵额	总计	火器操演所耗铅量
康熙朝	253800	618200	872000	2059230
雍正朝	335700	584900	920600	2292294
乾隆朝	349800	630500	980300	2440947
嘉庆朝	343500	718900	1062400	2645376

注:本表中康熙、雍正、嘉庆三朝八旗兵额据嘉庆朝《钦定大清会典事例》卷八百三十七《八旗都统·佐领》所载数据,统计康熙二十年、雍正四年、嘉庆十七年佐领数分别为康熙二十年846个、雍正四年1119个、嘉庆十七年1145个,按照每佐领额兵300名,分别计算出上表数据;乾隆朝八旗兵据乾隆朝《钦定大清会典》卷六十三《营制·八旗佐领》所载佐领1166个,仍按每佐领300人计算所得;绿营兵额则据康熙、雍正、乾隆、嘉庆四朝《钦定大清会典》中所载数字相加而来。

上述推算结果是否可信,应与其他记载相比较。例一,乾隆初年贵州额兵43920人[47],则年需铅丸36454斤。乾隆五年贵州总督张广泗奏:"黔省各营储备铅弹,统计三年,需补贮铅九万九千七百余觔。"[48]则一年为33233斤,与上述计算结果相差3221斤,误差率为9.69%。例二,乾隆朝《钦定大清会典》记载四川兵额33970人[49]。按照上述计算,则年需军铅为28195斤。据四川总督李世杰奏报,乾隆四十九年四川各标镇协营共制造铅弹1021159颗,用铅29100斤[50]。与上述计算结果相差905斤,误差率3.

11％。例三,乾隆时期"湖广荆州府将军所属八旗,满洲、蒙古前锋二百人,乌枪领催百十有二人,鸟枪骁骑千七百八十八人,领催二百二十四人,骁骑千六百七十六人,炮手八十人,教养兵四百人,步军七百人,弓匠、箭匠、铁匠各五十六人"。合计兵额5180人,其中装备火器官兵有1980人,火器装备比例为38.22％,与前述四成比例相近。按上述每千人年需操演铅830斤计算,则需铅4299斤。据湖北巡抚臣常钧奏:"(乾隆二十九年)汉阳县办买荆州满营操演需用铅弹,黑铅一万三千七百一十五斤零"。清代军队操演弹药三年采办一次,故荆州满营年需铅4571斤,与前述推算结果相差272斤,误差率为5.95％。上述三例的推算结果与文献记载虽有出入,但平均误差仅5％左右,应属可信。

　　以上考证乃清代军队每年常规演练的耗铅量。如遇征战,则所耗铅弹铅丸量会更大。如乾隆十三年,时值第一次金川之役,皇帝上谕:"金川现在用兵,所需火药铅弹等项甚多,军营难以制造,自应令各该营制就运往为便,但火药铅弹等项,为攻击所需,关系紧要,必须立法稽查,使之均归实用。"[51]再如第二次金川之役前,四川总督桂林奏请停止解川铅药,上谕批斥道:"桂林所办非是,火药铅丸为军营要需,多多益善,现在尚须并剿金川,更宜宽裕备用,且楚省既经陆续起解,岂宜令其中途停止。"[52]为了满足金川战役所需,乾隆三十九年,四川总督文绶奏:"军营铅子最关紧要,上年拨解黔省黑铅将次用完,本省所出铅斤止敷鼓铸,请于黔省再拨黑铅四十万斤解川。"[53]再如乾隆末年进兵安南,福康安奏:"窃照进兵安南案内,前任督臣孙士毅派调广东、广西两省出关征兵及防守粮台留守凉山,共一万三千三百名,照例各带火药铅丸备用。又土田州知州岑宜栋带领土兵,由牧马、高平一路助剿,拨给火药七千二百余斤及枪炮子等物,携带出关。又续调东西两省火药共十二万斤,铅弹共十万余个,又二十九万八千余颗,大小钢子七万七千余颗,火绳九万余盘。除节次在寿昌、市球、富良、黎城等处打仗用去不计外,现存镇南关、凭祥、宁固等处及撤兵时遣弁自凉山运回各项军火,内计广西省存火药四万二千余斤,铅弹二万七千余斤,钢子万九千八百颗,火绳一万三千余盘,现饬解回原营归款,尚有广东省存剩火药三万余斤,铅弹三万余斤,火绳三万余盘,应即解还广东归款。"[54]安南之役规模并不大,调兵仅万余人,但此次征战所耗火药 5.5 万斤。按照清代火器"以一催二"的弹药比例[55],则所耗铅弹、铁弹、铅丸供给约 11 万斤。因此,征战中军铅的巨量消耗可见一斑。

通过以上分析,随着清代军队数量的增长、火器配置比例的增加,尤其是火器实弹演练制度的实行,清代军事工业中对铜铅矿产的需求日益增加。虽然其数量无法与铸钱工业相比,但是,铜铅矿产已成为关乎军国大计而不可或缺的战略物资,在清代社会发展中具有特殊的地位和作用。

三、铜铅供需关系及矿政演变

清代前期,铸币工业和军事工业的发展对铜铅矿产的需求与日俱增。那么,与需求相对应的供给情况如何? 我们再来考察清代前期铜铅矿产的供给方式与来源。先看清代铜材的供给状况。

顺治二年规定:"崇文门、天津、临清、淮安四关各动支税额银万两,办铜解部,以供鼓铸。"其后,芜湖、扬州、浒墅、九江、北新、西新六关亦加入办铜之列,办铜银增至 16 万两[56]。按当时铜价每斤值银六分五厘计算,则各关办铜共计 246 万斤左右。税关办铜是顺治朝解决京局鼓铸所需币材的主要方式,所买之铜以国内市场为主。此外,收购历代旧钱,改铸新钱,也是清初币材来源之一。

顺治三年五月,户部奏:"制钱渐广,旧钱日贱,应概革不用。惟崇祯钱暂许行使,其余旧钱悉令送部,每斤给价八分,以资鼓铸。"[57]如顺治十六年收"旧铸铜钱二十万一千二百一十有奇"。[58]

康熙朝以来,税关办铜愈发艰难。康熙十八年,皇帝在科举殿试时说:"朕惟古帝王统御天下,……自昔九府圜法,所以便民利用,鼓铸之设其来旧矣。迩以铜不足用,铸造未敷,有以开采议者,有以禁民耗铜议者,果行之可永利乎? 或二者之外别有良策欤。尔多士留心经济,其详切敷陈,勿泛勿隐,朕将亲览焉。"[59]如何解决币材不足,已成为皇帝心中的难题,故将这一问题作为殿试题目,希望仕子们广开言论,寻找破解之法。七个月之后,经过各部会议,旨在解决币材供给问题的《钱法十二条》出台[60],兹将有关币材供给内容摘录如下:

二、因铜少以致钱贵。查盐课与关差一体,应将两淮、两浙、长芦、河东课银,俱交见出差御史,督各运司官照部定价,买铜解送。

三、各关差官员所办铜斤,应买废钱旧器皿等铜解送,或将红铜六十斤、铅四十斤、折作铜一百斤解送,不许解送毁化板块之铜,如此则无毁钱之弊。

四、关差官员买铜,应慎选殷实老成人役买办。

六、各关官员差满回部,所欠铜斤应严立限期,限内不完者革职。所欠铜斤变产追完。办铜人役仍照前定例治罪。

八、开采铜铅。凡一切有铜及白黑铅处所,有民具呈愿采,该地方督抚即选委能员,监管采取。

九、查定例,凡民间必用之铜器,五斤以下者仍许造卖外,其非必用之器不许制造。应再行严禁,照例治罪。

十二、宝泉、宝源二局土砂煤炭灰内有滴流之铜,应专差官会同该监督召人淘取,所得淘取之铜,照部定价收买。

为解决币材问题,清廷可谓"开源节流"。一方面,收购废旧铜器皿,以扩大币材的来源。包括"部院衙门各处所有废铜器皿、毁坏铜钟及废红衣大小铜炮,并直隶各省所存废红衣大小铜炮,著尽行确察,解部鼓铸"。[61]甚至对钱局煤炭渣土内的残留铜亦须淘取,重新利用。另一方面,允许铜铅矿产的开采,增加铜铅产量。铜铅矿被排除于"矿禁"政策之外,这是清代矿业开发政策的一大明显变化。

但是,当时国内铜铅矿业并没有得到大规模开发。康熙二十三年,吏部左侍郎陈廷敬奏言:"侍郎田六善条奏,令天下产铜铅地方听民开采。行令直省督抚,于产铜铅处令道官管理,府佐官分管,州县官专责,税其二分,分别记录加级。至今开采寥寥,皆因地方官征收其税,滋为弊端,以致徒为收税之名,而无开采之实,此后应一切停罢,听民自便。"[62]为了鼓励铜铅矿开采,扩大币材来源,政府将其矿税予以取消。既使这样,仍赶不上需求的增加,币材供给日趋紧张。

康熙二十三年,清政府开放"海禁":"凡商贾有挟重赀,愿航海市铜者,官给符为信,听其出洋,往市于东南日本诸夷,舟回司关者,按时直收之,以供官用,有余则任其售于市肆,以便民用。"[63]自此,日本洋铜大量进口。据陈希育的研究,康熙二十三年至三十九年之间,平均每年从日本进口铜3878951斤[64]。洋铜的大量进口,基本满足了京局鼓铸对铜材的需求,暂时缓解了康熙朝的"铜荒"问题,故原有收购旧钱的工作也予以停止[65]。需要说明的是,云南铜矿此时亦正式开采。据雍正元年云贵总督高其倬追述:"各厂铜色高低不同,价亦不一,自三两八九钱至四两一二钱不等,名为出山毛铜,其课名为铜息。自四十四年前督臣贝和诺报出之后,递年加增,尚无一定之额,至四十九年,征获息银九千六百二十余两,此后即为定额。"[66]按照清代铜矿百分之二十的税率计算,康熙四十九年云南产铜量约为120万斤,仅能满足云南本省铸钱需求,对于解决全国币材需求意义不大。

币材危机过后,在停止收购旧钱的同时,清代铜铅矿业政策也出现了明显的变化。康熙四十三年江西巡抚奏请开崇仁、大庾等处铜铅矿,被户部奉旨驳回,康熙皇帝因此降旨:"闻开矿事情,甚无益于地方,嗣后有请开采,俱著不准行。"[67]这道圣旨的颁布,意味着对康熙十八年《钱法十二条》中允许铜铅矿开采政策的否定。不但"嗣后有请开采俱不准行",即使已开矿厂也予以封闭。如康熙四十四年封闭广东海阳县仲坑山矿厂,五十二年将湖南产铅地方永行封闭[68]。

然而,还是有些地方督抚俱不奉行,执意开矿。如康熙五十一年四川总督能泰两次奏请开矿,虽然"皇上皆朱笔批不准行",然而一年之后,"蜀省一碗水地方聚集万余人开矿"[69]。能泰之所以敢"先斩后奏",缘于当时铜铅矿开采并非整齐划一,"开矿俱不准行"的同时,还有云南一省例外,因此,才贸然行事,冀希援引云南之例。能泰对皇帝心思的拿捏可谓恰到好处,然而康熙皇帝也有顾虑:"朕念此等偷开矿厂之徒,皆系无室可居、无田可耕乏产贫民,每日所得锱铢以为养生之计,若将此等乏产贫民尽行禁止,则伊等何以为生。果如滇省矿厂所出颇多,亦可资助兵饷,此处所出无多,该地方文武官员作何设法,使穷民获有微利养赡生命,但不得聚众生事,妄行不法,似属可行。"[70]虽然四川矿业规模有限,无法与云南相提并论,不能"资助兵饷",但皇帝处于"养赡贫民"的考虑,似乎有意默许四川已开矿厂的事实,故下九卿会议讨论。九卿会议的结果:"除云南督抚雇本地人开矿,及商人王纲明等于湖广、山西地方各雇本地人开矿不议外,他省所有之矿,向未经开采者仍严行禁止,其本地穷民现在开采者姑免禁止,地方官查明姓名记册,听其自开。若别省之人往开,及本处殷实之民有霸占者,即行重处。"[71]康熙皇帝批准了这一决定。至此,除云南省之外,所有未开之矿严行禁止,云南作为"矿禁"政策的例外得到中央的认可,其他各省不得援引。之所以如此规定,是因为此时日本洋铜大量进口,政府不必为铜铅币材的供给发愁。出于稳定社会秩序的需要,故一再强调禁止开矿。

但是,这样的情形并没有持续很久。随着日本铜产量的下降,康熙五十四年,日本正德新令中限定铜的输出量为每年 300 万斤,之后日本铜的进口量逐年下降。清廷被迫再次改变铜材供给方式,停止内务府商人采买,将其交与江苏、安徽、江西、福建、浙江、湖北、湖南、广东八省采购。但是,供给方式的变化无法改变洋铜进口量下降的趋势。洋铜进口量日益减少的同时,云南的铜产量亦在下降。康熙五十九年、六十年、六十一年,连续三年,云南每年产铜仅为 80 万斤[72]。洋铜与滇铜合计亦满足不了京局鼓铸的需要,清廷再次遭遇铜材危机。因此,再次启动收购废铜器皿的规定,"八省额办铜内如红铜不足,着于十分内兼买三分旧器废铜交纳"[73],以缓解洋铜进口量下降所带来的铜材供给压力。

为了解决铜材供给问题,在洋铜进口减少、滇铜产量下降之际,政府加大了"节流"的力度,不仅收购旧铜器皿,而且将"铜禁"推向了极致。所谓"铜禁",即禁止民间铸造、使用大型铜器。雍正四年正月,户部奏:"康熙十八年已严铜器之禁,三十六年又定失察销毁制钱处分之例,而弊仍未除者,以但禁未造之铜,其已成者置之不议也。臣等酌议,欲杜销毁制钱之源,惟在严立黄铜器皿之禁。今请红白铜器仍照常行用,其黄铜所铸,除乐器、军器、天平法马、戥子及五斤以下之圆镜不禁外,其余不论大小器物俱不得用黄铜铸造,其已成者俱作废铜交官,估价给值。倘再有制造者,照违例造禁物律治罪,失察官员及买用之人亦照例议处。"[74]雍正皇帝批准了这一建议,制造、使用黄铜器皿均按律治罪。九月,又定:"嗣后除三品以上官员准用铜器外,其余人等不得用黄铜器皿。定限三年,令将所有黄铜器皿悉行报出,官给应得之价。如旗人则于本旗交官领价,汉官民人则于五城该管之处交官领价,不论轻重多寡,随便收买,不许发价之人丝毫扣克,违者重治其罪。若三年之后仍有私藏黄铜器皿者,亦加重处。"[75]收缴民间黄铜器皿的目的,雍正皇帝在上谕中有明确的说明:"制钱乃日用之所必需,务使充足流通,始便民间之用。国家开局年年鼓铸,而京师钱文不见加增,外省地方亦未流布,是必有销毁制钱,制造器皿,以致钱文短少,钱价日昂。朕念切民生,屡降谕旨,而钱价仍未平减,是以禁用黄铜器皿。凡民间所有,俱给价令其交官,以资鼓铸,此悉心筹画,专为民间资生便用起见,并非朕有需用铜斤之处,而广收民间之铜器于内府也。"[76]可见,雍正年间"铜禁"政策的执行正是为了解决日趋紧张的铜材供给问题。

关于鼓铸所需白铅的供给,上述分析中多有涉及。旧钱即前代所铸铜钱,收购之后重新鼓铸,无需再添加铅。同样,黄铜器皿本为铜铅(白铅,即锌)合金,亦仅镕铸而已,无需加铅。仅采购的红铜,需要一定比例白铅配铸,故清代前期币材需求中,铅的比例较铜为低。

清代初年,税关于办铜额内兼办铅,如各关"将红铜六十斤、铅四十斤折作铜一百斤解送"。但其来源无明确记载。康熙年间,铅主要来自湖南和盛京。如康熙十九年,开采湖南衡阳、宝庆二府铅矿,康熙五十二年,湖南大凑山、黄沙等三处铅矿一年内获税铅三十六万二千一百余斤[77]。按照百分之二十的税率计算,则湖南每年产铅量超过 180 万斤。盛京所属锦州、辽阳州铅矿的开采时间亦较长。康熙四十九年,盛京工部侍郎席尔图奏请将锦州采铅改于辽阳州开采,康熙皇帝朱批:"采铅事情,前因白尔克条奏,自辽阳州改往锦州大碑岭等处。今又因席尔图所奏,议仍在辽阳州采取。……。自改在大碑岭等处采铅以来将近十年,铅觔足用,今席尔图不思事之有无裨益,题请更改,甚属不合。"[78]可见,盛京铅矿开采已达十余年之久。

康熙五十四年规定,"额办铅每年共需三百九十五万六千七百九十九斤,由部给发价银,向商人铅矿买用,每斤定价银六分二厘五毫,水脚银三分"。即由户部向商人和铅矿购买。但是不久,商人办铅愈发艰难。于是,康熙五十九年户部奏:"见在局铅商办不易,桂阳州有上年税铅十二万三千三百十一觔,应令解交京局,并自今五十九年以后,税铅俱停其变价,每年起运,以十分之七解户部,十分之三解工部,配铜鼓铸,仍照商人办铅之例,每斤给水脚银三分。"[79]湖南作为康熙年间产铅大省,其产量已明显下降,每年仅为 60 万斤左右。康熙末年,白铅的供给情形也不容乐观。

经济运行规律表明,商品供不应求会导致价格的上涨,而供大于求的情况下商品的价格会下降。清代前期铜铅矿产的价格增长也反映出铜铅矿产供不应求的状况。康熙二十三年九月,管理钱法侍郎陈廷敬言:"铜价每斤值银一钱四五分不等。"[80]其实,这只是当时京师市价,政府采购价格远低于此。二十五年四月,户部奏:"直隶各省关差采买铜觔,原价六分五厘,今酌议加增三分五厘。"[81]康熙五十五年以后,改为八省办铜,"每斤定价银一钱二分五厘,水脚银三分"。雍正二年,部收红铜,每斤价银增至一钱七分五厘。雍正五年,各省办铜,"每百斤及水脚共银十有七两五钱"[82]。自康熙二十五年至雍正五年,共计四十二年间,政府采购铜价由每斤银六分五厘增至一钱七分五厘,增幅169.23%。从其增价时间看,均处于清代前期两次"铜荒"之际。关于康熙朝前期部买铅价无确切史料记载。《皇朝文献通考》记载,康熙二十三年部定铜六铅四配铸比例,"惟云南铸局,是时以本地及贵州等处铅矿俱未开采,铜贱铅贵,铜价每觔五分四厘,铅价每觔五分五厘,准以铜八铅二配铸"。[83]云南铜八铅二配铸,缘于铜贱铅贵。京局及其他省局均铜六铅四配铸,其铅价不应高于铜价。康熙二十三年各关买铜,每斤定价银六分五厘,故推测当时部买铅价,每斤约为六分左右。康熙五十四年,采买铅斤,"由部给发价银,向商人、铅矿买用,每斤定价银六分二厘五毫,水脚银三分。"六十一年,又因"铅价昂贵,每斤增价二分"。[84]可见,此四十余年间,铅价不如铜价增长之快,但亦有小幅增加。

由此可见,清代前期铜铅矿产的供给量虽然在增加,但与需求量之间仍存在差距,而铜的供给明显不足,铜铅矿产供不应求的情形愈演愈烈,康熙十八年至二十三年、康熙五十四年至雍正四年两次"铜荒"的出现正是铜铅矿产供求矛盾的突出表现。虽然政府采取各种措施扩大供给,包括改变供给方式、控制币材流通与使用,但仍无法从根本上解决铜铅供不应求的状况。

与此同时,从顺治初年的"矿禁"到康熙十八年允许商民采炼,从康熙五十四年的封禁到雍正初年部分地区"明禁实开"的现实,清代矿政也出现了明显的变化。而这一政策变化趋势与铜铅供求关系演变高度契合,如两次矿禁均为铜铅供给相对平衡的时期,而两次开放均处于铜铅供不应求的极端条件下,即两次"铜荒"或币材危机。由此可见,清代矿业政策的变化始终以矿产供求关系为中心,当矿产供不应求时,即适当开放矿产开采,而当矿产供给矛盾缓解之后，矿业政策又趋于封禁。

　　铜铅的需求，不论是铸币还是火器制造，虽然与经济社会存在一定的联系，但仍由国家确定需求的大小和节奏，实际上是一种国家行为，或国家需求。同样，国家根据矿产供求关系的变化，适时调节产业开发政策，保持矿产供求相对平衡，而开放或禁止矿业开发的权利掌控在国家手中。因此，在国家需求——开发政策——产业兴衰的关系链中，国家处于非常重要的地位，发挥了非常重要的作用。

　　需要说明的是，中国的铜铅资源并非如此拮据，当时国内铜铅矿产并未得到大规模开发。清代前期之所以没有大规模开发国内铜铅资源以满足日益严重的供求矛盾，实缘于矿产开发是一柄双刃剑，在产生巨大经济利益的同时，也会滋生严重的社会问题。清代统治者很清楚这一点，在他们的政策考量中，明末的教训历历在目，这也是清初"矿禁"政策的渊源。

四、皇帝资源观与矿业兴衰

　　矿产供求关系表现在制度层面即矿业政策的演变，这种反映具有一定的滞后性和被动性。一般而言，资源开发取决于人的资源观念，清代各位帝王的矿产资源观念也同样影响着矿业政策的制定乃至矿业的兴衰。虽然帝王的资源观最终也可能取决于矿产供给关系，但这种影响更为直接和主动。以下将从清代各位皇帝的资源观念入手，分析矿政演变和矿业兴衰的内在关系。

　　韦庆远、鲁素两位先生在《清代前期矿业政策的演变》一文中讨论康熙、雍正、乾隆三位皇帝在矿政中的决策及其作用。他们认为："这三位皇帝在考虑和处理有关矿政，在制定和执行矿业政策上，既有相沿袭继承的一面，又有有所发展演变的一面。在相同方面,即他们都是首先从大清王朝根本的统治利益着眼,都把对人民群众的防范控制放在重要的地位上。但是,从十七世纪八十、九十年代到十八世纪四十、五十年代之间,中国的社会经济状况有了重大的发展,祖孙三代所处的地位,面临的问题,统治的稳定和巩固程度又有所不同,反映在矿业政策上也就有不同的侧重点,形成歧异。总的来说,康熙的矿业政策以禁为主,禁中有开,雍正则进一步强调禁闭,乾隆又一变为以开为主,开中有禁。"[85]他们对清代康雍乾三代矿业政策的总体评价是可以肯定的,但关于清代矿业政策的演变过程以及影响帝王矿业政策制定的原因论述的过于笼统,如对清代矿业政策演变过程,当时就有人提出不同的看法[86]。

清军入关之后,并未立即禁矿。顺治元年,开山东临朐、招远银矿;顺治二年,开山东"长清等处矿,每月汇报充饷"[87]。直至顺治九年,直隶保安人王之藩倡议开矿,工部议奏:"查故明万历时差官开矿,徒亏工本,无裨国计,而差官乘机射利,遍肆索诈,掘人冢墓,毁人田庐,不胜其扰。前事甚明,应严行禁止。"故"上是之"。[88]这应是清代"矿禁"的开始,但《清史稿》中却将此归纳为"听民采取,输税于官,皆有常率"[89],表述截然相反。顺治朝还处于平定全国的征战之中,稳定后方尤为重要,皇帝可能还无暇考虑资源问题,而明末"矿乱"的教训对"矿禁"政策的制定显然有直接的影响。

康熙帝即位时还未成年,沿用先皇的"矿禁"政策顺理成章。但是随着全国的平定,社会经济的恢复,货币需求增加,铸币量快速增长。同时,原有收购旧钱及废旧黄铜器皿的币材供给方式也了出现问题。铜铅供不应求的矛盾日益突出,至康熙十八年引发第一次"铜荒"。于是,才有了当年殿试题目中的"铜源"问题,以及《钱法十二条》的出台。《钱法十二条》中明确规定:"凡一切有铜及白黑铅处所,有民具呈愿采,该地方督抚即选委能员,监管采取。"其后,又进一步取消矿税,加大了鼓励铜铅开采的力度,这一切旨在解决当时严重的铜铅供求矛盾。也正是此时,云贵总督蔡毓荣开矿的奏请很快被批准。需要说明的是,康熙二十一年,湖广土司田舜年请开矿采铜。上谕:"开矿采铜,恐该管地方官员借此苦累土司,扰害百姓,应严行禁饬,以杜弊端。"[90]皇帝禁止此地铜矿开采,出于该地特殊政治体制的考虑,并非禁止全国铜矿的开采。

康熙二十三年开放"海禁"之后,大量日本洋铜的进口保证了国家币材的需求,化解了第一次"铜荒"。在币材供求矛盾基本解决的前提下,防范矿产开发滋生的社会问题就成为康熙皇帝关注的重点。于是,康熙三十八年,停止旧钱及废旧黄铜器皿的收购;康熙四十三年,江西巡抚请开崇仁、大庚等处铜铅矿被户部奉旨驳回。康熙皇帝同时降旨:"闻开矿事情,甚无益于地方,嗣后有请开采,俱著不准行。"[91]这道圣旨的颁布,意味着对康熙十八年《钱法十二条》中允许铜铅矿开采政策的否定。不但"嗣后有请开采俱不准行",即使已开矿厂也予以封闭。如康熙四十四年封闭广东海阳县仲坑山矿厂[92]。

但是,当时的"矿禁"政策并非全国一致。自康熙二十三年之后,云南矿产开采一直在继续,成为"矿禁"中的例外。其他各省冀希援引云南之利奏请开矿,如康熙五十一年四川总督能泰两次奏请开矿,虽然没有得到批准,但已经实施开采。有鉴于此,康熙五十二年,经过九卿会议讨论,最终决定:"除云南督抚雇本地人开矿,及商人王纲明等于湖广、山西地方各雇本地人开矿不议外,他省所有之矿,向未经开采者仍严行禁止,其本地穷民现在开采者姑免禁止,地方官查明姓名记册,听其自开。若别省之人往开,及本处殷实之民有霸占者,即行重处。"[93]继续"矿禁"政策的同时,允许云南例外,其他各省不得援引。

然两年之后,日本正德新令中限定铜的出口,清廷的币材供给再次亮起红灯。为了缓解第二次"铜荒",从税关办铜到内务府商人办铜,再到江南八省办铜,币材供给方式几经变化,至康熙皇帝驾崩之际,铜铅供不应求的矛盾仍然没有得到解决。

从资源认识上看,康熙皇帝是非常矛盾的。一方面,他认为,"天地间自然之利当与民共之,不当以无用弃之"[94],即自然资源应当开发利用,收益与民共享;而另一方面,他又担心矿业开发滋生社会问题,要求"不得聚众生事,妄行不法"[95]。因此,允许贫民零星开矿以谋生、反对商人大规模开采以谋利成为康熙帝矿产资源利用观念的写照。这种资源观念正是康熙皇帝在权衡保证国家矿产需求与维护社会稳定这两大问题后的折中选择。

雍正皇帝即位时国家承平已久,但币材供求矛盾亦然存在。在政策上,雍正皇帝仍然延续康熙四十三年之后的"矿禁"。雍正二年,就两广总督孔毓珣奏请广东开矿一事,上谕言:"至于课税,朕富有四海,何藉于此,原因悯念穷黎起见,谕尔酌量令其开采,盖为一二实在无产之民,许于深山穷谷,觅微利以糊口资生耳。尔等揆情度势,必不致聚众生事,庶或可行。若招商开厂,设官徵税,传闻远近,以致聚众藏奸,则断不可行也。"[96]与康熙皇帝的认识并无二致。雍正五年,湖南巡抚布兰泰奏请开矿,上谕曰:"开采一事,目前不无小利,人聚众多,为害甚钜。……岂不闻有一利必有一害,要当权其利与害之轻重大小而行之耳。"[97]在湖南开矿问题上,皇帝反对的态度已不坚决,而是将趋利避害的难题抛给了地方官员。

但在实际执行过程中,矿业的开禁问题在地域上有明显的差别。雍正年间,关于广东开矿还是禁矿的问题上,争论的最为激烈[98]。但就全国而言,除了云南之外,贵州、广西、湖南、四川等省已有官府批准设立的矿厂从事采炼[99]。也就是说,雍正皇帝将矿产开发问题落实在具体的地域上,趋利避害,因地而宜,已经不是单纯的矿业开禁问题。关于清代矿业政策的地域差别将在本章第二节详细论述。这里需要说明的是,虽然雍正皇帝仍然面临在保证国家矿产需求与维护社会稳定这两大问题,但通过具体地地域分析,努力实现趋利避害的目的,显然比康熙皇帝较为高明,表明对资源的认识更加深刻。

乾隆皇帝的资源观念与他祖父和父亲不同。乾隆二年,贵州提督王无党奏:"夷地开厂,米粮食物,垄断丛奸。铜铅二项为铸局所需,自不可禁。银锡等厂宜因地因时以为开闭。"乾隆皇帝认为:"据云,铜铅为铸局所需不可禁,则银锡亦九币之一,其可即行禁采乎?且禁银锡之厂,则为此者将转而求之铜铅之场矣,游手耗食之人如故也。此奏虽是,而未通权。"[100],王无党从维护社会秩序出发,提出开铜铅而禁银锡,限制矿业开发规模,尽力减小矿业开发滋生的不利社会影响。乾隆帝认为"此奏虽是,而未通权",承认王无党的出发点是好的,但方法不对。如何才能做到"通权"呢?皇帝并未言明。

同年,广东开矿之议再起,两广总督鄂弥达与广东提督张天骏之间就开禁问题各执一词。鄂弥达认为"广东提督张天骏有意偷安,假名滋事奏止开矿"[101]。身为两江总督的庆复上奏支持广东开矿,并提出"是开矿之处,全在该管官调度得宜,钤制有法,不在疆域之异。"[102]将雍正皇帝矿产资源开发观念向前推进了一步,矿业开发的利与弊可以通过地方官员的管理艺术达到趋利避害的目的,而不在于地域差别。综合各方面意见,次年皇帝在给鄂弥达的朱批中写到:"这所奏甚是。地方大吏原以地方整理,人民乐业为安靖,岂可以图便偷安,置朝廷重务于膜外而谓之安靖耶? 横山矿徒一案,张天骏即应处分,而此后借安靖之名为卸责自全之计,甚属推诿因循,罔顾公事。张天骏著部议处具奏。该部知道。"[103]乾隆的意思很明确,矿业为朝廷"重务",地方官吏不能因"安靖"为借口,禁止了事,而是应该考虑如何通过管理和调剂达到趋利避害的目的。

此时,乾隆皇帝的资源观念已经形成,矿产资源开发是国家的重要政务,如何开发才能做到趋利避害,矿业开禁已经不是问题了。乾隆四年,两广总督马尔泰奏请广东开铜矿禁银矿,皇帝朱批:"但所谓银矿应闭之说,朕尚不能深悉,或者为开银获利多,则开铜者少乎,不然,银亦系天地间自然之利,可以便民,何必封禁乎。"[104]认为开矿并非仅指铜铅,凡便民之矿均可开采。乾隆五年,当礼部尚书赵国麟奏请煤矿"悉听民间自行开采"时[105],因皇帝心中已有定论,故将此折交于各省督抚讨论。如河南巡抚雅尔图不赞成此议,皇帝朱批道:"原不必强同也。"[106]虽然皇帝赞同开矿,但并未要求全国一致,应该因地制宜。

至乾隆八年,矿业开禁已水到渠成。户部尚书张廷玉奏:"查矿厂为天地自然之利,固应开采以资民用。抑必详查出产地方,并无妨碍滋扰,妥酌办理,始为有利无弊。是以各省出产铜、铁、锡、铅之山场,如经该督抚查明产矿处所并无妨碍民田庐墓,招商刨挖,酌定章程,不致滋事启弊,保题开采,户部俱照该督抚所题,准其开采。倘遇矿砂淡薄,所出不偿所费,即准题请封闭。现在开采省分,如云、贵、广西之铜、铁、铅、锡矿厂,四川、湖南之铜、铅、铁矿,俱经开采;湖北产铁地方,已令该督抚查明定议;广东之锡矿,业据该督抚题请开采,其铜、铅矿厂,近据该布政使托庸奏请开采,经户部会同总督庆复议令该督抚将开采事宜妥议具奏。是各省有可采之山场,俱经该地方官查明保题,先后开采,以济民用。"[107]开矿地域遍及滇、黔、桂、川、湘、粤等六省,其他没有开矿的省份,并非国家禁止,主要缘于地方官吏的能力和认识问题。如乾隆九年,河南布政使赵诚奏请"矿煤之产概宜驰禁也"[108]。皇帝将此折发河南巡抚硕色议奏。但硕色不赞成开矿,认为"应将该布政使赵诚所请开采银铅等矿之处毋庸议"。皇帝朱批:"汝本一惟愿无事之人,且亦不能担任此事,只可姑且止耳。"[109]乾隆皇帝很清楚,如果强迫没有能力的人去开发矿产,只能适得其反。

嘉庆皇帝对矿产资源的认识趋于保守。嘉庆四年四月,上谕内阁曰:"朕恭阅世宗宪皇帝朱批谕旨,于开矿一事,深以言利扰民为戒,圣训煌煌,可为万世法守。朕每绎思庄诵,志之于心,因无人以此陈请,未经明谕。今有宛平民潘世恩、汲县民苏廷禄呈请在直隶邢台等县境内开采银矿,给事中明绳辄据以入告,故特降旨宣示,使知朕意。夫矿藏于山,非数人所能采取,亦非数月所能毕事,必且千百为群,经年累月,设立棚厂,凿砂煎炼,以谋利之事,聚游手之民,生衅滋事,势所必然。纵使官为经理,尚难约束多人,若听一二商民集众自行开采,其弊将无所不至。……且国家经费自有正供常赋,川陕余匪指日即可殄平,国用本无虞不足,安可穷搜山泽,计乃锱铢。……朕广开言路,非开言利之路也,聚敛之臣,朕断不用,明绳摺著掷还,并著交部议处。"[110]嘉庆六年九月,上谕再次重申:"朕自亲政以来,屡经谕止臣工不准言利,而内外臣工实心确信朕言者固多,然心存观望犹豫者不少,彼意总以为决不因言利获咎,即蒙议处申饬,圣意总觉能事,后必见好,是直不以朕为贤君,视为好货之主矣,诸臣何苦必欲以此尝试耶?……嗣后臣工等惟当洗心涤虑,毋得轻启利端,假公济私,妄行渎奏,将此旨通谕中外知之。"[111]虽然嘉庆帝声称禀称雍正的思想,但并未领会雍正趋利避害、择地开禁的精神,而是一味反对言利,禁止新设矿厂。但事实上,除了硐老山空的矿厂之外,嘉庆年间并未将此前设立的矿厂全部封闭,而在滇黔川等矿产大省还新设了不少矿厂[112]。

道光朝前期,皇帝的资源认识亦然保守。但自道光二十年鸦片战争之后,皇帝的资源观念突然从保守变为激进。道光二十四年四月,上谕:"自古足国之道首在足民,未有民足而国不足者。天地自然之利,原以供万民之用,惟经理得宜,方可推行无弊。即如开矿一事,前朝屡行,而官吏因缘为奸,久之而国与民俱受其累。我朝云南贵州四川广西等处向有银厂,每岁抽收课银,历年以来,照常输纳,并无丝毫扰累于民,可见官为经理,不如任民自为开采,是亦藏富于民之一道。因思云南等省除现在开采外,尚多可采之处,著宝兴、桂良、吴其濬、贺长龄、周之琦体察地方情形,相度山场,民间情愿开采者,准照现开各厂一律办理,断不可假手吏胥,致有侵蚀滋扰阻挠诸弊,该督抚等必能仰体朕意,妥为筹办,固不可畏难苟安,亦不得抑勒从事,总期于民生国计两有裨益,方为妥善,各省情形不同,不准彼此观望,将此各密谕知之。"[113]四年之后,皇帝再次重申:"至开矿之举,以天地自然之利还之天下,仍是藏富于民。如果地方官办理得宜,何至藉口于人众易聚难散,因噎而废食。著四川云贵两广江西各督抚于所属境内确切查勘,广为晓谕,其余各省督抚亦著留心访查,如有苗旺之区,酌量开采,断不准畏难苟安,托词观望,偷游移不办,朕不难派员前往履勘,如果不便于民,或开采之后弊多利少,亦准奏明停止。至于官办民办商办,其应如何统辖弹治稽查之处,朕亦不为遥制,惟在该督抚等各就地方情形,熟商妥议,定立章程具奏。总之有治人无治法,穷变通久,全在因时制宜。综此数端,除实有不便于民者,准该督抚奏明外,其余令在必行,谅不敢莠言乱政。如果该大臣等振刷精神,痛除锢习,小廉大法,未有为其事而无其功者,即令收效稍迟,亦绝无丝毫掊克病民也,尔百寮共勉之,苟能膺朕之赏,而无干朕之法,朕甚慰焉。将此通谕中外知之。"[114]

如果说乾隆皇帝还能做到因地制宜、不强求一律的话,道光皇帝则强令全国各地均需实力开矿。当然,这不能归结为道光皇帝比乾隆皇帝在资源观念上更为激进,而是求利的目的更为明确。但这样的举措,客观上对矿业发展有利。

通过分析清代前中期各位皇帝的资源观念和矿业政策演变过程可以看出,虽然他们所处时代各不相同,但其对资源认识的变化与清代矿业发展演变之间存在一定的关系。康熙帝在权衡保证国家矿产需求与维护社会稳定这两大问题时,倾向于允许贫民零星开矿以谋生、反对商人大规模开采以谋利,这样的资源观念影响到矿业政策不断变化,矿业亦无过多发展;雍正帝虽然面临同样的问题,但他的认识进一步深化,通过择地开禁,做到趋利避害,虽然政策上依然"禁矿",但实际上已不少地区从事开发,故矿业逐渐发展;乾隆帝认为矿业开发的利与弊取决于决策者和管理者的智慧与能力,不存在开与禁的问题,而在于如何才能做到趋利避害,故矿政从禁止转向开放,迎来了矿业发展的黄金时代;嘉庆帝继承了雍正帝"禁矿"形式,但却未领会其精髓,资源观念趋于保守,禁止新矿开发,故矿业发展限于停顿乃至倒退;道光帝后期迫于财政压力,积极提倡开发矿产资源,但受全国环境变化所限,在矿业开发上亦无太大作为。由此可见,统治者的资源观念对矿政和矿业发展有深刻的影响,资源观念的变化既受不同时期社会环境的影响,也与统治者的认识不无关系。

第二节　边疆开发战略下的矿业布局

在矿业政策开放的环境下,矿业分布格局的形成取决于矿产资源的分布状况,同时也与国家的政策导向密不可分。政策导向反映国家的意志,这在清代矿业分布格局的形成过程中扮演着非常重要的角色。本节将从国家控制的角度考察清代矿业分布格局的形成过程及其原因

一、清初铜铅资源富集区的特殊社会环境

虽然康熙十八年的《钱法十二条》中规定,允许商民开采铜铅矿,康熙二十三年又进一步取消铜铅矿税,鼓励矿业开发,但仍"开采寥寥"[115]。之所以如此,是因为铜铅资源富集区的演变以及资源所在地特殊社会环境所致。

一方面,就当时的采冶技术和水平而言,内地传统的铜铅产地大多资源枯竭,无矿可采。首先来看清代以前的铜铅主产地。西汉吴王刘濞在豫章郡之章山采铜,邓通则采蜀严道之铜[116]。汉武帝将铸币权收归中央,由上林苑均输、钟官、办铜令负责,并设铜官于丹阳郡(原豫章郡)开采铜矿[117]。可见,汉代的主要铜产地在今江西。唐代"天下炉九十九,绛州三十,扬、润、宣、鄂、蔚各皆十,益、邓、郴皆五,洋州三,定州一"。[118]夏湘蓉等认为各州置炉的多少大体上是和当地当时金属铜的产量相适应的[119]。此说甚是。故唐代铜的主产地在今山西、江苏、安徽、湖北等地。宋代,"铜产饶、处、建、英、信、汀、漳、南剑八州,南安、邵武二军,有三十五场,梓州有一务"。"铅产越、建、连、英、春、韶、衢、汀、漳、南剑十州,南安、邵武二军,有三十六场务"。[120]铜铅产地主要集中于今江西、

浙江、福建、广东等地。由此可知,黄河、长江中下游地区是中国传统的铜铅主产地。但是,经过长达两千余年的开采,明清时期,传统铜铅主产地的资源逐渐枯竭。以长江中下游铜矿为例。明洪武五年,池州府还纳铜课十八万斤;宣德年间,池州府铜课已不见记载,江西德兴、铅山二县铜场亦仅产铜五千余斤,远低于云南路南州的岁纳铜课量[121]。清代安徽、江西两省已无铜矿开采的记载,而江西鼓铸所需铜铅皆向滇黔二省采买[122]。

另一方面,边疆地区的铜铅资源优势日益凸显。云南铜矿开采历史悠久。《汉书·地理志》记载,益州郡俞元、来唯二县出铜[123]。其后,关于云南产铜的记载很少,言语不详[124],难以确知当时的铜矿开采情形。元代以来,关于云南铜矿的记载逐渐丰富。《元史·食货志》载:"产铜之所,在腹里曰益都,辽阳省曰大宁,云南省曰大理、澄江。"[125]云南与益都、辽阳并列,成为元代三大铜产地之一。明代云南铜矿不止路南州一处,据正德间云南巡抚王懋中言:"云南楚雄府南安州,临安府宁州,澄江府路南州,云南府易门、罗次二县,各该管地方表罗、登楼、矣达、摩车、西沙、龙曲、则山等处产有铜矿,先年曾经听民采取,收课在官,军需之余,亦得少备官员折俸支用,军民贫乏者,亦得就场生理度日。"[126]崇祯十一年,交水主人告诉徐霞客:"有间道自寻甸出交水甚近,但其径多错,乃近日东川驼铜之骑所出。"[127]可见东川铜矿在明代已有开采。

明末,云南富产铜矿已经成为朝廷上下的共识。嘉靖三十四年,兵科给事中殷正茂言:"今财用不足,惟铸钱一事可助国计,但两京所铸以铜价太高,得不偿费,可采云南铜,自四川运至湖广岳州府城陵矶,其地商贾辏集,百物夥贱,且系南北适中之所,可开局铸造。"其后,定于云南就地铸钱[128]。嘉靖三十七年,因云南工价高昂,"止铸钱二千八百七十四万七百文,费多入少","上以云南产铜,不宜惜小费以亏国用,命给银铸钱如故"。[129] 按当时铸钱重量及配铸比例计算,每年需铜约为 13 万斤,则当时云南铜产量当不少于此数。万历四年,巡按云南御史郭廷梧再次奏请云南铸钱:"国初京师有宝源局,各省有货泉局,自嘉靖间省局停废,民用告匮,况滇中产铜,不行鼓铸,而反以重价远购海肥,孰利孰害。"户部议开[130]。万历四十六年,户科官应震奏言京师铸钱,"令云南五千金之贡俱折以铜,运赴留都钱局"[131]。云南铜逐渐成为京师铸钱的主要币材来源,滇铜不至,则京师铜价腾贵[132]。

但是,元明两代云贵两省铜铅矿的开采规模有限,这与当时铜矿富集区的社会环境有很大的关系。西南边疆铜铅富藏最为丰富的地区分别是东川和大定,但二地长期以来分别由禄氏土司和水西土司管辖。一般而言,土司地区事务由土司进行直接管理,清王朝通过管理土司而进行间接地控制,朝廷并不干预土司内部事务。对于土司而言,大规模开发铜铅矿产既无必要也不现实,而在土司地区进行政府主导下的大规模铜铅开发,存在严重的政治体制上的障碍。

由此可见,一方面,国家对铜铅矿产有巨大需求,而内地铜铅资源接近枯竭,无矿可采;另一方面,边疆地区虽有丰富的铜铅资源,但却受到特殊政治体制等社会环境所限,难以大规模开发。故清初矿业发展程度有限。

二、资源开发视角下的边疆政治体制变革

在政府为解决铜铅供需矛盾寻找出路的同时,边疆民族地区大规模的政治体制变革也在进行。康熙三年闰六月,吴三桂率兵进剿水西宣慰使安坤,五年二月于其地设立平远、大定、黔西三府,同年九月,改乌撒土府为威宁府,隶贵州省统辖[133]。虽然吴三桂的

原奏早已遗失,水西改土归流的初衷不得而知。但康熙二十五年所编《平定三逆方略》言:"(吴三桂)诳称水西土司反叛,请攻灭之,阳居拓地之切,而阴擅其利。"[134]康熙四十五年,皇帝亦说:"从前吴三桂自水西、乌蒙土司地方进兵取云南,因知其地产银,遂于康熙初年奏请进剿水西。"[135]可见,当时人们的看法比较一致,是吴三桂为获取水西矿利而奏请改土归流。

　　然而,水西的政治体制并未就此稳定下来。在平定吴三桂叛乱过程中,"水西土司安胜祖等效顺助饷,又率其属阿五等协力剿贼"有功[136],平定吴三桂叛乱后,朝廷上下针对原水西地区的政治体制问题展开了激烈的讨论:"或云土司系外彝,即令土官管理,易于行事,不可遽取其地;或云土司予以大职,令其管理事务,恐有权柄,不为我节制;或云我所取之地何复令彼管理,仍取之为便;或云设流官管理可多得钱粮。"[137]康熙皇帝也举棋不定:"朕观平远、黔西、威宁、大定四府土司,原属苗蛮,与民不同,以土司专辖方为至便。"[138]于是,派遣兵部侍郎库勒纳会同云贵总督蔡毓荣实地勘查。虽然最后决定仍然实行流官体制[139],但还是重新设立了水西宣慰司,与黔西北四府并存,且有直接管辖的区域。直到康熙三十七年,因"贵州水西宣慰使安胜祖病故,承袭无人,请将宣慰使停袭,其水西土司所属地方改归大定、平远、黔西三州流官管辖"[140]。至此,水西流官体制基本确立。

　　从表面上看,废除土司,设立流官,"改土归流"业已实现。其实不然,当时黔西北新设的大定、平远、黔西三府及由乌撒土府改置的威宁府,因"均属苗户,暂免编丁",除了"其地亩照卫田征粮"外[141],征收赋税、征派夫丁、治安、司法仍由当地土目管理。直至雍正五年,川陕总督岳钟琪在奏疏中还建议将东川、威宁等地的土目迁往内地,其民事由流官管理。"云南东川府会理州、贵州威宁府属之阿底盐仓等处、永宁之各夷屯归流已久,其土目各治其民,流官向土目收粮,终非久计,请将土目迁往腹地,其催粮之里长甲首,令内地轮流充当,其土民悉令薙发,男妇俱照内地服饰。……,均应如所请。从之"。[142] 事实上,在雍正五年裁撤土目之前,水西地区已经开始矿产资源的开发。如康熙五十七年,威宁府的猴子、观音山等银铅矿批准设厂开采;次年,又有商人王日生"到威宁府开采天桥等厂,至四川重庆府发卖"[143]。

水西地区的政治体制变革,从康熙三年至雍正五年,持续了六十余年。在此期间,流官并未掌土理民,更谈不上进行大规模的资源开发了。但是,水西矿藏丰富,早在明末就已闻名于朝。六十年间之所以没能在水西地区进行大规模资源开发,实缘于政治体制上的限制。

东川情形与水西相似。雍正四年,云南巡抚鄂尔泰奏请东川归滇时言:"窃查四川东川一府原系土酋禄氏世守地方,……至康熙三十一年始献土改流,议归四川管辖。其地与云南省寻甸、禄劝、沾益三州接壤,距云南省城四百余里,方隅广阔,地土肥饶,昔遭流寇蹂躏之后,缘半未开辟,兼之土人凶悍,专事劫掠,川民不肯赴远力耕,滇民亦不敢就近播垦,故自改土以来,历今三十余载,风俗仍旧,贡赋不增,该府每年征折等银止三百余两,俸工兵饷不敷,悉赴成都支领,往返维艰,以天地自然之利致为荒芜不治之区,良属可惜。况东川去成都二千八百余里,一切事宜俱有鞭长不及之势。……若得东川府改隶云南,声教易及,凡滇黔两省商民有力能开垦者,广为招徕,以实其地,并将附近营汛斟酌移驻,以资弹压,不但兵民众多,土人自不敢横肆,且从前茂草皆变为膏腴,民受福利,国增钱粮,似亦因地制宜、及时变通之一端也。"[144] 东川虽改流三十余年,但"风俗仍旧",鄂尔泰将之归因于"土人凶悍、专事劫掠"所致。东川"改土归流"虽已三十余年,但名不符实。"缘改流之后,仍属六营盘踞,诸目逞凶,岁遇秋收,辄行抢获。故改土三十年,仍为土酋所有"。[145]虽设流官知府、经历,但并不直接掌土理民,一切地方具体政务由六营土目管理,流官形同虚设,以致"以天地自然之利致为荒芜不治之区"。鄂尔泰奏请东川归滇管辖,其目的之一便是就近开发,使"民受福利,国增钱粮"。但要开发东川,首先要解决土目问题。雍正五年底,借乌蒙、镇雄改土归流之余威,将东川土目尽行裁撤,才使"东川地方不负改土之虚名,而边民百姓咸沾归流之实惠矣"[146]。

至此,大规模开发东川地区的丰富资源才成为可能。其实,早在雍正皇帝批准东川归滇的当年,鄂尔泰就提出了开发东川的构想。东川地方辽阔,"非一知府、一经历所能遍理",计划于巧家设县,县典吏移驻者海,于歹补设巡检,使"紧要地方俱有职员分理,垦田、开矿协办有人"。而在此之前,鄂尔泰已经着手开发东川矿产。"查东川矿厂颇多,前川省未开亦以米粮艰难之故,现在汤丹一厂臣已采试,矿苗甚旺,就目前核算,岁课将及万金,此外如革树等厂凡十余处,待米粮足用,通行开采,虽或衰旺不一,皆不无小补"。[147]

清代前期边疆民族地区政治体制变革与国家资源开发,两者在空间上的重合性与时间上的连贯性显示出某种内在的关联。它们之间是否存在直接的因果关系,目前的研究还缺乏有力的证据。康熙二十五年的一份上谕中说:"近云贵督抚及四川、广西巡抚俱疏请征剿土司,朕思从来控制苗蛮,惟在绥以恩德,不宜生事骚扰,今览蔡毓荣奏疏,已稔悉其情由。盖因土司地方所产金帛异物颇多,不肖之人苛求剥削,苟不遂所欲,辄以为抗拒反叛,请兵征剿。在地方官则杀少报多,希冒军功。在土官则动生疑惧,携志寒心,此适足启衅耳。朕惟以逆贼剿除,四方底定,期于无事。如蔡毓荣、王继文、哈占等身为督抚,不思安静抚绥,惟诛求无已,是何理也?"[148]地方官吏贪恋土司地区的丰富资源,动辄以征剿奏请,皇帝以安定为重,严厉申斥了这种行径。其后,康熙皇帝又对吴三桂在水西改土归流的动机进行了分析:"从前吴三桂自水西、乌蒙土司地方进兵取云南,因知其地产银,遂于康熙初年奏请进剿水西,后得其地,分为四府,我军于是役亦大有损伤。"[149]认为吴三桂在水西地区改土归流的目的是为了获取矿产资源。可见,地方督抚堂而皇之的征剿理由背后,还包含有获取资源的动机。

虽然没有直接的史料表明清初西南地区政治体制的变革与云贵铜铅资源开发有直接的因果关系,但是,"改土归流"与滇铜黔铅开发在时间上前后相继,在空间上基本重合。这种时空上的关联性以及间接的史料表明,两者之间必然有其内在的联系。或许,"改土归流"的初衷并非完全是为了获取资源,但是,边疆民族地区的政治体制改革却为国家大规模的资源开发创造了条件。

三、边疆开发战略及矿业格局的形成

虽然清代前期矿业政策在开与禁之间几经调整,但矿产资源开发的区域性逐渐凸显,几乎所有批准开矿的省份均位于边疆地区。兹以时间顺序逐一分析,首先看云南。一般认为,康熙二十一年云贵总督蔡毓荣在《筹滇十疏》中提出云南"开矿铸钱"的建议得到清廷批准,标志着清代云南矿业发展的开端。但据蔡毓荣所言:"今除《全书》开载:蒙自、楚雄、南安、新平之银、锡等厂,易门之三家老铜厂,定远苴苲铁厂,仍应照额征课,毋庸置议外,查呈贡之黄土坡,昆阳之母子营,罗次之花箐,寻甸之迄曲里,建水之鲁苴冲、老鹤塘,石屏之飞角甸,路南之泰来,广通之火把箐,定远之大福山，和曲之白露，顺宁之老阴坡，俱有铜厂；……或封闭有年，或逆占既开，寻复荒废。"[150] 易门县三家老铜厂照额征课，呈贡等十二处铜厂中"或逆占既开"，表明吴三桂统治云南之时已经从事铜矿开采。

虽然在康熙十八年之前，全国仍处于"矿禁"之下，但云贵地区为吴三桂所掌控，中央政府对其开矿则听之任之。平定三藩之乱后，《钱法十二条》也已颁布，矿禁不复存在。故当蔡毓荣奏请开矿时，顺利地得到中央政府的批准，与其他省份并无二致。康熙四十三年，皇帝上谕："闻开矿事情，甚无益于地方，嗣后有请开采，俱著不准行。"[151] 对于已经开矿的云南，并不在此条上谕的禁止之列。因此，云南成为康熙朝后期"矿禁"政策中的例外。

全国并不统一的矿业政策给其他意图开矿的省份提供了可乘之机。如康熙五十一年四川总督能泰两次奏请开矿，虽然"皇上皆朱笔批不准行"，然而一年之后，"蜀省一碗水地方聚集万余人开矿"[152]。能泰之所以敢"先斩后奏"，冀希援引云南之例而获准开矿。这件事经九卿会议之后，其结果是："除云南督抚雇本地人开矿，及商人王纲明等于湖广、山西地方各雇本地人开矿不议外，他省所有之矿，向未经开采者仍严行禁止，其本地穷民现在开采者姑免禁止，地方官查明姓名记册，听其自开。若别省之人往开，及本处殷实之民有霸占者，即行重处。"[153] 这一决定堵塞了各省援引云南之例的可能，同时云南作为"矿禁"政策的例外得到中央的认可。为何云南成为"矿禁"政策的例外？除了皇帝认为"滇省矿厂所出颇多"，可以"资助兵饷"之外，是否还有其他深层次的原因，这将在后文继续讨论。

清代湖南的矿业开发较早，在《钱法十二条》颁布的第二年，"湖广衡、永二府产铜铁锡铅处，招民开采输税"。康熙五十二年的规定允许商人王纲明在湖广雇本地人开矿,该年湖南大凑山、黄沙等三处铅厂获课铅 36 万余斤[154]。湖南矿业开放政策一直延续。雍正三年,商人范毓馪于户部呈请在湖南郴州九架夹地方开采白铅亦得以批准[155]。可见,湖南在康熙十八年之后,与云南相同,一直处于"矿禁"之外。

贵州的矿业开发也于康熙末年逐渐开始。康熙五十七年贵州威宁府猴子银铅厂、五十九年威宁府观音山银铅厂相继设立[156]。雍正二年,云贵总督高其倬奏称:"访得贵州地方之马鬃岭、齐家湾、罐子窝等处,亦有倭铅矿硐,因通知抚臣毛文铨,委员会同查勘,招开已经具奉令各处皆有成效,除黔省抽课一年约共可获五六千两,归黔抽报济公外,云南省每年买运黔厂倭铅五十万斤"[157]。其后,大定府属齐家湾、威宁州属阿都、腻书,普安州属丁头山等铅厂陆续开采。[158]贵州开矿并未遭到中央政府禁止。雍正五年,贵州巡抚何世璂奏报:"黔西商民纷纷具呈请开矿厂,……黔省土瘠民贫,不习纺织之业,复不擅商贾之资,止籍耕获营生,而山高岭峻,转运维艰,惟矿厂一项乃天地自然之利,但能经画有方,防范得法,上可益课,下可便民,商之督臣鄂尔泰,亦以为可,遂行查验羊角、札子、白蜡三厂,已有成效,商议帮阿都厂衰微之课,其余所报之处,现在饬司清查,一有实效,议定作何抽收之法,臣再会同督臣确议具题。"[159]可见,皇帝、朝臣与地方大员在贵州是否可以开矿的问题上并不存在争议。虽然此时"矿禁"政策依然存在,贵州步云南、湖南之后成为第三个例外。

雍正朝前期,广西的矿业政策出现明显的变化。雍正二年广西巡抚奉命缉拿贺县蕉木山金矿矿徒、雍正五年又驱逐南丹州锡矿矿徒,分别得到皇帝的嘉奖[160]。但仅一年之后,广西苍梧县芋荚山,临桂县水槽、野鸡、涝江、烟竹枝,怀集县上富,恭城县申家猺、禾木岭等处金银铜铅矿却批准设厂,按例抽课;七年宣化县铙钹山铅矿、十一年贺县蚂蟥山银矿、十二年怀集县汶塘山银铅矿厂亦设厂开采[161]。可见,在广西开矿已经不存在政策上的制约。

清代四川的矿业开发也很早。康熙二年黎汉、红卜苴二洞白铜厂就已开矿纳税;二十四年“邛州蒲江县黄铁山开铁矿六座,招民开采”。虽然前述康熙五十一年四川总督能泰冀希援引云南之利开采一碗水地方矿厂未能获批,但仍有其他新厂设立,如康熙五十三年麂子黑铅厂。但五十七年后,“四川各厂通行停止”,应属全面禁矿[162]。雍正七年,中央批准四川建昌一带矿厂招商办课,提督黄廷桂奏请于雷波、马边一带同样开矿设厂,却遭到皇帝的申斥:“雷波、黄螂一带地方与新抚凉山诸夷壤畴交错,第宜示以镇静,胡可兴启利端。”[163]皇帝的意思很明确,雷波、马边一带靠近凉山,少数民族众多,应以稳定社会秩序为要,但并未否定四川其他地区开矿。次年,建昌所属会川之迤北、兴隆、沙沟岭,宁番之紫古唧、沙基、九龙以及公母、黎溪等处红铜、白铜、铅、青黄矿厂均招商开采[164]。四川又从“矿禁”转向开放。

广东开矿问题较为复杂,也是清代矿政争论的焦点。康熙十八年矿业开禁之后,广东亦应开矿设厂。如康熙四十四年,陕西道御史景日晔言:“商民何锡奉部文在广东海阳县之仲坑山开矿。”广东巡抚石文晟奏称:“该山开采日久,矿口愈深,所得矿砂价银不敷工费,何锡现在具呈恳罢,似宜封禁。”[165]该矿厂奉部文设立,且“开采日久”,康熙四十四年因硐老山空而封闭。可见自康熙十八年至康熙四十三年之间,广东确实曾经开矿设厂。但“后因封禁既严,奸徒无以谋生”,化为盗匪滋扰地方[166]。

雍正皇帝登基后,通政司右通政梁文科奏请广东开矿,而广州将军管源忠极力反对,皇帝将梁文科折转发两广总督孔毓珣议奏,

孔毓珣赞成梁文科开矿之言,并请"招商开厂,设官征税"。但却
被皇帝申斥:"原因悯念穷黎起见,谕尔酌量令其开采,盖为一一
真实无产之民,许于深山穷谷觅微糊口资生耳,尔等揆情度势,必
不致聚众生事,庶几或可,若招商开厂,设官征税,传闻远近,以致
聚众藏奸,则断不可行,特谕。"[167]四年之后,广东布政使王士俊以
铁矿为例,再次奏请广东"照云南、湖广之例一体开矿采铜"。皇
帝亦然坚持封禁政策:"粤东开采一事言之者甚众,朕殊不以为
然,……开采虽获矿砂之利,然寒不堪衣,饥不堪食,而聚集数十万
不耕之人于荒山穷谷之中,其害不独有悮农业而已也,纵云穷黎餬
口资藉,终非养民之上策"[168]。雍正七年,广西批准开矿,但对于
广东仍然封禁。雍正八年,皇帝言:"粤东开采一事万不可行,惟
宜严禁,稍若奉行不力,即为溺职也。"次年又说:"粤东矿厂除严
禁之外无二议也"[169]。雍正十三年,两广总督臣鄂弥达、广东巡抚
杨永斌第三次题请开矿。皇帝仍坚持封禁,认为:"停止开采甚
是,地方一切事务自当以久远宁帖、无后患始为尽善。"[170]乾隆二
年,广东开矿之议再起,两广总督鄂弥达与广东提督张天骏之间就
开禁问题各执一词。次年,皇帝在给鄂弥达的朱批中写到:"这所
奏甚是。地方大吏原以地方整理,人民乐业为安靖,岂可以图便偷
安,置朝廷重务于膜外而谓之安靖耶?……张天骏著部议处具
奏。"[171]皇帝开矿之意已决,之后广东矿厂逐渐设立。

　　通过以上考察,清代各省获准开矿的时间先后不一,以康熙四
十三年再次"矿禁"而论,云南、湖南处于"矿禁"之外,康熙五十七
年贵州、雍正六年广西、雍正七年四川、乾隆三年广东的铜铅矿产
资源开发相继获得政府认可,"矿禁"政策早已名不符实。乾隆八
年开放铜铅矿产开采之后,乾隆九年陕西、十年甘肃、十一年山西,
三十七年伊犁亦相继开矿设厂[172]。至此,清代矿政基本开禁。

　　如果将这些开矿省份落实在地图上就形成清代铜铅矿业的分布格局。有意思的是,几乎所有允许开矿的省份均位于清代的边疆地区,而内地几乎没有获准开矿的省份。

　　一般而言,矿产资源的地域分布是相对性的,清代内地矿产资源枯竭是相对与边疆地区丰富资源而言,并非内地实在无矿可开。很明显,形成这样的铜铅矿业分布格局,除了矿产资源的分布之外,还有其他原因左右着清代的矿业布局。探讨这种格局形成的内在原因,不妨先将视线推至明代。

　　明武宗正德三年,庞进辅奏请派遣内臣开采河南卢氏、永宁、宜阳、嵩县四处银矿。户部议覆:“河南中州要地,国家自昔至今未尝采办,必有深意存焉。”[173]明代人认为中州要地,应该禁止开矿。所谓的“深意”有两方面含义:一,河南在地理上处于国家核心地带,人口密集,交通便捷,社会经济发达;二,河南与两京距离较近,处于拱卫国家政治中心的重要地位,河南的安定关系国家的稳定。清代也有类似的言论,只是地点换成了山东。康熙五十八立于山东临朐县的《封黑山矿洞碑记》记载:“今天下舆图式郭,两广采铜锡,滇南采金银,而东省不与焉。任土作贡,责之于其所产,不责之于其所不产。况东方出震,与天地为生气,于京师为股肱,岳镇方望,拱护环围,乌可锤凿而破碎之乎?”[174]这段史料的意思更为直接,山东地近京畿,山东的稳定关系京畿地区的安全,因此不宜开矿。这与明代人对河南的认识大致相同。

　　河南、山东之外,对于直隶亦有这样的认识。乾隆九年,直隶藁城县知县高崶“呈请自备工本,开采矿厂”。直隶总督高斌议奏:“臣查山左开矿之说,闻明嘉万间到处开采,积岁无获,官民重困。至我朝康熙五十八年,巡抚李树德奏请开济、兖、青、登四府矿场,以佐军需。圣祖仁皇帝恐其扰民,差部员六人前往,试看无益,即停止。盖开采矿砂,向惟行于滇、粤边省若山左中原内地,从未举行。而沂镇泰安,山属岱岳,费滕峄县,地近孔林,更属不宜。且开凿之处,官役兵弁,必有不能不扰民之势。若致开掘民间庐墓,更易滋怨。况利之所在,易集奸匪,争斗之衅必生。更可惧者,去冬彗星所指,金称在齐鲁之方,今开矿适当其地,是于事则无利而有害,于地方则甚不宜,于舆情则甚不愿。若必俟试行无益,而后中止,万一有奉行不妥之处,将为盛德之累。"皇帝恍然大悟,谕曰:"所奏甚是,朕竟为舒赫德所欺,有旨谕喀尔吉善停止矣。"[175]高斌列举了直隶不宜开矿的四种例由,其中,"盖开采矿砂,向惟行于滇、粤边省,若山左中原内地,从未举行。"这与上述两条史料表达的意义相同,即"开边禁内"。

清代统治者继承了前代"内地不宜开矿"的思想,但在必须开发国内铜铅矿产资源以满足日益恶化的供求矛盾时,"开边禁内"便成为矿业开发的政策导向。康熙朝虽然矿政多变,但在皇帝重新禁矿之时,却将云南作为政策的例外,而这一例外正好位于清代的西南边疆。如果说康熙皇帝的安排是一个巧合,那么,雍正朝则是以"开边禁内"思想来安排开矿的地域。即使乾隆朝矿业政策基本开放之后,矿业分布格局仍然与"开边禁内"基本吻合。"开边禁内"虽然没有明文规定,但却左右着清代的矿产业布局,像一种固有的意识影响着统治者矿业政策的制定,故亦可将其称之为清代矿业开发中的边疆战略。

由此可见,清代矿业分布格局的形成深受明清以来"开边禁内"思想的影响。这种思想可以看成是清代资源开发中的边疆战略,即鼓励开发边疆地位的矿产资源,同时禁止内地矿产资源的开发。这种思想的形成与当时主要矿产资源分布有密切的关系,内地经过几千年的开发,在当时技术条件下,可供采炼的铜铅矿藏接近枯竭,而边疆地区还有大量尚待开发的铜铅矿藏,"开边禁内"思想与当时矿产资源分布状况基本一致。就清代社会经济发展的区域差异而言,内地经济发展水平较高,人口压力大,而边疆地区地广人稀,大量矿产、土地等资源尚待开发,"开边禁内"思想与鼓励广大内地贫民移民边疆、开发边疆的政策有内在的一致性。此外,明清以来,随着近代主权国家观念的兴起,边疆和边界问题越来越受到中央政府的重视,边疆开发成为国家的重要政务之一,"开边禁内"思想为边疆地区的矿产开发提供了依据,是清代国家边疆观的一种表现。

第三节　国家塑造下的矿产中心

全国性矿产中心的形成,不仅取决于当地丰富的矿藏条件,更与国家的政策密切相关,上节所论清代矿产资源开发中的边疆战略即是明证。不可否认,云贵地区有着丰富的矿产资源,但是,在滇铜、黔铅从地方性产业演变成为全国性矿产中心的过程中,国家特殊的开发政策、资金支持以及政府的参与和引导也发挥了至关重要的作用,作为清代全国矿产中心的滇铜和黔铅是国家塑造的结果。

一、云南成为"矿禁"政策中的例外

康熙十八年《钱法十二条》的颁布意味着全国铜铅矿开发政策的放开,三年后云贵总督蔡毓荣奏请在云南开矿不存在政策上的障碍,获得批准是情理之中的事。事实上,早在吴三桂统治云南之际矿产开发就已开始[176]。此时官府的工作是对旧矿进行整顿,将私矿纳入官府管理体系,以及开发新矿,年课金 14.52 两,课银 206.22 两[177]。康熙二十三年开放"海禁"之后,大量日本洋铜进

口,化解了清代第一次币材"危机"。故康熙四十三年,矿业政策
再次发生重大变化,已经开放的铜铅矿再次列入"矿禁"之列,广
东、湖南等地矿厂亦随之关闭。

按这道谕旨,云南矿厂应该立即封闭。令人不解的是,云南矿
业并未因此停止。就在全国恢复"矿禁"的第三年,云贵总督贝和
诺奏报:"云南金、银、铜、锡等矿厂,自康熙四十四年冬季起至四
十五年秋季止,一年之内共收税额银八万一百五十二两零,金八十
四两零。"户部认为云南所收矿课过少,令贝和诺"据实严查增
加",而康熙皇帝认为:"云南矿税一年征银八万两零,用拨兵饷,
数亦不少,若又令增加,有不致累民乎? 此所得钱粮即敷所用矣。
本发还,著照原题议结。"[178] 可见,云南督抚、户部以及皇帝均无禁
止云南开矿之意,云南成为"矿禁"政策"例外"的事实已经得到朝
野的公认。

这一"例外"的存在,凸显出云南与全国性"矿禁"政策的差
异,特别是当其他省份省奏请开矿,冀希援引云南之利时,更能说
明云南矿业政策的特殊性。康熙五十一年,四川总督能泰两次奏
请开矿,虽然"皇上皆朱笔批不准行",然而一年之后,"蜀省一碗
水地方聚集万余人开矿"[179]。能泰之所以敢擅自主张,缘于当时
铜铅矿开采并非整齐划一,"开矿俱不准行"的同时,还有云南一
省例外,故才敢贸然行事,冀希援引云南之例。这件事让康熙皇帝
难以决断:"朕念此等偷开矿厂之徒,皆系无室可居、无田可耕乏
产贫民,每日所得锱铢以为养生之计,若将此等乏产贫民尽行禁
止,则伊等何以为生。果如滇省矿厂所出颇多,亦可资助兵饷,此
处所出无多,该地方文武官员作何设法,使穷民获有微利养赡生
命,但不得聚众生事,妄行不法,似属可行。"[180] 虽然四川矿业规模
有限,无法与云南相提并论,不能"资助兵饷",但皇帝处于"养赡

贫民"的考虑,似乎有意默许四川已开矿厂的事实,故下九卿会议具奏。九卿会议的结果:"除云南督抚雇本地人开矿,及商人王纲明等于湖广、山西地方各雇本地人开矿不议外,他省所有之矿,向未经开采者仍严行禁止,其本地穷民现在开采者姑免禁止,地方官查明姓名记册,听其自开。若别省之人往开,及本处殷实之民有霸占者,即行重处。"[181]康熙皇帝批准了这一决定。至此,云南作为"矿禁"政策的例外得到中央明文认可,且其他各省不得援引。

云南为何会成为"矿禁"政策的"例外"？这必须从云南社会经济发展中寻找答案。据康熙《云南通志》记载,云南每年额征税粮 31918 石,地丁银 87860 两,盐课银 144893 两,商税银 13334 两,但岁支兵饷 805095 两,兵米 151200 石[182]。如加上官俸与办公费用,云南收支缺口巨大,每年均需内地省份协济。然年征矿税一项即与地丁银相近,这对云南而言是一笔可观的收入,矿业开采可以缓解云南入不敷出的困境,或许是原因之一,但并非仅此而已。康熙皇帝认为"滇省矿厂所出颇多,亦可资助兵饷",但入不敷出的并非云南一省,而具有矿利优势的亦非滇南独有。云南"例外"的产生,必须在同其他省份的比较中进行分析。

前文提到在矿业开禁问题上以广东争论最为激烈。雍正皇帝登基后,通政司右通政梁文科奏请广东开矿,而广州将军管源忠极力反对,皇帝将梁文科折转发两广总督孔毓珣议奏,孔毓珣赞成梁文科开矿之言,但却被皇帝申斥。雍正六年,署理广东布政使臣王士俊再次奏请开矿,并言:"或以开采铜矿疑夫役易聚难散,但铜矿与铁厂无异,今铁厂所需夫役颇多,取结互保,并无难散之虞,铜矿夫役照铁厂一例编查,止用附近居民,不许外人入聚,固甚易,散亦不难,又何有难散之虞耶?"但皇帝仍将扰乱社会治安列为禁止广东开矿的原因:"粤东开采一事言之者甚众,朕殊不以为然,盖缘粤省不比滇黔,一者民俗善盗,二者米谷不敷,开采虽获矿砂之利,然寒不堪衣,饥不堪食,而聚集数十万不耕之人于荒山穷谷之中,其害不独有误农业而已也,纵云穷黎糊口资藉,终非养民之上策。"[183]雍正九年再次重申:"该省(指广东)之不宜开采,盖缘米价昂贵、盗案每繁之故,不然何疏于湖广、广西,而独严于粤东耶?将此意传令粤省官民知之。假使粤东民俗一旦舍末趋本,尽力耕耘,至米粮充盈,盗风寝息时,矿沙乃天地自然之利,亦何靳而不令为之也。"[184]

因为有皇帝的这段许诺,雍正十三年,两广总督臣鄂弥达、广东巡抚臣杨永斌再次奏请开矿,并针对皇帝列举禁止广东开矿的其他两条原因逐一反驳:"第查粤省虽属山多田少,若无旱涝,所产米粮亦可敷一年之食,再藉西谷即能充裕";"况即不开采,通省盗案亦不能保其必无";且"数年以来,粤东年谷顺成,米价平减,盗贼渐少,地方宁谧,为大吏者当以静镇处之,不当引之于动大哉!"然皇帝食言,仍坚持"停止开采甚是",不再解释[185]。

乾隆五年,因广东承办京锡而开采锡矿,乾隆八年又开放广东铜铅矿开采[186]。关于广东矿业开禁的争论告以段落。但乾隆九年又有御史卫廷璞、欧堪善奏请广东停缓开矿,两广总督那苏图奏言:"议者谓矿厂一开,奸良莫辨,海寇黎猺,劫垄踞山,事属可虑。伏惟久道化成,数十年来鲸鲵绝迹,必无意外之虑。即如云南夷猓杂处,粤西苗獞交错,频年开矿,并未滋事。惟在司事文武,弹压有方,便可杜绝。"[187]广东矿业得以继续。

在这场长达四五十年的争论中,粤省大员一再拿云南和广东作比较,从社会风气、粮食供给、民族情况以及社会影响等各方面论证广东开矿的合理性,但均遭到中央政府的否决。可见,这些并不是广东禁矿的真正理由。广东地区开发较早,人口众多,社会经济发展较高,又是海疆要地,对外贸易繁盛,属于国家的根本所在;而云南地处西南边疆,地广人稀,社会经济发展滞后,属于国家财政重点补贴之地。开矿利害相伴,对于广东而言,矿利相对田赋而言甚微,若因开矿导致社会秩序混乱则得不偿失;而云南财政严重入不敷出,矿利补贴军费的作用明显,且地处天南一隅,即使因此出现社会治安问题,于国家大局无损。或许,可将云南"例外"看成国家实现趋利避害的"试点地区",犹如改革开放之初的深圳,具备靠近港澳的优势,又远离国家政治和经济中心。

广东最终也进入了开矿的行列,这符合矿产资源开发中"开边禁内"的思想,亦是清代矿业开发中的边疆战略。正是由于这样的"例外",即国家矿业开发政策上的区域性差别,使云南拥有持续不断地政策上的支持,才铸就了滇铜的辉煌。

二、滇铜开发中的资金扶持

一般而言,矿山建设周期较长,前期生产的资金投入量大,矿产开发存在着很大风险。特别是在清代矿产勘探技术较为滞后的情况下,商民投资矿业的风险更为突出。如何解决矿业开发的资金需求,这是困扰清代云贵地方大员的重大问题。

康熙二十三年,云贵总督蔡毓荣建议云南矿产听民开采而官收其税:"臣愚以为,虽有地利,必资人力,若令官开官采,所费不赀,当此兵饷不继之时,安从取给。且一经开挖,或以矿脉衰微,旋作旋辍,则工本半归乌有。"[188]蔡毓荣的这一建议有三方面的考虑,一是云南刚刚经历了三藩之乱,社会经济破坏较为严重,地方政府缺乏大量资金支持矿业开发;二是由于矿产资源开发的特殊性质,矿业投资存在着较大风险,无法保证能够获得预期收益;三是云南地方仅有的财政收入应该优先保证军费开支,确保云南地方社会的稳定。因此,蔡毓荣提出允许商民投资开矿、由政府按比例征税的方法,即吸引民间资金进入云贵矿业领域,促进西南矿产资源开发。这样不但减轻了政府矿业投入的负担,将紧缺的资金用于军事国防建设方面,而且允许民间资本投资矿业扩大了开发资金的来源,一定程度上促进了西南的资源开发,政府还可以在矿业开发过程中获取一定的矿税收益。可以说,这是符合当时云南地方实际情况的明智决定,在一定程度上促进了云南矿产资源的开发。

　　但是,民间资本以追逐利润为目的,必然优先进入投资回报最高的金银等贵金属矿种,并非以国家最为需要的铜铅矿为首要投资对象。如雍正《云南通志》所列康熙二十四年至康熙五十六年云南督抚题请开采的矿厂中尤以银矿为最[189]。一旦开矿无利可图,民间资本势必会退出矿业领域。同时,就康熙朝后期而言,云南社会经济还处于恢复发展阶段,资金雄厚的富商大贾并不多见,而内地仍处于快速发展时期,西南矿业对他们的吸引力不大。此外,矿产资源开发受国家控制,尤其是铜铅等重要经济军事战略资源,并未实现全面流通。因此,民间资本投资西南矿业的规模有限。

　　有鉴于此,康熙四十四年,云贵总督贝和诺制定了"放本收铜"政策,即政府预发资金给厂民作为工本,厂民采炼的铜除矿课之外,由政府以官定价格收购,用以抵还预发工本。放本,即国家提供一定资金给商民,用于铜矿资源开发。雍正元年,云贵总督高其倬在分析铜政时说:"云南各银厂皆系客民自筹工本,煎炼完课,铜银均系矿厂,工本何以官私各别,细查乃因煎矿炼铜用炭过于银厂,件件皆须购买,惟银砂可以随煎随使,铜虽煎成,必须买出银两,方能济用,况俱产于深山穷谷之中,商贩多在城市贩卖,不肯到厂,必雇脚运至省会,并通衢之处,方能陆续销售,若遇铜缺乏时,半年一载即可买出,若至铜滞难销,堆积在店,迟至二三年不等。硐民无富商大贾,不能预为垫出一二年工本脚价,是以自行开采抽课者寥寥,从前曾经部议,着多发工本,委贤能职大官员专管开采,息银可以多得等。因奉旨依议遵行在案。此官发工本召募人夫开采之所由来也。"[190]官府出资垫付工本,可以降低商民开矿的风险,以维持铜矿生产的继续。可见,对于云南一般商民而言,无力开发大矿,在外省富商大贾未大规模进入云南之前,要保证铜矿生产源源不断,势必对商民在资金上予以支持。

国家对云南铜矿资源开发的资金扶持力度随着铜矿开发规模的扩大而不断增强。康熙四十九年,云南铜厂课银9620两,按每铜一斤价银四分五厘,税率20%计算,当年云南办铜量约为107万斤[191]。如果全省均实行放本收铜,除了20%的课铜无需付本外,则政府当年的资金投入达白银3.8万余两。雍正五年,云南"各厂办获铜四百一万三千余斤"[192]。以每百斤铜价银五两计算,政府每年投入资金约16万两白银。乾隆二年云南办铜1008.9万斤,二十九年办铜1378.1万斤[193],余铜官收每百斤按六两计算,则政府对滇铜开发的资金投入分别达48万两和66万两白银。这对整个云南而言,是一笔庞大的资金投入,因为乾隆十八年,云南全省地丁银仅为19.8万两[194]。

从云南铜矿业发展过程来看,滇铜产量的增加是不断开发新厂、广觅子厂的结果。如雍正四年之后,汤丹、大水、碌碌、茂麓等矿厂的相继开采。而原有老厂的产量并未发生显著的增长。如至乾隆朝中期,青龙等老厂的产量依然维持在百万斤左右[195]。也就是说,"放本收铜"的资金支持了新厂的开发。新矿的开发需要大量资本的投入,而政府"放本收铜"政策的实施为新矿的开发提供了大量的资金。

因此,笔者以为,在清代前期短短几十年的时间内,滇铜开发规模之所以不断扩大,产量迅速增加,从百万斤增长至千万斤,且维持较长时间的巨大产量,可以说"放本收铜"政策功不可没,在维持云南铜矿业持续发展的过程中起到了关键性的作用,国家的资金扶持是清代滇铜兴盛不可或缺的重要条件。

三、国家在矿产市场开拓中的作用

矿产资源开发不但需要大量的资金投入,还需要广阔的销售市场。清代国家在投入大量资金扶持矿业发展的同时,也努力开拓铜铅矿产的销售市场。康熙时期云南铜的年产量始终徘徊在80—100万斤之间,雍正四年之后东川归滇,因汤丹等大矿的开发,使滇铜年产量一举突破400万斤。正如林荃所言,这种发展既超过了云南市场的容量,也超过了云南地方经济力量可以支持的再生产的规模[196]。虽然早在康熙四十四年,云南铜厂俱发官本开采,但年产量从80万斤增长至400万斤,云南本省鼓铸所需仅一百余万斤,三百万斤余铜如何销售,亦成为云南督抚的棘手难题。

全国正值第二次"铜荒"之际,云南却为"铜多"发愁。面对"铜多本少,收买不敷,厂客如有积铜,薪米即难接济"的困境,云南总督鄂尔泰奏请于"盐务盈余银内酌借五六万两,发价收铜",运销湖广、江南等地[197]。政府收购余铜,运销外省,一则可以解决铜本不足,接济矿厂维持生产,二则可以缓解江南各省办铜之困,可谓一举两得。同年十月,张允随带回雍正皇帝朱批:"鄂尔泰奏称铜厂甚旺,请将铜运到湖广、江南,卖与各省采买的官员,很好,再著他将铸的钱多运些到湖广行销,只要国宝行销,流通即费些运脚,亦属有限,即每串折几分亦不妨闻销,朕以为钱比运铜还好,你回去即传旨与鄂尔泰。钦此。"[198]得到皇帝批准之后,鄂尔泰迅速着手实施。次年四月,鄂尔泰奏报:"今查各铜厂自雍正五年正月起至十二月终止,共办获铜四百万零,内除留本省鼓铸外,运赴湖广一百一十万零,江南一百六十万零,陆续雇脚发运,已将发完。又因广东洋铜缺少,需铜甚殷,不敢歧视,现议卖给铜二十万斤,此五年份办铜运铜之数也。"并建议"应请将雍正六年所办铜斤,俟年终核定确数,除留滇鼓铸外,余铜若干,咨明户部,于雍正七年分陆续催觅驮脚运赴湖广、江南,卖给承办之员,转运京局,以供八年鼓铸;而七年分办出之铜则于八年份发运,以供九年京局之用,似此递年办运,在铜数既得清楚,而挽运亦可从容"。[199]至此,官收余铜,贩运湖广、江南,以供京局鼓铸之用。在政府的参与下,滇铜的销售市场从云南向内地扩展,在解决销路和资金问题的同时,也使滇铜开始逐步走向全国,成为滇铜京运之先声。

黔铅亦有类似的问题。雍正六年,贵州马鬃岭、大鸡、砂朱、江西沟、丁头山、榨子六厂年产黑白铅已达四百余万斤,但销售市场却出现萎缩。同年,因"滇省罗平州地方出有铅矿,已足资配搭铸钱",不再来黔采买。加之贵州各厂"地僻山深,不通商贾,以致铅皆堆积,而炉户人等工本无几,时有停工误卯之虞"[200]。黔铅销售不畅,供大于求,价格持续下降,"每铅百斤,厂价已减至八九钱一两不等"[201]。销售不畅成为制约黔铅发展的一大难题,必须向外拓展市场。因此,云南总督鄂尔泰提出:"(贵州)余铅按时价收买,统运汉口,卖给京商。"这一建议随即得到中央的批准,"通计每年收买各厂余铅三四百万斤,转运销售"[202]。政府出资收买余铅,运至四川、湖广销售。不但扩展了黔铅的销路,而且获得了丰厚的收益。"雍正十年获余息银一十六万三千五十余两,十一年又获余息银一十六万九千九百余两,除扣还从前工本银八万两外,余存银两皆作台拱军需之用"。[203]据张广泗言,黔铅运销永宁、汉口,"每百斤可获余息银一两四五钱不等"[204]。据此推算,每年外销的黔铅约有 600 万斤左右。

可见,当西南地区的矿产开发已经超出本地的市场容量和资金支持的情况下,政府及时出手,动用国家资金收购铜铅,组织运销至四川、湖广、江南等地,有效地解决了开拓销售市场和筹集开发资金等方面的难题,使矿业生产得以为继。与此同时,滇铜、黔铅亦开始逐步走向全国,成为京运的先声。

四、全国矿产中心的形成

正是由于国家的政策、资金的支持和政府的组织和协调,云贵矿业的生产规模迅速扩大,产量进一步提高,开始承担起供给全国铜铅需求的重任。乾隆元年,江苏巡抚顾琮建议,户工二局鼓铸所需铜斤,"每年以四百万斤为率,于滇洋分办"[205]。这一建议经户部复议之后得以实施,至此,江南八省每年采办云南铜二百万斤以供京局鼓铸。这一政策的制定缘于雍正末年滇铜每年办获 400 万斤的事实,而国家采购扩大了滇铜的销路,反过来又拉动了滇铜的生产。乾隆元年云南办铜 759.89 万斤,两年之后即超过千万大关,达到 1045.79 万斤[206]。

鉴于滇铜产量急剧增加,除云南鼓铸外足敷京局之用,乾隆三年朝廷议准:"各省办解京铜,官商亏空甚多,见在云南产铜颇旺,应将各省每年办解京铜四百万斤,自乾隆四年为始,尽归云南办运。"[207]滇铜京运开始,滇铜取代洋铜成为清代铜材供给的主体。其后,各省纷纷赴滇买铜鼓铸,滇铜外销量进一步扩大。滇铜京运及其各省采买,解决了滇铜发展中销路和资金两大问题,滇铜产量继续增加。乾隆二十九年云南各厂办获铜高达 1378 万斤[208]。至此,滇铜的发展进入鼎盛时期。

从生产规模上看,滇铜的年产量创造了中国矿业史上的奇迹,并且持续长达二三十年;从销售方面看,通过京运和各省采买,滇铜供应着中央和大部分省的币材需求。可见,滇铜已从地方性产业演变成为清代全国的矿产中心,而这种变化离不开国家政策、资金的支持以及政府的组织和协调,某种程度上可以看作是国家塑造下的全国矿产中心。

注 释

1 中国人民大学清史研究所、档案系中国政治制度史教研室合编《清代的矿业》(上册)《前言》,中华书局,1983 年版。

2 如张熠荣《清代前期云南矿冶业的兴盛与衰落》,《云南学术研究》1962 年第 3 期;韦庆远、鲁素《清代前期矿业政策的演变》(上、下),《中国社会经济史研究》1983 年第 3、4 期。

3 《清史稿》卷一百二十四《食货志五・钱法》。

4 杜家骥《清中期以前的铸钱量问题——兼析所谓清代“钱荒”现象》,《史学集刊》1999 年第 1 期。

5 《钦定大清会典》(乾隆朝)卷十四《户部・钱法》。

6 关于清代前期的铸钱量问题。杨端六引用顺治、康熙、雍正三朝《清实录》中每年岁末铸钱数,又发现其与《通考》康熙六十一年编者按语所述相矛盾,但没有解决这一问题,仍将其看作清代全国铸钱量(《清代货币金融史稿》,武汉大学出版社 2007 年第 1 版,第 9 页)。其后,彭威信著《中国货币史》认为此为户部宝泉局铸钱量,判断准确,但无具体例证(上海人民出版社,1965 年版,第 827 页)。而萧清并未引用《清实录》的资料,凭《清文献通考》记载,认为清代铸钱量大致在三、四十万串至六七十万串,亦将户部宝泉局铸钱量作为全国铸钱量(《中国古代货币史》,人民出版社,1984 年版)。此外,杜家骥将此看作中央户工二局铸钱量之和,并对彭威信提出批评,甚误(《清中期以前的铸钱量问题——兼析所谓清代“钱荒”现象》,《史学集刊》1999 年第 1 期)。

7 陈廷敬纂《午亭文编》卷三十,四库全书本。

8 《钦定大清会典则例》(乾隆朝)卷一百二十九《工部・鼓铸》。

9　《钦定大清会典》(康熙朝)卷三十一《户部·钱法》。关于清代顺治、康熙年间各省
　　钱局开停不定的原因将在本章第三节论述。

10　杜家骥在《清中期以前的铸钱量问题——兼析所谓清代"钱荒"现象》(《史学集
　　刊》1999 年第 1 期)一文中统计乾隆二十年左右各省铸钱量为221.8 万余串,资料
　　均来源于《清朝文献通考》,其中大部分省份铸钱量与笔者所掌握资料相差甚大,
　　故重新统计。笔者的资料主要来源于清代《内阁大库档案》、《明清档案》、《大清
　　会典》、《清实录》和《皇朝文献通考》。

11　葛剑雄主编、曹树基著《中国人口史》第五卷(下),复旦大学出版社,2005 年版,第
　　833 页。

12　《大清圣祖皇帝实录》卷二百五十九,康熙五十三年七月己未,上谕大学士等。

13　《大清高宗皇帝实录》卷一百三十九,乾隆六年三月癸未,户部议准广东粮道朱叔
　　权奏。

14　参见方国瑜《云南用贝作货币的年代及贝的来源》,《云南大学学报》1957 年第
　　12 期。

15　如黄仁宇认为,整个明代 276 年铸钱量不超过 1000 万贯(参见《赫逊河畔谈中国
　　历史》第 25 篇《宋太祖赵匡胤》,生活. 读书. 新知三联书店,1997 年版)。

16　王德泰《乾隆时期的铸钱成本与钱价昂增问题》,《西北民族学院学报》2003 年第
　　2 期。

17　《隋书》卷二十四《食货志》;《新唐书》卷五十四《食货志四》。

18　《宋史》卷一百八十《食货志下二·钱币》。

19　《大明神宗皇帝实录》卷四十九,万历四年四月己卯,工部言。

20　《大明神宗皇帝实录》卷六十九,万历五年十一月甲戌,户部覆山西巡抚高文荐条
　　上钱法十议。

21　章鸿钊著《石雅》,中央地质调查所 1929 年版,上海书店 1990 年影印,第 337—
　　345 页。

22　《钦定大清会典》(康熙朝)卷三十一《户部·钱法》。

23　《钦定大清会典》(雍正朝)卷二十六《户部·钱法》。

24　《大清圣祖皇帝实录》卷一百二十五,康熙二十五年四月戊子,户部等衙门遵旨
　　议覆。

25　《钦定大清会典事例》(乾隆朝)卷四十四《户部·钱法》办铜条、办铅锡条。

26　《钦定大清会典事例》(乾隆朝)卷四十四《户部·钱法》京局鼓铸条、办铅锡条。

27　《大清高宗皇帝实录》卷二百二十一,乾隆九年七月戊戌,户部覆云南总督张允随奏。

28　《钦定大清会典》(乾隆朝)卷十四《户部·钱法》。

29　《大明神宗皇帝实录》卷五百七十八,万历四十七年正月癸卯,兵部尚书黄嘉善题据职方司员外郎王元雅呈称策辽六款。

30　《大清世祖皇帝实录》卷二,崇德八年九月壬寅,征宁远。

31　《大清圣祖皇帝实录》卷四十九,康熙十三年八月壬寅,上谕兵部。

32　《钦定大清会典》(康熙朝)卷一百三十三《虞衡清吏司·军器》。

33　《钦定大清会典则例》(乾隆朝)卷一百二十二《兵部武库清吏司·军器》。

34　35　《钦定大清会典事例》(嘉庆朝)卷八百四十八《八旗都统·兵制》操演火器条。

36　《大清世宗皇帝实录》卷八十四,雍正七年闰七月乙亥,上谕兵部。

37　乾隆十六年四月,工部《议覆广西右江总兵丁大业条奏》,《内阁大库档案》,编号:000105382。

38　《大清高宗皇帝实录》卷十八,乾隆元年五月丙申,饬标营奋励操演谕总理事务王大臣;《大清高宗皇帝实录》卷一千四百八十七,乾隆六十年九月戊辰,上谕伊桑阿奏销库车粮饷军械折。

39　《钦定大清会典》(乾隆朝)卷七十三《工部虞衡清吏司·军器》。

40　《钦定大清会典则例》(乾隆朝)卷一百三十《工部虞衡清吏司·军器》铸炮条。

41　42　《钦定大清会典则例》(乾隆朝)卷一百二十二《兵部·武库清吏司》军器条。

43　《大清高宗皇帝实录》卷二百二,乾隆八年十月己未,理藩院议奏归化城都统噶尔玺容。

44　《大清高宗皇帝实录》卷八百八十七,乾隆三十六年六月,上谕总兵李杰龙奏兵丁操演鸟枪事。

45　乾隆五十七年二月,金鉴《题为钦奉等事》,《明清档案》,卷册号:A262—008。

46　《钦定大清会典事例》(嘉庆朝)卷六百八十六《工部·军火》火药条。

47　乾隆《贵州通志》卷二十二《兵制》。

48　《大清高宗皇帝实录》卷一百二十三,乾隆五年七月甲午,兵部等部议覆贵州总督张广泗奏。

49 《钦定大清会典》(乾隆朝)卷六十三《营制》;嘉庆《钦定大清会典》卷四十《武库清吏司》。

50 乾隆五十四年六月,李世杰《题为遵旨等事》,《内阁大库》档案,编号:000143063。

51 《大清高宗皇帝实录》卷三百二十八,乾隆十三年十一月丙辰,上谕军机大臣。

52 《大清高宗皇帝实录》卷九百六,乾隆三十七年四月庚辰,上谕富明安。

53 《大清高宗皇帝实录》卷九百七十三,乾隆三十九年十二月[日期不详],署四川总督文绶奏。

54 乾隆五十四年闰五月,福康安《奏为截拨广东火药酌给广西各营贮备仍解归款以实军储以节价脚事》,《内阁大库档案》,编号:000142954

55 按乾隆四十三年十一月乙巳,浙江提督李杰龙奏称:"每(鸟)枪装药二钱六分,大铁砂六钱,仍加三钱重铅子一颗,其准头力量仍与单放相同。"乾隆皇帝随即批饬:"盖鸟枪朕自幼留心肄习,每于山庄用以获鹿,其火药铅弹配合催送之法,素所洞悉,素知铅砂不可并用之一枪中。"其后兵部复奏:"议以二钱六分之药,催发九钱重之铅砂,与以一催二之成例不符,随于健锐营内,择施放鸟枪娴熟之官员兵丁,照所奏演放,则百弓至八九十弓全无著靶,自五六十弓至三四十弓,始间有飞砂著纸,亦不能穿透。"(《大清高宗皇帝实录》卷一千七十一)。故清代火器发射有"以一催二"之成例。

56 《钦定大清会典则例》(乾隆朝)卷四十四《户部·钱法》办铜条。

57 《大清世祖皇帝实录》卷二十六,顺治三年五月庚戌,户部奏。

58 《大清世祖皇帝实录》卷一百四十三,顺治十六年十二月丁卯。

59 《大清圣祖皇帝实录》卷八十,康熙十八年三月乙卯,策试天下贡士马教思等于太和殿前,制曰。

60 《大清圣祖皇帝实录》卷八十五,康熙十八年十月丙寅,户部等衙门会议钱法十二条。

61 《大清圣祖皇帝实录》卷八十四,康熙十八年九月乙巳,谕大学士等。

62 陈廷敬《制钱销毁滋弊疏》,《午亭文编》卷三十。

63 《钦定大清会典》(乾隆朝)卷十四《户部·钱法》。至于康熙朝开放"海禁"与扩大币材来源之间是否有直接的因果关系,因史料缺乏,迄今不得而知。但是开"海禁"之后,大量日本铜的进口则是不争的事实。

64 陈希育《清代日本铜的进口与用途》,载《中外关系史论丛(第四辑)》,天津古籍出版社,1994 年版。

65　《大清圣祖皇帝实录》卷一百九十四,康熙三十八年七月辛卯。管理钱法户部右侍
郎鲁伯赫疏言:"宝泉局中现今收贮废钱,搀铸四年尚属有余,且红铜钱铅多铜少,
以致折耗甚多。请将红铜钱、小钱停其交送宝泉局。"

66　高其倬《奏遵查铜斤利弊情形折》,雍正元年十二月二十日,中国第一历史档案馆
编《雍正朝汉文朱批奏折汇编》第二册,江苏古籍出版社,1988 年版,第 433 页。

67　《军机处录副奏折》,康熙四十三年六月十四日,抄录户部奉旨停止开矿咨稿,转引
自《清代的矿业》,第 68 页。

68　《大清圣祖皇帝实录》卷二百二十一,康熙四十四年六月庚戌,户部题;《大清会典》
(雍正朝)卷五十三《课程五·杂赋》矿课条。

69　152　179　《大清圣祖皇帝实录》卷二百五十二,康熙五十一年十一月辛卯,上谕
大学士等;《大清圣祖皇帝实录》卷二百五十五,康熙五十二年五月庚辰,谕大学
士等。

70　180　《大清圣祖皇帝实录》卷二百五十五,康熙五十二年五月庚辰,谕大学士等。

71　93　94　153　181　《大清圣祖皇帝实录》卷二百五十五,康熙五十二年五月辛
巳,大学士九卿等遵上旨议覆开矿一事。

72　高其倬《奏遵查铜斤利弊情形折》,雍正元年十二月二十日,《雍正朝汉文朱批奏折
汇编》第二册,第 433 页。

73　《钦定大清会典则例》(乾隆朝)卷四十四《户部·钱法》办铜条。

74　《大清世宗皇帝实录》卷四十,雍正四年正月己未,户部等衙门议覆陕西道监察御
史觉罗勒因特疏。

75　《大清世宗皇帝实录》卷四十八,雍正四年九月丙申,上谕内阁。

76　《大清世宗皇帝实录》卷五十一,雍正四年十二月丙子,上谕都察院及五城御史等。

77　《钦定大清会典则例》(乾隆朝)卷四十九《户部·杂赋上》铜铁铅锡矿课条。

78　《大清圣祖皇帝实录》卷二百四十一,康熙四十九年三月辛巳,工部议覆盛京工部
侍郎席尔图疏。

79　《皇朝文献通考》卷十六《钱币考四》。

80　《大清圣祖皇帝实录》卷一百十六,康熙二十三年九月丙寅,九卿等议覆管理钱法
侍郎陈廷敬等疏。又见陈廷敬纂《午亭文编》卷三十《制钱销毁滋弊疏》。

81　《大清圣祖皇帝实录》卷一百二十五,康熙二十五年四月戊子,户部等衙门遵旨

议覆。

82　《钦定大清会典》(乾隆朝)卷十四《户部·钱法》办铜条。

83　《皇朝文献通考》卷四十《钱币考二》。

84　《钦定大清会典》(乾隆朝)卷十四《户部·钱法》办铅锡条。

85　韦庆远、鲁素:《清代前期矿业政策的演变》(上、下),《中国社会经济史研究》1983
　　年第 3、4 期。

86　杨余练:《康雍时期矿业政策的演变》,《社会科学辑刊》1983 年第 2 期。

87　《大清世祖皇帝实录》卷十一,顺治元年十一月丁丑,登莱巡抚陈锦请;《大清世祖
　　皇帝实录》卷十三,顺治二年正月庚戌,户部议覆山东巡抚方大猷疏请。

88　《大清世祖皇帝实录》卷七十,顺治九年十一月辛酉,工部奏言。

89　《清史稿》卷一百二十四《食货五·矿政》。

90　《大清圣祖皇帝实录》卷一百四,康熙二十一年八月庚子,上谕。

91　《军机处录副奏折》,康熙四十三年六月十四日,抄录户部奉旨停止开矿咨稿,转引
　　自《清代的矿业》,第 68 页。

92　《大清圣祖皇帝实录》卷二百二十一,康熙四十四年六月庚戌,户部题;《大清会典》
　　(雍正朝)卷五十三《课程五·杂赋》矿课条。

95　《大清圣祖皇帝实录》卷二百五十五,康熙五十二年五月辛巳,上谕。

96　《大清世宗皇帝实录》卷二十四,雍正二年九月戊申,上谕两广总督孔毓珣。

97　《大清世宗皇帝实录》卷五十五,雍正五年闰三月戊午,上谕。

98　参见《世宗宪皇帝朱批谕旨》卷七之一、七十三之一、一百三十四、二百十五之四、
　　二百十四之三、二百九上,孔毓珣、王士俊、郝玉麟、焦祈年、杨永斌、鄂弥达等奏及
　　朱批。

99　参见《钦定大清会典事例》(乾隆朝)卷四十九《户部·杂赋上》。

100　《大清高宗皇帝实录》卷三十七,乾隆二年二月[日期不详],贵州提督王无党奏。

101　《大清高宗皇帝实录》卷七十八,乾隆三年十月戊子,兵部议覆调任两广总督鄂弥
　　达疏言。

102　《军机处录副奏折》,乾隆二年三月,两江总督庆复《奏为敬陈管见仰祈睿鉴事》,
　　引自《清代的矿业》,第 38 页。

103　《朱批奏折》,乾隆三年七月十一日,两广总督鄂弥达《奏为尊旨议奏事》,引自
　　《清代的矿业》,第 39 页。

104　《大清高宗皇帝实录》卷九十五，乾隆四年六月［日期不详］，两广总督马尔泰奏。

105　《朱批奏折》，乾隆五年二月初六日，大学士兼礼部尚书赵国麟《奏为请广天地自然之利以裕民用事》，引自《清代的矿业》，第8页。

106　《朱批奏折》，乾隆五年三月初一日，河南巡抚雅尔图《奏为据实奏明事》，引自《清代的矿业》，第9—10页。

107　《朱批奏折》，乾隆八年七月初二日，张廷玉等奏，引自《清代的矿业》，第15页。

108　《朱批奏折》，乾隆九年十月二十八日，河南布政使赵诚《奏矿煤之产概宜驰禁也》，引自《清代的矿业》，第12页。

109　《朱批奏折》，乾隆十年正月二十八日，河南巡抚硕色《奏为遵旨议奏事》，引自《清代的矿业》，第12—14页。

110　《大清仁宗皇帝实录》卷四十三，嘉庆四年四月丁未，上谕内阁。

111　《大清仁宗皇帝实录》卷八十七，嘉庆六年九月庚子，上谕内阁。

112　《钦定大清会典事例》（嘉庆朝）卷一百九十四《户部·杂赋》。

113　《大清宣宗皇帝实录》卷四百四，道光二十四年四月乙巳，上谕军机大臣等。

114　《大清宣宗皇帝实录》卷四百六十一，道光二十八年十一月乙酉，上谕内阁。

115　陈廷敬《制钱销毁滋弊疏》，《午亭文编》卷三十。

116　《史记》卷一百六《吴王刘濞列传》与卷一百二十五《佞幸列传》。

117　《汉书》卷二十八上《地理志第八上》。

118　《新唐书》卷五四《食货志四》。

119　夏湘蓉等编著《中国古代矿业开发史》，第75—78页。

120　《宋史》卷一百七十九《食货志下七·坑冶》。

121　《大明太祖皇帝实录》卷七十七，洪武五年十二月庚子；《大明宣宗皇帝实录》卷四十七，宣德三年十月己丑；《大明英宗皇帝实录》卷一百三十二，正统十年八月乙卯。

122　《大清高宗皇帝实录》卷二百四十二，乾隆十年六月癸卯。大学士等议奏："据江西抚臣塞楞额奏称，该省铸钱，所需铜铅，请行云贵两省代筹接济。"

123　《汉书》卷二十八上下《地理志·益州郡》。

124　如《后汉书》卷八十六《南蛮西南夷列传》载永昌郡"出铜、铁、铅、锡、金银、光珠、琥珀、水精、琉璃"；《华阳国志·南中志》载益州郡梁水、贲古二县产铜；《册府元龟》卷九百六十《外臣部土风门》载："哀牢、骠人，……出铜、铁、铅、锡、金、银、光珠、琥珀、水晶、琉璃、轲虫、蚌珠等。"

125　《元史》卷九四《食货志二》岁课条。

126　《何文简疏议》卷八《开禁疏》，正德十六年十一月初二日。

127　徐宏祖著，朱惠荣校注《徐霞客游记》之《滇游日记三》，云南人民出版社，1985 年
　　　版，第 801 页。

128　《大明世宗皇帝实录》卷四百二十一，嘉靖三十四年四月戊寅，兵科给事中殷正
　　　茂言。

129　《大明世宗皇帝实录》卷四百六十一，嘉靖三十七年七月丙辰，巡抚云南都御史王
　　　昺奏。

130　《大明神宗皇帝实录》卷四十八，万历四年三月庚子，巡按云南御史郭廷梧言。

131　《大明神宗皇帝实录》卷五百七十，万历四十六年五月丙辰，户科官应震言。

132　《大明僖宗皇帝实录》卷四十，天启三年十月乙未，南京广东道御史王允成奏陈留
　　　都要务："一钱法不可不变言。铜铅来自滇蜀，烽火道梗，铜价涌贵。"

133　《大清圣祖皇帝实录》卷十二，康熙三年闰六月丁卯，吴三桂疏报；《大清圣祖皇帝
　　　实录》卷十八，康熙五年二月壬子；《大清圣祖皇帝实录》卷二十，康熙五年九月
　　　辛卯。

134　《平定三逆方略》卷一。

135　《大清圣祖皇帝实录》卷二百二十五，康熙四十五年四月丙辰，上谕大学士等。

136　《大清圣祖皇帝实录》卷九十五，康熙二十年三月甲子，征南将军都统穆占疏报。

137　《大清圣祖皇帝实录》卷一百八，康熙二十二年三月己巳，谕差往贵州酌议土司事
　　　宜兵部侍郎库勒纳等。

138　《大清圣祖皇帝实录》卷一百六，康熙二十一年十二月癸未，九卿会议云南贵州总
　　　督蔡毓荣条奏土司事宜，上谕大学士等。

139　《大清圣祖皇帝实录》卷一百十三，康熙二十二年十二月戊申，吏部议覆差往贵州
　　　料理土司事宜兵部侍郎库勒纳会同云南贵州总督蔡毓荣疏。

140　《大清圣祖皇帝实录》卷一百九十，康熙三十七年十月甲寅，兵部议覆云南贵州总
　　　督王继文疏。

141　《大清圣祖皇帝实录》卷二十六，康熙七年七月己亥。

142　《大清世宗皇帝实录》卷六十，雍正五年八月乙未，工部等衙门议覆川陕总督岳钟
　　　琪奏。

143　《钦定大清会典》(雍正朝)卷五十三《课程五·杂赋》矿课条;《世宗宪皇帝朱批谕旨》卷八上《朱批石礼哈奏折》,雍正三年四月二十二日,贵州威宁总兵官石礼哈《奏为奏闻事》。

144　《世宗宪皇帝硃批谕旨》卷一百二十五之一《朱批鄂尔泰奏折》,雍正四年三月二十日,云南巡抚管云贵总督事鄂尔泰《奏为敬陈东川事宜仰祈圣裁事》。

145　鄂尔泰《请添设东川流官疏》,引自乾隆《东川府志》卷二十《艺文·奏疏》。

146　《世宗宪皇帝朱批谕旨》卷一百二十五之六《鄂尔泰奏折》,雍正六年三月初八日,鄂尔泰《奏为削平法嘎以平东川事》。

147　《世宗宪皇帝朱批谕旨》卷一百二十五之二《朱批鄂尔泰奏折》,雍正四年十二月二十一日,云贵总督鄂尔泰《奏为敬陈东川事宜事》。

148　《大清圣祖皇帝实录》卷一百二十四,康熙二十五年二月庚子,谕大学士等。

149　《大清圣祖皇帝实录》卷二百二十五,康熙四十五年四月丙辰,上谕大学士等。

150　康熙《云南通志》卷二十九《艺文三》,蔡毓荣《筹滇十疏》。

151　《军机处录副奏折》,康熙四十三年六月十四日,抄录户部奉旨停止开矿咨稿,转引自《清代的矿业》,第68页。

154　《钦定大清会典事例》(乾隆朝)卷四十九《户部·杂赋上》。

155　《世宗宪皇帝朱批谕旨》卷三,雍正三年六月二十四日,湖广总督臣杨宗仁谨《奏为奏闻事》。

156　《钦定大清会典事例》(乾隆朝)卷四十九《户部·杂赋上》。

157　高其倬《奏节省铅价调剂钱法折》,雍正二年十一月二十一日,《雍正朝汉文朱批奏折汇编》第四册,第54页。

158　毛文铨《奏清查私开矿厂酌议抽收款项归公折》,雍正二年五月二十九日,《雍正朝汉文朱批奏折汇编》第三册,第118页。

159　何世璂《奏报黔省矿厂事宜及开挖盐井折》,雍正五年闰三月二十六日,《雍正朝汉文朱批奏折汇编》第九册,第509页。

160　《世宗宪皇帝朱批谕旨》卷七之一,雍正二年九月初八日,两广总督臣孔毓珣谨《奏为钦奉上谕事》;卷七之三,雍正五年九月二十九日,两广总督臣孔毓珣谨《奏为南丹矿徒遵法解散事》。

161　162　《钦定大清会典事例》(乾隆朝)卷四十九《户部·杂赋上》。

163　《世宗宪皇帝朱批谕旨》卷二百十八下,雍正七年十一月十六日,四川提督黄廷桂

《奏为请旨招民开采矿厂以资鼓铸以利民用事》。

164　《钦定大清会典事例》(乾隆朝)卷四十九《户部·杂赋上》。

165　《大清圣祖皇帝实录》卷二百二十一,康熙四十四年六月庚戌,户部题奏。

166　康熙五十一年七月二十八日,镇守广州等处将军管源忠《奏为奏闻事》,《宫中档康熙朝奏折》第三辑,第842—845页。

167　《朱批谕旨》第三册,年月不详,通政司右通政梁文科《奏为谨陈粤东事宜》,引自《清代的矿业》,第21页;《世宗皇帝朱批谕旨》卷七之一,雍正二年六月二十四日,两广总督臣孔毓珣谨《奏为遵旨回奏事》;《世宗皇帝朱批谕旨》卷七之一,雍正二年九月初八日,两广总督臣孔毓珣谨《奏为奏明盐务清楚事》。

168　《世宗皇帝朱批谕旨》卷七十三之一,雍正六年十二月初十日,署理广东布政使臣王士俊《奏为奏明矿徒情形并陈管见事》。

169　《世宗皇帝朱批谕旨》卷二百十四之三,雍正八年五月十一日,广东总督臣郝玉麟《奏为奏闻事》;《世宗皇帝朱批谕旨》卷一百三十四,雍正九年六月二十九日,广东观风整俗使臣焦祈年《奏为密奏事》。

170　《世宗皇帝朱批谕旨》卷二百十五之四,雍正十三年三月十五日,两广总督臣鄂弥达、广东巡抚臣杨永斌谨《奏为遵旨奏覆事》。

171　《朱批奏折》,乾隆三年七月十一日,两广总督鄂弥达《奏为尊旨议奏事》,引自《清代的矿业》,第39页。

172　《大清高宗皇帝实录》卷二百二十五,乾隆九年九月[日期不详],川陕总督公庆复会同陕西巡抚陈宏谋奏;《大清高宗皇帝实录》卷二百三十三,乾隆十年正月[日期不详],甘肃巡抚黄廷桂奏;《大清高宗皇帝实录》卷二百六十五,乾隆十一年四月[日期不详],山西巡抚阿里衮奏;《大清高宗皇帝实录》卷九百十七,乾隆三十七年九月辛亥,伊犁将军舒赫德奏。

173　《大明武宗皇帝实录》卷三十五,正德三年二月丙申,伊府仪宾庞进辅奏。

174　光绪《临朐县志》卷三上《山水》。

175　《大清高宗皇帝实录》卷二百十六,乾隆九年五月丙戌,上谕军机大臣等。

176　188　蔡毓荣《筹滇十疏》(康熙)《云南通志》卷二十九《艺文三》。

177　雍正《云南通志》卷十一《钱法·厂课》。

178　《大清圣祖皇帝实录》卷二百三十一,康熙四十六年十月己亥,户部议覆云南贵州总督贝和诺等疏言。

180　《大清圣祖皇帝实录》卷二百五十五,康熙五十二年五月庚辰,谕大学士等。

182　康熙《云南通志》卷十《田赋》、卷十一《盐法附课程》、卷十三《兵防》。

183　《世宗皇帝朱批谕旨》卷七十三之一,雍正六年十二月初十日,署理广东布政使臣
　　　王士俊:《奏为奏明矿徒情形并陈管见事》。

184　《世宗皇帝朱批谕旨》卷一百三十四,雍正九年六月二十九日,广东观风整俗使臣
　　　焦祈年同日又《奏为密奏事》,附朱批。

185　《世宗皇帝朱批谕旨》卷二百十五之四,雍正十三年三月十五日,两广总督臣鄂弥
　　　达、广东巡抚臣杨永斌谨《奏为遵旨奏覆事》。

186　《大清高宗皇帝实录》卷一百九十五,乾隆八年六月己已,户部议准广东布政使托
　　　庸疏称。

187　《大清高宗皇帝实录》卷二百二十七,乾隆九年十月[日期不详],两广总督那苏图
　　　等奏。

189　雍正《云南通志》卷十一《厂课》。

190　191　高其倬《奏遵查铜斤利弊情形折》,雍正元年十二月二十日,《雍正朝汉文朱
　　　批奏折汇编》第二册,第433页。

192　鄂尔泰《奏为报明五年分办获铜息折》,雍正六年五月二十一日,《宫中档雍正朝
　　　奏折》第10辑,第473页。

193　中国人民大学清史所编《清代的矿业》,中华书局,1983年版,第150—152页。

194　《钦定大清会典》(乾隆朝)卷十《户部·田赋》。

195　《大清高宗帝实录》卷六百三十六,乾隆二十六年五月壬子,上谕军机大臣等。

196　林荃《谈谈清代的"放本收铜"政策,云南省历史研究所、云南大学历史系编《云
　　　南矿冶史论文集》,云南省历史研究所,1965年印,第118—119页。

197　鄂尔泰《奏报铜矿大旺工本不敷恳恩通那以资调剂折》,雍正五年五月初十日,
　　　《雍正朝汉文朱批奏折汇编》第九册,第767页。

198　鄂尔泰《奏钦奉圣谕酌筹运铜他省事宜折》,雍正五年十月初八日,《雍正朝汉文
　　　朱批奏折汇编》第十册,第777页。

199　鄂尔泰《奏为铜矿大旺等事》,雍正六年四月二十六日,《宫中档雍正朝奏折》第
　　　10辑,第355页。

200　鄂尔泰《奏报调剂黔省铅斤并办获滇省铅息情形折》,雍正七年十一月初七日,
　　　《雍正朝汉文朱批奏折汇编》第十七册,第159页。

201　鄂尔泰《奏明借动库项收铅运售获息情由折》，雍正六年十月二十日，《宫中档雍正朝奏折》第 10 辑，第 585 页。

202　204　张广泗《奏报地方政务折》，雍正八年三月二十七日，《宫中档雍正朝奏折》第 16 辑，第 462 页。

203　常安《奏陈治理贵州台拱苗务管见并报台拱发现煤矿及开采倭铅获利折》，雍正十二年二月初一日，《雍正朝汉文朱批奏折汇编》第二十五册，第 823 页。

205　《大清高宗皇帝实录》卷十五，乾隆元年三月辛亥，户部议覆署江苏巡抚顾琮条奏采办铜觔事宜。

206　见《历年办获铜觔数目清单》，《军机处录副奏折》乾隆三十五年月，转引自中国人民大学清史所编《清代的矿业》，中华书局，1983 年版，第 150 页。

207　《钦定大清会典则例》（乾隆朝）卷四十四《户部·钱法》办铜条。

208　见《历年办获铜觔数目清单》，《军机处录副奏折》乾隆三十五年月，转引自中国人民大学清史所编《清代的矿业》，中华书局，1983 年版，第 151 页。

第二章

清代资源开发的国家管控
及对地方社会的影响

国家对重要经济和军事战略资源的管控,不仅体现在诸如战略、政策、规划、布局等宏观层面上,而且表现在厂务管理和矿业行政管理之中,还反映在产量调节和产品销售等环节。国家监管与政府调控贯穿于资源的生产、销售、管理等多个方面,而这些管控措施又不可避免地对资源开发区域产生重要而深远的影响。本章即从资源开发过程中分析国家的管控力度和具体措施,同时讨论这样的管控对地方社会造成的影响。

第一节 资源开发过程中的国家管理与控制

在资源开发过程中,国家的控制与管理涉及的方面很多。本节主要从厂务管理和矿业行政管理、矿厂奏销制度与滇铜产量计算、矿业监管与政府调控、矿产销售权的国家控制等四个方面,分析资源开发过程中国家管理和控制的措施和力度,讨论国家在重要资源开发中的地位和作用。

一、厂务管理与矿业行政管理

矿厂是矿产资源开发的基本组织单位,也是国家监督、控制、管理、核算的基本单位,厂务管理是矿业管理的基础。在上世纪关于中国古代资本主义萌芽问题的辩论中,清代滇铜生产成为典型的讨论对象。同时,铜厂中的"七长制"亦被史学界广为接受,成为清代矿厂管理的主要模式,一直被沿用至今。所谓"七长制",即由客长、课长、炉头、锅头、镶头、硐长、炭长组成的矿厂治理体系。七长之中有的称"长",有的叫"头";七长的选任,有的由官府指派,有的由厂民推举;七长的工食,有的从厂费中支领银两,有的则需厂主负担;七长的职责分属于矿厂管理、生产组织与监督三部分,然而官府只负责管理和征税,并不负责具体的矿厂生产。因此,笔者对这项制度产生怀疑,试图通过对清代云南铜厂"七长制"的剖析,还原清代矿厂管理的本来面目,探讨国家在矿厂管理中的作用。

上世纪四、五十年代,严中平对清代滇铜进行了深入的研究,在其《清代云南铜政考》一书中说:"这些驻厂人员以'厂官'为首,其下更设课长、客长、炭长、锅长、硐长、镶长各七员,即所谓'七长'制度。"[1]但严氏并未注明"七长制"这一说法源自何处。

检索史料,发现檀萃《滇海虞衡志》中所载内容与之相似:"凡厂之道,厥有厂主,听其治,平其争,敛金而入于金府。府一人掌铜之出入,吏一人掌官书以治;凡胥二人,掌偕伺之事,游徼其不法者,巡其漏逸者,举其货罚。其人以七长治厂事,一曰客长,掌宾客之事;二曰课长,掌税课之事;三曰炉头,掌炉火之事;四曰锅头,掌役食之事;五曰镶头,掌镶架之事;六曰硐长,掌碃硐之事;七曰炭长,掌薪炭之事。"[2]这是"七长"之名第一次出现。严氏可能将此段记载进行归纳,提出"七长"制度。

　　檀萃,乾隆四十三年任云南禄劝县知县,兼管该县狮子尾铜厂。嘉庆九年师范给檀萃《滇海虞衡志》作序称:"(书)中有曰其志厂也,琐屑猥杂,引一老砂丁与谈,亦无不知者"。可见,檀萃有关滇铜的记载应为其在兼管狮子尾铜厂时采访当地老矿工所得。但在檀萃的记述中,铜厂的管与治是截然分开的,厂官及其胥吏负责管理,七长负责"治厂事",即组织生产。

　　其实早在檀萃之前就已有这方面的记载。乾隆十年左右,张泓在《滇南新语》中言:"余闻之老于汤丹者云,每厂众推老成一人为客长,立规最严,犯者受其责辱,不敢怨,常有东西异线打入,共得一碌者,必争,经客长下视,定其左右,两比遵约释竟,名曰争尖子、品尖子。"[3]也就是说,早在乾隆初年,汤丹等厂已有客长存在。客长是由厂民推举,处理矿山产权纠纷,并非官府任命。

　　与檀萃大约同时代的吴大猷在《滇南闻见录》中说:"厂民采探得实,先行呈报到官,官验实,转报试采。效则定有课额,设立官房,抽收登记者为书办,缉私催课者为巡栏。官委家丁一人经理,厂民奉之为厂主,凡事禀命而行,一呼百诺,可以出票,可以听讼,可以施刑,俨然一官也。"[4]厂主(或厂员)由官府委派,掌管矿厂税收、刑狱等一切事务,书办、巡栏分别负责矿税的登记和缉私,是为厂员配备的工作人员,厂员、书办、巡栏组成了政府派驻矿厂的管理体系,与上述矿民推举的客长有本质的区别。其后,王崧《矿厂采炼篇》中记载了云南铜厂另一套管理体系:"其管事又多置司事之人,工头以督力作,监班以比较背荒之多寡。"[5]工头、监班的职责在于督查矿厂生产,提高生产效率,这与矿厂出资者的利益最为密切,应该看成是隶属于锅头(矿厂出资者)的生产监督体系。

　　《滇南矿厂工器图略》将其总结为"丁"和"役"两类,兹摘录如下[6]：

丁第九：打厂之人名曰砂丁，凡厂衰旺视丁众寡，来如潮水，去如星散，机之将旺，挥之不去，势之将衰，招之不来，故厂不虑矿乏，但恐丁散，合伙开硐谓之石分，从米称也，雇力称硐户曰锅头，硐户称雇力曰兄弟，雇力名目亦各不同，故记丁。

曰管事，经管工本，置办油米一切什物。

曰柜书，亦曰监班书记，获矿方雇，每硐一人，旺硐或有正副，每日某某买矿若干，其价若干，登记账簿，开呈报单。

曰镶头，每硐一人，办察闩引，视验塝色，调拨椎手，指示所向，松塝则支设镶木，闷亮则安排风柜，有水则指示安竜，得矿则覆定价值，凡初开硐，先招镶头，如得其人，硐必成效。

曰领班，专管众丁，硐中活计，每尖每班一人，兼帮镶头支设镶木。

曰椎手，专司持椎，每尖每班一人，挂尖一人，持椎随时互易，称为双换手，选以年力壮健。

曰背塝，每尖每班无定人，硐浅硖硬则用人少，硐深矿大则用人多。

曰亲身，常时并无身工，得矿共分余利。

曰月活，不论有矿无矿，月得雇价。

曰炉头，熟识矿性，谙练配煎，守视火候，无论银铜，炉户之亏成，在其掌握，硐之要在镶头，炉之要在炉头。

曰草皮活，硐之外杂事，皆系月活。

役第十：周礼矿人府二人，吏二人，胥四人，徒四十人，设官则役随之数，视其矿之盈虚而损益焉，俗谓官不可以驱从，视矿司矿者以役胥为指臂，且为心腹矣。众至千百，则设千百长，游徼啬夫，有街市而无废，故记役。

曰书记,即胥吏,铜厂曰经书、清书,掌铜银收支存运之数,银厂曰课书,掌银课收支存解之数,均承行谕,贴告示,按月造送册报,随时禀陈事件,人须心地明白,算法精熟,务宜由署派输,不可任厂保举。

曰巡役,铜厂以估色为重,催炭次之,银厂生课以坐碉为重,熟课以察罩为重,至若察私并资勤干,办其劳逸,均其甘苦。

曰课长,天平与秤,库柜锁钥,均其专管,铜厂掌支发工本,收运铜斤,银厂掌收鏊课款,一切银钱出纳均经其手,间有委办事件,通厂尊之,选以谨厚为先,才为次。

曰客长,分汉回,旺厂并分省,而以一人总领之,掌平通厂讼,必须公正老成为众悦服,方能息事,化大为小,用非其人,实生厉阶,此役最要,而银厂尤重。

曰炭长,银厂有可不设,铜厂则保举炭户领放工本,不必家道殷实,而以有山场牲畜为要。

曰炉长,铜厂有可不设,银厂课款攸关,此役为要。

曰街长,掌平物之价,贸易赊欠债负之事。

曰总镶,亦曰总工,银厂有之,任与硐长略同,选宜悉闩引塘色硖道矿质。

曰硐长,掌各硐之务,凡硐之应开与否,及邻硐穿通,或争尖夺底,均委其人硐察勘。

曰练役,掌缉捕盗贼。

曰壮练,铜厂有可不设,银厂人至万外,必须招募,课赖护解,地资弹压。

役之中,书记、巡役、课长由官府选派,客长、硐长、炭长、街长由公众推举,但须官府认可,这两类人与官府关系极为密切。可见,役是官府为厂员配置的工作人员,其职责是征收税课、发放铜本、收购余铜、排解纠纷、维护治安与矿区社会秩序,统计编造矿厂产销数据。

此外,官府管理体系还肩负着稽查矿民和定时调查统计矿业人口的职责。乾隆二十三年,云贵总督爱必达奏请:云南"汉夷杂居地方宜分别编查,沿边土司地方宜专责约束,厂地民人宜责成厂员稽察"[7]。而"四方客民走集者禁,争讼滋事者禁,以牧令丞倅掌其戒令,戍之弁兵,以防奸宄"[8]。另据《铜政全书·咨询各厂对》载:"问厂众有硐民、炉民、商民之分,……该厂现在各若干名、若干户,五方杂集,良莠不齐,逃犯最易洞迹,其中作何约束办诘,是亦厂员之事也,均宜登覆备查。赵煜宗禀:汤丹、宁台等厂人烟辐辏,买卖街场各分肆市,今香树坡厂人民较少,……统计来往停留及街场磲硐落业居家各项,约一千余人。"[9]这份资料是乾隆五十年左右云南布政使王昶为编《云南铜政全书》向各厂员征集矿厂基本情况的内容之一,南安州锷嘉州判赵煜宗兼管香树坡铜厂,故将厂员统计结果上报布政司。虽然这是一次临时性的矿厂情况普查,但调查、统计、管理厂民"是亦厂员之事",属于矿厂管理体系的固有职责。黔铅矿厂的管理与此相似。乾隆十六年贵州妈姑(又名莲花厂)铅厂发生厂员杖毙厂民命案,事后贵州巡抚开泰建议加强矿厂管理,建议"于炉民中酌量多寡,遴选殷实善良者一二十人,派委分司各炉,凡各炉若干人,是否安分营生,每月人数增减如何,责令挨次清查,出具保结备案,遇有稍觉多事者,随时禀官押逐"[10]。这样的管理制度如果缺乏经常性的矿厂人口调查与统计则根本无法实现。因此,《清史稿》中明确指出:"矿厂丁户,厂员督率厂商、课长及峒长、炉头等编查。"[11]

再来看丁,管事相当于矿主的管家,与役中的课长有直接的业务关系,课长发放的工本由管事负责具体开销;柜书是矿山生产的监督者,同时负责统计矿石买卖登记,与役中的书记有直接的业务关系;镶头、炉头、则是矿主聘请的技术人员,负责矿山安全和矿石冶炼;椎手、背矿、月活、草皮活则是矿山的不同工种名称,属于矿工群体;领班与监班书记则负责矿山生产监督。

可见,清代云南铜厂组织与管理,分为三大体系:第一,官府管理体系。以官府选派的厂员、书记、课长、巡役为主,辅之公众推举的客长、炭长、硐长、街长等,负责征收税课、发放铜本、收购余铜、排解纠纷、维护治安与矿区社会秩序,同时肩负起稽查矿民、统计编造矿厂产销数据的任务。第二,生产监督体系。以管事、柜书、领班为主,负责监督矿厂生产过程及生产效率。第三,生产组织体系。以镶头、炉头、椎手、背矿、月活、草皮活为主,负责具体的矿石开采和冶炼工作。三者独立运行,又有一定的横向业务联系,共同维护矿厂生产的正常运行,实现政府对矿业的控制与监管。檀萃不明其中缘由,将其统称为"七长",严氏进而归纳为"七长制",以此来表明清代矿厂管理之严密。实际上,并不存在所谓的"七长"制度,它只是多种体系下的丁役混合体而已。

矿厂中的官府管理体系并非云南铜厂独有,凡清代正是设立的矿厂均有官府管理体系存在。如贵州铅厂,《钦定户部则例》记载"莲花厂官岁支银二百两,福集厂官岁支银一百二十两"。"书记,莲花、福集、柞子、水洞帕、二郎滩等处各一名,每名每月支银一两九钱;客课长,莲花、福集等厂各四名,柞子、水洞帕等厂各二名,每名每月支银一两九钱;巡役,莲花厂八名,福集、柞子等厂各十六名,水洞帕厂六名,二郎滩水次二名,每名月支银一两七钱;家丁,莲花、福集、柞子、水洞帕、二郎滩等处各一名,每名月支银三两;水火夫,莲花、福集、柞子、水洞帕、二郎滩等处各二名,每名月支银一两五钱"。[12]贵州铅厂也设有厂员、书记、巡役及客课长,与云南铜厂并无二致。硐长、炉长与"放本收铜"政策有关,除铜厂外,其他矿厂并未实行这一政策,故无硐长、炉长之设。以上贵州莲花、福集、柞子、水洞帕四铅厂,设厂官、书记、客课长、巡役、家丁、水火夫共计76名,年支工食、养廉银1911.2两。平均每厂19人,年工食银478两。

其他省份矿厂管理与贵州基本一致。如四川盐源县属甲子夸、豹子沟铜厂,乾隆二十九年"支厂员月费,书、巡、课长工食等项共银五百八十八两"[13]。管理人员仍由厂员、书记、巡役、客课长等组成。再如广东省新安等县各锡厂,乾隆八年至十一年共"支给官役养廉、工食变价锡四万二千八百九斤零"[14],约合银二千余两。锡厂亦由官役来管理,按年支给厂费。

由此可见,清代官府矿厂管理由厂员一名总理,下设书记、巡役及客课长,组成一套管理体系,负责矿民管理、征收税课、维持治安、处理讼狱等事务。通过这套管理体系,实现了国家对厂内的人和矿的监管。而所谓的"七长"则是官府管理体系与矿厂生产组织体系下具体执行者的混合体,"七长制"并不存在。

清代云贵地区矿厂众多,分散于各地,如何对这些矿厂实施有效的行政管理是云贵地方政府必须考虑的重要问题。清初,云南铜矿大多私开,矿业行政管理非常混乱。雍正元年云贵总督高其倬追述:"查得云南铜斤一案,自康熙四十四年以前,通省银铜各厂俱系督抚各官私开,原未奏报,亦无抽收款项按册可稽,因事久显露,经前督臣贝和诺折奏,始委员分管广西、元江、曲靖、永北四府,抽课充饷。"[15]官府所管的是合法矿厂,私矿不入官府登记,国家无从管起,因此清代历来禁止私矿。但高其倬的说法可能有所夸张,据雍正《云南通志》记载,康熙二十四年和四十四年云南分别有一批矿厂题报抽课[16]。笔者的理解是,康熙二十四年、四十四年,云南进行了两次大规模的矿厂奏报,将大批私矿纳入官府监管之下,变成国家承认的合法矿厂。

　　康熙四十四年之后,云南矿务管理逐渐正规化,但管理权仍不统一。乾隆三十三年,云贵总督阿里衮、云南巡抚明德奏:"滇省铜厂三十余处,向系粮道专管,布政司无稽核之责。金银铅厂二十九处,又系布政司专管,本地道府概不得过问,均属未协。请将各处金银铜铅厂,如系州县管理者,责成本地知府专管,本道稽查。如系府厅管理者,责成本道专管,统归布政司总理。"[17]即将分别隶属于粮储道和布政司的矿业管理结构进行整合,铜厂由所在地府厅州县专管,道员稽查,布政司总理,新的省、道、府(厅州县)、厂员四级管理结构形成。乾隆四十二年,云贵总督李侍尧、云南巡抚裴宗锡等奏:"请嗣后铜厂厂务悉归地方官经管,即繁剧地方,离厂较远,正印官不能照料,亦宜改委州县丞倅等官经理,各厂现委杂职概行彻退,酌量地方远近,厂分大小,分派各府厅州县及试用正印人员接手承办,实力采煎,如果办铜宽裕,奏请议叙,倘有短缺,即行参处。"[18]至此,铜务与地方行政结合,经管铜厂成为地方官的重要职责之一,成为名副其实的"铜政"。

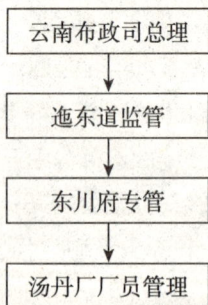

```
┌─────────────────┐
│  云南布政司总理  │
└────────┬────────┘
         ↓
┌─────────────────┐
│   迤东道监管     │
└────────┬────────┘
         ↓
┌─────────────────┐
│   东川府专管     │
└────────┬────────┘
         ↓
┌─────────────────┐
│  汤丹厂厂员管理  │
└─────────────────┘
```

清代铜政管理结构示意图

　　雍正初年,贵州也经历了一个矿业整顿的过程,将大批私矿纳入官府监管之下,变成国家承认的合法矿厂。雍正二年五月底,贵州巡抚毛文铨奏:"窃查黔省如阿都、腻书、猴子等银厂已经题报外,尚有丁头山、齐家湾等处铅厂,昔日俱属私开,即前折奏闻之滥木桥水银厂,从前亦无分文归公之处,今逐一清查,现檄藩司议定抽收之数,俟详议到日,即会同云贵总督高其倬题报归公,总不许地方各官染指分文,至于己未题报之厂,非悉心调剂难免浸渔,奴才已颁发调剂事宜,并令藩司遴委贤员前往管理。"[19]次年,贵州威宁镇总兵石礼哈亦称:"臣思开采矿厂,所以通商贾,输赋税,充国课,王日生乃一棍徒,能使督抚司通同分食,隐漏课税,其情实可痛恨,(金世扬)后于康熙五十八年升授黔省巡抚时,王日生又同至黔省,到威宁府开采天桥、腻书、阿都、柞子等厂,至四川重庆府发卖,亦伏巡抚之势,所过威宁府与永宁、毕节县等处之税俱不纳国课。"不纳国课,实属私矿,毛文铨即是对此类矿厂逐一清查,照例抽课,纳入国家监管范围之内。该年,贵州大定镇总兵官丁士杰对大定府境内矿厂逐一核查:"近访有汛属各处地方既行开采矿厂者甚多,其中有奉部开采者,自应听其开采,诚恐犹有私行偷挖者,大干法纪,且于地方甚属不便。……本营亥仲汛属一带地方逐一踏看,查得仅有马鬃岭塘旁边开倭铅一厂,聚集厂民五千有余,房炉两千两百余间,现在烧炉系雍正二年七月内奉文开采之厂",但水城汛属播木雄、发夏、八甲山、江西沟、大兴厂、麻园沟、铜厂坡及普擦汛属洛龙山等八处矿厂均无证开采,俱属私矿[20]。经过此次整顿,大部分矿厂均开始抽课纳税,成为国家监管的合法矿厂。

　　与此同时,贵州矿务亦统归布政司总理,粮驿道管理。以黔铅而言,粮驿道"下而分理者,则有升任南笼府知府黄世文、平越府知府朱东启、大定府知府陈恩荣、贵阳府同知介锡周、通判章曾邹等，又下而承办者，则有威宁州知州赵世熊、永宁州知州陈嘉会、黔西州知州鲍尚忠、毕节县知县李耀、普安县知县邓泗等"[21]。平越、贵阳等府官员应为运销黔铅借调而来，而大定、南笼、威宁、永宁、黔西、毕节、普安等府州县官员则属就地管理矿厂，矿业行政管理逐渐向行政体制靠拢。其后，各矿厂所在地官府承担起行政管理的职能。如雍正十二年，新开威宁府砂朱、大定州大兴二厂，"其砂朱厂委令威宁州管理，大兴厂委令大定府管理"，其抽课、厂费等事务分别由署威宁府知府陈惠荣、大定州知州陈嘉会申报粮驿道和布政司[22]。对于大型黔铅矿厂，由贵西道专门管理。如乾隆三十七年贵西道道员赵翼所作《出巡妈姑、福集二铅厂》诗注曰："（妈姑、福集二厂）岁运白铅八百余万斤供鼓铸，新改贵西巡道专司。"[23]可见，贵州一般矿厂由所在地州县官管理，粮储道监管，大型黔铅矿厂则由贵西道专管。《钦定户部则例》载，贵州省管理铅厂官养廉，"粮道岁支银二百两，贵西道岁支银四百两"[24]，便是这种行政管理结构的体现。

二、基于矿厂奏销清册数据的滇铜产量推算

　　产量是资源开发程度和产业发展规模的主要指标之一，而产量的波动势必通过产品的供求关系的变化影响国家资源的需求平衡，也是国家资源开发管控的重要对象。对于关系国家经济发展和军事战略安全的重要资源，其产量理应有详细的统计、汇总系统和及时的更新制度。因此，关于滇铜产量的原始数据应该从国家层面去思考和查找。

　　然而，以往对清代滇铜产量的研究，由于无法找到原始数据，均通过其他方法估算。严中平先生的推算最具代表性，他依据对清代滇铜京运、各省采买和本省鼓铸三大渠道销售量的考证，将三

者之和看作清代官府办铜量,占滇铜总产量的90%,外加10%的
通商铜,推算出乾隆五年至嘉庆十七年的历年滇铜产量。自此以
后,不但他的结果被史学界广泛接受,而且以销量推算产量之方法
成为计算清代矿产量的固定范式,被诸多学者所引用[25]。近年来,
虽有学者对之提出质疑,但仍未脱离以销量推算产量的模式[26]。
产量与销量之间虽然有密切的联系,但它们往往并不同步,供大于
求或供不应求的产生均是销量滞后于产量的表现。

在严中平的时代,由于史料所限,以销量推算产量不失为可取
之法。时至今日,随着大量清代档案的开放,笔者发现,清代《内
阁大库档》和《军机处档》中有大量关于清代云南铜厂奏销的原始
记载,主要分为办获铜斤数目册、办获铜斤余息数目册、铜斤收放
存余数目册三类,其中又有全省和单个矿厂之别,俱按年造册题
报。这些清册中有大量关于云南办铜量的记载。如果这些数据可
靠,只要对这些清册中的原始数据进行整理和分析,便可得出滇铜
办获量,进而还原出滇铜产量的历史真相。

1、矿厂奏销制度

要考证清册数据是否可靠,首先必须分析清册的来源及其形
成制度。康熙十八年,《钱法十二条》中规定:"凡一切有铜及白黑
铅处所,有民具呈愿采,该地方督抚即选委能员,监管采取。"[27]这
项法令允许商民开矿设厂、开采铜铅的同时,规定由政府派员进行
监督和管理。据《钦定大清会典》(康熙朝)记载:"康熙十八年覆
准,产铜铅处,任民采取,征税二分,按季造报。"[28]这里的"按季造
报",即矿厂将其生产、征税、销售情况按季度编造清册,送交政府
审核,这便是所谓的"监管"。次年,浙江省富阳等县的铜铅矿被
批准开采,便开始执行"照例抽税,按季造报"的制度,纳入政府矿

业监管体系之中。政府派官征税,按季造册,上报政府审核,这便是清初的矿厂奏销模式。

笔者认为,矿厂奏销制度可能来源于清代的奏销体系。清代奏销制度因袭前代而不断整饬规范,钱粮奏销是其中最为成熟的制度之一。据陈锋先生的研究,清代钱粮奏销制度确立于顺治八年,经过康、雍两朝的整顿,在奏销时限、程序、格式与内容等方面逐渐规范,形成比较完整的奏销制度。而其他方面的奏销,均以钱粮奏销制度为基础,只是奏销程序及其内容有所不同而已,如盐课、河工奏销等[29]。矿厂的产销与政府税收相关,理应以钱粮奏销为基础,岁末编造清册,送户部核销。

虽然矿厂奏销早在康熙十八年就已经明确规定,但据史料记载,各地并未认真执行。康熙二十三年,管理钱法侍郎陈廷敬奏请停止对矿业征税,皇帝批示:"开采铜斤,听民自便,地方官仍不时稽察,毋致争斗抢夺,藉端生事,致滋扰害。"[30]政府对矿业停止收税,地方官仅维持矿区社会秩序而已,矿厂奏销制度可能亦被停止。同时,由于日本洋铜的大量进口,币材供需矛盾得到缓解,清代矿业政策又趋于保守。康熙四十三年上谕中言:"闻开矿事情,甚无益于地方,嗣后请开采者,俱著不准行。"[31]开矿设厂被政府禁止,其矿厂奏销制度亦无须执行。虽然其后将云南排除在"矿禁"之外,矿产照常开采,但云南矿厂并未执行奏销制度。如雍正二年,云贵总督高其倬在回顾云南矿业时说:"查得云南铜斤一案,自康熙四十四年以前,通省银铜各厂俱系督抚各官私开,原未奏报,亦无抽收款项按册可稽。……自四十四年前督臣贝和诺报出之后,递年加增,尚无一定之额,至四十九年,征获息银九千六百二十余两,此后即为定额,而铜厂俱系给官本开采。"[32]

直到康熙四十四年,云贵总督贝和诺清查矿厂之后,开始对私矿征税,即政府承认已开矿厂的合法性,并将其纳入政府监管之中,其矿厂年度奏销制度也随之实施。雍正元年,政府规定:"滇省厂课,将元年正月起至十二月止抽收课项,于二年五月内造册题报,嗣后永为定例。"[33]自雍正元年开始,云南矿厂奏销制度成为定例,此后每年都要将本省矿厂征收的税课编造清册,上报户部,即"岁末会计"。并规定奏销时限不得超过次年五月。雍正六年五月,云南总督鄂尔泰在《奏为报明五年分办获铜息折》中言:"今雍正五年分铜厂课息例应于雍正六年五月内奏销。……,是五年分所办之铜课额余息约共可获银十八万两,现在核造细册具题。"[34]鄂尔泰所奏全省铜厂余息清册便是遵照上述定例的明证。

云南全省铜厂年度铜课余息奏销清册之外,其后又增加了全省铜厂年度办获铜斤数目清册和铜斤拨运实存清册。乾隆三十八年,户部在上奏《题报查核滇省乾隆三十六年办获铜斤数目折》中说:"据云南布政使王太岳详称,案奉前院牌准户部咨开,查该省节年管收除在铜斤各数,虽造清册送部,但每年办获铜数及拨运京外各局并实在应存铜斤数目,自应造具详细妥册,另行题报,以便按款核复,应将该省节年收放实存各数目造册题报。又奉准部文,查该省办获铜斤收除各款虽于题报铜斤余息案内附造清册送部,但该年办运铜斤既有拨运京外各局以及各省采买并节年办存之项,自应另行造册题报,按款复核,庶铜斤余息有分,若统归一案办理核算,殊觉纷繁,应查照前咨办理。"[35]另据乾隆四十三年云南巡抚裴宗锡《奏为汇奏各厂办获铜斤数目仰祈圣鉴事》中言:"窃照滇省新旧大小各厂通年获铜数目,例应汇核奏报,历经遵行在案。今乾隆四十二年分行据布政使孙士毅查明,各厂通计办获铜八百五十九万九千五百斤零,造册详请核奏前来。臣随检齐各厂每月报折,逐一核对。……所有新旧大小各厂乾隆四十二年办获铜斤数目,臣谨缮列清单,会同大学士伯管云贵总督李恭折具奏。"[36]即云南各铜厂每月都有办获铜斤数目上报。

铜厂之外,云南省每年还要将全省所有矿厂征收课税数目造册上报。乾隆元年云南巡抚张允随在奏销云南金银铜锡各厂乾隆元年分抽收课银数目时说:"该臣看得滇省金银铜锡各厂,抽收课银,例应按年奏销。行据布政使陈弘谋详称,滇省金银铜锡各厂,乾隆元年分共该课银八万八千二百五十两二钱零,内实收司库银八万五千八百七十五两五钱零,课金五十九两五钱六分。"[37]全省所有矿厂奏销清册是由各厂年度奏销清册汇总而来,而各个矿厂年度奏销清册亦须上报奏销。如乾隆二十一年户部上奏复核乾隆二十年云南省者海铅厂奏销时说:"据云南布政使觉罗约世详称,案奉抚院牌准户部咨,者海厂抽收课余铅斤照例按年造册题销等因在案。"[38]

这项制度至道光年间仍在执行。道光十九年,云南巡抚颜伯焘《题报道光十八年分各铜厂办获铜斤管收除在数目事》中仍说:"该臣看得滇省办获铜斤,收放实存数目例应按年造册题销,其新厂办获铜斤应同旧厂并同造报等因,遵行在案。"[39]云南巡抚舒兴阿在奏请核销者海厂道光三十年办获铅斤领过工本银两时仍说:"据云南布政使史致蕃详称,案准户部咨,令将者海厂照旧开采,所出铅斤先尽官为收买,余铅无论本省邻省,准令厂民发卖通商,照例抽课报解,按年造册报销等因,转饬遵办在案。"[40]但是,受太平天国起义影响,咸丰二年滇铜京运受阻。"虽前此因长江阻滞,曾有樊城、新野、获嘉、内黄等处行走之文,而近来襄樊以南荆宜一带节节用兵,绕道亦难径远,是以运员益加郑重,必俟下游确信方敢成行"[41]。其后不久,云南回乱军兴,矿业基本陷入停顿状态。现存史料中也未发现这一时期的矿厂奏销清册。

可见,矿厂奏销制度在清代前期的云南不但得到有效地执行,其制度本身也在不断完善,既有各个矿厂的年度奏销,又有矿种的年度奏销,还有全省矿业的年度奏销,其内容从矿税扩展到产量、销量等多个方面。当然,这项制度不仅针对云南,而是适用于全国所有开矿省份。兹分别考证如下:

贵州省:贵州情况与云南相似,私开矿厂比较普遍。雍正二年,贵州巡抚毛文铨《奏请查私开矿厂酌议抽收款项归公折》中说:"窃查黔省如阿都、腻书、猴子等银厂已经题报外,尚有丁头山、齐家湾等处铅厂,昔日俱属私开,即前折奏闻之滥木桥水银厂,从前亦无分文归公之处。"[42]次年,贵州大定镇总兵官丁士杰奏报,大定府镇所辖地界内有矿厂九处,仅有马鬃岭一厂奉文开采[43]。经过上述清查,开始征收税课,将私矿纳入政府监管之内,年度奏销制度随之实施。而新开矿厂的奏销制度在户部批文中均有交待。如雍正四年,贵州威宁府忙步沟铜厂准"雇觅本地殷实商民开采,按季造报,二八抽课"[44]。乾隆四十一年,贵州巡抚裴宗锡在奏销莲花塘白铅厂乾隆三十九年抽课并支销工食等银开销时说:"窃照黔省威宁州属莲花塘地方出产铅矿,每出铅百斤,抽课二十斤,所需厂内办事人役工食等项银两,系于抽获课铅项下变价支给,按年造册报销在案。"[45]嘉庆五年,护理贵州巡抚常明在《题为详请题报开采白铅矿厂等事》亦言:"该臣看得水城地方福集厂,抽收课铅及开销人役工食银两,例应按年报销。"[46]道光三十年,贵州巡抚乔用迁仍说:"该臣看得黔省八寨厅属羊伍加河水银厂,每年抽收折解及支销饭食等项,例应按年造册报销。"[47]但是,"自咸丰三年以后,因协黔铅本不济,无项发厂拨运,兼之苗教各匪接踵而至,以致砂丁四散,槽硐淹没,所有厂地变为荒墟"[48],贵州省矿厂奏销亦随之停止。

广西省:雍正九年广西巡抚金鉷上奏:"窃照粤西金银铜铅等矿厂,自雍正七年开采起至雍正八年年底止,所有动支工本及采获抽收各数目,臣已具疏题明,咨部在案。……俟年底同各厂收除实在各数,核算明确,于壬子年造报奏销之时,分晰具题,所有雍正九年春夏秋三季收获各矿厂铜觔银铅各数目,谨先缮折奏。"[49]乾隆五十五年,护理广西巡抚英善在题请广西金鸡头铜厂乾隆五十四年分共抽收课余铜斤支用工本及铜斤发局供铸归还价脚核获余息银两各数目时中说:"该臣看得粤西开采铜矿,抽收课余铜斤,支用工本及铜斤发局供铸,归还价脚,获余息银两,例应按年奏报。"[50]广西省全省矿业奏销、矿种奏销和矿厂奏销均按年进行。

四川省:乾隆二十二年四川总督管巡抚事开泰在《题为敬陈开采铜铅等事》中说:"该臣看得,川省开采乐山县属之老洞沟铜厂,每年煎获铜觔、抽收课耗、价买余铜、以及运脚厂费等项,例应分晰造册题报。"[51]乾隆五十年,四川总督管巡抚事李世杰在奏请核销建昌沙鸡厂缴获铅觔抽收课耗等银两时亦言:"该臣看得建昌属沙鸡厂先经题准,部覆令将商人缴获铅觔、银星、抽收课耗等项按季造报,岁底将价脚厂费造册题销。"[52]嘉庆五年,四川总督管巡抚事勒保在《题为详请开采黑铅矿厂等事》中说:"该臣看得四川省雷波厅属龙头山黑铅厂,先经题准,部覆令将煎获黑铅、抽收课耗铅觔、变价银两各数目按季造报,年底将用过价脚、并支销厂费等项造册题销等因,转饬遵照在案。"[53]咸丰七年,四川金狮铜厂奏销仍然继续进行[54]。

湖南省:康熙五十二年,"湖南大凑山、黄沙等三处于一年内开采获税铅三十六万二千一百余斤"。[55]可见,当时湖南铅厂已经实行年度奏报制度。乾隆三十八年湖南巡抚梁国治在题请奏销郴州锡厂抽收课银时说:"该臣看得,郴州属东冲柿竹园等处出产锡砂,经前抚臣杨锡绂题准,部覆准其开采,归官办理,所出锡斤照例按季造报,岁底造册题销等因,遵照在案。"[56]乾隆五十二年,户部核销湖南各铜厂乾隆五十一年抽收税银数目[57]。这些矿厂、矿种奏销清册表明,矿厂奏销制度在湖南亦得以实施。

广东省:乾隆十二年,两广总督兼管广东巡抚策楞在广东新安等县锡厂奏销中说:"该臣看得粤东开采锡山办解京局鼓铸一案,先据前升司纳敏将各属锡厂自试采起,至乾隆拾年年底止,采出锡斤数目经前任抚臣准泰具疏题销,准部咨覆,行令将拨解各年京局锡斤及用过脚费银两,按年造册题销,其抽收公费锡斤支给官役廉食等项,核实另册报销等因"[58]。乾隆三十四年广东巡抚钟音《题为遵旨议奏事》中言:"该臣看得,广东开采铅矿山场接供鼓铸一案,例应将抽收课费、铅银、及支销数目,按年造册题报。"[59]乾隆三十九年,广东巡抚德保在《题报香山等县开采铅矿抽收课银支销各数》中说:"该臣看得广东开采铅矿山场接供鼓铸一案,例应将抽收课费铅银及支销数目按年造册题报。"[60]广东铅、锡等矿奏销清册表明,清代广东省也执行矿厂年度奏销制度。

此外,陕西省矿厂也执行年度奏销制度。乾隆二十一年,陕西巡抚卢焞请开铅厂,户部复议:"应如该抚所奏,将华阳川黑铅矿厂准其开采,照例抽课,所抽课铅及另收余铅,按季造报,岁底具题。"[61]

经过以上分析,清代云南、贵州、广西、四川、湖南、广东、陕西等省均执行矿厂年度奏销制度,可见这项制度并非只是针对云南,而是适用于全国的一项普遍性制度。同时,就矿种而言,除了上述铜、铅、锡等矿之外,其他矿种也执行这项制度。如金矿,贵州巡抚图思德题请奏销乾隆四十年贵州天庆寺金厂所抽正课撒散金数目时中说:"该臣看得,思南府属天庆寺金厂所抽课金,并另抽撒散金、支销等项,例应按年造册报销。"[62]再如铁矿,乾隆二十九年四川总督管巡抚事阿尔泰在奏请开采龙安府江油县木通溪、和合硐等处产有铁矿时说:"按年征收,解贮司库,拨克兵饷,入册造报。"[63]另如水银,乾隆五十五年贵州巡抚额勒春《题为恳恩赏准开采等事》中说:"该臣看得黔省八寨厅属羊伍加河水银厂,每年抽收、折解及支销饭食等项,例应按年造册报销。"[64]还有朱砂、石磺,嘉庆元年贵州巡抚冯光熊《题为呈请开采砂矿等事》言:"该臣看得南笼府属坡拗、板阶二厂,抽获课砂、课磺变价,例应按年造册报销。"[65]

因此,可以断言,矿厂奏销制度是清代一项具有普遍性的矿业管理制度,不但适用于云南,贵州、广西、四川、湖南、广东、陕西等开矿省份,也实行于所有矿种的采冶之中,除了铜矿之外,金、银、铁、铅、水银、朱砂、石磺等矿种的开采,均须按年奏销。由此可见,矿厂奏销制度是适用于所有地域和矿种,贯穿于整个清代的一项普遍性制度。

2、奏销清册及其数据的真实性

矿厂奏销制度的实行形成了大量的矿厂奏销清册,这是关于清代矿厂产销方面数据的统计性文件。这些数据的真实性关系着奏销制度执行的效果和作用。那么,清册中的数据从何而来? 清代矿厂奏销清册原件今已无存,但与清册一同上报的各省督抚的奏销折中却留下了清册中的核心数据。兹摘引乾隆四十二年分云南巡抚裴宗锡的奏销折如下:

"窃照滇省新旧大小各厂通年获铜数目,例应汇核奏报,历经遵行在案。今乾隆四十二年分,行据布政使孙士毅查明,各厂通计办获铜八百五十九万九千五百斤零,造册,详请核奏前来。臣随检齐各厂每月报折,逐一核对,内汤丹、碌碌、大水、茂麓等四厂获铜三百五十二万八千一百一十七斤零,宁台等九厂获铜四百一十一万一千五百三十三斤零,大功等八新厂获铜九十五万八千八百五十斤零,通计各厂共获铜八百五十九万九千五百斤零,……。所有新旧大小各厂乾隆四十二年办获铜斤数目,臣谨缮列清单,会同大学士伯管云贵总督李恭折具奏。"[66]

可见,通省数据是由各厂办获铜斤合计而来,且每厂每月均有"月报"将所获铜斤上报给布政司,以便对照核查。那么,"月报"数据是如何产生的呢?

乾隆朝《钦定大清会典则例》中有段关于矿厂奏销清册数据来源的记载:"(广东)各厂所收铜铅金银,令该管道员发给地方官循环流水印簿连五串票,将每日所出铜铅金银各若干填注流水簿,分截串票,一缴该管道员衙门,一存地方官稽察,一付商人存照,其串根流水一月一缴,该管道员衙门察核仍十日一次,申报督抚及司道衙门稽考,按月造具。……凡日逐采出矿砂,挨次堆贮,如某日煎炼某礶,某日矿砂若干斤,炉头报明,官商督同煎炼,该管官一同验明,分别铜铅金银,分记块数斤两,注册登填串票,督抚仍不时访察,如有偷漏情弊,分别究追参处。"[67]矿厂每日矿砂及煎炼所得必须填写"循环印簿五串票",分交道员、地方官、商人分别保存。道员每十天核查一次,申报督抚及布政使,按月造册,这就是每月"月报"的形成过程。

由此可见,"月报"的数据是在官员监督下由每日矿产量汇总而来。虽然上述史料是就广东矿厂而言,但"月报"数据的形成模式则适用于清代所有地区。同时,商民登记的数据,经过厂员、道员、布政使、巡抚、户部等逐级汇总核查,最后呈报皇帝。如此复杂的奏报程序也在一定程度上保证了数据的真实性。因此,我们有理由相信,奏销清册中的数据是真实可信的。

现存滇铜奏销清册数据,以雍正四年第一季度云南办铜数目为最早[68]。雍正六年,云贵总督鄂尔泰奏报:"今查各铜厂自雍正五年正月起至十二月终止,共办获铜四百万零,内除留本省鼓铸外,运赴湖广一百一十万零,江南一百六十万零,陆续雇脚发运,已将发完。"[69]云南"各厂铜斤雍正六年分止办获二百七十余万,缘夏秋之间,时风盛行,厂地尤甚,厂丁难以存住,故铜数大减。"[70]雍正七年办铜约四百万斤,雍正八年办铜约一百五十七万斤,雍正九年办铜约三百八十万斤,雍正十年办铜三百二十余万斤,雍正十一年办铜三百六十一万余斤,雍正十二年办铜四百八十五万余斤[71]。

乾隆二年,户部查核滇省乾隆元年办获铜斤余息银两数目时引云南巡抚张允随原奏言:"查乾隆元年分铜厂铜斤、工本、余息等项,例应按年造册奏销,仰即查明,造具清册详报等因"[72]。可见,按年造册奏销滇铜办获数目已成定例。韦庆远在清宫档案中找到乾隆元年到三十四年的历年办获铜斤数目清单,兹引如下:

乾隆元年至乾隆三十四年滇省办铜量列表　　单位:百斤

年份	办铜数	年份	办铜数	年份	办铜数
乾隆元年	75989	十三年	103477	二十五年	121288
二年	100891	十四年	119204	二十六年	117125
三年	104579	十五年	100562	二十七年	122625
四年	94205	十六年	107020	二十八年	127660
五年	84346	十七年	81518	二十九年	137810
六年	75455	十八年	75101	三十年	118759

年份	办铜数	年份	办铜数	年份	办铜数
七年	87578	十九年	109502	三十一年	81233
八年	92907	二十年	83871	三十二年	73940
九年	92492	二十一年	62624	三十三年	77570
十年	82813	二十二年	98249	三十四年	97438
十一年	84211	二十三年	101731		
十二年	84527	二十四年	127601		

注:摘自中国人民大学清史所编《清代的矿业》,中华书局1983年版,第150—152页。

韦先生认为这些数据比较可信,但并未言明来源于何处。兹以奏销清册中所载数据与之比较。《张允随奏稿》中载:"乾隆十三年分,各厂共办获铜一千三十四万七千七百余斤,较之乾隆十年、十一、十二等年多办获铜二百余万斤。"[73]乾隆十三年办获铜斤数与上述清单所载完全相等,乾隆十年、十一年、十二年办获铜斤数亦与清单中相符。户部在复核云南省乾隆二十八年分办获铜斤数目时引用奏销清册言:"(滇省乾隆二十八年)新收共铜一千二百七十六万六千四十斤九两零"[74]。亦与清单所载相符。由此可见,清单与历年云南全省办获铜斤奏销清册应为同源数据,清单可能由历年云南办获铜斤数目清册汇总而成。

上述清单止于乾隆三十四年,而该年之后并未发现类似的历年滇铜产量清单。乾隆朝后期的滇铜办获量散见于《内阁大库档案》、《清实录》及云南督抚奏折之中,兹摘录于下:

乾隆四十一年三月十六日,署云贵总督觉罗图思德奏:"……其现在(云南)新旧各厂,乾隆四十年分办获铜一千二百四十八万三百九十二斤,较之三十九年分有盈无缩。"[75]乾隆四十三年,云南巡抚裴宗锡在奏报云南办获铜斤数目时说:"今乾隆四十二年分行据布政使孙士毅查明,各厂通计办获铜八百五十九万九千五百斤零,……较之四十一年分获铜一千一百五十二万六千五百九斤零之数,少获铜二百九十二万七千八百斤零"[76]。次年,又报:"今乾隆四十三年分据布政使孙士毅查明,各厂通计办获铜一千一百一十二万一千八百二十八斤零"[77]。则乾隆四十一、四十二、四十三年云南办获铜量分别为 11526509 斤、8599500 斤、11121828 斤。"乾隆四十五年分,滇省新旧大小各厂通共办获铜一千一百二十七万余觔零,核查各厂年额,应办铜一千九十五万余觔,已多办铜三十一万余觔"。[78]"乾隆四十九年分,各厂通共办获铜一千二百五十万二百五十一斤零"。[79]云贵总督富纲报,乾隆五十三年"总计通省(云南)新旧各厂共办获铜一千一百五十三万二千九十七斤五两"[80]。五十七年,富纲又奏:"近年各厂办获铜觔,较每年额数多至四百余万",则乾隆五十六年左右,年办铜量超过 1460 万斤[81]。嘉庆八年十一月,云贵总督琅玕、云南巡抚永保在《题为奏报滇省嘉庆七年分办获铜斤数目事》中说,滇省办获铜 6477790 斤[82]。嘉庆十六年,云南巡抚孙玉庭奏:"嘉庆十五年分管收共铜二千三百九十四万八千六百五十一斤零",其中"旧管铜一千四百八十七万九千四百八十一斤",则嘉庆十五年办铜 9049170 斤[83]。道光十九年,云南巡抚颜伯焘奏:"道光十八年分管收共铜二千六百六十六万四千三百二十七斤六两零",其中"旧管存铜一千八百八十万三千余斤",则道光十六年 786.1 万斤[84]。

乾隆朝后期至嘉庆朝前期部分年份云南办铜量列表　　　单位：万斤

年份或时段	年办铜量或 平均办铜量	年份或时段	年办铜量或 平均办铜量
乾隆四十年	1248	乾隆五十三年	1153
乾隆四十一年	1153	乾隆五十六年	1460
乾隆四十二年	860	嘉庆七年	648
乾隆四十三年	1112	嘉庆十五年	905
乾隆四十五年	1127	道光十八年	786
乾隆四十九年	1205		

注：本表数据来源于《清实录》、《内阁大库档案》、《清代的矿业》、《滇黔奏稿录要》等书。

此外，还有一些与产量相关的奏报。如乾隆五十六年，云贵总督富纲奏："乾隆四十九年清查（厂欠）以后，截至五十四年年底止，办获铜七千余万斤"，则年均办获铜1400万斤[85]。五十八年，富纲又奏："近年来铜厂丰旺，除应办额铜之外，多办余铜，借款垫发，……自乾隆五十一年起至五十七年止，已陆续派拨工本脚费一百余万两，……而逐年借项采办余铜，又有一千三百四十余万斤。"[86]则每年约办铜1227万斤。

这些材料虽然出处不一，但其数据来源却基本一致，均已历年滇铜奏销清册为基础。除了嘉庆、道光两朝数据间隔时间较长之外，其他数据间隔时间均不超过四年。因此，仍可以作为样本分析的基础。

3、关于通商铜与私铜份额的分析

上述所列历年云南省"办获铜斤"数据仅是政府每年抽课铜

和收买余铜数量,称为官铜。云南铜总产量还应包括通商铜和私铜的数量。因此,通商铜和私铜的考证是计算滇铜产量的必不可少的一步。严中平在《清代云南铜政考》中言:"而自乾隆三十八年起,也有准以一分通商的谕旨"。事实上,清代前期云南通商铜由来已久,其间变化颇大。

康熙十八年,清廷在开放全国铜铅矿开采的同时就规定"八分听民发卖,二分纳官",五年之后,为了进一步鼓励铜铅开采,对铜铅矿厂"停其收税,任民采取"。[87]康熙二十一年,云贵总督蔡毓荣奏请云南开矿时建议"听民开采而官收其税"。这一时期矿厂所产铜可以自由流通,不存在所谓的官铜。康熙四十四年,云南省城设立官铜店,才"于额例抽纳外,预发工本收买余铜,各铜厂每觔价银三四分以至五六分不等,发运省城,设立官铜店,卖给官商,以供各省承办京局额铜之用"[88]。至此,云南开始官买余铜,通商铜可能同时被取消,因为雍正二年规定:"云南所产铜除供本省鼓铸外,听从商贩,毋得禁遏。"[89]

但是,两年之后,政府又将云南余铜全部官买。"查(云南铜矿)雍正四年开采以来,奏定于百觔内抽课十觔,例不给价,余铜官为尽数收买"。乾隆三年,云南巡抚张允随奏:"至滇省办解京铜,除将已未年额办铜觔尽数办解外,所有余剩铜觔,部议酌令通商。"户部议驳:"查滇省地处极边,牛马无多,现在运解京铜及京粤钱文,牛马已属难雇,此时遽议通商,势必加价争雇,恐于正项有误,请俟京钱停运,并京铜一切章程核定后再议。"[90]三年后,贵州道监察御史孙灏亦奏:"请将滇厂新旧铜觔,按岁额需用外,每年免拨十分之一,售卖予民,以补洋铜之不足。"九卿议复:"查黄铜弛禁以来,民间需用铜器甚多,该御史请将滇铜酌拨售卖,固属便民之举。但现在滇厂每年获铜,额运各处鼓铸外,并无多余,应俟滇铜加旺,官铜有余,然后定议举行。"[91]

大约乾隆十年以后,滇铜产量大增,足敷京运及各省采买之需,滇铜通商又开始逐步放开。乾隆十三年,广西巡抚托庸称"粤西客铜俱从滇南贩来"[92]。证明当时云南已有商铜流入广西。乾隆三十六年,因滇铜产量下滑,不敷京运及各省采买,云贵总督三宝奏请将余铜全归官买,乾隆皇帝朱批言:"所奏殊未妥协。向来商人售卖一分铜觔,每百斤可得银十四五两,籍以通融贴补。今欲将余铜尽数收买,且扣除脚价,仅得银十二两三钱零,较之从前获价短少,商贩不能宽裕,商人既无余利可沾,谁肯急公踊跃,又安望厂务之日有起色。"[93]可见,此前滇铜一分通商行之有年。皇帝复否决了三宝的建议,滇铜一分通商继续实行。乾隆四十五年,管理户部大学士和珅建议:"(滇铜)向来定例,九成交官,一成通商,不若令将官运之铜全数交完后,听其将所剩铜觔尽数交易,不必拘定一成。"乾隆皇帝认为:"若许其将开采官铜全数交完外,不拘一成之例,听商贾流通贸易,间阎既多利便,势必竞相趋赴,百计筹画,攒凑货本,踹勘新槽,铜厂可期日旺,此亦调剂之一法"[94]从此后的情形看,这一建议已被采纳。乾隆四十九年,"云南各属报获新厂,曲径府之双龙厂,昭通府之松汉林厂、拖海厂,东川府之裕源子厂,宁州之他腊厂,平彝县之后所山厂。每年办获铜斤,以裕源系汤丹子厂,所有抽收铜斤脚价等银,俱归汤丹厂造报;其拖海厂每出铜百斤,抽课铜十斤,照新厂例,通商铜十斤,官买余铜八十斤;松汉林、双龙、他腊、后所山等厂每出铜百斤,抽课铜十斤,照不拘一成例,通商铜二十斤,官买余铜七十斤,每百斤均给价银六两九钱八分七厘"[95]此后,云南通商铜的分额有扩大之势。乾隆五十六年,云南布政使费淳又奏取消通商铜:"滇省办铜各厂除抽课交官外,向有一成二成准令通商之例,商人难保无影射收买、私铸渔利情弊,应官为收买,每年可多获铜一百余万斤,以之添拨各省采买及铁砂折耗泸店底铜之用。"乾隆皇帝批饬道:"此奏虽似为该省杜绝私铸起见,其实该藩司以各省采买铜觔及泸店底铜恐有欠缺,故欲将此项商买余铜归官,以作抵补之用。祇系一偏之见,未经通盘筹画,所谓知其一不知其二也。铜觔为民间必需之物,不能一日缺少,若将各厂抽课各官所剩余铜概行禁止商民售卖,则民间所用之铜从何而出? 即使厂中稍有偷漏,为数亦属无多。不特铜价因此昂贵,而小民等需用孔亟,必致将官钱私行销毁,改铸铜器,即钱价亦必因之倍增。"[96]可见,在乾隆时期,通商铜政策基本都得以实行。

由此可见,清代云南通商铜始于康熙二十一年,康熙四十四年之前大部分铜由商民自由贩卖。康熙四十四年设立官铜店之后,余铜基本为政府所买,禁止通商。乾隆十年之后,恢复了通商旧制,以一成通商,乾隆四十五年之后,通商铜的分额有扩大之势,某些矿厂通商铜高达百分之二十。因此,乾隆十年之后,云南每年铜产量应在办获铜斤数上另加10%的通商铜。

杨煜达先生通过成本核算,以商民有利可图为前提,认为每年通商铜和私铜量约为总产量的25%[97]。笔者以为,虽然商民是在有利可图的前提下进行铜矿采炼的,但却将大部分"亏损"转移给了政府。清代云南采取"放本收铜"政策,即政府预发工本,厂民以所产之铜上交政府来抵补铜本。当厂民无法按时足额交铜时,政府预发的工本将无法按时收回,即所谓"厂欠"。云南铜厂的"厂欠"问题早在康熙年间就已出现,此后虽经常豁免无着铜厂民欠,但历年均会有新的厂欠产生。[98]如果厂民大多以贩卖私铜谋求高价,就不应该存在大量厂欠。而厂欠之所以每年都会产生,足以说明厂民贩卖私铜的数量是有限的。此仅以历年"厂欠"银来推论清代前期云南私铜的比例问题。兹将乾隆朝以来"厂欠"银数列表如下:

清代云南铜厂"厂欠"银数目表　　　　单位:两

年份及时段	无着厂欠银	有着厂欠银	厂欠银合计	年平均厂欠银
乾隆二十年以前	—	—	—	4000
乾隆二十一年至三十二年	—		137000	13700
乾隆三十三年至三十七年	—		139000	27800
乾隆三十八年至四十三年	301261		820184	20505
乾隆四十四年至四十八年	390000	—	549740	109948
乾隆五十年至五十四年	398400		643266	128653
乾隆五十五年至五十九年	497700	—	557700	111540
乾隆六十年至嘉庆五年	—		162014	27002
嘉庆十年	17880	11689	29569	29569
嘉庆十五年	18772	20536	39308	39308
嘉庆十七年	19166	10538	29704	29704
嘉庆十九年	16135	23758	39893	39893
道光十一年	17455	15813	33268	33268

注:此表根据《清实录》、《内阁大库档案》及《清代的矿业》所载史料而制。云南铜厂"厂欠"银分为有着、无着两类。有着厂欠饬令追缴,追缴不完由厂员及各管官分赔;无着厂欠乾隆朝豁免过三次,分别是乾隆四十四年、五十五年、六十年,自嘉庆六年以后,每年清理一次,同时豁免无着厂欠。

根据上表,乾隆二十年以前,平均每年厂欠在四千两左右,之后厂欠快速增长,至乾隆朝三十二年,每年厂欠银超过两万两,乾

隆四十四年之后,每年高达十万两以上。嘉庆、道光两朝逐年清理
厂欠,每年厂欠在三万两以上[99]。若按严、杨两位学者所言,乾隆
三十八年之后才开始一分通商,则通商之后厂民获利状况将得以
改善,厂欠亦应随之减少。然而,厂欠却大幅度增加,正说明一分
通商之例在乾隆朝初年业已实行。嘉庆以后厂欠骤减至每年三万
两,主要是因为产铜量下降所致。当然,厂欠银的增长,一方面是
官定价格过低,厂民入不敷出,故不能按时足额交铜抵款;另一方
面,铜矿开采年久,硐深矿薄,出产减少,而厂地物价逐渐增高,产
铜成本增加速度大于官府加价的幅度。但是,不论哪方面原因,厂
欠应该视为商民弥补亏损的不得已的选择。因此,在进行成本核
算时必须要将厂欠计算在内。

4、滇铜产量的推算

　　乾隆朝前期,按每百斤铜,除政府抽课外,余铜交官可得银5.
082两;百分之十的铜通商,按每百斤十二两的市价计算,可获银
1.2两;厂欠银每年约2500两左右,按每年办铜1000万斤计,每
百斤铜平均欠银0.025两。三者合计银6.307两,与每百斤铜成
本6.0328两比较,厂民已获利0.2742两,已非不敷成本[100]。乾隆
朝后期,按每铜百斤官价银七两计算,抽课之外,余铜官买,实可获
银5.929两;一分通商铜十斤,按市价十四两计算,可获银1.4两;
此时每年厂欠在十万两以上,按年办铜1200万计,每百斤铜欠
银0.8333两。三者合计8.162两,按当时成本价8.6两计算[101],
实不敷成本,每百斤铜即亏本银0.438两左右。若使商民有利可
图,每百斤之外,必须贩卖私铜6.26斤左右,即办铜量的6.3%。
按每年办铜量1200万斤计算,则每年私铜约在75万斤左右。乾
隆朝后期私铜比较活跃,史料上也有较多记载[102]。

　　嘉道年间,滇铜产量明显下降,不敷定额,往往将通商铜收购以补不足,然此时部分新厂通商铜比例扩大至二成,因此,通商铜比例姑以15%计算。此时官价升至每百斤7.5两左右,则每铜百斤,抽课外厂民实获银6.375两;每年办铜量按700万斤计算,厂欠三万两,则每铜百斤欠银0.4286两;以15%的铜通商,按市价十五两计算,课获银2.25两。三者合计为10.5536两,而此时成本则上升至九两五钱左右,厂民每产铜百斤仍有一两白银的利润,不必冒犯禁令,大规模贩卖私铜。

　　通过以上分析,笔者认为,在清代中前期的滇铜销售中,通商铜和私铜的比重并非一成不变。乾隆朝前期,通商铜比例为铜产量的10%,私铜量很小,可以不予考虑;乾隆朝后期,一分通商铜仍然存在,且有扩大的趋势,而厂欠则大幅度增加,但厂民仍然不敷成本。故通商铜和私铜约占铜产量的16%左右。

清代滇铜产量表　　单位:百斤

年份或时段	办铜量	铜产量	年份或时段	办铜量	铜产量
雍正元年	10,000	10,000	十八年	75,101	83,446
二年	12,000	12,000	十九年	109,502	121,669
三年	26,000	26,000	二十年	83,871	93,190
四年	21,500	21,500	二十一年	62,624	69,582
五年	40,100	40,100	二十二年	98,249	109,166
六年	27,000	27,000	二十三年	101,731	113,034
七年	40,000	40,000	二十四年	127,601	141,779
八年	15,700	15,700	二十五年	121,288	134,764
九年	38,000	38,000	二十六年	117,125	130,139

年份或时段	办铜量	铜产量	年份或时段	办铜量	铜产量
十年	32,000	32,000	二十七年	122,625	136,250
十一年	36,100	36,100	二十八年	127,660	141,844
十二年	48,500	48,500	二十九年	137,810	153,122
乾隆元年	75,989	75,989	三十年	118,759	131,954
二年	100,891	100,891	三十一年	81,233	90,259
三年	104,579	104,579	三十二年	73,940	82,156
四年	94,205	94,205	三十三年	77,570	86,189
五年	84,346	84,346	三十四年	97,438	108,264
六年	75,455	75,455	四十年	124,804	148,576
七年	87,578	87,578	四十一年	125,265	149,125
八年	92,907	92,907	四十二年	85,995	102,375
九年	92,492	92,492	四十三年	111,218	132,402
十年	82,813	82,813	四十五年	112,700	134,167
十一年	84,211	93,568	四十九年	120,503	143,456
十二年	84,527	93,919	五十三年	115,321	137,287
十三年	103,477	114,974	五十六年	146,000	173,810
十四年	119,204	132,449	嘉庆七年	64,778	77,117
十五年	100,562	111,736	嘉庆十五年	90,492	107,729
十六年	107,020	118,911	道光十八年	78,631	93,608
十七年	81,518	90,576	平均值	85,664	94,611

注:本表以前文考证的不同时期官府办铜量为基础,根据不同时期通商铜和私铜比例计算而来。

推算结果与前人的研究有较大差异,产量波动特征最为明显。

以乾隆朝为例,峰值是乾隆五十六年的 1738 万斤,谷值是乾隆二十一年的 696 万斤,最大振幅达 249.71%。产量的波动影响供销关系,当产量大于销量时,产品库存便会增加,当销量大于产量时,前期的库存会被逐渐消化乃至供不应求。

清代滇铜产量变化趋势图

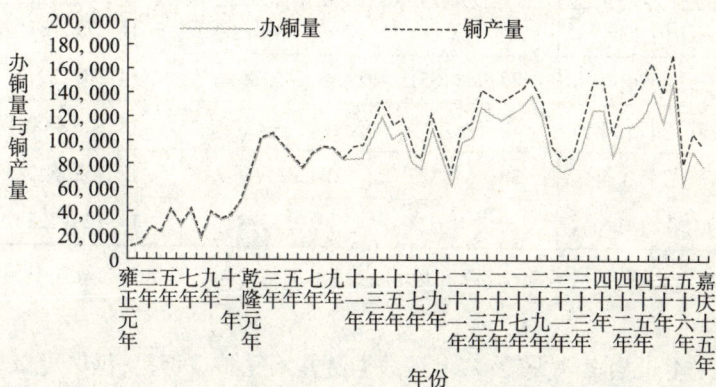

滇铜收除存余奏销清册提供了部分年份滇铜产销数据,可以作为清代滇铜产量波动的佐证。兹整理如下表:

清代滇铜库存量变化表　　单位:斤

年份	管收铜数	开除铜数	实存铜数
乾隆二十五年	17,523,513	11,398,182	6,125,330
乾隆二十七年	—	—	9,155,632
乾隆二十八年	21,921,673	11,850,000	10,071,673
乾隆三十四年	15,403,827	10,829,557	4,574,270
乾隆三十八年	9,978,788	7,599,384	2,387,849

年份	管收铜数	开除铜数	实存铜数
乾隆四十一年	16,017,423	8,909,795	7,107,928
乾隆五十二年	20,803,622	8,956,182	11,847,439
乾隆五十五年	26,008,384	10,060,542	15,947,841
嘉庆五年	—	—	24,680,000
嘉庆十四年	—	—	14,879,781
嘉庆十五年	23,948,651	9,745,359	14,203,292
道光十七年	—	—	18,803,000
道光十八年	28,664,327	10,211,684	18,452,643
平均值	20,030,023	9,951,187	11,129,723

注:本表数据来源于《内阁大库档案》中历年滇铜奏销折的记载。

由于档案缺失较多,上述数据链并不完整。但是,仍然可以看出以下几点:第一,自乾隆二十五年至道光十八年的78年间,云南铜的产销关系应是供大于求无疑。第二,乾隆三十八年左右,滇铜库存一度减少至240万斤左右。第三,乾隆五十年后,库存量一直保持在1000万斤以上,至嘉庆五年达到2468万斤,相当于销售量的2.4倍。对照产量,乾隆三十年至三十四年滇铜产量严重下滑,自乾隆二十三年以来的库存逐渐被消化,降到乾隆三十八年的240万斤;乾隆四十年之后产量再度上扬,库存又持续增加,至嘉庆五年达到2468万斤。因此,可以肯定,清代前期滇铜的产量大于销量,平均库存量在1100万斤左右,但不同时段产量波动较大。滇铜产销关系同时也表明,以销量推算产量存在巨大误差。

三、矿业监管与政府调控

全国矿厂奏销制度的实施,对国家管控究竟起什么样的作用,或者说,执行这项制度的意义何在? 我们先来看矿厂奏销清册的内容。前文笔者推测清代矿厂奏销来源于清代钱粮奏销制度。康熙二十三年规定:"凡奏销钱粮,应将存留、起运逐项分晰,并报部年月,明白造册"[103];五年之后,又要求各布政司"每年终,将历年未清各案钱粮开明旧管、新收、开除、实在,并完欠细数,造册报部"。[104]清代钱粮奏销清册中分旧管、新收、开除、实在四项,由布政司按年编造,巡抚题请,并送户部复核。那么,矿厂奏销清册也应照此办理。兹引贵州巡抚钱度乾隆二十八年贵州省乐助堡白铅厂奏销折如下:

"该臣看得,黔省乐助堡出产白铅,应需工本银两例应于道库存贮妈姑等厂铅斤工本款内动支收买,按年造册报销。据粮驿道永泰详称,所有乐助厂自乾隆二十八年正月起至十二月底,收买铅斤用过工本银两数目。旧管项下:乾隆二十七年十二月底存柏子桥局余铅五万四千五百七十三斤,又存厂收买未运课余铅七十二万九百二十二斤零,又存厂未买课铅九十九万八千三百三斤零;新收项下:一收乐助堡厂自乾隆二十八年正月起至十二月底,共收买余铅三十九万八百四十八斤,每百斤照库平银一两四钱七分,共享银五千七百四十五两四钱六分零,又抽收课铅一十九万五千四百二十四斤;(开除项下)内收买变价支给养廉工食课铅五万九千五百七十三斤零,每百斤照库平银一两四钱七分,共享银八百七十五两七钱二分零,又乐助厂赴省请领工本脚价银两,用过夫马盘费库平银三两八钱四厘零,总计乐助厂用过工本夫马盘费等项银六千六百二十四两九钱九分零;实在项下:乐助厂运存柏子桥铅五万四千五百七十三斤,又乐助、永胜二厂收买存厂未运课余铅一百一十七万一千三百四十四斤零,又乐助厂存厂未运课铅一百一十三万四千一百五十四斤零。等情详题前来,臣复核无异,除册分送部科外,谨题请旨。"[105]

钱度的奏折以贵州省乐助堡白铅厂乾隆二十八年奏销清册为基础,其内容分旧管、新收、开除、实在四项内容,与清代钱粮奏销清册内容一致。通过这份奏报连同送达户部审核的清册,政府可以及时了解该厂该年白铅产销量、库存量、税课量以及厂费开支银两数。在此基础上,户部仅需将各省所有白铅矿厂所报数据汇总,便可知晓当年全国白铅的产量、销量、税课及其库存量。同样,其他矿种亦可照此办理。也就是说,通过矿厂奏销清册,政府可以实时掌控全国矿业的生产状况和产销关系,达到了政府矿业监管的目的。

同时,政府还可以矿厂奏销数据为基础,适时调节全国矿业生产及其供求关系,在保证国家稀缺资源供给的同时,实现矿业发展的持续性和稳定性。当某种矿产出现供大于求、产品积压时,政府就会设法开拓市场,促进销售,维持矿业生产的正常运行。如雍正六年,贵州马鬃岭等铅厂产量大增,但因各厂"俱在僻壤,山路崎岖,难以通商,而开采小民又半系赤贫,苦无工本,不能久贮,每铅百斤厂价已减至八九钱一两不等"。故鄂尔泰言:"若不设法收买,势必星散,以有效之厂而坐视废弃,实属可惜。是以暂于司库借动盐余银两作工本脚价,仍委朱源淳收买,除课铅照原定之价于黔报销外,余铅按时价收买统运汉口,卖给京商,所获余息尽数归公。自雍正五年二月起至九月止,共发过银二万两,收获铅二百万零,今已运过铅二十万。……此后即以息银动用,随厂出铅多寡,尽收尽运,毋庸再发工本,获息银俱于年终奏报充公。"[106]次年,黔铅产量继续增长,马鬃岭、大鸡、砂硃、江西沟、丁头山、榨子六厂年产量已超过 400 万斤,政府收购余铅仅为 200 万斤,产品积压更为严重。各厂"地僻山深,不通商贾,以致铅皆堆积,而炉户人等工本无几,时有停工误卯之虞"。[107]雍正八年,贵州巡抚张广泗扩大对余铅的收购:"黔省现议设局鼓铸,所有各厂课铅应请留铅供用,其余铅亦应照滇例借动库银项收买,……运往永宁、汉口等处销售。……通计每年收买各厂余铅三四百万斤,转运销售。"[108]。随着黔铅产量的增长,政府收购余铅的数量也不断增加,将之运往四川、湖北等地销售,有效地解决了黔铅的销路和再生产的资金问题,使生产得以继续。

同样,当某种矿产产量下滑,供不应求,严重影响国家资源需求时,政府便会出台相关政策,促进矿业生产。以滇铜为例,在产量下滑情况下,政府采取各种措施来促进生产。乾隆二十年,云贵总督硕色、云南巡抚爱必达合奏:"近来汤丹等大厂硐深矿薄,多那亦产矿日少。查有多那厂附近之老保山产矿颇旺,月办铜四万余觔至五万余觔不等。又汤丹之聚宝山新开长兴硐,日可煎铜六百余觔,九龙箐之开库硐日可煎铜千余觔。又碌碌厂之竹箐老硐侧另开新硐,矿沙成分颇佳,均应作为子厂。"[109]通过广开子厂、扩大生产规模来提高产量之外,提高官铜收购价格也是鼓励生产的方法之一。滇铜"自乾隆二十五年后两次增至六两,厂民工本渐裕,足资采办,获铜加倍,计铜一百万斤有零,该价银九万二千余两,计除给过厂民原价及厂费脚价银共六万二千五百余两外,该余息银二万九千余两,并非发卖获息也"。[110]增加通商分额,缓解矿厂困境,也是促进矿业生产的措施之一。"滇省各厂,开采日久,硐老山深,所费工本较多,定价不敷,商人无利可图,势必裹足不前,办理益形竭蹶,若许其将开采官铜全数交完外,不拘一成之例,听商贾流通贸易,闾阎既多利便,势必竞相趋赴,百计筹画,攒凑赀本,踹勘新槽,铜厂可期日旺,此亦调剂之一法"。[111]

可以说,矿厂奏销制度实际上是清代进行矿业监管和政府调控的主要依据和实现方式。完整、真实、及时的矿业产销数据可以满足政府两方面的要求:一是实时掌控矿厂的产销情形,了解市场供需变化,作为政府进行矿业调控的依据,确保国家资源需求;二是核对矿产的产销量与厂费开支银两,是否符合原定矿厂章程,防止厂员收多报少、侵吞隐瞒等弊端。

由此可见,清代矿业之所以能够维持长时间的快速发展,与政府对矿业的管理与调控有密切的关系。然而,政府进行矿业调控必须以矿厂年度奏报清册中所反映的矿业产销情形为依据。正是由于矿厂年度奏销制度的实施,使得政府能够实时监控全国矿业产销形势的变化,对矿业生产进行适时调控,维持矿业持续快速地发展。

四、矿产销售权的国家控制

铜铅是清代的主要币材,关系国家的货币铸造和经济的平稳运行,属于重要经济战略资源,理应列入国家重点控制的对象。但是,它们又是重要的社会生活物资,用以制造铜盆、铜壶、铜锅、铜扁、铜佛、铜钵、铜铙、铜钟、铜锣、铜炉、铜烛台等各种用品,与普通民众的生产、生活密切相关。如果控制过于严厉,势必影响社会稳定和经济平稳发展。那么,如何平衡这种关系,控制如此重要的资源? 兹以滇铜、黔铅为例,分析清代对重要矿产品销售权的控制问题。

清代云南通商铜始于康熙十八年,康熙四十四年之前大部分铜由商民自由贩卖,销售权在民。康熙四十四年设立官铜店之后,余铜基本为政府所买,禁止通商,政府垄断了滇铜的销售。乾隆十年之后,又恢复了通商旧制,例一成通商,乾隆四十五年之后,通商铜的分额有扩大之势，某些矿厂通商铜高达百分之二十，但仍有80%的滇铜销售由国家控制。

　　黔铅的销售与滇铜相似。自康熙五十七年贵州大定府所辖猴子铅厂题请开采起[112]，黔铅矿厂逐渐增加，产量迅速上升。雍正八年，因黔铅销售不畅，大量积压，贵州巡抚张广泗提议：贵州"所有各厂课铅应请留铅供用，其余铅亦应照滇例借动库银项收买，……运往永宁、汉口等处销售。……通计每年收买各厂余铅三四百万斤，转运销售"[113]。也就是说，此前的黔铅基本由商民自由贩运。但自此之后，官收余铅，贩运湖广，其具体比例不详。

　　《皇朝文献通考》编者在乾隆十一年贵州收买余铅运销湖广时按语："黔省各铅厂于乾隆四年议定二八抽课外，余铅以一半官收，一半听厂民自售。九年复以厂民未能广为售销，定余铅全数官为收买。自九年以后，新开各厂皆照此办理。是年(十一年)复以铅斤，积产滋盛，奏定运往汉口之例。……十四年复议定岁以二百万斤运至汉口，合之前议解京各项，约需九百余万斤之数，黔省岁产铅一千四百余万斤，除抽课外，余铅仍半归官买，半听商卖，尽足敷用。"[114]可见，乾隆朝前期贵州余铅销售规定几经变化，时而四成通商，时而全归官买，其规定的变更均以保证官铅供给和稳定产量为中心。乾隆十四年以后，四成通商仅是对白铅而言，而黑铅一直由官府全部收买。至乾隆四十七年后，黑铅才允许四成通商[115]。可见，二成抽课加四成官买，黔铅销售的60%被政府所控制。

　　可见，清代严格控制滇铜、黔铅的销售，通商铜铅的有无以及比例的多寡，均以保证官铜、官铅为前提。在币材供不应求的情况下直接取消通商，当铜铅供大于求的情况下允许适当通商。滇铜通商比例在10%—20%之间，黔铅稍高，达40%，但均不及半数。也就是说，在清代滇铜、黔铅的鼎盛时期，国家至少控制了滇铜

80%和黔铅60%的销售权。当然,由于高额利润的趋势,私自贩卖铜铅的商民并非没有,但面对国家的禁令和严厉的惩处规定,甘于铤而走险的人毕竟为数不多。

除了滇铜黔铅之外,对于清代其他重要经济资源和军事战略资源,国家的控制思想应该是一致的,可能在控制的强度和方法上有所不同而已。因为对这些资源开发的放任自流,与国家职能、国家利益和国家安全背道而驰,古今中外任何政府都会进行不同程度的干预。

第二节　国家资源开发对区域社会的影响

清代长时间、大规模的边疆矿产资源开发,不但在中国矿业发展史上具有举足轻重的地位,而且与国家铸币和社会经济发展联系紧密,是清代的一项全国性的重要政务。但是,作为清代铜铅主产地的云贵地区,地处中国西南边疆,地理条件复杂,少数民族众多,社会发展相对滞后。因此,清代滇铜黔铅的开发与边疆社会发展之间复杂的互动关系值得认真思考。本节即从边疆矿区的资源配置、滇铜开发与云南区域经济发展、滇铜外运与边疆政治演变三个方面,探讨清代国家资源开发对区域社会的影响。

一、矿区资源配置与矿区社会演变

矿业是一个劳动力密集型产业,众多非农业劳动人口从事矿石采炼,需要大量的生活、生产物资,如粮食、燃料和工具,而矿产品又需要及时外运销售,矿区内外的人力、物力、财力等资源均受矿产资源开发的影响而重新配置,而资源配置的改变又必将对矿区的社会经济发展产生重要的影响。

1、内地移民与边疆矿业发展

古代中国的矿业生产主要依靠人力、畜力及自然力,而劳动力的数量是衡量产业发展规模的一个重要标志。清代滇铜黔铅的兴盛聚集了众多的矿业人口,诸如硐民、炉民、商民、砂丁、硐户、炉户、炭户、运户,名目繁多,其中尤以砂丁所占的比重最大。举凡矿井开凿、矿石开采、坑道运输及矿石粉碎、淘洗、选捡,均属于砂丁的工作范畴,相当于今天所言之矿工。滇黔地区矿藏丰富,金、银、铜、铁、铅、锡、水银、朱砂等矿种在清代都有不同程度的开采,随着开发规模的扩大,矿业人口遽增。乾隆十一年五月,云南总督张允随奏称:"现在滇省银、铜各厂,聚集攻采者,通计何止数十万人。"[116]乾隆十三年,贵州按察使介锡周奏言:"(贵州)自雍正五六年以来,……幅员日广,加以银铜黑白铅厂上下游十有余处,每厂约聚万人数千人不等,游民日聚。"[117]《清史稿》亦载:"(滇铜)大厂矿丁六七万,次亦万余。近则土民,远及黔、粤,仰食矿利者奔走相属。"[118]诸如此类概述性的记载颇多,反映出矿业人口激增的史实。

矿业人口研究必须借助于准确的统计资料。在前文论述清代矿厂管理时,笔者推论清代对矿业人口进行过一定程度的登记和管理,应该有矿业人口统计方面的资料。根据笔者的检索,有以下几条数据值得注意:

A、雍正十一年东川地震,知府崔乃镛言:"雍正癸丑(十一年)六月廿三日申时,东川府地震。……汤丹厂与碧谷相连,震动略相等,厂人累万,厂有街市巷陌,震时可以趋避,伤亡者仅四五人,而入山采矿之槽硐深入数里,一有动摇,碛累沙挤,难保其不死亡也。厂数百洞,洞千百砂丁,一洞有七十三尖,尖者,各商取矿之路径也,每尖不下十四五人,即一洞中而幸出者盖少矣。"[119]此次地震后,官府及时组织介入调查,并处理善后事宜,崔乃镛所言汤丹厂"厂人累万"应具有一定可信度。

B、乾隆《东川府志》卷八《户口》中的记载:"乾隆二十六年奉行保甲,查四城内外并四里八乡,共烟户一万二千八百零三户。又各厂共二千四百零四户。第查各厂人户去往不常,今就现在之数开载,嗣后应须随时编查。"虽然矿民来去不常,但仍"随时编查",这 2404 户应属于矿厂管理机构实际编查的结果。

C、乾隆二十九年云南巡抚刘藻奏请设立东川府汤丹通判时说:"窃照滇省汤丹、大碌两铜厂坐落东川府属会泽县境内,僻处万山之中,距城自一百七八十里至二百里不等,若炭山以名之,厂更有在三百里以外者,……比岁以来,产铜日旺,厂众益增,五方杂处,两厂皆不下二三万人,争端易起,案件渐多,虽有丞倅二员分驻厂中,而刑名非其所管,呼应不灵。"[120]作为云南巡抚,刘藻应不难看到东川府各厂厂官关于矿业人口的统计数据,故这条数据有一定的可信度。

D、乾隆五十年左右,云南布政使王昶为编《云南铜政全书》向各厂员征集矿厂基本情况移文:"问厂众有硐民、炉民、商民之分,……该厂现在各若干名、若干户,五方杂集,良莠不齐,逃犯最易洞迹,其中作何约束办诘,是亦厂员之事也,均宜登覆备查。"南安州锷嘉州判赵煜宗兼管香树坡铜厂,将统计结果上报布政司:"今香树坡厂人民较少,……统计来往停留及街场碃硐落业居家各项,约一千余人。"[121]虽然这是一次临时性的矿厂情况普查,但调查、统计、管理厂民"是亦厂员之事",属于矿厂管理体系的固有职责。

然而,令人遗憾的是,经过笔者细致的检索,遗留至今的清代云贵矿业人口统计资料很少,必须借助其他史料进行推算。陈庆

德先生在《清代云南矿冶业与民族经济的开发》一文中,以矿产量
为基础,根据采矿、冶炼、运输等不同工种人均生产能力推算出清
代云南矿业人口总量[122]。一般而言,矿石品位、坑道和矿山运输时
间、矿石粉碎、拣选和淘洗、冶炼回收率、不同类型燃料的搭配以及
水源、天气等自然条件的变化均不同程度地影响着单位矿产量所
消耗的人工时间成本,故这种推算方面虽然在理论上可行,但实际
研究中存在很多的不确定性。

　　因此,笔者以现存矿业人口统计资料为基础,根据人均矿产量
推算矿业人口,以简化推算过程中的各种预设量,尽量减少推算过
程中的误差。此推算方法有一个假设前提,即矿产量的增长与矿
业人口的增加存在着一定的相关性,矿产量的增减在很大程度上
反映出矿业人口的波动。以此为基础,笔者根据清代滇铜产量推
算出其矿业人口数量应该具有一定的代表性[123]。

　　雍正十年东川铜产量约为 125 万斤,作为当时主要铜厂的汤
丹,其产量比重应不低于 70%,为 87.5 万斤,按万名矿业人口计
算,人均年产铜量为 87.5 斤。这一时期正处于东川铜业的扩张时
期,不但许多重要矿点还未被发现,而且不少已发现的矿硐还处于
建设之中,仍未真正开采,故人均产铜量较低。乾隆二十八年东川
产铜量约为 857 万斤,当时汤丹、大碌(即后来的大水沟厂和碌碌
厂)二厂铜产量几乎代表了整个东川府的产量,按二厂合计约 5
万人,则人均年产铜量为 171.4 斤。这一时期东川大型矿山的大
部分均已出铜,铜业步入发展时期,故人均产铜量较高。乾隆四十
八定香树坡厂额铜 0.72 万斤,乾隆五十二年加供京铜 10 万斤[124],
合计 10.72 万斤,可以看作是乾隆五十年左右香树坡厂的产量,则
人均年产铜量为 107.2 斤。以上三类人均年产量量的均值为
122 斤。

　　根据上节对清代滇铜产量的研究结果,按照人均年产铜122斤的标准,推算清代云南铜矿业人口数量如下表:

清代云南铜矿业人口表　　　　单位:百斤/人

年代	铜产量	矿业人口	年代	铜产量	矿业人口
雍正元年	10,000	8,197	十八年	83,446	68,398
二年	12,000	9,836	十九年	121,669	99,729
三年	26,000	21,311	二十年	93,190	76,385
四年	21,500	17,623	二十一年	69,582	57,034
五年	40,100	32,869	二十二年	109,166	89,480
六年	27,000	22,131	二十三年	113,034	92,651
七年	40,000	32,787	二十四年	141,779	116,212
八年	15,700	12,869	二十五年	134,764	110,462
九年	38,000	31,148	二十六年	130,139	106,671
十年	32,000	26,230	二十七年	136,250	111,680
十一年	36,100	29,590	二十八年	141,844	116,266
十二年	48,500	39,754	二十九年	153,122	125,510
乾隆元年	75,989	62,286	三十年	131,954	108,159
二年	100,891	82,698	三十一年	90,259	73,983
三年	104,579	85,720	三十二年	82,156	67,341
四年	94,205	77,217	三十三年	86,189	70,647
五年	84,346	69,136	三十四年	108,264	88,741
六年	75,455	61,848	四十年	148,576	121,784
七年	87,578	71,785	四十一年	149,125	122,234

年代	铜产量	矿业人口	年代	铜产量	矿业人口
八年	92,907	76,153	四十二年	102,375	83,914
九年	92,492	75,813	四十三年	132,402	108,526
十年	82,813	67,880	四十五年	134,167	109,973
十一年	93,568	76,695	四十九年	143,456	117,587
十二年	93,919	76,983	五十三年	137,287	112,530
十三年	114,974	94,241	五十六年	173,810	142,467
十四年	132,449	108,565	嘉庆七年	77,117	63,211
十五年	111,736	91,587	嘉庆十五年	107,729	88,302
十六年	118,911	97,468	道光十八年	93,608	76,728
十七年	90,576	74,243	平均	93,346	76,513

　　注:本表云南铜矿业人口依据滇铜产量及人年均产铜122斤的标准推算而来。

　　上表所示,清代滇铜矿业人口平均约7.6万人左右,乾隆朝年均为9.3万人,最高时达14.2万人。如果再加上当时金、银、铁、铅、锡各厂,云南矿业人口最盛时可能接近20万。正是为数众多的矿业人口成就了云南铜业的辉煌。当然,这些人并非全部直接从事矿石采炼,更多的是间接为矿业生产服务的各类人群。"厂既丰盛,构屋庐以居处,削木板为瓦,编箦片为墙。厂之所需,自米粟薪炭油盐而外,凡身之所被服、口之所饮啖、室宇之所陈设、攻采煎炼之器具、祭祀宴享之仪品、引重致远之畜产,具商贾负贩,百工众技不远数千里,蜂屯蚁聚,以备厂民之用,而优伶戏剧、奇技淫巧莫不风闻景附、觊觎沾溉、探丸取筐之徒亦伺隙而乘之"。[125]

　　可见,清代矿业鼎盛时期,云南矿业人口可能达到20万人,而从事滇铜开发的人口占总数的一半。李中清研究认为:西南人口在康熙三十九年至道光三十年间从五百万激增至两千万,这"基本上是移民的结果","而康熙三十九年以后的(人口)迁移主要是对劳动力需求增加的一种反应,这是西南有名的采矿业发展的结果","矿工中绝大多数是移民"[126]。

　　那么,清代云南矿业移民来自何处? 对此,李中清的研究中并未作过多的论述。事实上,关于矿业移民来源,在清代的文献中有较多的记载。乾隆九年,云南总督张允随奏称:"惟查东川境内汤丹等厂,每年产铜八九百万斤,运供京局鼓铸,各省民人聚集甚众。"[127]乾隆十一年,云南总督张允随奏称:"滇南田少山多,民鲜恒产,又舟车不通,末利罕有,唯地产五金,不但本省民人多赖开矿谋生,即江西、湖广、川、陕、贵州各省民人,亦俱来滇开采。至外夷地方,亦皆产有矿硐,夷人不谙架罩煎炼,唯能烧炭及种植菜蔬、豢养牲畜,乐与厂民交易,以享其利,其打碛开矿者,多系汉人,凡外域有一旺盛之长,立即闻风云集。大抵滇、黔及各省居其二三,湖广、江西居其七八。"[128]西南矿业人口遽增,大多来赣、湘、鄂、川、陕等内地省份。乾隆十三年,云贵总督张允随又言:"至滇黔两省,道路崎岖,富户甚少,……乃近年米价亦视前稍增者,特以生聚滋多,厂民云集之故。"[129]巡抚图尔炳阿亦称:"由于(云南)出产五金,外省人民走厂开采,几半土著"[130]。贵州按察使介锡周亦称本省矿业人口剧增,"是皆川、粤、江、楚各省之人,趋黔如鹜,并非土著民苗"。[131]

　　云贵督抚是就整个西南矿业而言,而作为清代矿业开发的代表,滇铜矿厂中的内地移民应更为集中。如滇铜主产地东川府。乾隆二十一年,云南巡抚郭一裕奏言:"况东川一带地方银铜铅锡各厂共计二十余处,一应炉户、砂丁及佣工、贸易之人聚集者,不下数十万人。……且查各厂往来,皆四川、贵州、湖广、江西之人。"[132]现存东川《赵氏宗祠碑》记载:"如汤丹赵氏之起湖南,移殖滇南,……赵氏世居湘东清泉,至乾隆中,敏功公始以庚午举人清泉县令周祚锦约同来滇,周令署理东川军民府,兼铜务总办,以敏功公经理客长、课长等职,兼办竹子箐铜矿"[133]。1985 年东川市文物管理所调查新厂冶铜遗址时,新厂村老人聂定昌(时年 78 岁)听老辈人说,聂家祖籍江西,道光年间(1821—1851 年)来新厂冶铜为生[134]。按聂定昌上两辈人的生活年代应在道光末年,所讲情况具有一定可信度。1988 年东川市文物管理所调查新塘采铜遗址时,世居杉木乡新塘村的林培闲(时年 60 岁)讲,林家祖籍湖南,清乾隆初年流入东川开矿,至今已在新塘传至第九代[135]。按林氏自乾隆十年至 1988 年共传九代,每代平均间隔为 27 年,所言具有一定可信度。

上述赵氏为矿商,聂氏为炉户,林氏为砂丁,皆来自湖广、江西等外省。随着外来人口的聚集,同乡之间往来增多,作为联系同乡关系、相互扶助的会馆也因之产生。据统计,清代东川府共有会馆十座,涉及湖南、湖北、江西、江苏、安徽、四川、福建、陕西、贵州、云南等十省,号称"十省八府会馆"[136]。不但府城有会馆,矿区也有会馆。民国二年山口义胜考察时,汤丹厂新山矿区螺丝街上有万寿宫,即江西会馆[137]。即使运铜要道上也有会馆,如现存会泽县娜姑镇白雾街东部寿福寺,即为清代湖广会馆。

清代滇铜产地如此众多的外省会馆,充分表明这些地区聚集了大量的外省移民,它们来自江南、湖广、江西、福建、陕西、四川等内地省份,尤以江西、湖广居多。这些地方是清代中期以前中国的传统矿产地,当地民众具备一定的采冶技术,随着内地矿产资源的逐渐枯竭和生存压力的增加,他们不断进入西南地区,大部分仍旧从事矿业。内地移民不但给云南矿业开发注入了大量的劳动力,也带来了先进的采冶技术。

2、矿区生产、生活资源配置

如此众多的矿业人口,本身无法提供生活所需的物资,如粮食、油、蔬菜、肉类等各类生活必需品,同时,冶炼所需的木炭与薪材、采矿所需工具及其制造工具的原料都无法自给自足,需要从矿区以外源源不断地供给,这些生产、生活物资是保证矿业生产正常进行的前提条件。兹以粮食、冶炼燃料(木炭与煤)等大宗生产、生活物资的供求状况,分析矿区的资源配置。

先看粮食的来源与供给。根据前文推算的矿业人口,清代云南矿业鼎盛时期,滇铜矿业人口年均为9.3万人,最高时达14.2万人。清代每人每天粮食消耗量,"以人口日升计之,一人终岁食米三石六斗"[138],则每人年需粮食最少430斤,按9.2万名矿工计算,每年需要粮食约33.3万石。而矿区的粮食自给能力严重滞后。如东川府,原属土司管辖地区,康熙三十七年设置流官,至雍正八年改土归流真正完成,其原有人口基本为少数民族,即"猓罗、苗子"之类,大多刀耕火种、游猎畜牧,社会发展水平相对较低。东川土府时,每年额征仅荞粮三百石。康熙三十八年设流官,册报成熟田20530亩,征米四百一十石,新增荞地16997亩,征荞粮四百零八石[139]。自雍正四年划归云南管辖以来,历任地方官吏及云南督抚重视农业,兴修水利,吸引客民开垦荒地。雍正十一年,东川府有民赋田地164037亩,征米2228石,征折银2038.74两[140]。乾隆二十六年,民赋田地增至共205330亩,实征粮米4636石,征折银2217.4两[141]。

　　关于清代东川粮食亩产量史无记载,目前史学界对清代前中期粮食亩产量的研究仍存在争议,研究结果也相差很大,最高 367市斤,最低 155 市斤,平均为 261 市斤[142]。1935—1939 年,中央农业试验所云南省工作站曾对云南省七十个县的农业生产进行调查,其中,会泽县水田面积 38160 亩,年产稻 13384900 斤,平均每亩产稻 356 斤;巧家县水田面积 57000 亩,年产稻 21375600 斤,平均亩产稻 375 斤[143]。稻谷经脱壳之后为米,一般而言,清代稻谷的出米率大约在 70% 左右。则民国时期东川的水田亩产大米约为 263 市斤,与清代粮食亩产量比较接近。如以亩产粮食 263 斤计算,则雍正末年东川粮食年产量约为 4314 万斤,乾隆中期为 5400 万斤。

　　无庸置疑,在地方官吏的大力倡导下,东川府改土归流以来的耕地面积和粮食产量均有所增加,以乾隆朝中期东川府年均产量5400 万斤计算,可满足 12.6 万人的口粮。另据乾隆《东川府志》记载,乾隆二十六年东川府册载烟户 12803 户,这些基本是农业人口,以每户四口计算,人口约为 5.1 万人[144]。也就是说东川府粮食产量还可以供 7 万余非农业人口食用。

　　但是,东川府的矿业人口绝不止此数。从滇铜产量分布而言,乾隆五年,云南总督公庆复亦言:“再滇省各厂,惟汤丹最旺,岁产高铜八九百万及千万斤不等,接近汤丹之多那厂产铜亦旺。”[145]按乾隆二年、三年、四年,云南办铜数分别为 1008.9、1045.8、942.1万斤[146]。东川府办铜量占全省办铜量的 90% 左右。可见,滇铜矿业人口绝大部分集中于东川府铜厂,以乾隆朝滇铜矿业人口 9.3 计算,东川铜业人口约在 8.4 万左右。乾隆二十一年,云南巡抚郭一裕奏言:“况东川一带地方银铜铅锡各厂共计二十余处,一应炉户、砂丁及佣工、贸易之人聚集者,不下数十万人。”[147]当时东川府除铜厂之外,还有棉花地、金牛、麒麟、者海、矿山、阿那多等银铅厂。郭一裕言东川矿业人口"数十万",与笔者估计东川府矿业人口基本相符。如此,则东川矿区所需粮食中有 10 万余石必须靠外界输入。

矿区人口密集,粮食需求量大,势必会给产地带来沉重的经济压力。这种情况早在西南矿业大规模开发以前,地方官员已有预见,建议首先发展农业,为矿业开发做好粮食准备。如雍正五年,云贵总督鄂尔泰奏称:"而开采矿厂,动聚万人,油米等项,少不接济,则商无多息,民累贵食,一旦封闭,而众无所归,则结夥为盗,不可不慎。臣以为不如开垦田亩,多积稻粮,使油米价贱,则开采不难,今犹未敢轻议也。"[148]乾隆五年,云南巡抚署贵州巡抚事张允随奏称:"黔省地处边隅,山多田少,产米有限,苟非极丰之岁,不能稍有所余。……本省额征秋粮不敷放给,多于楚粤购运接济,舟楫牵挽之劳,人夫背负之苦,事极烦累,费尤不资;且采买邻省之米,仅可以给兵粮,而不能济民食,脱遇岁歉,告籴无所,官俱束手,民将何资? 是积贮一事在黔尤关紧要。"[149]但并未引起中央的足够重视。随着矿业开发规模的扩大,矿民不断增加,矿区粮食开始供不应求,导致粮价上涨。

乾隆十三年,地方大员集中讨论粮价上涨的原因。云贵总督张允随认为:"米贵之由,一在生齿日繁,一在积贮失剂,而偏灾、商贩囤积诸弊不与焉。……至滇黔两省,道路崎岖,富户甚少,既无商贩搬运,亦无囤户居奇,夷民火种刀耕,多以杂粮苦荍为食,常年平粜,为数无多,易于买补,与他省情形迥别。乃近年米价亦视前稍增者,特以生聚滋多,厂民云集之故。"建议实行"平粜之法"[150]。云南巡抚图尔炳阿亦言:"米价之贵,总由于生齿日繁,岁岁采买。……至滇省多山,粮鲜出入,囤户所积无多,黄酒本不多造,蒸熬止许用秕稗苦荍等粗粮,俗不奢华,粮价亦不甚贱者。由于出产五金,外省人民走厂开采,几半土著,且本省生齿亦繁故也。"建议鼓励农业开发[151]。

　　这次突如其来的"粮荒"使云南地方官员对粮食问题更加重视,采取多种措施发展矿区农业生产,提高粮食自给能力。如上述乾隆年间云南地方官兴修水利,努力扩大东川等府的耕地面积,提高粮食产量。同时从各种渠道调拨余粮,增加矿区粮食供给。如乾隆九年,云南巡抚张允随称:"(东川)需米浩繁,米价常贵,数站及十余站之云南、曲靖、武定三府附近厂地有米之家,贪得高价,将米运厂发卖,本地人户反不能获买。"[152]

　　除了发展本地农业和在省内调剂的之外,开通入川水道,借助川米缓解矿区粮食供给问题,也是云南督抚的一项重要措施。盐井渡、罗星渡、金沙江三条水道的开通,四川粮食可以溯流而上接济云南,在一定程度上缓解了云南矿区的粮食供给压力。如乾隆七年,张允随奏请开凿盐井渡水道时说:"若将大小各滩修凿平稳,岸旁开出纤路,使兵米商船上下无阻,百货通行,不独附近昭通各郡物价得以平减,即黔省之威宁等素不产米之处,亦可接济流通。"[153]次年,金沙江上游水道竣工,张允随奏言:"自上游开修以来,去冬今春,川省商船贩运米盐货物至金沙厂以上发卖者,较往年多至十数倍,即如二月间,金沙等厂米价,每仓石卖银四两二三钱,商船一到,即减价一两有余"[154]。乾隆十年,张允随奏称:"今自(金沙江)下游工竣,川米上至金沙厂,常年每石需银三四两者,近止二两上下,成效已著。惜该厂人少食寡,川米至此不能多销,商贾利微,恐致不前。若开通此十五滩,则米船可直抵小江口,赴汤丹发卖,该厂商民甚众,需米颇多,……况汤丹等厂岁产铜八九百万斤,不患铜少,惟患米贵,倘得川米接济,厂民食足,自必尽力攻采,京铜可以永远充裕"[155]。通川水道的开凿,不仅是为了运送铜铅,更为重要的是,川省米粮亦可由回船运抵云南,供应滇铜矿区。

　　虽然有周边地区粮食的协济,但长途贩运导致矿产地粮价长期居高不下。乾隆时期,东川府知府廖瑛说:"东郡地方山多田少,土瘠民贫,既无邻米之流通,全资本地之出产。况附近厂地最多,四处搬运,是乏食之虞,此地为最。"[156]廖瑛所言东川"无邻米之流通",然上述论证已表明,东川府的粮食依靠四川省及云南省曲靖、云南、武定等府州的供给,但他认为东川是云南粮食缺乏最为严重的地区则毫无疑问。

　　粮食仰给外地,加之长途贩运,矿区米价高昂成为常态。关于清代粮价,检索台湾中央研究院王业健院士所编《清代粮价资料库》[157],将东川府乾隆八年至二十九年米价列表如下:

乾隆八年至二十九年东川府米价表　单位:白银两/京石米

年代	东川府	
	3月份	10月份
乾隆八年		2.40
乾隆九年	3.25	
乾隆十二年		2.15
乾隆十三年	2.08	
乾隆十四年	2.21	2.17
乾隆十五年	2.19	
乾隆十六年	2.20	2.16
乾隆十七年	2.04	1.90
乾隆二十年	2.18	
平均	2.31	2.16

可见,二十二年间东川府粮价变化较大,每京石米价银最低1.85两,最高3.25两,波动较大,但季节变化并不明显,不论是青黄不接的三月,还是新米上市的十月,其平均粮价分别为2.26两和2.20两,相差仅为6分。综合来看,乾隆朝前期东川粮价每京石平均价银2.23两。这一价格必须和其他地区相比较,才能看出东川粮价的高低。现将云南省云南、大理、澄江、东川以及四川省成都、贵州省贵阳、江苏省苏州等七府乾隆九年二月份上等米价列表如下[158]:

乾隆九年二月份东川府与其他地区米价比较表

单位:银两/仓石

府别	价格区间	平均价	与东川府价差	价差幅度
东川	3.25—3.25	3.25	—	—
云南	1.60—2.50	2.05	1.20	58.54%
澄江	1.77—2.05	1.91	1.34	70.16%
大理	1.62—2.68	2.15	1.10	51.16%
贵阳	0.90—1.25	1.075	2.175	202.33%
成都	0.56—1.01	0.785	2.465	314.01%
苏州	1.55—1.76	1.655	1.595	96.37%

通过对比可以看出,乾隆九年东川的粮价不但高于本省人口最稠密的云南、澄江、大理三府50%以上,而且比四川省成都、贵州省贵阳二府也高出两三倍,即使作为当时中国工商业最为发达的苏州,它的粮价仅为东川府的一半而已。当然,乾隆九年东川府粮价过高可能与前年歉收有关。即使以多年平均粮价2.23两而

言,也远高出上表所列所有地区。

矿区粮价高昂不仅东川一府,还有顺宁府宁台厂区、大理府云龙州大功、白羊厂区,等等。矿区粮价高昂不仅只在乾隆时期,清代雍正朝至道光朝的一百多年间,粮价居高不下是整个矿产地的常态。

可见,清代内地移民的涌入使滇铜矿区的人口集聚增加,给矿产地的粮食供给带来很大的压力。官府采取调拨四川省及云南省曲靖、云南、武定等地粮食支援矿区,努力发展本地农业生产以提高粮食自给能力。这些措施在一定程度上缓解了矿区粮食供不应求的状况,遏制了粮价过快上涨的势头,但无法从根本上解决矿区缺粮的矛盾,矿区粮价高昂成为一种常态,贯穿于清代滇铜开发的整个过程。

如果说充足的粮食供应是矿业人口存在的前提,那么,燃料则是矿业生产的必备物资。矿石冶炼对燃料的需求很大,滇铜冶炼的主要燃料是木炭。倪慎枢《采铜炼铜记》中言:"计得铜百斤,已用炭一千数百斤矣"[159]。对于一些矿石还需经过煅烧才能冶炼,"每煅窑每次加矿一万斤,用炭二三千斤不等。"[160]而京运所需的"蟹壳铜"是由"赤板铜"再次精炼而来,又需耗用一定的燃料。兹以每炼铜百斤需消耗木炭一千斤计算,清代滇铜平均年产量946万斤计算,则需炭量达9460万斤。木炭是由木材烧制而成,按薪炭转化率33%计算[161],则年需消耗木材2.87亿斤。

一般而言,矿山周边有丰富的林木资源,可以就地取材,伐木烧炭。木炭属于一次性能源,需要不断砍伐森林获得木材来烧制,但是,一定时期内森林的自然恢复速度很慢,而且森林木材蓄积量变化不大。随着矿业开发规模的扩大,矿产量不断增长,对燃料的需求就越来越多。但是燃料的总量在减少,且来源地距矿厂越来越远,这势必导致燃料价格不断走高。以滇铜主产地东川而言,乾隆初年,东川府城每炭百斤值钱 300 文,乾隆二十年以后,每百斤增至 370 文,其中,在炭价每百斤增加 20 文,运费增加 50 文[162]。按东川府有两个铸钱局,银钱比价较低,每银一两可换钱 1200 文,则每百斤炭价值银约三钱八厘三毫,其中炭山价值银一钱五分,而运费银一钱五分八厘三毫。参照滇铜云南省内陆运运费价格,每百斤一钱二分九厘二毫计算,炭山距离铜厂平均在一站(约 60 里)以上。

　　清代东川铜厂的木炭来源,史书无专门记载。民国二年,日本技师山口义胜考察东川时所见:汤丹厂所用"木材及薪木自小江二支流之上流滑流而下,小江支流一为南河,发源于寻甸县之甸尾,流于南北山岳间,材料流出点之距离二百里至二百五十里;一为北河,发源于曲靖县功山附近,偏流北方,流出点距离二百四十里至二百五十里。木材经此二河流至洒海(汤丹东南约三十里)起运上岸,在洒海制成木炭,用马驮运至汤丹。薪木、栗木炭则自牛街、寻甸、四甲、多乐等处驮运而至,其往返道程三站至五站。"落雪厂"薪材来自九龙(四十五里)、小河(五六十里)、大营盘(三十里)各处,一百斤代价二钱,木炭来自九龙大河(一百八十里)、大营盘、落阴山(一百二十里)等处,一百斤代价六钱,木炭松多栗少"。[163]洒海即今云南省昆明市东川区汤丹镇洒海村,燃料来源地距离汤丹厂约 280 里,落雪厂(即碌碌厂)的燃料地亦在 150 里外,而来自寻甸等处的燃料,其距离更远。虽然这是清末民初的记载,乾隆时期东川铜厂燃料的来源地可能相对较近,但亦不低于两站。

　　滇西、滇中地区铜厂的燃料供给亦相当紧张,燃料地亦逐渐远离铜厂所在地。《铜政全书·咨询各厂对》中载:"凡厂槽多日久,遂至附近山木尽伐,而炭路日远,煎铜所需炭重十数倍于铜,成铜之后再需煎揭,运铜之费必省于运炭。炭路既远,何不移铜就炭?俾炉民少省运炭之费,即可多得铜本之利,是亦筹办铜务之一端也。能否行之,各以直对。"大功、白羊厂厂员云龙州知州许学范禀:"炭路日远,重倍于铜,固不若移铜就炭之便,但炭路必须与运铜道路相去不远,方免往返之烦,且煎炼蟹壳必须有源活水,必须与矿相宜者方能如法成铜。兹查大功厂炭路俱在丽江一带,山径崎岖,与运铜道路逾远,而深山寒削之水,其性与铜又不甚相宜,是以只能移炭就铜,惟有饬令该处民人将附近山场广栽松树,毋令毁伐,以期日久成林,庶将来不致无材可取耳。"香树坡厂员南安州鄂嘉州判赵煜宗禀:"香树坡厂铜斤均系运供省局鼓铸,……惟炭山较远,归局之始每百斤仅值钱二百二三十文不等,今增至三百有长,窃喜该厂并不改煎蟹壳,无事远觅松林,而价值亦尚平和。"者囊、都龙厂厂员文山县知县屠述濂禀:"松炭系专揭蟹壳所用者,者囊、戛达二厂俱系板铜,附近山场并无松炭,亦无栗炭,俱用杂木之炭,该二厂虽开采年久,出铜无几,炭亦不十分过远,相离仅八九十里之遥,移铜就炭一端应毋庸议。"[164]

　　这是乾隆五十年左右云南布政使王昶主编《云南铜政全书》时向各厂员征集矿厂基本情况移文及各厂厂员的回禀。从中可以看出,经过半个世纪的开采,大多数滇铜矿厂都面临燃料缺乏的问题,如大功、白羊二厂燃料来自滇西北的丽江府,香树坡厂因燃料距离越来越远,木炭价格上涨了30%以上,而者囊、都龙二厂虽产量不多,但燃料来源地也在50公里以外。

　　随着清代滇铜生产规模的扩大,对燃料的需求不断增加,为了烧制木炭,矿山周边森林被大规模砍伐之后,势必向更远山区挺近,寻求可以砍伐木材的森林,继续烧制木炭,以满足矿石冶炼对燃料的需求。于是,燃料产地的范围不断向外扩展,而与矿厂所在地的距离也不断延长,这势必导致燃料价格的上涨,进而增加矿业生产的成本。

3、矿区产业结构和民族构成的演变

清代滇铜的开发也对矿产地的社会发展产生了重大的影响。如滇铜主产地东川府,清初仍然在禄氏土司的掌控之下,彝、苗等民族世居其地。康熙《四川总志》记载,东川有彝八种:"其一曰爽人,椎髻披毡,戴毡笠,用毡裹其胫,蹑皮履,好贸易为业";"一曰罗罗,即爨蛮也,性劲而悍,摘发,束发于顶,覆以白布尖,中衣以毡,履以革"。[165]从毡、革等装束可以看出,东川的少数民族以畜牧业生产为主。东川地处金沙江东南岸的乌蒙山脉之中,境内高山峡谷纵横,鲜有平坦之地可供耕作,故当地少数民族因地制宜,养马放羊,畜牧业是当地的主要产业。

自康熙三十七年"献土改流"之后,内地汉族移民逐渐进入东川。康熙《四川总志》东川府有一里编户人口[166],这应该是移居此地的汉族。这些汉族移民在山间平坝地区开垦田地,耕殖稻麦。雍正《东川府志》记载:"康熙三十九年,禄氏夷民一千七百二十九户,后新来三百户,皆昔年逃亡在外者。府城内汉民二十余户,客民百余户。"[167]东川大部分人口属于少数民族,这与上述推论相符。因此可见,改土归流之前的东川地区,其人口以少数民族为主,畜牧业是其重要生产部门,而部分汉族人口以仅有的坝区为中心从事农耕。

东川归滇后,铜业开发规模逐渐扩大,吸引着越来越多的内地移民进入东川。乾隆朝前期,东川府每年铜产量高达八九百万斤,按照官府收购每百斤价银六两四钱计算,每年产值在 54 万两,如

以时价十四两计算[168],每年产值则高达 119 万两。除铜厂之外,东川府还有几处铅厂,如者海、阿那多厂铅供东川府新、旧二局鼓铸。据乾隆《东川府志》记载:东川旧局设炉二十座,新局设炉五十座,年需白铅 1127572 斤、黑铅 89963 斤[169]。阿那多厂黑铅,官府收购价每百斤二两二钱,者海厂白铅每百斤价银二两[170],二者值银 2.5 万两。仅铜铅两种,东川府每年的矿业产值即达 120 万两。同时,前文已论及,清代乾隆时期,东川铜、铅、银、铁等厂矿业人口超过 10 万。可见,至乾隆朝,东川府的产业格局已经发生明显的转变,矿业一跃成为该地的支柱性产业。

为了满足矿业发展对粮食的需求,云南督抚及东川府官吏极力倡导开发农业。康熙三十八年设流官,册报成熟田 20530 亩,征米四百一十石,新增荞地 16997 亩,征荞粮四百零八石[171]。自雍正四年划归云南管辖以来,历任地方官吏及云南督抚重视农业,兴修水利,吸引客民开垦荒地。雍正十一年,东川府有民赋田地 164037 亩,征米 2228 石,征折银 2038.74 两[172]。

乾隆朝以来,东川的开发政策更加优惠。乾隆二年,皇帝上谕:"云南省之昭通、东川、元江、普洱四府内新辟夷疆,人希土旷,从前曾经募民开垦,借给银两,令其分年还纳,至今尚有未完银一万八百六十余两。朕思滇省去年收成歉薄,闾阎生计艰难,已经将乾隆元年应征地丁钱粮俱行宽免,以纾民力。夫正供尚且蠲除,而开垦宿逋,犹令追缴,穷黎拮据。朕心深为轸念,着将滇省未完开垦借给银两悉行豁免,以示朕加惠边氓之至意。"[173]云南省及东川府官吏一直致力于鼓励垦荒、兴修水利,发展农业生产。乾隆十年,云南总督张允随奏:"东川府属那姑汛荒地一区,据汉夷人呈请,于披戛河筑坝引水,开钻山洞放注,可成水田七八千亩,当饬布政使借给库银一千两,责成东川府上紧开筑。又府城西门外龙潭水源甚大,可开渠绕过东北两门,引灌川舍瓦泥各寨陆地,其五龙募鱼洞一带田亩,改用一里河之水,城外满坝皆成水田,现饬东川府劝谕农民,及时经理,工费皆业户捐输。"[174]乾隆二十一年,云贵总督爱必达奏:"云南东川府蔓海开河招垦,建坝蓄洩,河尾虽通,源头无水,雨少栽插易误。查府西南有以濯河,源远且大,会各山溪水直下,拟开渠引注蔓海,可溉熟田,荒芜亦资垦辟,边徼民夷无力,借帑兴工,来秋征还。"[175]东川府知府义宁在《重修龙潭神祠记》中说:"予莅东之次年(乾隆十九年)乙亥,公暇郊行,恻海田万亩,栽迟霜早,苦不就熟。遂于上流开新河一道,长垣三十里,预济海田,兼润高田,且欲劝垦荒田也。……又明年丙子,新河成,收获丰稔,享献宜隆。"[176]

据乾隆《东川府志》记载:矣濯河,"自马鞍山以东,田亩皆资灌溉";小江,"在则补崇礼乡灌溉沿江田亩";义通河,于三家村、龙潭村、金钟山、校场坝、西城角、北门炮台、北门外等七处分别安设过水涵洞和泄水闸口,不但有效解决蔓海水患,且使蔓海坝子尽成良田;敦仁乡,"平衍数十里,多水田";尚德乡,"田亩万余,俱在平川";输诚里,"中有平川二十里,皆田";归治里,"大小米粮坝多田"。此外,还有大米粮坝堰、义通河分水堰、那姑土堰、者海六处成功堰、小七坝堰、杨家桥堰、犀牛塘、鲁木得塘、乐理塘等[177]。正是由于如此众多水利工程的修筑,东川府的耕地面积也明显增多。乾隆二十六年,民赋田地增至共205330亩,实征粮米4636石,征折银2217.4两[178]。

经过几十年的开发,东川的农业已经有大定的规模。乾隆《东川府志》记载:乾隆二十六年,东川"四城内外并四里八乡,共烟户一万二千八百零三户"[179]。这12803户可以看作是东川府的农业人口。当然,当时的户口调查存在很大的人口遗漏,这万余户不能代表东川府的全部农业人口。然而,即使以册载耕地和人口而言,农业已经成为东川府的第二大产业。

可见,在清代前期的一百年中,东川府的社会经济发展从以畜牧业为主转向以矿为主、矿农并重的发展模式。同时,东川府的人口构成也出现了明显的变化,随着内地汉族移民的不断增加,当地彝、苗等世居民族逐渐演变成为"少数民族"。

二、滇铜开发促进云南经济发展

矿业与农业、手工业、交通运输业、商业之间有着紧密的联系,矿业发展需要大量粮食供给,可能拉动当地农业开发;而交通条件的改善不但为矿产外销提供了条件,也为交通运输业和商业发展的提供了便利;矿产外销还加强了区域间的经济联系。这些都将在不同程度上促进区域经济的发展。

1、人口增长与农业开发

李中清先生考察了16世纪西南册载人口之后,以面积比例推算出土司地区人口,得出这一时期云南人口约200万,乾隆朝及其以后西南人口则是根据册载数据,并考察出有四分之一的漏登人口。他认为:"在一百五十年中(康熙三十九年至道光三十年),中国西南的人口已经增加了四倍,在清代,只有长江上游区才超过这一人口发展速度。"[180]曹树基先生以嘉庆二十五年至道光十年云南各府册载人口为基础,考察人口年均增长率为7‰,再依据建国后云南省人口调查资料中少数民族人口比例,加入未登记的少数民族人口数量,推算乾隆四十一年云南人口788.4万,嘉庆二十五年云南1029.9万[181]。如照此推算至康熙三十年,则云南人口为435.75万,明显大于李氏估算结果。由于清代前期并无系统的户口统计资料,而是代之以纳税单位的"丁"的统计,故大多数学者均依据其他资料进行推算或估算。上述两位学者所用的资料和方法各异,得出的结果亦有差别,但在清代云南人口快速增长这一问题上并无异议。

在人口高出生率和高死亡率并存的情况下,中国古代的人口自然增长率不会太高,清代云南如此高的人口增长速度应该还有其他方面的原因。李中清先生认为,18和19世纪时期西南人口的增加基本是移民的结果,外来移民比例的增加是与西南人口的增长同时出现的。这些移民大多从事工商业,尤其是矿产采炼,导致清代西南地区非农业人口比例从5%增至12%[182]。这和笔者的研究结果一致,清代滇铜从业者大多为内地移民。

人口快速增长需要越来越多的粮食供给以保证生存,但清代云南的内地移民大多从事工商业活动,尤其是矿产采炼,这势必增加本地的粮食供给压力。因此,努力发展本地农业生产,提高粮食自给能力,成为清代云南地方官吏的重要政务。

明末至清康熙初年,先有明清换代,后有大西军抗清和吴三桂叛乱,云贵地区一直处于战乱之中,社会动荡,民生凋敝,人口锐减,田地抛荒,经济发展遭受重创。如省会昆明附近的盘龙江以前灌溉田地"数十万顷","自变乱之后,沿河之堤埂坝闸未经修茸,日久倾,上年大兵困逆,周围壕堑,不得不拆毁挑挖,以致水利阻塞,灌溉不通,田亩荒芜,居民失业,而昆明额赋岁莫可催征"[183]。战后,总督蔡毓荣对各级官吏提出十条要求,即复丁田、广树畜、裕积储、兴教化、严保甲、通商贾、崇节俭、除杂派、恤无告和止滥差,作为恢复云南社会经济的"实政"[184],把招徕人口、发展农、林、工、商各业作为首要任务。同时,兴修水利,减免田赋[185],鼓励农业发展。

　　清代前期,政府采取了多种鼓励社会经济恢复和发展的措施,吸引了大量内地贫民进入云贵地区,不但缓解了本地劳动力不足的问题,而且有效地恢复和发展了当地的农业生产。以耕地数量而论,顺治十八年,云南册载民田为 5211310 亩;康熙二十四年为 6481766 亩;康熙三十年为 7093781 亩;雍正二年为 7217624 亩[186]。农业生产的恢复与发展意味着粮食产量的增加,这是人口持续增长的前提。但是,内地移民进入云南,更多地是从事工商业,尤以矿业为最。随着矿业的发展和人口持续增长,粮食供给矛盾日益突出。前文所述乾隆初年席卷西南地区的粮价快速增加即是有力的证明。

　　实际上,清代中央和地方政府一直致力于发展云南社会经济,尤其是农业生产。如雍正五年,云贵总督鄂尔泰遵旨查报新垦及隐射田地,共清出田地一十三万八千余亩,次年,又清出田地四十余万亩[187]。一般而言,影射田地应是越清越少。但据鄂尔泰言,云南"自首、隐射、新报垦荒以及丈出田地,每岁约计数十万亩"[188]。每年都可以清出几十万亩耕地,应该是以新报垦荒田为主。鼓励垦荒的同时,云南地方官吏亦非常重视兴修水利,变旱地为水田,提高粮食产量。雍正七年,云贵总督鄂尔泰言:"窃照地方水利攸系民生,而在滇尤属急务。臣自受事以后,即檄行各属,凡有河道俱查明详报,以凭次第疏浚。"如新开滇池海口子河,并疏浚盘龙江、金汁、银汁、宝象、马料等六河及各处堤岸坝闸,使沿河昆明、呈贡、晋宁、昆阳四州县田亩免遭水淹;新开子河宣泄嵩明县杨林海水,不但原有田亩免于水患,且水面下降,涸出田地万余亩[189]。再如疏浚寻甸州龙山河、潘所海子、海子屯大河等河流,新增大量水田;新开水源灌溉建水州南庄附近田亩[190]。

　　次年,鄂尔泰奏称:"谨按水利之兴废实关民生之休戚,属在滇南尤为要务。臣不自揣,欲将东西两迤凡有可兴之水利逐处兴修,此二年以来勤访密查,不遗余力,除现在省城六河、昆明海口并迤东诸府所属一切河渠闸坝,各项疏浚开筑已粗有头绪,其余迤西各属有已经查勘者,有未经查报者,务期确知,以便委办。在举事之始虽不无所费,然皆臣力所能,嗣后则有涸出田地并丈出田地,应行变价银两,现核数目已约有数万,即以此项办此事,总属有余,断无不足,是以臣屡蒙恩谕,恐力有不能,令请动正项,而并不敢请动正项,亦不敢请动赢余也。独是导水浚河务期一劳永逸,暂行补救易,长筹通利难,就事治事易,以人治人难。臣愚拟俟各工报竣,即备细汇叙,具本题明,请于道员厅员并佐杂官员内分别河道远近,酌量改衔兼衔,令总理分理各属水利,再酌留岁修银两,分定勤惰考成,立季报月报之条,着具详具结之例,其督抚藩司仍应将要紧河道分派着落,令不时勘修,俾于总管之外,又各有专责,庶现在各属员役不敢怠忽从事,即后来大小官吏亦不致因循,并无可诿卸,或于边方水利实有裨益"[191]。可见,鄂尔泰不但在云南全省广泛兴修水利,而且从官员、经费、查报等制度上进行全面规划,形成定制,确保滇南水利"一劳永逸"。

云南地方官吏积极倡导开发农业,其表现之一就是耕地数量的扩大。云南省册载耕地数,乾隆十年7543000亩,嘉庆十七年9315126亩,道光七年9288839亩,咸丰三年9319360亩;[192]耕地面积增加扩大了粮食的产量,部分缓解了人口增长所带来的粮食供给压力。但是,两者的增长速度并不一致。兹将清代云南册载人口数量和耕地面积列表如下:

清代部分年份云南册载人口数量与耕地面积表　　单位:亩/人

年份	人口数	耕地面积	人均耕地面积
康熙三十年	2000000	7093781	3.55
乾隆十年	3125069	7543000	2.41
嘉庆十七年	5561320	9315126	1.67
道光七年	6427095	9288839	1.45

　　注:该表乾隆、嘉庆、道光三朝人口数据引自李中清《明清时期中国西南的经济发展和人口增长》一文表五《1741—1850年云贵两省登记的人口数》(《清史论丛》第五辑,第63—65页)。

　　此表显示,康熙三十年至道光七年,云南册载耕地面积增长了30.94%,册载人口数增长了221.35%,故人均耕地面积从3.55亩下降至1.45亩,减少了59.15%。可见,清代云南的人口增长率远远高于耕地增长率,导致人均耕地面积不断减少。

　　云南地处云贵高原,高山峡谷纵横,绝少平原,不适合大规模农业开发。如云南省坝区面积占全省国土面积的9%。清代云南两百年来鼓励垦荒、发展农业,虽然耕地绝对数量有所增加,但增幅终究有限。在缺乏现代农业科技的条件下,要大规模增加耕地和提高粮食产量是不大可能的,这主要是受自然条件的限制。

　　正如李中清所言:"从康熙三十九年至道光三十年,中国西南人口的增长主要是因为经济机会的增加,而不是因为农业技术的改进和可耕地的扩大","在西南,矿业、城市和商业的兴起,吸引了大批从内地来的移民,从而增加了人口"[193]。清代云南人口的增加与内地移民有绝大关系,而内地移民大多从事工商业活动,尤其是矿业开发。清代滇铜矿业的发展和云南非农业人口的增加,对粮食供给带来了巨大的压力,导致粮价长期居高不下,而高昂的粮价又刺激着荒地的开垦和粮食产量的增加,促进了云南农业生产的发展,虽然它的发展程度有限。

2、交通建设与运输业发展

清代中期,为了满足滇铜外运的需要,云南先后疏浚、修凿了多条通往外省的运输道路,如东川经金沙江、盐井渡、罗星渡至川江,昆明经广南至百色。这些道路的修建,不仅在一定程度上缓解了矿产外运的压力,而且也为云南与周边省份的商贸往来创造了条件,促进了交通运输业的发展。

乾隆五年,云南总督庆复、云南巡抚张允随奏请开凿通川河道,七月底经军机大臣鄂尔泰等议准,动帑兴工金沙江。云南督抚制定分段次第施工、委员专管、宽筹工价、安设草房站船运储物资、采办川米川盐、请领工本等多项措施[194],以保证工程顺利进行。自乾隆六年十一月至乾隆八年三月,上游(东川府小江口至昭通府永善县金沙厂)滥田坝等十九滩先后修凿修浚[195];自乾隆八年十一月至乾隆十年四月,下游(昭通府永善县金沙厂至大关厅新开滩)马三拦等六十一滩先后修浚,但上游的滥天霸、小溜筒及下游的沙河、象鼻、大锅圈、大猫滩、大汉槽等滩,仍须盘剥半载而过[196]。乾隆十二年十二月至十三年四月,又将上下游蜈蚣岭等十五处原勘未修的险滩次第开通[197]。至此,历时六年半,金沙江工程全部告竣,水运可由东川府小江口直达四川泸州。据张允随奏称,金沙江水路自东川府小江口至四川省叙州府共一千三百余里,共修凿江滩一百三十四处;上游工程系永善县知县沈彩等文武佐杂十一员承修,下游工程系顺宁府通判赵珮、云南府通判卢元、习峨县知县辜文元等文武佐杂三十五员承修,续开滩工程系东川府经历李谦等文武佐杂八员承修,共计官役五十四员,用过夫役888568工,工程用银193446.56两[198]。

金沙江水道兴修的初衷是为了缓解滇铜京运威宁道的运输压力,降低运输成本。从实际运输效果看,确实实现了预期的目标。如乾隆十一年,张允随奏报:"铜斤由金江水运至泸州,每百斤较先前陆运节省银六钱三分四厘零,乾隆十、十一两年,水运铜一百九十八万六千七百斤零,节省银一万二千六百六两零。"[199]其后,因上游险滩过多,盘剥需费,东川府铜改由永善县黄草坪下水运至泸州,每年定额158.2万斤,成为滇铜分运的主要干线之一。

这条水道的开通也为其它货物的运输提供了便利,四川、湖广等地的米、盐、油、铁、布等大宗物通过金沙江水道源源不断地流入滇东北东川、昭通等地,促进了川滇两省之间运输业的发展。早在金沙江工程兴修之际,金沙江水道就已承担起滇川楚之间大宗货物的运输任务。如乾隆八年,金沙江工程上游刚刚竣工,"川、楚客民闻风贩买米粮及油、盐、烟、布等货,雇船装运至金沙厂以上销售者共二百余只,并无疏虞,并皆获利"[200]。张允随奏称:"自上游开修以来,去冬今春,川省商船贩运米盐货物至金沙厂以上发卖者,较往年多至十数倍,即如二月间,金沙等厂米价,每仓石卖银四两二三钱,商船一到,即减价一两有余,村寨夷民皆欢欣交易"[201]。乾隆九年三月,张允随奏称:"现在买运川米船只及客商贩运盐米货船,溯流上运者源源不断,舟人牵挽得力,并无损失疏虞"[202]。乾隆十年五月,张允随称:"本年川省商船载运米、盐、货物赴金沙厂发卖者约有三百余号,内有五瓜船百余号,大于艍船一倍,且上滩、下滩较脚艍船为稳,乃从来未到金江者。由新开滩至河口,上水六百四十里,重载月余即到,已减前次水程之半。又厂地常年米价每石需银四两有余,今止一两七八钱,亦属从来所未有。"[203]

与金沙江工程同时进行的还有盐井渡水道和罗星渡水道。乾隆七年,云南巡抚张允随奏请开修盐井渡道(陆路自昭通府城至大关厅盐井渡,水路自盐井渡至四川省叙州府安边汛),"将大小各滩修凿平稳,岸旁开出纤路,使兵米、商船上下无阻,百货通行"[204]。工程开始之后,"川省商民闻河路已开,油、盐、布、帛等货咸闻风贩运"至昭通[205]。乾隆九年六月,历时近四年的盐井渡河道工程竣工,共开修陆路五站,开凿三十八处险滩,并修纤路、建桥梁,设塘卡,盖神庙,费银6785两。粮储道宫尔劝称:"现今远近客民多于泊船之处其屋兴场,川货日见流通,店房日渐建设,商旅往来渐有内地气象。"[206]同年十一月,张允随又奏请开修罗星渡水道,罗星渡位于四川叙州府珙县,与镇雄州接壤,自罗星渡下船经叙州府南广洞可直达泸州[207]。罗星渡工程"自乾隆十年正月二十五日兴工起至四月初十日,全河大小七十三滩工程俱已告竣,并于沿河两岸开出纤路,及将碍纤竹木砍伐清楚,……其自镇雄州城至罗星渡陆路五站,亦经分段趱修完工",共用银3003两[208]。

清代滇铜除京运外还有各省采买,因滇东北运力有限,早在乾隆三年云南巡抚张允随就建议各省采买滇铜改走广南道,经由广西百色沿西江、桂江、漓江、湘江至汉口。关于清代广南道,早在雍正年间就已修凿,目的是便于滇粤之间的人员往来和货物运输。其后,云南代京铸钱和各省采买滇铜均先后经由此道。除了铜与钱之外,清代滇粤铜盐互易是广南道上最大宗的运输物资。"铜盐互易"始于乾隆十九年,每年运滇铜十万斤和粤盐一百六十六万斤在云南广南府剥隘和广西百色两地交换,由滇粤两省轮流办运,运毕清价归款,嘉庆二十五年后,粤盐由商人代办[209]。当然,由两广经由广南道输入云南物资绝不止粤盐一种,只因史料缺乏,无从考证。

现代交通运输学认为,为了实现运输利润最大化,应该尽量避免不合理的单向运输。清代滇铜外销,京运、各省采买每年约计不下 900 余万斤。而运铜抵达外省的牛马或人夫并非空手而回,一般都顺带购买本地所需货物运回滇省,称之为"回头货"。如乾隆十六年,因滇盐运输不便,允许东川就近食川盐,听民自销,"可资铜马回头,盐斤源源而来"[210]。输出滇铜,输入川盐、川米,这在一定程度上实现了双向运输,追求利润最大化。

关于清代云南的运输能力,先看陆路运输。据乾隆四十年,云南布政使王太岳言:"马牛之所任,牛可载八十斤,马力倍之。"[211]嘉庆二十年,云贵总督伯麟称:牛运"日行半站,就有水草处所,打野放牧,且一人赶牛六、七条",而马运"日赶一站,……一人仅可赶马二匹"[212]。如此,则马一匹载重 160 斤,日行一站,需 0.5 个人工日,牛一头载重 80 斤,日行半站,需 0.15 个人工日。两者均之,牲畜每匹载重 120 斤,日行 0.75 站,需 0.327 个人工日。滇东北产区铜斤由东川府至永善县黄草坪水次 9 站,至大关厅盐井渡 11.5 站;滇西产区铜斤由下关店经省城店、寻甸店、威宁店、镇雄州至罗星渡,共计 41.5 站;滇中产区铜斤由省城至广南府剥隘共 24.5 站[213]。按每年滇铜京 633 万斤、各省采买 250 万斤计算,则每年需要 12000 余匹牛马和 3800 余人常川运输才能完成滇铜外运任务。

再看水路运输。黄草坪、盐井渡、罗星渡及永宁以下均需水运。盐井渡道走大关河,罗星渡道走南广河,威宁道走永宁河,黄草坪道走金沙江,金沙江为长江上游河段,其余三条均为长江支流。盐井渡、黄草坪、罗星渡至泸州水程均为 8 站,永宁至泸州水程 1 站。但这些河道均处于云贵高原至四川平原的过渡地带,

"金沙江自五月至九月瘴气最盛,江水骤涨",行船过于危险,故每年仅有冬春两季可以航行。这些河道大部分使用"艍船",或称"艍舡"。如乾隆八年,云南巡抚张允随奏称:"今查(金沙江)上游应修一十九滩,于乾隆六年十一月兴工起,至七年四月止,又自七年十二月兴工起,至八年三月止,两次查照估计,如式开修完竣。……自乾隆八年二月初一日运起,至四月十五日水涨停运止,共运过京铜二十万六百余斤,每艍舡一只,载铜二千四百斤,自横木滩以抵永善县铜房,俱安稳无虞,现交永善县收贮。"[214]每船载铜2400斤。次年,东川、昭通二府"买得川米一万五百石,雇艍船三百五十七只,于正月二十一日自泸州扫帮开行,由金沙江发运,以七千五百石运至永善县之黄草坪,以三千石运至大关之盐井渡"。[215]每船载米约3529斤。另有一种称之为"五瓜船"。乾隆十年,云南巡抚张允随奏报:"本年川省商船载运米、盐、货物赴金沙厂发卖者,约有三百余号,内有五瓜船百余号,大于艍船一倍,且上滩、下滩较艍船为稳,乃从来未到金江者。"[216]五瓜船虽然载重量大,但吃水亦深,不适合长江支流航行,故水运还是以艍船为主。乾隆十四年,云贵总督张允随奏:"金江疏凿以来,川省商船可直抵上游之滥田坝等处,惟江路一千三百余里,每年冬春额运铜觔,需船四百五十二只。"[217]按张允随所言,每年额运京铜应为1582860斤,平均每船转运3500斤左右。因此,每艘艍船的载铜量约在3000斤左右,每船以船工一人计算。此外,上述水路站程度应是指载铜下水航行时间,返航逆水而行,则更费时日。乾隆九年,云南粮储道宫尔劝查勘盐井渡河道,"由安边塘至盐井渡水路二百五十里,……河内现有盐船三十余只,牵挽而上,约行十余日方到,下水只须两日"。[218]逆水航行时间是顺水航行时间的5倍。每年东春二季,按180天计算,则各条水路运送滇铜推算规模

如下:

盐井渡道:每船每年转运 3.75 次,计 11250 斤,年需船 141 只,船工 141 人。

黄草坪道:每船每年转运 3.75 次,计 11250 斤,年需船 141 只,船工 141 人。

盐井渡道:每船每年转运 3.75 次,计 11250 斤,年需船 141 只,船工 141 人。

永宁道:每船年每转运 30 次,计 90000 斤,年需船 101 只,船工 101 人。

如此,清代滇铜外运,每年至少需要牛马 12000 匹、船只 500 余艘和 4300 余人常川运输。这些运输工具完成运送铜斤任务后,从川粤等地返回滇省,势必就地购买部分物资,如川盐、川米、粤盐、布匹等,作为"回头获",其货物回运量与应与铜斤外运基本相当,每年约 900 余万斤。按输出的滇铜价值较高,虽然布匹价值较高,但而输入的川米、川盐、粤盐的价值却很低,故以输入货值为输出价值的一半计算[219],每年滇川粤间运输量超过 1300 万斤,其价值超过 120 万两白银。

3、商贸交流与城镇发展

清代云南交通运输业的发展促进了区域间的商贸交流,滇铜产地及外运道路沿线的商业贸易开始活跃起来。如滇铜主产地东川府,乾隆二十六年,云南巡抚刘藻为《东川府志》作序言:"郡产铜,滇省所产之半,……民夷商贾,四方辐辏,食货浩穰,屹然一都会。"[220]东川府盐额以前每年只销售三四万斤,"后因汤丹等厂兴旺,厂民商贾繁荣,始销至六万余斤"。[221]乾隆三十六年,王昶途径威宁、毕节、永宁、泸州至成都,沿途所见,"毕节为黔滇两省铜运总汇处,市集甚盛",而泸州"阛阓富庶,市集繁华,盖云南之铜皆于此运江行,故然"。[222]

商业贸易的发展也表现在商税税额的增长。乾隆《东川府志》记载:康熙年间每年额征土税银26.101两,雍正六年增加17.76两,乾隆十二年裁革土税,只抽牲税,年额49.17两[223]。如以整个云南省论,则商税的增长更为明显。

清代云南商税变化表

单位:银两

年代	商税名目	税额
康熙二十四年	商税、酒税、牛税等	17402.78
雍正二年	商税、酒税、契税等	16721.46
乾隆十八年	牙帖、商行、当铺、商税、酒税等	55086.79
嘉庆十七年	牙贴、当税、商税等	59151.20

　　本表数据引自康熙、雍正两朝《钦定大清会典》和乾隆、嘉庆两朝《钦定大清会典事例》的记载。

矿业开发和商业贸易的发展促进了城镇的兴起。乾隆九年,张泓任路南州知州,该州境内报开象羊铜厂,"远近来者数千人,得矿者十之八九,不数月而荒颠成市"[224]。清代云南因矿成市应当相当普遍。如清代滇铜第一大厂汤丹,雍正四年开采,雍正十一年知府崔乃镛称:汤丹"厂人累万,厂有街市、巷陌"[225]。至乾隆朝末年,南安州嘉鄂州判兼香树坡厂厂员赵煜宗称:"汤丹、宁台等厂人烟辐辏,买卖街场各分肆市。"[226]道光年间,王崧对因矿成市的情况有详细的描述:"厂既丰盛,构屋庐以居处,削木板为瓦,编篾片为墙;厂之所需,自米、粟、薪、炭、油、盐而外,凡身之所被服、口之所饮啖、室宇之所陈设、攻采煎炼之器械、祭祀宴会之仪品、引重致远之畜产,均当毕具。于是商贾负贩,百工众技,不远数千里,蜂屯蚁聚,以备厂民之用。而优伶戏剧,奇技淫巧,莫不风闻景附,窥见沾溉。探丸怯筐之徒亦伺隙而乘之。"[227]铜铅运输沿途的市镇亦日渐兴旺,如前文所言毕节、仁怀、永宁、泸州等地。

4、地方政府的铜矿收益

随着清代滇铜开发规模的扩大,官府所得矿业利润亦不断增长。前文论述康熙朝后期云南铜产量有限,每年约为 80—100 万斤,矿课银每年仅为 9620 余两,即使到雍正初年,铜课、铸息合计亦不及三万两。雍正四年以后,随着大型铜矿的开发,产量迅速增长,矿课、余息亦随之增加。如雍正五年铜课余息银 18 万两[228]。同时,云南铸钱量亦快速扩大,铸息亦有所扩大。每年铜矿收益预计不下 20 万两白银。

乾隆初年,滇铜年产量已达 1000 万斤以上,按 20% 抽课,每百斤变价银 6 两计算,已有利润 12 万两。云南本省鼓铸每年以100 万斤课铜计算,铸息银亦在 2 万两以上。其余 900 万斤余铜,按官府收购,贩卖他省,每百斤获利以 5 两计算[229],则可得银 45 万两。合计官府每年可得铜矿业利润约 60 万两白银。

乾隆三年以后,滇铜开始京运,各省采买滇铜也陆续开始。由中央政府每年拨款 100 万两白银,用于收购余铜运京,每年约 633万斤。这笔京铜利润约 30 余万两便从云南地方政府转归中央。各省采买滇铜每年约为 260 余万斤,卖价为每百斤九两二钱,每百斤利润约为 3 两,计白银 7.8 万两。加之铜课、余息、铸息,云南省每年所得铜矿利润仍在 20 万两白银以上。

云南省每年铜矿业利润白银 20 万两,这对于内地大省而言可能微乎其微,但对云南而言则是一笔巨额收益。如乾隆十八年,云南年征赋银198724两[230]。官府所获铜矿利润与田赋银几乎相等,这就不难理解云南地方政府对滇铜开发的高度重视。有了这笔巨额收益,不但可以用于改善地方官员的待遇和办公条件,而且可以用于地方建设,还可以作为军需、犒赏及安站购马之用,对地方建设与发展作用甚大。

由此可见,清代滇铜开发促进了云南农业的开发,带动了交通运输业和商业贸易的发展,矿产地和矿产运输沿线兴起一大批城镇和集市,加强了滇川桂区域间的经济交流,推动了云南经济社会的发展,同时,铜矿利润是云贵地方政府不可或缺的巨额收益,在地方建设和发展过程中起着重要的作用。

三、矿业发展与边疆政治演变

清代滇铜的开发,在促进区域经济社会发展的同时,也给云南社会政治带来了深刻的影响。清代政府对矿业的生产、运输、销售等环节实行严格的控制,矿业屹然成为地方官吏的重要政务。滇铜是清代矿业的代表,它们的开发对云南政治的影响更为明显,这可能是严中平先生将其称为"铜政"的原因之一。

1、政治体制、政区调整与官吏设置

清代云南的矿业开发与政治体制变革之间存在着密切的联系。如"改土归流",这是清代云贵地区最大的政治变革。前文从资源开发角度对其进行过论述,清代西南改土归流与滇铜黔铅开发在空间上基本重合、时间上前后相继,两者之间存在着密切的内在联系,故认为这场西南边疆地区的政治体制变革为滇铜黔铅开发创造了条件。

　　不仅前引康熙皇帝的两道上谕表明清代边疆资源开发与政治体制变革之间存在着一定关系,雍正年间云贵地方官吏亦有同样的看法。针对西南土司,雍正四年云南布政使常德寿奏言:"云贵远处边徼,幅员辽阔,除石山陡崖以外,非尽不毛之地,若能因地制宜,近水者种蔬稻,高陆者艺菽荞,莫非膏腴沃野,总缘流官管辖者十之三四,土司管辖者十之六七,土司不识调剂,彝人不识稼穑,俗语雷鸣田,遇雨则耕,无雨则弃,坐守其困,岁岁相仍,而流官又因循旧习,惟知岁征额编条粮了事,此外概置不问,所以地荒民穷,……。查各属土司只因伊祖父效有微劳,受恩承袭,只宜世其官职,而土地人民不设以管理,何能擅作威福,今若概行参革改流,未免群相惊畏,有负我皇上柔远安边至意。臣愚以为,除现在小心供职彝民悦服者,仍令照旧管理外,如果罪恶昭著法难轻贷者,即行详请参究,以土改流,尚有冥顽不灵全凭汉奸拨置之辈,饬令该管上司不时严饬训诲改过,若不能辄改者,应请渐次止照原颁职衔,准其承袭,永不许干预地方事务,查其旧有祖案,酌拨房产若干,宁多毋少,务足赡养其家口,一切所管村寨、田土、户口以及从前占夺私庄,俱令分析备造清册,转详督抚,确覆地方之远近大小,或题请添设州县,或归并附近州县,尽革土司之苛派,严禁胥役之勒索,自必彝情踊跃,欣为盛世良民。"[231]常德寿的观点非常鲜明,土司体制是制约西南地区开发的主要因素,处理土司问题的目的在于剥夺土司掌土控民的权利,由流官进行资源开发和管理。

　　由于史料的缺失,已经无法得知清代进行西南改土归流的真实目的,边疆政治体制变革与资源开发之间的因果关系无法证实。但是,改土归流之后,中央政府确实获得了大量的人口、土地、林木、矿产等资源,在加强政治统治的同时,也增强了政府的经济实力。

同时,在清代云南的政区调整过程中,矿业开发的因素亦尤为显著。东川归滇是清代云南政治中的另一件大事,前文亦从资源开发角度进行过论述。但就政治层面而言,当时四川是禁止开矿的,而云南是"矿禁"政策的例外,东川归滇,这一政区上的调整使东川本地铜矿开采从非法演变成合法,从而为此后东川铜业大发展创造了条件。

乾隆三十五年,云南省进行了大规模的政区调整,将武定、镇沅、元江、广西府改为直隶州,姚安、鹤庆二府被裁,广南、永北、蒙化、景东四府改直隶厅,其原因是这些府或"无首邑",或辖境过小。但同样辖境过小的东川府(仅辖会泽一县,附郭)却被保留,原因是"东川为矿厂最胜之区"[232]。东川因滇铜开发而保住了府级政区的设置。

在这些改制的地区,广南最为独特。乾隆三十五年五月,广南府已经改为直隶厅,"原设教授、训导、经历三缺仍归直隶同知管辖"[233]。但是,该年十月,曾任广南府知府的直隶按察使王显绪对此提出异议:广南"沙侬杂处,易滋事端,又为江西各省采办滇铜经行站路,稽察难周,旧设土同知一员,藉有知府管理约束,若将知府裁改同知,与土同知官阶相等,易生亵玩,应仍留知府,方合弹压机宜"。皇帝闻言,"传谕(云贵总督)彰宝确查该地(广南)人情土俗,其知府一缺应否仍留,悉心详度,定议奏闻"[234]。彰宝调查之后,奏请"将原议裁汰之广南府知府照旧存留,及宝宁县知县典史二员亦应照旧复设"[235]。广南地处各省采买滇铜要道,方便滇铜外运,这是广南府失而复得的主要原因之一。次年,又将广南府经历移驻"运铜必经之所"的土富州普厅塘地方,目的在于"催趱铜运,稽查村寨"[236]。

清代云南的矿业开发不但影响政区地位的变化,而且影响着官吏的设置。如乾隆二十九云南巡抚刘藻奏称:"窃照滇省汤丹、大碌两铜厂坐落东川府属会泽县境内,僻处万山之中,……向遇命盗等案,由该厂头人客厂具报厂员,移行该县,迨该县前往勘验,为日以久,……比岁以来,产铜日旺,厂众益增,五方杂处,两厂皆不下二三万人,争端易起,案件渐多,虽有丞倅二员分驻厂中,而刑名非其所管,呼应不灵,若仍令照旧移县查办,延误堪虞,且案内干连证佐,半系领本办铜之课长炉民,赴县候审,必致停煎误课,兼亦拖累,……似应将澄江府通判裁汰,改设东川府分防汤丹通判一员,办理两厂刑名,……凡两厂命盗重案,即令就近勘验通详,依限报解,仍由东川府审转,其酗酒闻殴赌博等事,系厂中者,令该通判经理。"[237]东川府通判驻汤丹铜厂,称汤丹通判,专管矿厂案件,命盗大案就近勘验,转报知府,一般案件可就地审理。这是因矿业发展需要而特设的官吏。

可见,在清代云南政治体制变革、政区调整以及职官设置等方面均与滇铜开发存在着密切的关系,矿业发展深刻影响着清代边疆地区的政治演变。

2、厂员、官吏与地方政务

前文从制度层面对清代矿厂管理进行过论述,认为矿厂管理与行政管理相结合是古代矿政的重要特征。一般矿厂由所在厅州县官员监管,如易门县知县兼任义都厂厂员,而一些重要的大型矿厂则由省级政府选派专门官吏担任厂员。

清代云南铜厂以汤丹、大碌、宁台三厂最大。据乾隆《东川府志》记载,兹将汤丹、大碌二厂乾隆十六年至二十五年厂员分别为列表如下:

乾隆十六年至二十五年云南汤丹、大碌二厂厂员列表

年代	汤丹厂	年代	大碌厂
乾隆十六至十七年	澄江府通判方鋅	乾隆十六年	云南府通判范全睿
乾隆十八至十九年	云南府同知周祚锦	乾隆十七年至十八年	开化府同知李天龙
乾隆二十一至二十二年	五嶍通判李龙骊	乾隆十九年至二十年	维西通判段宏深
乾隆二十三年至二十四年	开化府同知李绱	乾隆二十二年	曲靖府同知查延掌
乾隆二十五年	云南府通判达成阿	乾隆二十三年至二十四年	五嶍通判李龙骊
		乾隆二十四至二十五年	曲靖府同知汪坦

注:乾隆十六年云南府通判范全睿因病未到厂,大碌厂由东川府经历徐忠亮管理。另五嶍通判属广西府,维西通判属丽江府。乾隆《东川府志》卷十一《厂课》。

可见,汤丹、大碌二厂厂员由云南督抚选派各府同知或通判充任,专门负责矿厂管理,平均两年一届。同知、通判是知府的副职,通常担任散厅的正职,如昭通府通判和同知分别是鲁甸、大关二厅的地方官。汤丹、大碌二厂位于会泽县境,而会泽县知县的级别明显低于这些厂员,足见官府对于大型铜厂管理的重视程度。

乾隆四十二年之后,"铜厂厂务悉归地方官经管"[238]。但大型铜厂的厂员仍选派专门官员管理,而非矿厂所在地州县官管理。如汤丹厂,乾隆五十四年该厂厂员为候补知府萧文言,其级别较以前的同知、通判更高,但未实授,专管厂务,东川府知府陈孝升因事被参后,才由萧文言兼署东川府事[239];道光八年,汤丹厂厂员乃嵩明州知州张文秀,均非会泽县知县兼任厂员[240]。再如宁台厂,乾隆

四十二年该厂厂员乃会泽县知县卫竟成[241],道光七年厂员为广西直隶州知州丁锡群,道光二十五年为澄江府知府萧文言,道光三十年为候补知县汪之旭,接任者为镇沅直隶同知潘如栋[242],均非顺宁县知县兼管。政府对大型矿厂的管理依然非常重视。

对于一般铜厂,乾隆四十二年之后,均由所在地厅州县官兼任厂员。如乾隆五十年左右,万宝、义都厂员为署易门县知县吴大雅,得胜坡厂员为署龙陵同知史绍登,大宝厂员为署武定直隶州知州文都,香树坡厂员为署南安州鄂嘉州判赵煜宗,者囊、都龙厂员为文山县知县屠述绅,大功、白羊厂员为云龙州知州许学范[243],均为铜厂所在地州县官兼任厂员。

鉴于厂员对矿务管理的重要性,政府尤其重视矿厂所在地官吏的任免和调补。如汤丹厂,前述汤丹厂厂员候补知府萧文言署东川府事,实因萧氏"才具优长,办事勤干,管厂十年,铜务实为熟练"[244]。乾隆四十六年,又因萧氏办铜出色,被赋予"加衔具奏"的权力,以示表彰[245]。作为知府的萧文言,按例本应早就被送部引见,但因铜务紧急,不得不一缓再缓[246]。乾隆四十九年,因东川府安插土目跟役脱逃一案,萧文言本应被降调别处,但由于东川办铜缺人,经云贵总督富刚一再奏请,萧文言被改为革职留任,扣限四年开复,继续督办东川铜务[247]。道光八年,云贵总督阮元奏称:"窃照滇省东川府附近之汤丹等七厂,每年额办京铜三百七十余万斤,为数甚巨,……惟查现任东川府知府玛克唐阿于铜厂事务素未谙练,未便责令经理(汤丹厂)。臣等与藩臬两司再三筹酌,东川府本系调缺,自应拣选熟谙厂务之员,相互对调,以资整顿。"遂将熟悉厂务的开化府知府丁锡群调任东川[248]。咸丰元年,调楚雄府知府汪之旭任东川府知府,云贵总督吴文镕奏称:"查该府界连四川,汉夷杂处,政务殷烦,且经管汤丹等厂,年办获铜三百数万斤,为数较多,全赖厂员经理得宜,以免贻误。臣等与藩臬两司于通省应调应升知府内逐加遴选,就现居要缺,即人地未宜,实无合例堪以升调之员。惟查有升补楚雄府知府,尚未引见之汪之旭……"[249]熟悉铜务,成为选任东川府知府的首要条件。

　　这一矿务与行政结合的管理模式有利有弊:一方面,地方官管理本地矿务,可以协调整个辖区内的人力、物力促进矿业开发。如东川府铜厂多处于会泽县向化里,但该地"田少地多,无出产",不但矿区所需大量柴米油盐等生产生、活物质均需从他处筹集,且物质运入与铜斤输出亦需大量运输工具和人力。汤丹厂员虽为同知或通判,但并不管辖矿区以外的地方,无法调集会泽县其他地区的人力与物力。改归东川府管理之后,知府可命令会泽县就近筹集调运。

　　另一方面,对地方州县官吏而言,矿务与行政结合加重了管理任务。清代州县的正式官吏很少,仅有知县、县丞、典史、吏目、教授等几名,却要管理方圆百里内的政治、经济、文化、司法、社会治安等多方面事务。而矿厂一般地处高山深谷,远离州县治所,地方官根本无法常驻矿厂管理,势必委派丞倅代为管理矿民和矿石采炼、矿税征缴、矿产收购等任务。

　　清代云南州县官吏兼任厂员经理矿厂,又有本任职责需要履行,可谓一身二任。繁重的州县政务与不可怠慢的矿务,使大多数官员难以分身,经常顾此失彼。如乾隆四十七年檀萃调任云南禄劝县知县,兼任该县境内狮子尾铜厂厂员,乾隆五十二年因亏铜一万五千余斤而被革职[250]。嘉庆八年,东川府知府铭铎因废弛厂务被革职[251]。这样的事例很多,兹不逐一列举。

3、店员、运员、官吏与边疆治理

对于清代云南州县官吏而言,除了管理矿厂之外,还要负责铜斤运输,充任店员和运员,负责铜斤收兑、催运、押运等任务。京运铜斤由厂员从厂运送至铜店,再由各店转运至泸州总店。清代云南铜店众多,分布于东川、寻甸两路的金沙江、盐井渡、罗星渡、威宁道等多条支线之上,铜店店员由全省州县官吏中委派,其下均设有家人、书记、巡役、催铜差等差役,负责铜斤转运的监督、催促、管理等事务。兹将清代滇铜各铜店的运输管理列表如下:

清代滇铜京运各铜店运输管理表　　单位:两或万斤

铜店	管理官员	年养廉	运输路段	运铜量	差役数量	差役月工食
东川店	东川府知府	720	东川至昭通段	316.5	书记1、巡役8、搬夫5	52.28
昭通店	昭通府知府	720	昭通至黄草坪段	157.6	不详	自筹
			昭通至豆沙关段	157.6	不详	自筹
豆沙关店	大关同知	360	豆沙关至泸州段	157.6	书记1、秤手2、盐井渡店看铜夫2	10.4
下关店	大理府知府		下关至楚雄段	316.5	家人1、书记1、巡役2、搬夫2、秤手1、催铜差13	28.5
楚雄店	楚雄府知府		楚雄至昆明段	316.5	书记1、催铜差12	15
省城店	云南府知府		昆明至寻甸段	316.5	书记1、巡役2	6

黄草坪店	永善县知县	300	黄草坪至泸州段	157.6	书记 5、搬夫 50	115
寻甸店	曲靖府知府	480	寻甸至威宁段	316、5	家人 1、书记 1、巡役 10、搬夫 8	44
威宁店	威宁州知州	300	威宁至镇雄段	316.5	书记 1、巡役 10	23
镇雄店	镇雄州知州	900	镇雄至罗星渡段	316.5	书记 1、搬夫 2、巡役 1	12.3
罗星渡店	镇雄州知州	900	罗星渡至泸州段	316.5	书记 2、搬夫 6	23.43
泸州铜店	轮流委派	1200	京运起点	633	书记 1、搬夫 12、	27

注：泸州总店设于乾隆七年，委大关同知管理，其后改委知府丞倅州县管理，负责收领各店转运京铜、发兑各起京运，一年一换。该表据《铜政便览》卷四《陆运》部分整理而成。

上表所列十二处铜店，知府、同知、知州、知县等十余名店员以及 165 名差役，构成了滇铜京运云南段的管理体系，负责每年的京铜收兑、督催、监督和管理任务。如永善县知县负责黄草坪至大汉漕水运，副官村县丞负责大汉漕至新开滩水运[252]。乾隆三十四年，永善县境内积压京铜多达九十余万斤，导致泸州京运无法正常起程，该县知县被云贵总督明德所参而革职[253]。除此之外，云南省还负责各省采买滇铜和本省鼓铸用铜的省内运输管理任务。如蒙自县知县管理的蒙自铜店、广南府知府管理的剥隘铜店，以及上述下关、省城、寻甸铜店，负责组织和管理各省采买滇铜的省内运输管理任务。

铜铅京运对清代云贵地区州县官吏的影响最大。按云南办解京铜始于乾隆三年,每年正铜 200 万斤,次年,京铜全由云南办解,每年正铜增至 400 万斤,分为八运[254]。乾隆五年户部议准:"云南办铜运解京局,自乾隆四年办运之初,原分八运,每运委正运官一人,协运官一人,在东川寻甸等处领运,今八运既并为四运,应别设承运收发等官,雇脚运至永宁,其运交京局每运正运官委府佐或州县一人,协运官委杂职二人,赴永宁领运,各押铜五十万斤,挨次起程,正运官月给养廉杂费银八十两,协运官各月给养廉杂费银四十五两。"[255]云南代京铸钱停止后,将每年所需正铜 170.4 万斤作为加运二起,送至京局鼓铸,每年正加六运正耗余铜共计 633.1440 斤。京铜正运由原来的八运并为四运,每运派正副运官各一员押运,加之加运二起,每年需正副运员 10 人;乾隆三十年后又将每运分为上下二起,每起由运官一员押运,加之加运,每年仍需运员 10 人;嘉庆十二年后,又将每运上下起合并,每年需运员 6 人,直至道光三十年未变。也就是说,从乾隆三年至道光三十年的 113 年间,云南省共派出运员 944 人次,平均每年 8.35 人次。

京铜运输耗时日久,每起非一年内能够完成。乾隆十八年规定:京铜运员自云南至永宁准支二十三日,自永宁至通州准支九月,在汉口及仪征换船换篓准支两月,自通打包运局准支两月,自京回滇准支九十九日[256],合计十七个月零两天。这一时间限定过于紧迫,嘉庆朝已有所调整:"云南京铜,运官在泸州装载限三十五日,自泸州抵通坝限九月零二十五日。"[257]合计十八个月零九天。但这仅是朝廷规定可以支领养廉银的时间。《钦定户部则例》规定:云南京铜运员由省城至泸州限二十三日,在泸州领铜打包雇船装载限四十天,自泸州运抵通州限九个月零二十五天,由京回滇限一百一十日[258]。则运员从省城出发到运毕返回省城需要十九个月零十八天。此外,运员从驻地到省城请领运杂费、运毕返回省城报销运费、从省城返回驻地均需时日，而且，如泸州铜店无法按时兑足铜斤还需等候，水运途中经常会因守风、守水、守冻而耽误时日，如运河水涸还需等水，如遇漕船还需让漕，这一切均需时间。故乾隆四十年云南巡抚裴宗锡称："伏查滇省办解京局铜斤，每年正加四运，例应派委同知、通判、知州、知县等官八员分起运解。……惟是委员自滇至京，长途往返，几有三年之久，此三年中，前运未回，后运又出，计需二十余员，施克循环周转。"[259]一起京运持续三年，可能为个别特例。兹以两年计算，则云南每年约有 16 名运官在外押运京铜。

　　之所以详细考察清代滇铜外运的运员数量，是因为这些运员均是在云南县级官员中抽调。乾隆十四年，户部《议奏酌定铜运各款》中规定："一、加运宜遴员领解。每年四正运，委府佐州县一员、佐杂一员；二加运但委佐杂二员。嗣后正、加运俱委府佐州县一员为正运官，佐杂一员为协运官。一、办解铅锡，与运铜事同一例，应均照例办理。"[260]京运官在云南知县、知州、同知、通判等官员中遴选，据师范《滇系》统计[261]，云南额设知县、知州、同知、通判共 77 员。但并非所有县级官员都可以充当运员。乾隆三十八年，皇帝上谕："凡采办滇铜必须选派明干知县，或能事之同知、通判前往，并须选择其身家殷实者充当此差，方为妥协。杂职中即有勤慎明白、堪以任差委者，亦只可令派出之丞倅、知县带往，以供奔走查催之役，断不可专派薄尉微员领办，致滋贻误。设差委非人，沿途或有侵蚀亏空等事，惟派委之该督抚藩司是问"。户工二部很快议定："各省采办铜铅锡斤，动项在一万两以上者，于州县、丞倅中选委妥员办理，以专责成。"[262]各省采买滇铜运员的选择都如此严格，则京运运员的选择标准应该更高。

　　滇铜运员于云南知县、知州、同知、通判等县级官员中遴选，其条件是年富力强、精明能干、身家殷实。虽然清代云南省额设县级官职 77 位，但除去年老体弱、昏庸无能之外，符合运员条件的官员并不多。假设有一半县级官员符合条件，即 38 位，然京铜、运员每年要选派 8 位，由于运输时间长，每年在外运输的运员 16 位，则云贵督抚可以选派的运员仅有 20 余位。同时，云南境内的铜店、铜厂以及川黔境内的铜店均需店员和厂员经理。此外，清代云南仍为烟瘴蛮荒之地，内地官员大多不愿来此任职，州县缺员严重。故至乾隆朝中期，滇铜京运已经到了无人可派的地步。

乾隆四十年八月，户部奏："云贵办运铜铅，需员实多，两省额设州县，不敷差委。查现行川运例，捐纳知县不准分发，然当此需人之际，当稍为变通，请将捐纳知县准其加捐，分发云贵二省，委运铜铅。如运完无误，遇有该省应归月选知县，无论何项出缺，俱准题补，不必拘定年限，并免其试署，至试俸仍照旧例。"[263] 政府破例允许云南在捐纳知县中选派运员，扩大遴选范围，满足运员需求。次月，吏部等部议覆："又本年八月新例，以云贵铜铅需员解运，议将捐纳知县准其加捐分发云贵二省，今既各省准捐，前议自无庸另办，惟是该二省解运铜铅需员较多，若照小省应发人数而计，恐不敷委用，应请云南分发二十员，贵州分发十二员，令报捐人员通行签掣，其掣得云贵者，到省时无庸拘定一年之限，该督抚即酌量题署实缺，令其承运铜铅，如办理无误，回任时即题请实授，亦不拘年限。"[264] 就当时的人口和经济而言，云南不能称之为大省，但云南超越常规分发捐纳知县，实因该地运员不敷选派。这可从该年十月云南巡抚裴宗锡的奏折中得到证实："伏查滇省办解京局铜斤，每年正加四运，例应派委同知、通判、知州、知县等官八员，分起运解。其试用人员曾经委署州县、干练能事者，方准派委，未经委署之员，概不得滥派。原属慎重铜运之意，惟是委员自滇至京，长途往返,几有三年之久,此三年中,前运未回,后运又出,计需二十余员,施克循环周转。滇省同知、通判大半辖理地方州县,缺员又多夷疆边地,其中干练之员要皆身膺剧任,政务繁重"[265]。

每年有 20 位捐纳知县派往云南,扩大了当地督抚遴选运员的范围,这在一定程度上缓解了"运员荒"。但是,这类捐纳知县大多并非科甲出身,精明强干者更为稀少,云南督抚不得不在劣中选优,从而降低了运员的总体水平,这可能与乾隆朝以后京运运输事故多发不无关系。同时,捐纳知县如运送京铜无误,即不拘年限,免于试署,直接实授知县,成为一方父母官,处理地方政务。倘若经济才能突出而无处理实际政务之能力,势必会对地方行政管理产生负面影响。此外,越来越多的实授捐纳知县降低了云南县级官吏的文化水平,对地方文化教育亦有不利的影响。如乾隆三十六年,礼部议准:"署云南巡抚诺穆亲奏称,滇省现任同知、通判、知州、知县内每年办运京铜,往返奉差在外者约二十四员,其余或非科目出身,或文理荒疏,不敷选充同考官。请略为变通,遇乡试先尽科目出身州县调取,如有不敷,将暂行委署正印科目出身候补人员,准令一体考充内帘。"[266]道光十九年,云南巡抚颜伯焘又奏请:"窃查云南州县为数较少,而每年运铜皆赖州县,以上人员经理差委,又较他省为多,其余现任各员,或非科甲出身,或学业荒疏,或缺属边要剧难,离省写远,不敷考选。经准部议,嗣后该省乡试同考官照例科目出身之现任州县同知通判内调取外,如有不敷,即将现在委署州县以上人员一体考充,专折奏明,应届遵行在案。本年云南举行己亥科乡试,应送内帘同考官,曾经饬行司遂调取去后;兹据该司遵以现任科目出身实缺,人员不敷考选,当于合发委署各员内遴选送考前来,臣查得进士即用知县署宁州知州王毓秀、举人出身借挑知县署宣威县知县梁金诏、拔贡出身试用知县署呈贡县知县吴嘉恩、署江川县知县文定仲,文理优长,均堪派充,帘同考官。"[267]现任正职州县官员不足,乡试考官不得不在候补、捐纳、试署人员内遴选补充。

运员遴选之法,是在所有符合条件的州县官员之中掣签派委,即抓阄,这样的选派方法具有很大的随机性。但是,按清代官员选任制度,地位越重要的州县,其选官的机构级别越高。如最要缺、要缺及苗疆要缺州县均归部选。一般而言,吏部可选官员的范围较广,所选官员素质一般较高。故相对而言,等级越高的州县中符合运员条件的官员则越多,如省城首县、各府首县等。或者说,等级越高的州县官员被选中运员的机会就更大。如云南省昆明县、澄江县等。

然而,据笔者统计乾隆四年至咸丰元年 336 位滇铜运员之中,出任运员频率最高的前六位州县分别是:罗次县 8 次、太和县 8 次、习峨县 7 次、寻甸州 6 次、宁州 6 次、会泽县 6 次。太和县虽为大理府附郭,然非要缺,仅定为冲、繁,属中缺,会泽县虽为东川府附郭,但为简缺,其余罗次县(间)、习峨县(难)为简缺,寻甸州(冲,繁)、宁州(冲,繁)属中缺,没有一个属最要缺或要缺[268]。尤其是罗次、习峨二县最为特别,罗次县属云南府,幅员狭小,赋税无几,亦非交通要道,该县境内大美铜厂年产量仅几千斤而已;习峨县属澄江府,境狭民稀,惟该县所管义都铜厂年产量 8 万斤。虽然笔者的统计并不完整,但云南的情况表明,出任运员频率最高的州县并非等级最高,反而是那些地小、事简州县的官员。这样,既可以照顾高等级州县繁剧的政务,又可以充分利用事简州县的官员,均衡差委,两者兼顾,但这却与概率理论相矛盾,或许,这正是政府有意为之的结果。

运员本身是各州县正印官,一经委派解运铜斤便无法分身处理本任地方政务。那么,这些选为运员的州县官起程之后,原任州县事务由谁来接管? 乾隆十七年,云南蒙自县知县兼管金钗厂厂员吴梦旭中签,解运该年二运京铜起程,蒙自县印务改派试用知县汪仪接署[269]。道光七年,云贵总督阮元奏:"昆明县知县何兰汀派运丁亥年五运二起京铜,所遗篆务,查有马龙州知州朱绍恩,干练详慎,堪以委署。"[270]道光十一年,元谋知县邱翰元派运京铜,元谋县事由嵩峨知县嵩恒调署[271]。道光十五年,云贵总督伊里布等奏:"赵州知州陈钊镗委运京铜,所遗员缺,查有阿迷州知州方琭,人甚明练,办事实心,堪以署理。"[272]可见,州县官因运送京铜离任,云南督抚均从其他事简州县调官委署,暂管运员州县政务,再由候补、捐纳、试用知县之中委署事简州县事,俟运员回省解任原职。但亦有运官未回,委署州县又被选派解运铜铅,运官官职即成为"署某某县事某某县知县"。如乾隆四十九年加运一起京铜运员袁嘉保,其官职为署宁州事恩乐县知县。

　　此外,由于清代对厂员、店员、运员的考核较为严厉,云南很多官员因此而被革职,不得不再选派其他官员接任,而官员外委运送铜斤,其本任政务势必由其他官员署理,运员或因沉溺、短少、违限而被参革,或按时安全送达而被带领引见,题补升迁,部分运员事毕不能回原任,这都无形中加速了云南地方官员的流动速度。州县官任职不到三年,刚刚熟悉本地情形,在政务方面正当大显身手之际,却被派委转运或押送铜斤,而调署的官员又需重新熟悉本地情况,等其熟悉完毕,可能又因其他差委而离开。如此一再置换,州县官员始终处于不断熟悉县情之中,对于地方政务处理并无益处。

　　清代滇铜开发中,矿厂管理需要厂员、铜斤转运需要店员、铜斤押运需要运员,这些差委使云贵地方政务大增,消耗了大量地方行政人力资源,而在运员不敷的情况下,大量捐纳、候补、试用官吏派往云贵地方任职,极大地降低了本地官吏的整体执政水平,对地方经济发展、行政管理、文化教育、社会治安等诸多方面产生了一定的负面影响。

注　释

1　参见严中平著《清代云南铜政考》,中华书局,1954年版。

2　檀萃《滇海虞衡志》卷二《志金石》。

3　张泓《滇南新语》象羊厂条。

4　吴大勋《滇南闻见录》上卷《人部》。

5　王崧《矿厂采炼篇》,吴其濬《滇南矿厂工器图略》卷一附。

6　吴其濬《滇南矿厂工器图略》卷一《丁第九》、《役第十》。

7　乾隆二十三年七月,户部《奏为酌定编排保甲等款事》,《内阁大库档案》,编号:NO000034251。

8　《钦定大清会典》(乾隆朝)卷十七《户部·杂赋》。

9　《铜政全书·咨询各厂对》,载吴其濬《滇南矿厂工器图略》卷一附。

10　《朱批奏折》,乾隆十六年闰五月十九日,贵州巡抚开泰《奏为奏闻事》,引自《清代的矿业》,第334页。

11　《清史稿》卷一百二十《食货志一·户口》。

12　《钦定户部则例》卷三十五《钱法二·各省铅厂官役廉费》贵州省管理铅厂官条。

13　乾隆三十年七月十六日,阿尔泰《题报开采以裕鼓铸事》,《内阁大库档案》,编号:000121567。

14　乾隆十二年十一月十六日,策楞《题为采锡尚容变通等事》,《内阁大库档案》,编号:000100722。

15　高其倬《奏遵查铜斤利弊情形折》,雍正元年十二月二十日,《雍正朝汉文朱批奏折汇编》第二册,第432—437页。

16　雍正《云南通志》卷十一《钱法·厂课》。

17　《大清高宗皇帝实录》卷八百十八,乾隆三十三年九月乙未,云贵总督阿里衮、云南巡抚明德奏。

18 《大清高宗皇帝实录》卷一千四十,乾隆四十二年九月[日期不详],大学士管云贵总督李侍尧、云南巡抚裴宗锡等奏。

19 毛文铨《奏清查私开矿厂酌议抽收款项归公折》,雍正二年五月二十九日,《雍正朝汉文朱批奏折汇编》第三册,第118—119页。

20 丁士杰《为行查大定汛属矿厂事》,雍正三年五月十三日,《宫中档雍正朝奏折》第四辑,316—317页。

21 常安《奏为遵旨回奏事》,雍正十年六月十二日,《雍正朝汉文朱批奏折汇编》第三十册,第521—534页。

22 雍正十二年八月二十八日,贵州巡抚元展成《为详请题明开采铅厂以供鼓铸事》,《明清档案》,卷册号:A060—034。

23 赵翼《瓯北集》卷十九《出巡妈姑、福集二铅厂》,壬辰三月至十月。

24 《钦定户部则例》卷三十五《钱法二·各省铅厂官役廉费》贵州省管理铅厂官条。

25 如林荣琴《清代湖南矿业开发》,复旦大学历史地理研究中心2004年博士论文。

26 如杨煜达在《清代云南铜矿开采对生态环境的影响研究》(《中国史研究》2004年第3期)一文中将通商铜和私铜的份额提高至25%。

27 《大清圣祖皇帝实录》卷八十五,康熙十八年十月乙丑,户部等衙门会议《钱法十二条》。

28 《钦定大清会典》(康熙朝)卷三十一《户部十五·库藏二》钱法。

29 陈锋《清代前期的奏销制度与政策演变》,《历史研究》2000年第2期。

30 《大清圣祖皇帝实录》卷一百十六,康熙二十三年九月丙寅,九卿议复钱法侍郎陈廷敬等疏。

31 《钦定大清会典》(雍正朝)卷五十三《课程五·杂赋》矿课。

32 高其倬《奏为遵旨查奏铜斤利弊情事》,雍正元年十二月二十日,《雍正朝汉文朱批奏折汇编》第二册,第432—437页。

33 《钦定大清会典》(雍正朝)卷五十三《课程五·杂赋》矿课。

34 鄂尔泰《奏为报明五年分办获铜息折》,雍正六年五月二十一日,《宫中档雍正朝奏折》第10辑,第473页。

35 乾隆三十八年九月二十五日,于敏中《户部题报查核滇省乾隆三十六年办获铜斤数目》,《明清档案》,卷册号:A219—080。

36 裴宗锡《奏为汇奏各厂办获铜斤数目仰祈圣鉴事》,乾隆四十三年三月十二日,《滇黔奏稿录要》,全国图书馆文献缩微复制中心,2007 年 7 月版,第 619—621 页。

37　乾隆二年七月八日,张允随《题为题明事》,《内阁大库档案》,编号:000081342。

38　乾隆二十一年闰九月十四日,蒋溥《题报查核滇省者海厂乾隆二十年办获铅斤抽收课银》,《明清档案》,卷册号:A193—063。

39　道光十九年十月三十日,颜伯焘《题报各铜厂办获铜斤收放实存数目》,《明清档案》,卷册号:A362—004。

40　咸丰五年五月十日,舒兴阿《题为领本买收抽可运局铅斤报销事》,《明清档案》,卷册号:A366—035。

41　咸丰四年闰七月二十八日,罗绕典、吴振棫《奏为运员在泸久住开兑无期拟请暂撤回省当差俟道路肃清另饬赶紧起运以节糜费仰祈圣鉴事》,《明清档案》,卷册号:A366—013。

42　毛文铨《奏为奏明矿厂事》,雍正二年五月二十九日,《雍正朝汉文朱批奏折汇编》第三册,第 118—119 页。

43　丁士杰《奏为行查大定汛属矿厂事》,雍正三年五月十三日,《宫中档雍正朝奏折》第 4 辑,第 316—317 页。又见《雍正朝汉文朱批奏折汇编》第五册,第 3—8 页。

44　参见《钦定大清会典》(雍正朝)卷五十三《课程五·杂赋》矿课。

45　乾隆四十一年六月二十一日,英廉《题覆贵州省莲花塘白铅厂抽课并支销工食等银开销事》,《明清档案》,卷册号:A227—041。

46　嘉庆五年二月二十八日,常明《题为详请题报开采白铅矿厂等事》,《明清档案》,卷册号:A295—05。

47　道光三十年九月十五日,乔用迁《贵州巡抚为报销厂课事》,《内阁大库档案》,编号:000015397。

48　同治十三年七月十五日,曾璧光《奏报筹办黔省新开矿厂以出白铅事》,《军机处档折件》,编号:000116697。

49　《世宗宪皇帝朱批谕旨》卷二百二中,雍正九年十月初十日,广西巡抚金鉷《奏为奏闻事》。

50　乾隆五十五年七月二十八日,英善《敬陈开采等事》,《内阁大库档案》,编号:000145991。

51　乾隆二十二年十月二十五日,开泰《题为敬陈开采铜铅等事》,《内阁大库档案》,编号:000113919。

52　乾隆五十年八月十二日，李世杰《题为试采铅矿事》，《明清档案》，卷册号：
　　A244—009。

53　嘉庆五年十二月十一日，勒保《题为详请开采黑铅矿厂等事》，《明清档案》，卷册
　　号：A302—043。

54　咸丰七年闰五月五日，吴振棫《题为遵旨议奏事》，《明清档案》，卷册号：A367—076。

55　参见《钦定大清会典》(雍正朝)卷五十三《课程五·杂赋》矿课。

56　乾隆三十八年四月八日，梁国治《题为天地有自然之利等事》，《明清档案》，卷册
　　号：A218—032。

57　乾隆五十二年十一月十五日，和珅《题报查核湖南各铜厂乾隆五十一年抽收税银
　　数目》，《明清档案》，卷册号：A250—048。

58　乾隆十二年十一月十六日，策楞《题为采锡尚容变通等》，《内阁大库档案》，编
　　号：000100722。

59　乾隆三十四年八月八日，钟音《题为遵旨议奏事》，《内阁大库档案》，编
　　号：000127299。

60　乾隆三十九年八月五日，德保《题为遵旨议奏事》，《明清档案》，卷册号：A221—148。

61　乾隆二十一年七月八日，傅恒《题覆陕西华阴县华阳川黑铅矿厂乾隆二十年分抽
　　税过税铅并收买正余铅以及解局铅斤脚价银两数目》，《内阁大库档案》，编
　　号：000112991。

62　乾隆四十二年五月十五日，图思德《题为详请题明开采事》，《明清档案》，卷册号：
　　A230—027。

63　乾隆二十九年十月九日，阿尔泰《题为呈请开采裕课便民事》，《内阁大库档案》，编
　　号：000120317。

64　乾隆五十五年七月二十四日，额勒春《题为恩恩赏准开采等事》，《内阁大库档案》，
　　编号：000145966。

65　嘉庆元年八月十二日，冯光熊《题为呈请开采砂矿等事》，《明清档案》，卷册号：
　　A273—047

66　裴宗锡《奏为汇奏各厂办获铜斤数目仰祈圣鉴事》，乾隆四十三年三月十二日，《滇
　　黔奏稿录要》，第619—621页。

67　《钦定大清会典则例》(乾隆朝)卷四十九《户部·杂赋上》铜铁锡铅矿课条。

68　鄂尔泰《奏报铜厂一季获铜斤余息银两数目折》，雍正四年四月初九日，《雍正朝汉

文朱批奏折汇编》第七册,第 117 页。

69 鄂尔泰《奏为铜矿大旺等事》,雍正六年四月二十六日,《宫中档雍正朝奏折》第 10
    辑,台湾故宫博物院 1979 年刊行,第 355 页。

70 鄂尔泰《奏报七年分盐铜课息情形折》,雍正七年十一月初七日,《雍正朝汉文朱批
    奏折汇编》第十七册,第 161 页

71 庆复《揭报详查雍正十年青龙等厂办获铜斤余息案内部驳各款》,乾隆三年十二
    月,《明清档案》,册号:A087—045;张允随《奏报本年办理铜斤所获余息银两数目
    折》,雍正十年十一月二十三日,《雍正朝汉文朱批奏折汇编》第二十三册,第 647
    页;张允随《奏报上年银铜厂务及增收课息银两数目折》,雍正十二年五月二十七
    日,《雍正朝汉文朱批奏折汇编》第二十六册,第 440 页;张允随《奏报银铜厂地旺
    盛课息增收折》,《雍正朝汉文朱批奏折汇编》雍正十三年七月十三日,第二十八
    册,第 763 页。

72 乾隆二年闰九月,户部《题覆查核滇省乾隆元年办获铜斤余息银两数目》,《明清档
    案》,册号:A076—047。

73 张允随纂:《张允随奏稿》下卷,乾隆十年六月二十六日,《为奏报滇省乾隆十三年
    分办获铜斤数目事》。

74 乾隆二十九年十月月,托恩多《题为查核升任云南巡抚刘藻册报滇省乾隆二十八
    年分办获铜斤旧管新收开除实在各数目折》,《内阁大库档案》,编号:000120305。

75 《朱批奏折》,引自《清代的矿业》(上册),中华书局,第 160 页。

76 裴宗锡《奏为汇奏各厂办获铜斤数目仰祈圣鉴事》,乾隆四十三年三月十二日,《滇
    黔奏稿录要》,全国图书馆文献缩微复制中心 2007 年 7 月版,第 619—621 页。

77 裴宗锡《奏为汇奏各厂办获铜斤数目仰祈圣鉴事》,乾隆四十四年三月二十日,《滇
    黔奏稿录要》,第 797—800 页。

78 《大清高宗皇帝实录》卷一千一百三十五,乾隆四十六年六月癸巳,上谕军机大臣
    据福康安等奏。

79 《朱批奏折》,乾隆五十年五月二十二日,云贵总督富纲、云南巡抚刘秉恬《奏为汇
    核滇省各厂岁获铜数循例恭折奏闻事》,引自《清代的矿业》,第 164—165 页。

80 乾隆五十四年七月,工部《移会稽察房云贵总督富纲奏滇省新旧大小各厂乾隆五
    十三年分办获铜斤数目》,《内阁大库档案》,编号:000143316。

81 《大清高宗皇帝实录》卷一千四百七,乾隆五十七年六月丙申,上谕富纲等奏请敕

赐厂神封号折。乾隆四十三年云南铜厂定额 1060 万斤。

82 云贵总督琅玕、云南巡抚永保《题为奏报滇省嘉庆七年分办获铜斤数目事》,嘉庆八年十一月,《朱批奏折》工业类,转引自韦庆远《档房论史文编》,第 168 页。

83 嘉庆十六年五月九日,云南巡抚孙玉庭《题报嘉庆拾伍年分各铜厂办获铜斤管收除在数目事》,《内阁大库档案》,编号:NO000169281;嘉庆十六年十一月十九日,大学士管理户部事务庆桂《题覆查核云南巡抚孙玉庭题滇省嘉庆十五年分汤丹等厂办获铜斤数目事》,《内阁大库档案》,编号:NO000169752。

84 道光十九年十月三十日,云南巡抚颜伯焘《题报各铜厂办获铜斤收放实存数目》,《内阁大库档案》,编号:NO000175239。

85 《大清高宗皇帝实录》卷一千三百七十二,乾隆五十六年二月癸丑,上谕富纲奏铜厂积欠实数酌筹捐补折。

86 《大清高宗皇帝实录》卷一千四百三十七,乾隆五十八年九月丁巳,上谕军机大臣等。

87 《钦定大清会典》(康熙朝)卷三十五《户部十九·课程四》铜铁锡铅课条。

88 《皇朝文献通考》卷十四《钱币考二》。

89 《钦定大清会典则例》(乾隆朝)卷四十九《户部·杂赋上》。

90 《大清高宗皇帝实录》卷八十二,乾隆三年十二月庚寅,户部议覆云南巡抚张允随疏言。

91 《大清高宗皇帝实录》卷一百五十五,乾隆六年十一月丁丑,九卿议覆贵州道监察御史孙灏奏。

92 《大清高宗皇帝实录》卷二百六十,乾隆十三年三月戊辰,户部议准署广西巡抚托庸疏。

93 《大清高宗皇帝实录》卷八百八十二,乾隆三十六年四月癸酉,谕军机大臣等。

94 《大清高宗皇帝实录》卷一千一百六,乾隆四十五年五月戊子,谕军机大臣等。

95 《钦定大清会典事例》(嘉庆朝)卷一百九十四《户部·杂赋》矿课条。

96 《大清高宗皇帝实录》卷一千三百八十三,乾隆五十六年七月辛丑,上谕。

97 杨煜达《清代云南铜矿开采对生态环境的影响研究》,《中国史研究》2004 年第 3 期。

98 高其倬《奏遵查铜斤利弊情形折》,雍正元年十二月二十日,《雍正朝汉文朱批奏折汇编》第二册,第 433 页。

99　道光十三年一月，工部《为查明铜厂民欠有着无着银两事》："窃照滇省各铜厂预发
　　工本银两采办铜斤，历年俱有厂欠，嘉庆六年前任督臣琅轩等奏准，每年查奏一
　　次，有着者催追完缴，无着者道府确查具结，由藩司回报，在于司库扣存平余银项
　　下拨补，如有不敷，于折内声明应否豁免，听候部议。……兹据藩司潘恭展报，道
　　光十一年分各厂员经放领欠银两，分别核减，统计有着民欠银一万五千八百一十
　　三两零，无着民欠银一万七千四百五十五两零，除将司库扣存平余银六千七百八
　　十八两零抵补无着外，实不敷银一万六百六十七两零。"（《内阁大库档案》，编
　　号：000020465。）

100　相关数据见杨煜达《清代云南铜矿开采对生态环境的影响研究》，《中国史研究》，
　　2004 年第 3 期。

101　裴宗锡纂《滇黔奏稿录要》，乾隆四十年十月三日，《奏为直陈滇省铜政实在情形
　　谨筹持久之计仰祈圣训事》："即以矿砂稍旺之厂计之，百斤之铜实少一两五六钱
　　之价"。（第 33—45 页）。

102　《大清高宗皇帝实录》卷一千九十，乾隆四十四年九月乙未。上谕："据图思德等
　　接奉谕旨查办汉口私铜，随密委盐道张廷化率同府厅逐细详查汉口商铜，现存五
　　万四千余斤，并提各行户研讯。据称近年以来，川陕二省运到商铜约十五六万
　　斤，除发卖外，现在存铜实系川陕二省商铜，并非滇省贩至。……至图思德等所
　　称汉口之铜买自川陕而非由滇省，恐未必然，陕省虽新开铜厂于本省供用，尚属
　　不敷，安得复有余铜供商买运。而川省亦非产铜之所，商人又何从多购，且李侍
　　尧前奏，原因滇铜之走私日甚，汉口现在铜多，因设为三连印票稽核，若非访有确
　　据，必不肯率定章程，况滇省现有一分通商之铜，听其流通利用，今乃云滇铜久未
　　至楚，则此项通商铜觔又复何往。"

103　《大清圣祖皇帝实录》卷一百十四，康熙二十三年三月癸酉，上谕大学士等。

104　《大清圣祖皇帝实录》卷一百四十，康熙二十八年三月戊子，九卿等议覆户部疏。

105　乾隆二十九年十二月二十二日，钱度《题为请题开采下游铅厂等事》，《内阁大库
　　档案》，编号：000120594。

106　鄂尔泰《奏明借动库项收铅运售获息情由折》，雍正六年十月二十日，《宫中档雍
　　正朝奏折》第 10 辑，第 585 页。又见《雍正朝汉文朱批奏折汇编》第十三册，第
　　721—722 页。

107　鄂尔泰《奏报调剂黔省铅斤并办获滇省铅息事》，雍正七年十一月初七日，《雍正

朝汉文朱批奏折汇编》第十七册,第159—160页。

108　张广泗《奏报地方政务折》,雍正八年三月二十七日,《宫中档雍正朝奏折》第16辑,第82页。又见《雍正朝汉文朱批奏折汇编》第十八册,第324—328页。

109　《大清高宗皇帝实录》卷四百八十五,乾隆二十年三月庚子,云贵总督硕色、云南巡抚爱必达奏。

110　《大清高宗皇帝实录》卷六百三十六,乾隆二十六年五月壬子,上谕军机大臣等。

111　《大清高宗皇帝实录》卷一千一百六,乾隆四十五年五月戊子,上谕军机大臣等。

112　毛文铨《奏猴子厂落龙硐矿砂衰微将尽续采有弊无益折》,雍正三年五月初一日,《雍正朝汉文朱批奏折汇编》第四册,第871页。

113　张广泗《奏报地方政务折》,雍正八年三月二十七日,《宫中档雍正朝奏折》第16辑,第462页。

114　《皇朝文献通考》卷十七《钱币考五》,乾隆十一年议,以贵州余铅运至湖广、汉口令各省收买以供鼓铸。

115　《大清高宗皇帝实录》卷一千一百五十三,乾隆四十七年三月[日期不详],贵州布政使孙永清奏。

116　《张允随奏稿》,乾隆十一年五月初九日,云南总督张允随《奏为遵奉查奏并备陈亿万厂民生计仰祈圣鉴事》。

117　《大清高宗皇帝实录》卷三百十一,乾隆十三年三月[日期不详],贵州按察使介锡周奏。

118　《清史稿》卷一百二十四《食货志五·矿政》。

119　乾隆《东川府志》卷二十下《艺文》,崔乃镛《东川府地震纪事》。

120　乾隆二十九年十一月二十四日,礼部《移会稽察房云贵总督刘藻奏请将滇省澄江府通判裁汰改设东川府分防汤丹通判一员办理汤丹大碌两铜厂刑名事》,《内阁大库档案》,编号:NO000120454。这一记载在《清实录》中已演变成“滇省汤丹、大碌两铜厂,坐落东川府属会泽县境内,比岁以来,产铜日旺,厂众益增,两厂不下二三万人,争端易起,案件渐多,虽有丞倅二员分驻厂中,刑名非其所辖,呼应不灵。”(卷七百二十五,乾隆二十九年十二月戊戌,吏部等部议覆云贵总督刘藻奏称)。

121　《铜政全书·咨询各厂对》,吴其濬《滇南矿厂工器图略》卷一附。

122　陈庆德《清代云南的矿冶业与民族经济的开发》,《中国经济史研究》1994年第3

期。根据笔者掌握的史料,该文所依据的矿产量、矿石品位、冶炼回收率等相关数据还需要进一步考证。

123　本节所言矿业人口包括直接从事矿石开采、冶炼的矿工、炉头和杂役,以及居住于冶炼厂地、为矿石采冶提供服务的官府管理者、矿厂协调组织者及矿区物质供应商,不包括间接从事矿业服务的炭户与脚户。事实上,间接服务于矿业开发的行业众多,从业者数量更为庞大。

124　吴其濬《滇南矿厂工器图略》卷二《铜厂第一》。

125　王崧《矿厂采炼篇》,吴其濬《滇南矿厂工器图略》卷一附。

126　李中清《明清时期中国西南的经济发展和人口增长》,中国社会科学院历史研究所清史研究室编《清史论丛》第三辑,中华书局1984年版,第86页。

127　《张允随奏稿》,乾隆九年三月初五日,《奏为奏明事》。

128　《张允随奏稿》,乾隆十一年五月初九日,《奏为遵奉查奏并备陈亿万厂民生计仰祈圣鉴事》。

129　《大清高宗皇帝实录》卷三百十一,乾隆十三年三月[日期不详],云贵总督张允随覆奏。

130　《大清高宗皇帝实录》卷三百十七,乾隆十三年六月[日期不详],云南巡抚图尔炳阿覆奏。

131　《大清高宗皇帝实录》卷三百十一,乾隆十三年三月[日期不详],贵州按察使介锡周奏。

132　乾隆《东川府志》卷十三《鼓铸》,乾隆二十一年十一月奉督院恒、抚院郭牌。

133　引自《清代的矿业》,第103页。此碑立于民国三十七年(1948年)。

134　杨光昆主编《东川市文物志》,云南民族出版社,1992年版,第27页。

135　杨光昆主编《东川市文物志》,云南民族出版社,1992年版,第25页。

136　梁晓强校注《〈东川府志·东川府续志〉校注》卷七《祠祀·寺观》,云南人民出版社,2006年版,第169页。

137　〔日〕山口义胜著《调查东川各矿山报告书》之《特说·各厂概况》第一节《汤丹厂》,云南巡按使署编辑《云南实业杂志》第2卷第3期,1914年。

138　任启运《经筵讲义》,贺长龄辑:《皇朝经世文编》卷十,台北文海出版社,1972年,第405页。

139　梁晓强校注《〈东川府志·东川府续志〉校注》卷十《田赋》,第215页。

140　梁晓强校注《〈东川府志·东川府续志〉校注》卷十《田赋》,第214—219、462页。

141　乾隆《东川府志》卷十《赋税·田赋》。

142　石涛、马国英《清代前中期粮食亩产研究评述》,《历史研究》2010年第2期。

143　佚名《云南省五十二县小麦面积及产量》,《云南实业通讯》第6期,1940年6月。

144　梁晓强校注《〈东川府志·东川府续志〉校注》卷十《田赋》,第172页。

145　《大清高宗帝实录》卷一百二十七,乾隆五年九月[日期不详],云南总督公庆复奏。

146　历年办获铜斤数目清单,引自中国人民大学清史所编《清代的矿业》,中华书局,1983年版,第150—152页。

147　乾隆《东川府志》卷十三《鼓铸》,乾隆二十一年十一月奉督院恒、抚院郭牌。

148　《大清世宗皇帝实录》卷五十二,雍正五年正月壬子,云贵总督鄂尔泰奏。

149　《张允随奏稿》,乾隆五年八月二十二日,《奏为请乘秋收大稔增贮仓谷以重苗疆事》。

150　《大清高宗皇帝实录》卷三百十一,乾隆十三年三月[日期不详],云贵总督张允随覆奏。

151　《大清高宗皇帝实录》卷三百十七,乾隆十三年六月[日期不详],云南巡抚图尔炳阿覆奏。

152　《张允随奏稿》,乾隆九年三月初五日,《奏为奏明事》。

153　《张允随奏稿》,乾隆七年二月十七日,《奏为奏明增修新疆河道陆路通商旅以裕兵民事》。

154　《张允随奏稿》,乾隆八年十二月二十日,《奏为钦奉上谕事》。

155　《张允随奏稿》,乾隆十年十月二十一日,《奏为请旨事》。

156　乾隆《东川府志》卷二十下《艺文》,东川附知府廖瑛《严禁囤积米粮斗升出入不公之积弊以裕民食事》。

157　王业键院士根据台湾故宫博物院、中国第一历史档案馆所藏清代各地督抚上奏《粮价清单》整理制作而成。

158　王业键编《清代粮价资料库》。

159　吴其濬《滇南矿厂工器图略》卷一附。

160　《滇南矿厂图略》卷一《用第八》。

161　杨煜达《清代云南铜矿开采对生态环境的影响研究》,《中国史研究》,2004年第

3 期。

162　乾隆《东川府志》卷二十下《艺文·文告》,廖瑛《为公平酌分炭斤山价运脚一体永远遵办事》。

163　〔日〕山口义胜:《调查东川各矿山报告书》,云南行政公署《云南实业杂志》第 2 卷第 3、4 号,1914 年。

164　《铜政全书·咨询各厂对》,引自《滇南矿厂图略》卷一附。

165　康熙《四川总志》卷二十一《风俗·东川军民府》。

166　康熙《四川总志》卷四《建置沿革·东川军民府》。

167　雍正《东川府志》卷一《户口·村寨》。

168　《大清高宗皇帝实录》卷八百八十二,乾隆三十六年四月癸酉,谕军机大臣等。

169　乾隆《东川府志》卷十三《鼓铸》。

170　乾隆二十年一月二十二日,大学士管理户部事务傅恒《奏为酌定配铸黑铅章程等事》,《明清档案》,册号:A189—12;乾隆五十三年十一月五日,大学士管理吏部户部理藩院事务和珅《题报查核云南省者海白铅厂乾隆五十二年分办供东川旧局鼓铸正铅又抽收课铅变价银两事》,《内阁大库档案》,编号:000141391。

171　梁晓强校注《〈东川府志·东川府续志〉校注》卷十《田赋》,第 215 页。

172　梁晓强校注《〈东川府志·东川府续志〉校注》卷十《田赋》,第 214—219、462 页。

173　《大清高宗皇帝实录》卷五十四,乾隆二年十月丁酉,免滇省新辟夷疆未完开垦借给银两。

174　《大清高宗皇帝实录》卷二百三十七,乾隆十年三月〔日期不详〕,云南总督兼管巡抚张允随奏。

175　《大清高宗皇帝实录》卷五百七,乾隆二十一年二月〔日期不详〕,署云贵总督爱必达奏。

176　乾隆《东川府志》卷二十下《艺文》,东川府知府义宁《重修龙潭神祠记》。

177　乾隆《东川府志》卷四《疆域·山川附》、卷八《户口·村寨附》

178　乾隆《东川府志》卷十《赋税·田赋》。

179　乾隆《东川府志》卷八《户口》。

180　李中清:《明清时期中国西南的经济发展和人口增长》,中国社会科学院历史研究所清史研究室编《清史论丛》第五辑,中华书局,1984 年版,第 62 页。李中清所谓的西南包括云南、贵州两省及四川大渡河以南部分,估计 16 世纪云南人口 200

万,贵州 150 万。

181　葛剑雄主编、曹树基著:《中国人口史》第五卷,复旦大学出版社,2005 年版,第
　　 243、264 页。

182　李中清《明清时期中国西南的经济发展和人口增长》,《清史论丛》第五辑,第
　　 86 页。

183　康熙《云南通志》卷二十九《艺文志三》,王继文《请修河坝疏》。

184　康熙《云南通志》卷二十九《艺文志三》,蔡毓荣《筹滇第九疏·敦实政》。

185　参见王继文《筹请屯荒减则贴垦疏》,康熙《云南通志》卷二十九《艺文志三》。

186　数据来源于康熙朝《大清会典》卷二十《户部四·田土一》、康熙《云南通志》卷十
　　《田赋》、康熙《贵州通志》卷十一《田赋》、雍正朝《钦定大清会典》卷二十六《户
　　 部·田土一》和卷二十九《户部·田土四》。

187　《朱批谕旨》卷一百二十五之四《朱批鄂尔泰奏折》,雍正五年八月初十日,云贵总
　　 督鄂尔泰《奏为报明开垦田地并查出隐射田土仰祈睿鉴事》;《朱批谕旨》卷一百
　　 二十五之七《朱批鄂尔泰奏折》,雍正六年五月二十一日,云贵总督鄂尔泰《奏为
　　 报明清出影射等项田土仰祈睿鉴事》。

188　《朱批谕旨》卷一百二十五之七《朱批鄂尔泰奏折》,雍正六年七月二十一日,云贵
　　 总督鄂尔泰《奏为钦奉圣谕先行陈覆事》。

189　《朱批谕旨》卷一百二十五之十《朱批鄂尔泰奏折》,雍正七年二月二十四日,云贵
　　 广西总督鄂尔泰《奏为奏明事》。

190　《朱批谕旨》卷一百二十五之十一《朱批鄂尔泰奏折》,雍正七年六月十八日,云贵
　　 广西总督鄂尔泰《奏为新开水道并兴修陆路事》。

191　《朱批谕旨》卷一百二十五之十四《朱批鄂尔泰奏折》,雍正八年五月二十六日,云
　　 贵广西总督鄂尔泰《奏为开凿河道以利民生事》。

192　参见《钦定大清会典》(乾隆朝)卷十《户部·田赋》;《钦定大清会典》(嘉庆朝)
　　 卷十一《户部·尚书侍郎职掌二》、《钦定大清会典》(光绪朝)卷十七《户部·尚
　　 书侍郎职掌五》、乾隆《贵州通志》卷十二《食货·田赋》和道光《云南通志稿》卷
　　 五十八《食货志二之二·田赋二》。

193　李中清《明清时期中国西南的经济发展和人口增长》,《清史论丛》第五辑,第
　　 87 页。

194　乾隆五年十一月初十日,云南总督庆复《奏为奏闻事》,引自《乾隆年间疏浚金沙

江史料(上)》,《历史档案》2001 第 1 期,第 47—49 页。

195　乾隆八年八月初四日,云南巡抚张允随《奏为敬筹开浚金江下游工程事宜仰祈圣
　　　训事》,引自《乾隆年间疏浚金沙江史料(上)》,《历史档案》2001 第 1 期,第
　　　59 页。

196　《张允随奏稿》,乾隆十年五月二十七日,《为恭报金江下游工程完竣仰祈睿鉴
　　　事》。

197　《张允随奏稿》,乾隆十三年六月十一日,《为恭报续开金江各滩工竣铜运通行
　　　事》。

198　《张允随奏稿》,乾隆十四年二月二十三日,《为钦奉上谕事》。

199　《张允随奏稿》,乾隆十一年九月二十四日,《为遵旨奏复事》。

200　乾隆八年闰四月初七日,云南巡抚张允随《奏为恭报开通金江上游各滩试运京铜
　　　无阻仰祈睿鉴事》,引自《乾隆年间疏浚金沙江史料(上)》,《历史档案》2001 第 1
　　　期,第 58 页。

201　《张允随奏稿》,乾隆八年十二月二十日,《为钦奉上谕事》。

202　乾隆九年三月初五日,云南总督张允随《奏为奏报开修金江下游工程情形事》,引
　　　自《乾隆年间疏浚金沙江史料(下)》,《历史档案》2001 第 2 期,第 45 页。

203　《张允随奏稿》,乾隆十年五月二十七日,《奏为恭报金江下游工程完竣仰祈睿鉴
　　　事》。

204　《张允随奏稿》,乾隆七年二月十七日,《奏为奏明增修新疆河道陆路通商旅以裕
　　　兵民事》。

205　《张允随奏稿》,乾隆七年十一月十七日,《奏为奏明试修大关河道京铜运行无阻
　　　请借项兴修以利新疆事》。

206　《张允随奏稿》,乾隆九年十一月十六日,《奏为恭报开修盐井渡通川河道工程完
　　　竣铜运坦行商货骈集克收成效事》。

207　《张允随奏稿》,乾隆九年十一月十六日,《奏为请开修川省接壤滇境河道分运威
　　　宁铜斤事》。

208　《张允随奏稿》,乾隆十年五月二十七日,《奏为恭报开修罗星渡通川河道工程完
　　　竣分运京铜事》。

209　参见黄国信《清代滇粤"铜盐互易"略论》,《盐业史研究》1996 年 3 期;李和《清代
　　　粤西路上的滇粤"铜盐互易"》,《甘肃农业》2006 年第 9 期;曹晋《清代滇粤"铜盐

互易"研究》,北京大学历史系中国古代史专业 2007 年硕士论文。

210　乾隆《东川府志》卷十《赋税·盐课》。

211　王太岳:《铜政利弊状》,载吴其濬《滇南矿厂工器图略》卷二附。

212　《军机处录副奏折》,嘉庆二十年四月十八日,云贵总督伯麟、云南巡抚孙玉庭《奏为办铜工本查照部驳核实奏闻仰祈圣鉴事》,引自《清代的矿业》,第 191—197 页。

213　参见吴其濬《滇南矿厂图略》和《铜政便览》。

214　《张允随奏稿》,乾隆八年十二月二十日,《奏为钦奉上谕事》。

215　《张允随奏稿》,乾隆九年三月初五日,《奏为奏明事》。

216　《张允随奏稿》,乾隆十年五月二十七日,《奏为恭报金江下游工程完竣仰祈睿鉴事》。

217　《大清高宗皇帝实录》卷三百三十九,乾隆十四年四月[日期不详],云贵总督张允随覆奏。

218　《张允随奏稿》,乾隆九年十一月十六日,《奏为恭报开修盐井渡通川河道工程完竣铜运坦行商货骈集克收成效事》。

219　此处滇铜黔铅价值参考官价,滇铜每百斤值银 6.5 两,黔铅每百斤值银 1.5 两。

220　乾隆《东川府志》卷首,刘藻《东川府志序》。

221　乾隆《东川府志》卷十《赋税·商税》盐课。

222　王昶《蜀徼纪闻》,载《春融堂杂记八种》。

223　乾隆《东川府志》卷十《赋税·商税》。

224　张泓《滇南新语》象羊厂条。

225　乾隆《东川府志》卷二十下《艺文·记》,东川府知府崔乃镛《东川府地震纪事》。

226　《铜政全书·咨询各厂对》,引自吴其濬《滇南矿厂图略》卷一附。

227　王崧:道光《云南志钞》之《矿产志》采炼,又见吴其濬《滇南矿厂图略》卷一附王崧《矿厂采炼记》。

228　鄂尔泰《奏为报明五年分办获铜息折》,雍正六年五月二十一日,《宫中档雍正朝奏折》第 10 辑,第 473 页。

229　《大清高宗皇帝实录》卷一百六十四,乾隆七年四月戊戌,户部议覆云南巡抚张允随奏称:"将旧有之青龙、惠隆、太和、马龙等厂照初开例,每铜百斤抽课二十斤,余铜以五两一百斤收买;金钗坡厂每铜百斤,例给银四两外,增价六钱;初开之者囊、大水、碌碌、虐姑等厂，照汤丹、普毛两厂例，每铜百斤抽课十斤，余铜以六两一百斤给价。"这是调整之后的价格，乾隆七年之前，官收价格应较此为低。据乾隆元年云南巡抚张允随称，道员黄士杰任内在永宁店发卖铜斤，每百斤价银十三两，道员王廷琬任内在东川店发卖铜斤，每百斤价银十一两，威宁店买铜，每百斤价银十一两六钱(引自《清代的矿业》，户科题本:乾隆元年六月二十八日，云南巡抚张允随题，第130—134页)。以东川店铜价十一两计算，除自厂至店运输成本，官府收购余铜发卖吴楚等省，每百斤利润约为白银5两左右。

230　《钦定大清会典》(乾隆朝)卷十《户部·田赋》。

231　雍正四年七月二十六日，云南布政使常德寿谨，《奏雍正朝汉文朱批奏折汇编》第七册，第776—777页。

232　《大清高宗皇帝实录》卷八百五十二，乾隆三十五年二月庚戌，吏部议覆经略大学士公傅恒奏称。

233　《大清高宗皇帝实录》卷八百六十三，乾隆三十五年六月癸巳，吏部议准署云贵总督彰宝奏称。

234　《大清高宗皇帝实录》卷八百七十一，乾隆三十五年十月己亥。谕军机大臣等。

235　乾隆三十六年二月十一日，吏部《移会稽察房署云贵总督彰宝奏请将原议裁汰之广南府知府照旧存留及宝宁县知县典史二员亦应照旧复设其知县员缺另请调补》，《内阁大库档案》，编号:NO000128517。

236　《大清高宗皇帝实录》卷八百九十三，乾隆三十六年九月庚申，吏部议准前署云贵总督德福等奏称。

237　乾隆二十九年十一月二十四日，礼部《移会稽察房云贵总督刘藻奏为铜厂刑名渐繁请归厂员审解以免拖延事》，《内阁大库档案》，编号:NO000120454。

238　《大清高宗皇帝实录》卷一千四十，乾隆四十二年九月[日期不详]，大学士管云贵总督李侍尧、云南巡抚裴宗锡等奏。

239　乾隆四十五年十月六日，福康安《奏请以萧文言护理东川知府》，《军机处档折件》，编号:000029029。

240　道光八年五月三十日，阮元等《奏明请将现管汤丹等厂员嵩明州知州张文秀摘去顶戴留厂由》，《军机处档折件》，编号:000060666。

241　《大清高宗皇帝实录》卷一千四十六，乾隆四十二年十二月己亥，上谕李侍尧等参奏。

242　道光七年六月二十一日，户部《奏为厂员额外多办铜斤恳请鼓励事》，《内阁大库档案》，编号：NO000019737；道光二十五年八月二十五日，吏部《奏为短交铜斤厂员革职勒办由》，《内阁大库档案》，编号：NO000202525；道光三十年五月，户部《奏为更换厂员事》，《内阁大库档案》，编号：NO000184533。

243　《铜政全书·咨询各厂对》，引自吴其濬《滇南矿厂图略》卷一附。

244　乾隆四十五年十月六日，福康安《奏请以萧文言护理东川知府》，《军机处档折件》，编号：000029029。

245　乾隆四十六年九月九日，福康安《奏为宁台厂员曹湛汤丹厂员萧文言出力办铜请分别加衔具奏》，《军机处档折件》，编号：000032457。

246　乾隆四十八年七月八日，富纲《奏为护东川府篆之萧文言现办铜务紧要请暂缓送部引见由》，《军机处档折件》，编号：000033956。

247　乾隆四十九年十月二日，吏部《奏为知府萧文言请留滇省事》，《内阁大库档案》，编号：000033300。

248　道光八年四月十三日，阮元《奏为要缺知府监管铜厂仰恳圣恩俯准调补以俾铜务事》，《军机处档折件》，编号：000060667。

249　咸丰元年十月二十二日，吴文镕《奏为边要知府员缺仰恳圣恩俯准调补以俾地方而重铜务事》，《军机处档折件》，编号：000083099。

250　乾隆五十二年十一月二十日，上谕军机大臣等，引自《清代的矿业》，第167页。

251　《朱批奏折》，嘉庆七年十二月十八日，署云南巡抚初彭龄《奏为特参废弛厂务之知府请旨革审以肃铜政事》，引自《清代的矿业》，第174—175页。

252　嘉庆《永善县志略》卷二《铜运》。

253　《朱批奏折》，乾隆三十四年六月初六日，暂署云贵总督江苏巡抚明德《奏为特参嗜酒昏庸废弛误公之劣员以肃攻令事》，引自《清代的矿业》，第148页。

254　255　256　《钦定大清会典事例》（乾隆朝）卷四十四《户部·钱法》办铜。

257　《钦定大清会典》（嘉庆朝）卷十四《户部·广西清吏司》。

258　《钦定户部则例》卷三十六《钱法三·京运事宜》。

259　乾隆四十年十月三十日，云南巡抚裴宗锡《奏为遵旨复奏事》，引自《滇黔奏稿录要》，第25—31页。

260　《大清高宗皇帝实录》卷三百四十一，乾隆十四年五月乙丑，户部议奏酌定铜运各款。

261　师范《滇系·职官册》。

262　《钦定大清会典事例》(嘉庆朝)卷一百七十五《户部·钱法》直省办铜铅锡条。

263　《大清高宗皇帝实录》卷九百八十九,乾隆四十年八月甲辰,户部等部奏。

264　《大清高宗皇帝实录》卷九百九十一,乾隆四十年九月庚午,吏部等部议覆。

265　乾隆四十年十月三十日,云南巡抚裴宗锡《奏为遵旨复奏事》,引自《滇黔奏稿录要》,第25—31页。

266　《大清高宗皇帝实录》卷八百九十七,乾隆三十六年十一月癸亥,礼部议准署云南巡抚诺穆亲奏称。

267　道光十九年十月,礼部《移会稽察房云南巡抚颜伯焘奏为乡试内帘同考官参用候补人员循例明事》,《内阁大库档案》,编号:N0000044268。

268　参见《清史稿》卷七十四《地理志二十一·云南》。

269　乾隆十七年六月十二日,云南巡抚爱必达《题为特参管厂收报不实之县令以重铜政事》,《明清档案》,A181—78。

270　道光七年闰五月八日,吏部《奏为委署昆阳县篆事》,《内阁大库档案》,编号:N0000007199。

271　道光十一年正月二十五日,吏部《移会稽察房云贵总督阮元奏署蒙化直隶同知事等事》,《内阁大库档案》,编号:N0000198530。

272　道光十五年十二月三日,吏部《移会稽察房云贵总督伊里布等奏赵州知州陈钊镗委运京铜所遗员缺查有阿迷州知州方琼人甚明练办事实心堪以署理又署寻甸州事试用盐提举刘德溥委管泾州铜厂所遗寻甸州查有平彝县知县吉修堪以委署》,《内阁大库档案》,编号:N0000190648。

中　篇

清代国家资源黔铅的开发

清代文献中所称的铅,分为黑铅(金属铅)和白铅(亦称倭铅、窝铅,即金属锌)两种。贵州是清代铅锌矿的主产地,故文献中"黔铅"一词,专指产于贵州的铅和锌。清代的黔铅主要用于铸币和制造弹丸,是重要的经济资源和军事战略资源,属于国家资源的范畴。然而,如此重要的资源开发,却基本上被学界所忽视。一方面,缘于清代黔铅缺乏像滇铜一样的系统性记载,史料零碎、分散,收集工作难度较大。另一方面,清代铅锌矿开发的重要作用还没有被学界所认识。滇铜之所以受重视,因为它是铸造铜钱的主要原料,孰不知清代铜钱中铅锌的比例高达48%,与铜相差无几。同时,铅也是清代火器所使用的弹丸的基本原料,铅的供给关系武器装备的生产和军事实力的强弱,进而影响清代国防安全的巩固和社会秩序的稳定。

滇铜黔铅同属清代国家资源,都曾进行过大规模的开发。但是,滇铜研究成果丰硕,而黔铅却乏人问津,学术界这种"重铜轻铅"的倾向与清代矿产资源开发状况极不相符,急需加强清代黔铅研究。有鉴于此,本篇对清代黔铅开发进行系统性的实征研究,包括开发过程及其兴衰原因、采冶特征、主要矿厂及其分布、产销量演变、购销机制及国家管控等方面,还原清代黔铅开发的基本史实,恢复其应有的地位和作用。同时,讨论清代黔铅开发过程中的国家管控。至于清代黔铅的运销问题,将在下篇集中论述。

第三章

清代黔铅生产

铅与锌是清代矿产资源开发中的主要矿种,主要用于铸币和制造火器弹丸,属于国家重要经济资源和军事战略资源。贵州是清代铅锌矿的主产地,"黔铅"之名在清代文献中屡见不鲜。然而,迄今为止,学术界对其却知之甚少。本章主要讨论清代黔铅的开发过程、采冶特征和矿厂分布,恢复清代黔铅的基本生产过程。

第一节　清代黔铅的开发历程

在中国古代,政府矿业政策是影响矿业发展的主要因素之一,清代黔铅开发亦与全国矿政息息相关。但是,边疆地区的特殊情形以及国家对铅锌矿产的迫切需求,使黔铅开发表现出有别于全国的特殊过程。

早在明代,贵州的铅锌矿就已有开采。万历四十六年三月,"贵州毕节、乌撒二卫军民王应星等奏,开彼处铅厂以充兵饷"。[1]虽因当地土司反对而作罢,但当地人民的零星开采应该持续存在。明末清初的长期战乱,使黔西北的铅锌矿藏逐渐淡出人们的视线。清初,吸取明末教训,实行"矿禁"政策。但吴三桂镇守云贵之际,已经开始铸钱[2],其铜铅等币材应为滇黔本地出产。平定三藩之乱后,康熙十九年十二月,贵州永宁州知州曾禀报查获"贼遗铜铅","红铜大小三百七十八块,共计六千五百四十二斤,倭铅一百七十五砖,共计二千六百五十七斤"。[3]这些铜和铅应该是制造枪炮弹丸的军需物资,被吴三桂的军队遗留在贵州境内,这些军需铜铅极有可能产自云贵本地。

康熙十八年,清王朝为了解决币材来源问题,颁布了《钱法十二条》,开放了全国铜铅矿的开采,命令各省查勘上报。康熙二十一年,时任贵州巡抚的杨雍建却声称:"黔地不产铜铅,所属各府州县苗多汉少,不谙使钱,其废铜贼钱自恢复以来,远方商贩陆续赴黔,收买已尽,无从收取,难以开炉鼓铸。"[4]两年后,杨雍建再次奏报:"黔地不产红铜,铅锡亦无捐助之人。"[5]其时,清廷内外正在讨论黔西北地区的政治体制问题,复设土司还是坚持流官州县,朝廷内外意见不一。虽然早在康熙五年就设置了大定、平远、黔西、威宁四府,但是征收赋税、分派劳役、治安讼狱等民事管理仍旧把持在土目手中,流官知府根本无法直接理民,当然无从查勘当地的矿产资源。故杨雍建才有"黔地不产铜铅"的论断。

发生于康熙十八年至二十三年的清代第一次币材危机,因海禁开放后日本洋铜大量进口而缓解。因此,康熙四十三年上谕:"闻开矿事情,甚无益于地方,嗣后后请开采者,俱着不准行。"[6]清代矿业政策又转向保守,实质上是对康熙十八年以来铜铅矿产开放政策的否定。从此,除云南之外,全国再次笼罩在"矿禁"的阴影之下。

康熙末年,当黔西北政治体制变革已经接近尾声,内地大量汉族移民的进入逐渐改变了当地的民族结构,同时,经过几十年的开发,黔西北的社会经济发展水平有所提高。更为重要的是,流官体制为当地矿产资源开发提供了有利的条件。当时全国"矿禁"依然未除，但因有云南之例外[7]，贵州地方官开始奏请开矿。康熙五十七年，贵州大定府猴子、威宁府观音山两地银矿被批准设厂开采[8]。贵州所产银出自含银方铅矿，在炼银的同时，出产大量的铅。

　　除了官府正式设立的矿厂之外，当时贵州还有大量私矿存在。雍正三年威宁镇总兵石礼哈所奏："康熙五十八年（金世扬）升授黔省巡抚时，（矿商）王日生又同至黔省，到威宁府开采天桥、腻书、阿都、柞子等厂，至四川重庆府发卖，亦伏巡抚之势，所过威宁府与永宁、毕节县等处之税俱不纳国课。……王日生在威宁府开矿贩卖铅斤二三年之久，乃兵民人人共知之事。"[9]光绪《水城厅采访册》亦载："梁国卿，水城人，以勇力为队长。雍正二年，柞子厂厂丁吴二以病归，就国卿宿，室隘，为借庙庑宿之，供饮食，数日，吴二病小痊，遂匍匐行，遗所携白金十两，国卿收饮食，具见，曰吴二病，又失银，必死矣，坐待之，吴二反且哭，国卿举已予之。"[10]天桥、腻书、阿都、柞子等处铅矿由商人组织采炼运销，并不交课纳税，属于私矿无疑。雍正二年，为满足云南铸钱对白铅的需求，云贵总督高其倬在云贵两省查勘矿源，"访得贵州地方之马鬃岭、齐家湾、罐子窝等处，亦有倭铅矿硐，因通知抚臣毛文铨，委员会同查勘招开，已经具奉令，各处皆有成效"[11]。马鬃岭等矿在高其倬查勘之时已有矿硐存在，表明此前这些地方已有商人私自采炼白铅。次年五月，贵州大定镇总兵丁士杰对大定府所辖矿厂进行了详细的调查，马鬃岭、播木雄、发嘎、八甲山、江西沟、大兴厂、麻园沟、铜厂坡、洛龙山九处均已开矿采炼，厂民约八千余人，炉房三千八百余间，硐口四十余处，但仅有马鬃岭一处奉有部文，其余皆属私开[12]。

　　贵州已有政府批准设立的矿厂，表明贵州已经突破了"矿禁"政策的限制。既然如此，就没有必要放任商民私自开采，使国家财源白白流失。因此,这一时期贵州地方官的主要任务是对原来私开矿硐进行查勘,报部审批后正式设厂,纳入官府的矿业监管体系。经过此番程序,原有私矿就转变为政府批准的合法矿厂,虽然商民部分利润转移至政府,但同时也受到政府的保护。雍正五年,贵州巡抚何世璂奏报:"黔西商民纷纷具呈请开矿厂。"[13]这些呈请之中,很大一部分是商人将自己的私矿申请政府查勘报批,转变为正式矿厂。当然,高额的矿业利润,对于山多地少的贵州而言,正可弥补农业发展的不足,促进贵州社会经济的发展。因此,上至督抚,下逮商民,开矿建厂尤为积极,官府组织开发的矿厂逐渐增多,丁头山、砂朱、大兴、大鸡等厂先后设立。

随着开采规模的扩大和矿厂的增多,黔铅的产量日益增加,仅凭云贵市场已经难以消化,要维持矿业生产的进一步发展,必须向外拓展市场。雍正七年,贵州马鬃岭、大鸡、砂朱、江西沟、丁头山、榨子六厂,年产黑白铅已达四百余万斤,但因"地僻山深,不通商贾,以致铅皆堆积,而炉户人等工本无几,时有停工误卯之虞"。销售不畅,大量积压,要维持黔铅的生产,必须向外拓展市场。次年,贵州巡抚张广泗提议:贵州"所有各厂课铅应请留铅供用,其余铅亦应照滇例借动库银项收买,……运往永宁、汉口等处销售。……通计每年收买各厂余铅三四百万斤,转运销售"。[14]官府收购运销铅斤,使黔铅的销售市场从滇黔地区扩大到四川、湖广等地,在一定程度上解决了贵州商民的资金和销售难题。

黔铅的兴盛也引起中央的重视,雍正十一年十一月,皇帝在给内阁关于京局鼓铸的上谕中说:"至于户工两局需用铅觔,旧系商办。闻贵州铅厂甚旺,如酌给水脚,令该抚委员解京,较之商办节省尤多。着酌定规条,妥协办理。"[15]黔铅京运于十三年正式开始,每年办运白铅366万余斤。自此,黔铅销售开始面向全国,贵州铅锌矿业开始从一个地方性产业向全国性矿产中心转变，而市场需求的扩大又成为刺激黔铅发展的一大动力。就在京运开始之际，贵州巡抚元展成趁机提出："黔省各属所出铅斤，现准部咨，行令委员解运京局，凡有出产之处均应开采，以便起运。"[16] 从此后开矿情形看，这一建议至少得到清廷的默许。至此，贵州已和云南一样，成为清代"矿禁"政策的例外。

政策的全面开放和市场的巨大需求极大地促进了黔铅的生产。乾隆十四年，贵州巡抚爱必达奏报：贵州"每年运供京局及川黔两省鼓铸，并运汉销售，共铅九百万斤。现各厂岁出铅一千四百余万斤"[17]。这样的鼎盛时期维持了十年左右。但由于官府定价过低，垄断了大部分的产品销售，加之矿厂采炼成本逐渐上升，乾隆朝中期黔铅发展速度开始减缓。"黔省福集、莲花二厂，岁供京楚两运白铅六百余万斤，每年所产有一百余万斤缺额，自乾隆四十五年始，俱以旧存余铅凑拨，日形支绌"[18]。因此，清政府采取提高收购价格、扩大通商铅比例等办法，来缓解炉户的亏损局面，增加黔铅的产量。乾隆朝末期，黔铅发展迎来第二波高潮。

但是，随着开采时间的延长，矿石平均品位逐渐下降，矿井的通风、排水、安全及坑道运输方面的问题愈加突出，同时，矿区人口密集，生产、生活成本增加。这一切使黔铅生产逐渐面临利润下降甚至亏损的局面，而采炼技术上的瓶颈制约愈发明显。因此，自嘉庆朝以来，许多矿厂因"硐老山空"而封闭。嘉庆朝《钦定大清会典事例》载，贵州铅厂仅有福集、莲花塘、济川、天星扒泥洞、永兴寨、水洞帕等处[19]，亦非昔日矿厂遍地所能比拟，黔铅开发步入衰落期。咸丰三年以后，"东南道路梗阻"，京运、楚运均被迫停止，外销受阻，黔铅生产无以为继[20]。不久，战乱波及贵州地区，黔铅生产基本陷于停顿。

回顾清代黔铅的开发历程,从康熙末年起步,雍正年间开始快速发展,乾隆初年达到鼎盛,乾隆四十年之后才逐渐走向衰落。黔铅的开发过程表明,黔铅的开发应国家需求的拉动而勃兴,也因国家需求的减弱而衰落,这与清代滇铜开发一致。由此可见,国家资源的开发除了受制于矿藏条件、采冶水平和矿区环境外,还处于国家的管理和控制之下。

第二节　黔铅的采冶及其特征

中国金属铅的采冶历史悠久,商周时代的青铜器中已经含有大量的铅,古代的铅粉、铅丹均以铅为主要原料,铅被广泛应用于各个领域。因此,铅很早就被认为是五金之一。锌是近代才出现的名词,明清之际称锌为窝铅、倭铅或白铅,主要用于铸钱。我国金属锌的出现时间,迄今仍无定论。据地质矿业史和自然科技史等学科的研究,应不会晚于明代末期[21]。清代铅锌矿的开采与冶炼,地质矿业史和自然科技史等学科涉及较多,尤其在论述古代锌的冶炼技术时,多以贵州省毕节地区锌的传统冶炼作为典型[22]。以下从探矿与矿山开采、矿石品位、选冶方式等方面分析清代黔铅的采冶及其特征。

一、探矿、采矿与矿石品位

关于清代贵州铅矿勘探的史料极少。乾隆四十一年,贵州巡抚裴宗锡奏言:贵州矿业"向来原有随处刨挖得矿者,缘本地民彝,鲜识引苗,复无外来殷实客商,力能出资开采,故黔省矿硐旋开旋闭"[23]。因贵州本地少数民族缺乏探矿知识,随意开挖,故矿厂开闭不常。乾隆朝后期周游滇黔的檀萃在《黔囊》中说:"威宁多铅厂,商民开矿,视其命运。"[24]嘉庆时李宗昉所著《黔记》中亦有此言[25]。故探矿知识缺乏是清代黔铅开发的一大难题。据笔者统计,有史料记载的清代黔铅矿厂约 30 余处,其中开采时间在 10 年以上者不足一半[26],大多开采几年后就因"硐老山空"而被迫封闭。这亦与矿产勘探知识缺乏有莫大关系。

康熙年间,贵州巡抚田雯对贵州铅矿开采过程有过记载:"清平凯里香炉山之阳有穴焉,深可二三丈,再深则倍之。于是躐其壄、勘其牖、捶其垫,而后影见焉;或仰以升,或俯以缒,伛偻焉,手与膝并也;篷篠焉,足与尻张也;又虞土之崩也,木度撑之;火之迷也,松肪照之,而后铅获焉。"[27]可见,当时铅矿开采是以人力开山凿硐,挖取矿石,属于矿井作业,坑道运输全凭人力,且已开始重视坑道内的照明及其安全防护问题。雍正三年五月,贵州威宁镇总兵丁世杰奉命调查大定府境内矿厂情形,所言马鬃岭等九处铅厂共有矿洞 29 口,仍属"挖硐取矿"[28]。乾隆十年,贵州总督兼管巡抚事务张广泗奏请增加丹江厅济川属济川铅厂余铅收买价值时说:"查丹江系黔省下游新辟苗疆,一切油米倍贵上游,各厂矿砂夹带硬石,苦难攻凿。"[29]这些记载表明,清代黔铅大多为矿井开采,但其具体情形不得而知。

民国《贵州矿产纪要》记载:"(水城万福铅厂)现今矿坑之可见者尚有大夹沟、燕子硐、火龙硐、福禄硐等,就中以燕子硐之规模为最大,高约五十英尺,宽三十英尺,深百余英尺,其间尚有支巷口数处,但早经断塞无法入探。"[30]此为 1937 年之前贵州省建设厅实地调查所得,万福厂自咸同之乱后即已停止,这些矿硐应为清代前期所开。1940 年左右,汪允庆调查叙昆铁路沿线矿产时所见:"(柞子)厂之南、西、北三面,昔日均曾凿洞开矿,但年代久远,洞口多封闭。惟西山一洞尚属完好,本处矿床上部是锌矿,下部是铅矿,今所见者,为矿床之上部,故难见铅矿。"[31]由此可见,民国时期贵州铅矿开采依然沿用清代开硐取矿的矿井作业方式。

1940 年,唐八公受中国战时生产促进会所托往滇黔调查矿产,言"威水一带之铅锌矿在目前除一二处从事开采外,实际上则并无采矿可言,有之,亦不过掘取旧渣重加炼烧而已。……开凿时,纯赖钢赞、铁锤击碎母岩及矿脉,向无用炸药者,致一遇坚岩,时间人力,两多浪费,此应急需改良,盖矿藏不能深入,难及主脉,实一缺点。……至于采矿工程中之排水、通风、支柱等设备,亦皆付之阙如,不事外求,故无可述。"[32]民国时期,贵州铅锌矿开采依然沿用开山凿硐的传统方式,"纯赖钢赞、铁锤"作业,很少使用炸药。正如唐八公所言,人力开凿难及主要矿脉,限制了开矿效率。但说"排水、通风、支柱等设备亦皆付之阙如",不免失之武断。

照明、通风、排水、安全防护是矿山开采中的四大难题,这些问题的有效解决对矿山生产至关重要。贵州矿山中很早就注意照明问题,康熙时期凯里铅矿开采,已用"松肪照之"。其后发展成油灯,置于矿丁身上,照明作业。史料中并无直接关于清代贵州铅锌矿开采中通风问题的记载,然民国二年,日本矿业技师山口义胜考察云南会泽县矿山铅厂时所见:"通风之法,为此矿山所最留意者。裕国、兴宝二硐坑道互相并列,到坑奥处互相连络,故坑道之风自由流通,灯火为之倾动。然此通风并非全依前记之二坑口并列之效力,却因别有一通风旧坑也。此旧坑距裕国及兴宝二硐,其硐口下方垂直约二百尺内外,坑内情况,即因此二百尺内外空气柱之疏密轻重(与坑内同高空气柱)于坑内起空气之流动,此理须一思之。麒麟厂二坑穴,亦因通风坑内互相连络,然二坑口在同一水准,失通风之原理,故通风不良,如斯通风真理,将来此二硐坑道愈延长,必愈分明。"[33]或利用旧硐,或新开槽硐,专门通风,便于坑下作业。虽然这是就会泽矿山厂而言,然矿山厂距黔西北铅锌矿中心区不足 100 公里,其通风技术应不会相差过远。

　　滇黔地区湿润多雨,地下水丰富,开山凿硐易被水淹。乾隆四十三年,云南巡抚裴宗锡言:"窃照滇省出产矿砂之区,在在山环水抱,成堂旺矿尤多产自山底,追引寻苗往下采挖,一经凿通地穴,内有伏泉上涌,外有雨水倒灌,辄致槽道浸塌,矿砂淹没,每有停尖歇采之虞。"[34]这种情况这并非仅在云南出现,贵州矿山也常遭水淹。乾隆五十三年,贵州巡抚李庆棻奏:"黔省福集、莲花二厂,……日形支绌。查厂产不旺之故,实缘开采已久,槽硐日深,且挖取时遇山泉,常需雇工淘水,工费更增。"[35]矿硐被水,须用龙车将积水排干,方能继续开采。嘉庆十五年,贵州巡抚鄂云布在解释贵州莲花、福集等铅厂产量下降时说:"实因该厂硐道深远,最浅最近之处亦有百十余丈始抵矿槽,深及地泉,时多积水,一遇春夏大雨时行,硐水不能车戽,须俟秋杪始能动车,冬底方可戽干,计一年之内仅有两三月施工,实属限于地利,非人力所能补苴。"[36]排水费时,当时贵州矿山的开采时间每年仅有几个月而已。嘉庆时李宗昉亦言:"威宁多铅厂,旧矿产铅不旺,且每岁夏时中多积水,车戽之费较昔日增"[37]。矿硐积水是影响黔铅生产的主要问题。道光八年,贵州福集厂的"新发、白岩子厂,夏间雨水过多,硐被淹,招丁车水,需费不少,炉户倍形疲乏",故户部请减课一成抽收,缓解厂民困境[38]。在传统时代,矿硐排水只能靠人力,用龙骨车、戽斗等简单机械将积水排干,费工费时,效率低下。

　　矿硐中的木材支架是当时安全防护的主要措施。山口考察矿山铅厂裕国、兴宝二硐时所见:"坑道全场垂四十里,而其全长均以支柱保持之"。支柱均为松木,"支柱内之断面,高三尺八寸至四尺,冠木下副二尺四寸至二尺八寸,坑底三尺八寸至四寸五分,各处寸法均由参差"。"矿石之运搬专用十四五岁以下之少年，负一小布袋（容积约一二桶）于其臀骨上，垂头屈腰，凭矿山特有之杖（一尺三四寸之圆棒，其端紧插半月形片，以便把持），且憩且行，一日仅一往复已，自采掘场至坑外，往复需六小时，道程约四十里"[39]。矿硐越采越深，不但矿石搬运极不方便，也增加了矿硐安全防护的难度。

虽然对矿山安全防护问题有所注意，但矿难仍时有发生。道光《大定府志》记载："相传元时山倾陷欲崩，有端丽妇人在洞外鬻桃，美而价贱，或不取值，砂丁争出鬻之，俄而山崩，妇人亦不见，人以为观音大士化身也。"[40]这一传说在西南地区，尤其是威宁、水城等地方志中均有不同版本的记载，如光绪《水城厅采访册》亦载："观音厂，在城东十里，因凿银矿，山空将陷，有美女至厂前，冬卖桃，众出观，山遂陷，女忽不见，众得无恙，故名。"[41]此类传说广为流传，正是当时滇黔地区矿难频发的写照，而矿难频发的情形亦说明当时矿山的安全防护措施较为落后。

清代黔铅开采，多以方铅矿和菱锌矿为主。民国时期唐八公调查黔西北铅锌矿业时言："在一般旧隧道中偶然能检得色泽如银，解理清晰之方铅矿，至锌矿则多为菱锌矿，闪锌矿较不多见。"[42]方铅矿（PbS，含铅 86.6%）古代称草节铅，菱锌矿（$ZnCO_3$，含锌 52.1%）古代称之炉甘石，这是清代黔铅冶炼的主要矿石种类，地质矿业学界亦多持此种观点[43]。

关于清代前期黔铅冶炼所用矿石的品位已不可考。一般而言，随着矿业开发的深入，产地矿石的平均品位会逐步降低，而随着技术水平的提高，矿石开采的临界品位或工业品位亦将随之降低，可利用的矿石储量则会逐步扩大。故而言之，矿业发展的早期，技术水平低下，所能利用的大多是高品位矿石。经过百余年的开发,清代前期黔铅所用矿石品位应该高于清末乃至民国时期的矿石品位。

抗战前,贵州省政府调查黔西铅锌矿业,并对这一区域的铅锌矿石品位进行过检测,兹摘录如下[44]:

民国时期黔西北铅锌矿石品位表

矿石类别与地点	含铅锌量	矿石类别与地点	含铅锌量
威宁石门阆方铅矿	含铅 42.70%	威宁菱锌矿	含锌 46.64%
大定银厂沟大宝洞方铅矿	含铅 40.41%,含锌 15.84%	威宁石门阆异极矿	含锌 40.30%
水城白铅矿	含铅 59.20%	威宁妈姑异极矿	含铅 21.13%,含锌 26.32%

可见,民国时期,黔西地区铅矿石的含铅量约在 40% 以上,锌矿石的含锌量亦在 40% 以上。故清代黔铅矿石的平均品位应不低于 40%。另据唐八公调查黔西铅锌矿时,"威水一带之铅锌矿在目前除一二处从事开采外,实际上则并无采矿可言,有之,亦不过掘取旧渣重加炼烧而已"。他认为"此盖昔日冶炼矿石,木炭火力不足,致矿质提取未净"。这些在当时技术条件下不能完全提炼的矿渣,却成为日后炼锌的主要原料。按唐氏所言,贵州威水地区,每炉用铅渣 600 斤,平均出铅 50 斤,则铅渣的含铅量为 8%;每炉用锌渣 120 斤,平均出锌 30 斤,则矿渣的含锌量约为 25%[45]。矿渣里有如此高的含矿量,这说明当时冶炼工艺比较粗糙,矿石回收率较低,这同时也说明,当时冶炼所用矿石品位应该更高。

相比其他地区而言,乾隆二十二年甘肃灵州属喜鹊岭黑铅矿,每"装矿砂四百五十斤,共煎获净铅二百五十斤"[46],则矿石含铅量为 55.56%;同年,广东连州属桂坑岭、白竹山二处黑铅矿,"每斤得铅三两"[47],则矿石含铅量为 18.75%;乾隆三十七年,广西巡抚淑宝疏奏称融县四顶山白铅厂:"每矿砂百斤,约炼出铅十九斤及二十一二斤不等"[48],则矿石含锌量约为 20%。这些地区铅矿石品位约在 19%—55% 之间,锌矿石品位为 20%。但这些地区的铅锌价格却远远高于黔铅。如雍正六年,贵州铅价每百斤仅为 1.5 两,而"较之湖南所报铅价每百斤六两二钱五分之数不及四分之一,较云南所报铅价每百斤四两五钱之数仅止三分之一"[49]。贵州铅锌价格之所以如此之低,除了本地社会经济发展滞后,物价水平较低之外,大量高品位矿石的开采冶炼,极大地降低了成本。由此笔者估推,清代贵州铅矿石的平均品位应在 50% 左右,而锌矿石的平均品位则高达 60%。

由此可见,清代贵州几无探矿可言,全凭矿工经验,"视命运而定";虽然传统开硐取矿的矿山作业方式限制了矿石开采的效率,但在矿井照明、通风、排水、安全防护等方面已经积累了丰富的经验。可见,清代黔铅开采在继承中国传统矿山开采技术的同时又有所发展。同时,高达 50—60% 的铅锌矿石品位成就了清代黔铅的辉煌。

二、黔铅的冶炼特征

早在明代,贵州已经开始铅矿的采炼,但记载过于简略,无法得知当时的采炼情形[50]。平定三藩之乱后,西南地区社会秩序逐渐稳定,尤其是康熙十八年,政府开放全国铜铅矿的开采,贵州铅矿又从新见于记载。田雯《黔书》中对都匀府凯里铅矿的冶炼有清楚的记载:"……其质铅,其状石也,于是舂之连、机之锥、淘之麦、冲之河、炙之栗、林之炭、镕之洪、冶之炉,庶几其成矣。"[51]这段史料涉及清代贵州铅矿石的粉碎、淘洗、冶炼等方面内容。田雯在康熙二十七年至二十九年任贵州巡抚，该书所载应为实地观察的结果。其后，康熙《贵州通志》亦载，都匀、思州二府出铅[52]。但并未见白铅采冶的记载。

自康熙五十七年贵州威宁府猴子厂设立，此后百余年间，黔铅矿厂数量不断增加，产量亦迅速增长，成为清代前期全国铅锌矿产中心。但是，关于黔铅的具体采炼过程，史书几乎没有记载。直到民国二年，日本技师山口义胜受聘考察滇东北矿业，在其《调查东川各矿山报告书》中对云南省会泽县矿山铅厂的采冶状况有详细的记载[53]。虽然山口考察的是云南省矿山厂，然该厂与黔西北毗邻，威宁、水城一带铅锌矿的采冶过程及技术应该与之相差不远。

"矿山厂亚铅（锌）矿之制炼工场散在四处，蒸馏炉共七座，其他上江及下江两处约有炉二百座云。……蒸馏炉以土砖或剥石筑造炉室，为长方形于横断面，分其室为上下二段，上广而下狭，下狭部以横壁分画为多数之矩形分室，炉底两侧有数个空气孔，空气由空气孔，更经前记之分室升炉之上部，以上之横隔壁为蒸馏坩埚之架台，此壁上则列置三个之坩埚。坩埚用黏土制成细长形，坩埚中填充矿石之法颇为特别，容矿石及石炭粉约十三斤，其容量三分之二为矿石，除三分之一为石炭粉。坩埚装入矿石及石炭粉调和物，其一侧悬所置之贯针，使其尖端密著内壁，而投以小量炭粉及粘土调合之烧粉，以作蛤贝状之斜盖，然后拔贯针，使接内壁处留扁豆形一孔，此孔即供挥发亚铅之放逸，其贝状盖即为蒸馏亚铅之凝聚处，其坩埚顶上则别加盖焉。所列置坩埚于分壁上坩埚之间，埋以上记之特制燃料，炉之两侧，置特制燃料之矩形块，以为补壁，后更以特征燃料之烧炉粉，盖蔽各坩埚，以薄粘土水装刷其上面,防空气之漏泄,如是则坩埚之盖,与装入燃料之上盖,为同平面,坩埚盖稍离中心,而开坩埚之一小部分(前记扁豆状孔之直上部分)为诱起蒸馏亚铅之发散。既装入毕,亚铅蒸发之蓝色焰,则自坩埚一侧上升,炉盖完成后,约经三小时,其盖全面坩埚,与坩埚之间,各穿空气孔,以助炉内空气之流动,使火气旺盛,此等空气孔,迫挥发作用之终,而开放(约一小时)挥发亚铅凝结,而满于坩埚者,移之于铁器中,铸入烧调合燃料之砂型,而为粗亚铅。"

可见,当时会泽矿山厂采用的是典型的蒸馏法炼锌,工艺已相当纯熟,以煤炭为主要燃料。1940 年,唐八公赴滇黔边区一带调查铅锌矿:

> "黔西冶炼矿石纯用土法,而设炉区域则又多集中,于威宁县境之妈姑、新发一带为最盛"。"炼锌炉为长方平台式,用土砖砌成槽形,长度四五公尺不定,视锌罐上之多寡而异。炉高一公尺,宽亦如之,槽底设泥质承格,每一承格上置锌罐三个,使罐底之接临面减少,增高热力。在每格之左右,均有风门,俾空气流入,起对流作用而增强燃烧力,在炉之一端,设土制浅槽,矿石先盛于此,令烘脆易于击碎。三罐(坩埚)为一排,每十至十二个为一列,故全炉实有三十至三十六个锌罐,此种砂质陶罐作圆锥形,由专制窑商售于炉主,购来后重经炼锌工人在罐口加一高约二十公分之泥圆口,迫将矿石盛满,则在内侧倒置一中凹之泥质夹层,夹层旁留一月牙形之出口,以备高热时通气出口"。

其冶炼工序:

> "首将预制之黄泥和以细煤之煤块烧红,平铺炉底(此种

煤块系以碎煤渣与黄土各三分之一相合,制成饼状,烘干备用),次将已准备好之砂罐(烘脆之矿石击碎,盛入罐中,并制好泥夹层),移置承格上罐盖与罐口间,除月牙口外,悉用泥封固,用块状乾煤砌好,令彼此相依。然后用碎煤塞满罐间空隙,仅留罐口在煤面上约五公分高,此时即用烧锌师父用铁棒在罐间之煤上凿一小孔,于是火焰冲出而发火矣。当发火后约二小时,矿石仍因高热而起升华现象,此升华之锌质,其一部受罐盖冷凝影响,遂凝积于盖底或下堕于泥夹层之中凹处,粲如白银,又一部分逸出罐外,集于罐口之口周,成纯洁白粉末状之氧化锌。在发火不久,火焰之色随锌质氧化程度而变,初作浅蓝,继作纯青,再转白色,光极强烈若镁光,迨氧化力衰减,又由绿而红而黄,此际氧化作用已弱,矿石中锌质已罄,可以收锌矣。工人即由观望光焰,而定其程序之完成"。[54]

观唐八公调查,黔西冶炼锌的过程和技术,与山口调查会泽矿山厂大致相同。其后,汪允庆在调查叙昆铁路沿线矿产时,对威宁县榨子厂的矿石冶炼亦有记载。"因此处铅矿是方铅矿,炼时所用之炼炉为高炉式鼓风炉,所用焦炭,仅及矿砂百分之二十左右,为减低运费计;炼炉大多立在洞口附近,以焦就砂,所以放出之铅渣,堆在炼炉之旁,即堆在洞口附近,后以每年两季,雨水将高处之黄土带入,盖在铅渣之上,是以近日采取铅渣者,须在黄土中淘取。废铅矿为拣选遗剩之劣等锌矿,想当日开采时,品质高者,运到炼锌厂提炼,而将品质劣者,作为废物,遗弃洞口及附近,可见当时锌矿非常容易采取,故将较次之矿石,弃之不用"。"采掘锌矿,有从荒中采取者,有从矿脉中采取者,现今开锌矿者,仅有老窑一口,深约十公尺,其下部向东开隆道采取废矿,向西开隆道,采取矿脉"[55]。

以上民国时期的实地调查表明,当时滇黔地区采用典型的蒸馏法炼锌,工艺已相对完善。这一炼锌法,明末就已见于记载。"每炉甘石十斤,装载入一泥罐内,封裹泥固,以渐砑干,勿使见火拆裂。然后逐层用煤炭饼垫盛,其底铺薪,发火煅红,罐中炉甘石熔化成团,冷定毁罐取出,每十耗其二,即倭铅"。[56]炉甘石为当时炼锌的主要原料。地质矿产学界认为,明清时期的炉甘石即菱锌矿(smithsonite $ZnCO_3$　含锌量52.1%),或菱锌矿与异极矿(calamine $Zn_2(OH)_2$　含锌量54.2%)的混合物[57]。按《天工开物》记载,炼倭铅"每十耗其二",则矿石品位应在80%左右,但不论是菱锌矿还是异极矿,都达不到上述要求。可见,当时冶炼出的应该是含有大量杂质的锌块,亦说明当时炼锌的技术还不是很成熟,炼出的锌纯度较低。道光年间,郑珍在云南会泽者海厂所见炉户仍"乔罐死犹随"。郑珍注:"铅炉以乔计,三罐为一乔,罐以铁为之,长二尺许,死者多以废罐砌墓,视之如蜂房然。"[58]这正是滇黔地区炼锌所用坩埚,三罐一排,如蜂窝状。至清末民国调查所见,依然采用"熔化"、"冷凝"的蒸馏法炼锌。

三百余年间,滇黔地区一直沿用传统的炼锌之法,但炼锌工艺并未出现明显的改进。锌的熔点较低,蒸馏法炼锌工艺的重点是对冷凝后锌的收集,如飘逸出坩埚外,即与空气中的氧发生作用,形成无法利用的氧化锌,即"锌白"。唐八公调查妈姑地区炼锌过程时说:"矿石仍因高热而起升华现象,此升华之锌质,其一部受罐盖冷凝影响,遂凝积于盖底或下堕于泥夹层之中凹处,絜如白银;又一部分逸出罐外,集于罐口之口周,成纯洁白粉末状之氧化锌,质极轻细,更有随火焰上腾,致厂房屋顶尽白。按此种锌白为制颜料、油漆、药材、香粉之上等材料,任其散逸,不知利用,极为可惜之事。据此次调查,锌质受氧化作用,成为锌白之数量,至少占全数三分之二。"唐八公估计的锌白比例未免过高,但以当时工艺水平,锌白的生产在所难免,锌的回收率过低则是不可否认的事实。

此外,菱锌矿属氧化锌矿,一般在高温、强还原气氛中,用碳质还原剂还原出锌蒸汽,经冷凝得到金属锌,即蒸馏炼锌法[59],这套技术工艺在清代已经较为普遍,黔铅冶炼即以此为主。但要冶炼储量更为丰富的硫化锌矿,则必须经过烧结之后才能冶炼[60],技术难度较大,当时并不具备相应的技术条件。现代地质调查显示,铅锌矿主要分布于云南、内蒙古、广东、湖南、江西、甘肃等省区,云南省的铅锌储量均占全国第一位,贵州全省虽发现锌矿 54 处,但累计查明锌金属保有储量 90.3256 万吨,仅占全国 9495.28 万吨的0.95%,居全国第十八位,远远落后于全国平均水平[61]。清代铅锌主产地在贵州而非云南,实因云南锌矿以硫化闪锌矿为主,如兰坪铅锌矿,虽然贵州的铅锌矿总储量并不占优势,但氧化菱锌矿较为丰富[62]。

通过以上论述,清代黔铅菱锌矿石一般采用传统蒸馏法,工艺技术较为完备,但冶炼过程中矿质和热量损失较大,回收率较低。限于技术原因,无法冶炼储量更大的硫化锌矿,这也一定程度上成就了黔铅的兴盛。

第三节　主要矿厂及其地理分布

矿厂是清代矿业生产组织的主体,也是政府管理和统计结算的基本单位,黔铅的产量、产地、管理及其演变均以矿厂为基础。故本节以莲花、福集、柞子等大型矿厂为重点,考证清代黔铅主要矿厂的设置、产地、规模等基本情况,分析黔铅的产地分布及其时空演变过程。

一、莲花锌厂

莲花厂设置时间较早,据乾隆朝《钦定大清会典事例》载:"雍正十三年题准,贵州威宁州莲花塘地方产有铅矿,准其开采"[63]。另据乾隆九年贵州总督兼管巡抚事张广泗奏称:威宁州属莲花塘铅矿由前任巡抚元展成于雍正十二年十二月初十日奏请设厂开采[64]。按清代矿厂设立程序,厂民勘获矿苗之后,呈请当地州县,州县转禀督抚,派员查核无碍田园庐墓之后,批准试采一年,试采有效后,再由督抚题请户部正式设厂。元展成题请时应已经试采有效,经户部议覆,题请皇帝批准,再咨文到黔,需费时日。查贵州巡抚历年题请奏销该厂抽课及官役养廉、工食等厂费支销情况,均以每年六月一日起至次年五月底为一结算年度,则该矿开采时间应为雍正十二年六月一日,正式设厂为雍正十三年六月一日。

民国《威宁县志》记载莲花厂停顿于"咸丰时",但不具体。同时,该书又言:"威宁为矿产丰富之区,当前清乾嘉时极为旺盛,咸同以来战乱频仍,物贵工昂,独办难支,集资匪易,迄于民国,未遑兴作,具毫无发展,仍如故也。"[65]莲花厂停止生产当与咸同变乱有直接关系。"咸丰十年十一月初三日,前署威宁州知州顾崑扬至七星关安抚夷苗,被害,后昌期先率团防新屯,至是奔退(毕节)县城,贼毁七星关,漫至凹书(府西北二十五里)。……威宁苗贼掠至水城大布寨,武生杨芳翠击贼阵没,贼据福集厂(厅东三十余里)"[66]。该年底,战乱波及威宁、毕节一带,福集厂、七星关被少数民族武装占据,黔铅外运道路受阻,作为财富重地的莲花厂即使幸免战火,亦无法外销,停滞在所难免。

莲花厂因地处莲花塘而得名,但莲花塘具体位置不见于记载。道光《大定府志》记载:"大宝山在城东百五里,银厂沟旁有银铅厂,曰天桥厂,初名莲花厂。开掘起自五代汉天福中,古洞上有磨崖石刻纪其事,实滇黔间最古之洞也。⋯⋯乾隆中普安张万高复开此厂,亦梦大士投以开采之诀,嘉庆中威宁道伊小君莅任时,出银极盛,每日以万马载砂。"[67]按道光《大定府志》所言,威宁州天桥厂原名莲花厂,但天桥厂的历史更早。雍正三年,威宁镇总兵石礼哈奏报:矿商王日生"到威宁府开采天桥、腻书、阿都、柞子等厂,至四川重庆府发卖",且"王日生在威宁府开矿贩卖铅斤二三年之久,乃兵民人人共知之事"。[68]可见,天桥厂始于康熙年间,以采黑铅炼银为主,其后封闭。后复于旧厂附近开采白铅,地名莲花塘,近银厂沟,故称莲花厂。故天桥厂与莲花厂所采基本为同一矿区,仅开采时段和矿种不同而已。今贵州省赫章县妈姑镇有地名天桥村,村西有河名银厂沟,隔河西岸有地名莲花村,南距妈姑镇驻地约8公里,东北距离威宁县城(清代威宁州城)约50公里[69]。据现代文物调查,天桥村旁银厂沟附近有大量古代矿井遗址[70]。另据乾隆十六年威宁镇总兵李琨查奏称:"伏查威宁一州地处万山之中,⋯⋯开采银铜铅诸厂,共有十余处。厂内五方杂处,其中良顽不一,而湖广桂阳州人居多,性尤强悍。内惟柞子、妈姑河(即莲花厂,详见后论)二处黑白铅厂,地广人稠,向委厂员经理。⋯⋯查妈姑河(厂)离本管之结里汛相距八十余里,离附近之水槽铺汛止三十里"[71]。按妈姑河源于今威宁县板底乡安平村附近韭菜坪北麓,流经赫章县妈姑镇驻地,故名妈姑河。再经砂石村,至天桥村附近又称银厂沟,至罗州乡后东流称东道河。今赫章县水塘堡乡水潮堡村原名水槽铺,从莲花村至水潮堡的距离正好15公里[72],与李琨的描述相符。而《钦定户部则例》则称为:"贵州威宁州属莲花山地方妈姑铅厂。"[73] 由此可见，妈姑（河）厂与莲花厂实为同一厂，其地有莲花山，山上设有莲花塘，山下流经妈姑河，妈姑厂因河名，莲花厂因山名，即"一厂二名"，实为同一矿区。

但是，目前大多数学者却将莲花和妈姑并列为贵州两大铅厂[74]。按《钦定户部则例》记载，清代妈姑厂每年额产铅 428 万斤[75]；乾隆十九年，贵州巡抚定长奏报："该臣看得威宁州属莲花厂，二八抽收课铅，……该厂自乾隆十八年六月初一日起至十九年五月底，连闰计一十三个月，共抽获课铅一百八十五万四千一百九十三斤九两六钱。"[76] 则莲花厂白铅年产量高达 927 万斤。若将莲花、妈姑看作两厂，合计产铅已达 1355 万余斤，在黔铅产量方面与其他记载不符。如乾隆年间，贵州"每年运供京局及川黔两省鼓铸，并运汉销售，共铅九百万斤，现各厂岁出铅一千四百余万斤"[77]。然当时贵州除此之外，还有福集（乾隆二十四年产铅 256 万斤）、砂朱（乾隆十六年产铅 50 万斤）、柞子（乾隆十九年产铅 75 万斤）[78]、济川、罗朋、新寨、月亮岩、羊角等黑白铅厂。故威宁州属妈姑与莲花，究竟是一厂还是两厂？这对研究清代黔铅产量与规模至关重要。

清代最大铅锌厂既称莲花，又名妈姑，一厂二名的现象给研究带来不便。现代学者之所以将此看作两个铅厂，可能缘于民国《威宁县志》，该书卷九《经业志·矿业》矿厂列表中将莲花厂与妈姑厂并列，并给出了相应的开采时间及其获利情况。笔者仔细爬梳史料发现，几乎所有提及贵州铅厂的清代文献中，从未将莲花厂与妈姑厂并列在一起。如爱必达《黔南识略》记载：威宁州"物产惟铅为多，妈姑、羊角、新发、白崖、马街、保纳、黑泥、三家湾等厂，额抽课及采办白铅共四百二十八万斤有奇，柞子、朱矿、倮布夏等厂，额抽课及采办黑铅共五六十万斤不等"[79]；道光《大定府志》所言该府四大铅厂为兴发、福集、妈姑、柞子[80]，此二书有妈姑厂而没莲花厂。同样，乾隆朝《钦定大清会典事例》载贵州铅厂有："水城属法都铅厂、威宁州属莲花塘、砂朱铅厂、都匀府属济川铅厂、思南府属天星扒泥洞白铅厂"[81]；嘉庆朝《钦定大清会典》载贵州铅厂有莲花厂、福集厂、水洞帕厂、兴发厂、柞子厂[82]，此二书有莲花厂而没妈姑厂。可见，"一厂二名"在当时并未引起混乱，当时的人们更没有将其视为两厂，这亦可作为莲花与妈姑同为一厂的佐证。

笔者认为，上述两类文献记载不同的矿厂名称，可能缘于文献性质的差异。第一类是非正式的地方性文献，大多用俗称妈姑厂。如爱必达乾隆十四年任贵州巡抚，黔铅采运由其全盘负责，故他所作《黔南识略》的真实性毋庸置疑，但该书乃爱氏私人所著，非正式的官方记载。再如大定府知府黄宅中领衔编纂的道光《大定府志》亦借助该府铅务档册，史料价值较高，但该书亦属地方性文献。还有乾隆三十七年贵西兵备道赵翼所作《出巡妈姑、福集二铅厂》诗，其下注曰"（妈姑、福集二厂）岁运白铅八百余万斤供鼓铸，新改贵西巡道专司。"[83]作为管理黔西北铅务的道员，巡视重要铅厂是赵翼的职责所在，但作诗留念并非正式公文。第二类是清代正式官方文献，一般用正式厂名莲花厂。如乾隆朝《钦定大清会典则例》和嘉庆朝《钦定大清会典》均由清政府组织编纂，属于政府正式文献。现存清代《内阁大库档案》中有二十余份贵州巡抚关于该厂的奏销折，全都使用莲花厂厂名[84]。

早在雍正十三年，清廷批准莲花厂设立时，即下令"严饬管厂人员全数开报，照例二八收课，其所收课铅照所定之价每百斤以一两五钱变价解库"。[85]可见，设厂之时就派遣官吏管理莲花厂厂务，称为厂官或厂员。乾隆十一年设立福集厂，因"再该厂四面环夷，通判驻劄水城经理地方，势难逐日赴厂抽查，应添设协办坐厂之员。其养廉照莲花、砂朱等厂之例,支银一百二十两,应如所请。至所称永宁收兑铅觔觔处所,各厂俱设书巡办理,猓木底厂应设书巡四名,给予工食等语。查莲花、砂朱二厂书巡各一名,今猓木等厂应照莲花等厂之例,毋庸多设糜费”。[86]可知,莲花厂厂员每年养廉银一百二十两,厂员之下另设有书巡一名,每年支给工食银。厂官一般由贵州府厅州县杂贰官吏充任。如乾隆十六年时,莲花厂厂官为吏目龚宪臣[87]。

这些厂内办事官役的养廉、工食等厂费均从课铅变价银内开销。乾隆十三年,贵州巡抚孙邵武奏销莲花厂乾隆十一年抽课、厂费开支时称:“今据布政使恒文详,据大定府知府杨汇转,据威宁州知州李肖先册报,该厂自乾隆十一年六月初一日起至乾隆十二年五月底,共抽获课铅一十八万八百八十七斤,内除厂内办事人役工食,每月支销银三十两六钱,计一十二个月共支销银三百六十七两二钱,以每百斤定价一两五钱变价,共卖入余铅项下课铅二万四千四百八十斤开销外,……”[88]莲花厂变卖课铅24480斤,支付厂费银367.2两。《钦定户部则例》载:莲花厂官一名,每年支银二百两;书记一名,每月支银一两九钱;客课长四名,每名每月支银一两九钱;巡役八名,每名月支银一两七钱;家丁一名,每月支银三两;水火夫二名,每名每月支银一两五钱;灯油纸笔每月支银一两五钱[89]。统计莲花厂厂员之外,另有书巡、客课等杂役12名,每年支销工食银367.2两,与上述记载相符,惟厂员养廉增至200两。由厂员及其下属的书记、客课、巡役等杂役,组成一套官府矿厂管理体系。

莲花厂的这套矿厂管理体系中,厂员、书记、客课及其巡役的职责及具体分工虽无明确记载。然而,清代滇铜矿厂中官役的职责和分工有明确的记载,兹摘录相关内容如下:

曰书记，即胥吏，铜厂曰经书、清书，掌铜银收支存运之数，银厂曰课书，掌银课收支存解之数，均承行谕，贴告示，按月造送册报，随时禀陈事件，人须心地明白，算法精熟，务宜由署派输，不可任厂保举。

曰巡役，铜厂以估色为重，催炭次之，银厂生课以坐硐为重，熟课以察罩为重，至若察私并资勤干，办其劳逸，均其甘苦。

曰课长，天平与秤，库柜锁钥，均其专管，铜厂掌支发工本，收运铜斤，银厂掌收鏊课款，一切银钱出纳均经其手，间有委办事件，通厂尊之，选以谨厚为先，才为次。

曰客长，分汉回，旺厂并分省，而以一人总领之，掌平通厂讼，必须公正老成为众悦服，方能息事，化大为小，用非其人，实生厉阶，此役最要，而银厂尤重。[90]

可见，书记负责征收矿课及厂费管理，巡役负责缉私，课长负责秤收矿课，出纳经费，客长管理矿工，处理厂民纠纷。故清代矿厂管理任务可归纳为征课、缉私、管理厂民和经费四大职责，统归厂员总理。家丁的分工不明，水火夫似应负责官役饭食。除将客课并为一身，增添家丁之外，莲花铅厂与滇铜矿厂管理大同小异，其职责、分工亦应相去不远。

莲花厂是清代最大的锌厂。据乾隆九年贵州总督兼管巡抚事务张广泗奏称："威宁州属莲花厂，自乾隆八年六月初一日起至九年五月底止，共抽获课铅二十万余斤，除人役工食以变卖课铅开销外，尚存课铅十八万余斤，共该课价银二千余两。"[91]按二八抽课定例计算，该厂年产铅达100余万斤。其后产量急速上升，乾隆十八年产铅900余万斤，创造了中国矿业史上单厂产量的最高记录。之后产量便开始逐渐下滑，至乾隆三十六年跌至谷底。据贵州巡抚李湖奏称："威宁州属妈姑厂原设炉房百座，每月烧出毛铅，除抽课外,余铅收买三十万斤,合计每月需采办毛铅四十万斤,近因开采有年,出铅渐少,每月止获毛铅二十七八万斤,不敷抽买之数。"[92]。年产量仅约 330 万斤,故"另踏(莲花)附近之猓布戛地方出产铅矿,无碍田园庐墓,禀请试采,……附作妈姑子厂,一切抽买事宜悉照妈姑厂成例,炉户烧出毛铅,一百斤抽课二十斤,余铅照每百斤给价一两五钱收买,所需工本即于妈姑厂工本内动支,统归妈姑厂员弹压稽查。……请以乾隆三十六年七月开炉起,附入妈姑厂汇册造报"。由于猓布戛子厂的开采,乾隆三十九年,莲花厂抽课 921070 斤,产铅达 460 万斤[93]。其后,该厂产量基本稳定在 400 万斤左右。如嘉庆二十一年底至道光四年贵西道何金管理莲花厂,累积炉欠铅 1899510 斤,年均 211057 斤[94]。所谓炉欠铅,即每年官收课余铅不敷定额部分。以该厂每年定额铅 450 万斤计,其实际年产量约为 429 万斤左右。

莲花厂之所以能长期保持较高产量,缘于主厂产量下滑之时辄新开子厂,以维持高产。除上述猓布戛子厂外,据《钦定户部则例》记载:"贵州威宁州属莲花山地方妈姑铅厂,每年额办白铅四百二十八万余斤,内莲花山老厂并羊角山子厂共办铅一百九十一万余斤,新发子厂办铅七十七万余斤,白岩子厂办铅三十一万余斤,黑泥子厂办铅二十四万余斤,三家湾子厂办铅十五万余斤,猓纳河子厂办铅七万余斤,马街子厂办铅八十万余斤,统归妈姑老厂一并造册题报,以符原额。"[95]莲花厂还有羊角山、新发、白岩、黑泥、三家湾、猓纳河、马街等七处子厂,而莲花主厂的年产量仅为该厂总产量的四分之一左右。这些子厂中,除了新发、白岩二厂距离主厂较近之外,三家湾厂距妈姑厂六十五里,黑泥厂距妈姑厂五十里,猓纳厂距妈姑厂二百九十里,马街厂距妈姑厂二百二十里[96]。民国《威宁县志》记载:"羊角、莲花、福来、天元、榨子、窝铅、四堡各厂与之(天桥)毗连,远者不过五十里,近只十余里。"[97]民国三十年,汪允庆实地调查叙昆路沿线矿产所见,"榨子厂位于威宁县东约六十五里,妈姑车站之西约十五里",而柞子厂附近还有羊角、福来、莲花、竹青、猫猫、新发、白蜡等铅锌厂[98]。今天,赫章县有妈姑镇,但其驻地并不产铅锌。民国三十一年,唐八公考察贵州西部铅锌矿业时说:"妈姑本地并无铅锌矿藏,但各矿区散居于其四周,近者十四五里,如架子厂,远者亦只三十余里,如羊角厂,交通较便,且煤床富厚,燃料便于供给,炼炉易于集中,由于此种环境关系,妈姑乃形成今日铅锌市场之集散中心,供求双方,遂皆群趋于此。昔日新发厂亦曾一度如今之妈姑地位,惜嗣后矿业衰落,乃为妈姑所取代。"[99]妈姑以盛产煤炭,且位于交通要道,逐渐成为铅锌中心市场,取代了天桥的地位。以妈姑为中心,"附近的天桥厂、莲花厂、福来厂、榨子厂、猫描厂、羊角厂、朱矿塘、白腊厂、小矿山、洗菜河.阿都厂、窝铅厂、新发厂等星落棋布,以开采、冶炼铅锌为主。所出铅锌产品均以妈姑为集散地,供省府调拨,外销四川沪州,转运上海等地。"[100]

　　综上所论,莲花厂(俗名妈姑厂)设于雍正十三年,咸丰十年之后停滞,前后持续长达 126 年,下属子厂多达 8 处,最高年产锌量达 927 万斤,年均产量超过 500 万斤,是清代最大铅锌厂,主供京楚两运。就单个矿厂而言,中国历史上年产量超过九百万斤的矿厂,仅莲花一厂,即使闻名于世的宋代韶州岑水铜场、清代云南汤丹铜厂亦难及于此。莲花主厂位于今赫章县妈姑镇莲花村,子厂广泛分布于今赫章县妈姑、铁匠、双坪、水塘堡、兴发、珠市、威宁县盐仓、板底等地。今天赫章县妈姑镇驻地虽非莲花厂所在地,但却是矿区的最主要市场和物资集散地。

二、福集锌厂

关于福集厂的设置年代,据乾隆十一年贵州总督兼管巡抚事张广泗奏称:"水城运铅至威宁州属柞子厂相距两大站,运铅脚价应照威宁之例,每铅百斤每站给银一钱二分零。再该厂四面环夷,通判驻劄水城经理地方,势难逐日赴厂抽查,应添设协办坐厂之员。其养廉照莲花、砂朱等厂之例,支银一百二十两。"[101]此处所言水城铅厂,应为福集厂。另嘉庆朝《钦定大清会典事例》记载:"乾隆十一年议准,贵州福集地方矿厂,照例抽课。"[102]笔者2010年4月赴该厂原址实地考察,在今六盘水市老鹰山镇福吉厂村发现清代嘉庆二十四年所立石碑一通,名为《重建火神庙功德碑》,碑文中有"福集厂自乾隆十年开"等字样。则该厂采矿始于乾隆十年,十一年正式批准设厂。另据《平黔纪略》载,咸丰十年十一月初三日,福集厂被苗夷占据,砂丁逃散,生产停滞。福集厂前后历时115年。

福集厂的位置,据道光《大定府志》转引《水城档册》云:"福集厂在常平里八甲。"[103]而光绪《水城厅采访册》载:"福集厂,在城东北三十五里,产铅。闹鹰山,在福集厂后。"[104]另据光绪朝所编《贵州全省舆地图说·水城厅图说》言:"(厅城)东北三十里,福集厂出煤烧铅",而水城厅图所标,福集厂约在今六盘水市钟山区老鹰山镇木桥村附近[105]。老鹰山与闹鹰山同音,而今老鹰山镇驻地西北有老鹰山、福集两地名,二者相距不足3公里[106]。现代文物遗址调查显示,今六盘水市钟山区老鹰山镇木桥村福集、街上、水营三个自然村寨及火烧坡等地,遗存古代铅矿冶炼遗址,总面积1.2平方公里,村前村后,漫山遍野,皆冶炼铅锌所遗留堆积物,有的厚达15米[107]。笔者赴该地调查时,幸有福集村村主任雷先生(万福厂厂员雷氏后人)带领实勘,原福集厂官署区今称街上,据言该地原筑有石城,福集厂停办后城墙内外两侧石料被拆毁,残存石料今仍可见。因此,可以确定,清代福集厂在今六盘水市钟山区老鹰山镇木桥村福集、街上、水营三村一带。

乾隆十一年设立福集厂,比照莲花厂,添设厂员、书巡各一名[108]。乾隆《毕节县志》载:"福集厂系水城厅属地方,出产白铅,上宪于通省佐杂官内派委一员管理厂务,毕邑设局在厂收铅。"[109]乾隆二十五年,贵州巡抚周人骥奏销福集厂乾隆二十四年抽课及厂费时称:"该厂自乾隆二十四年四月初一日起至二十五年三月底止,共抽获课铅五十一万一千八百六十一斤零,内除开销工食银五百七十四两六钱,卖入余铅项下课铅三万八千三百六斤零外,实存课铅四十七万三千五百五十四斤零,共该课价银七千一百三两三钱二分零,俟铅斤拨运京局,扣还课价之日另报。"[110]该厂每年杂役工食银 574.6 两,由所抽课铅变价支销。《钦定户部则例》载:福集厂官一名,每年支银一百二十两;书记一名,每月支银一两九钱;客课长四名,每名每月支银一两九钱;巡役十名,每名月支银一两七钱;家丁一名,每月支银三两;水火夫二名,每名每月支银一两五钱;灯油纸笔每月支银一两五钱[111]。统计福集厂除厂员之外,另有书巡、客课等杂役 14 名,每年支销工食银 408 两,与上述记载不同。因该书乃所载乃嘉庆十八年以后各衙门案例汇集,其时福集厂产量已明显下降,故相应减少管厂杂役人数,致工食银两减少,亦不无可能。福集厂官役职责及其分工与莲花厂同,兹不赘言。

前述乾隆二十四年福集厂抽课 511861 斤,按二八抽课计,产量为 255.9 万斤,主供京运。乾隆四十四年,贵州巡抚李本言:"迩年以来,福集厂铅斤犹能采办如额,不致减缩。"[112]按当时福集厂每年定额铅 180 万斤,故此时该厂产量亦应不少于此数。嘉庆三年,福集厂抽课仍有 363810 斤,合计年产铅约 181 万斤[113]。但十年之后,贵州巡抚鄂云布就奏言,因福集厂"不独加办之铅不能领办,即正额亦属不敷",请将核减该厂定额至 120 万斤[114]。则此时福集厂年产量应在 120 万斤左右。

史料中记载福集厂年产量在 120—256 万斤之间,推测应与莲花厂一样由众多子厂共同完成,但未见该厂所属子厂的记载,然在该地方志中却屡次提及另一厂名——万福厂。如《黔南识略》卷二十四《水城通判》载:"(水城厅)所属福集、万福二铅厂,均系于嘉庆十九年详归西道管理";道光《大定府志》云:"万福厂在永顺里二甲";光绪《水城厅采访册》言:"赫明湖,在城南二十里,即万福厂,一名巴都,道光间厂极盛,洞内忽出水,汇为湖,不能洩,厂遂废。"[115]民国《矿产纪要》亦载:"万福厂去水城县城南二十五里,矿区面积约十余方里,有高约二百余英尺之山二,昔年采矿最盛之处也。……万福银矿在前清乾隆年间开采极盛,闻当时矿坑多至百余处,矿工数万人,取附近夹沟之煤从事冶炼,相传浓烟缭绕,飞鸟不过,可想见当时矿业之盛,现今矿坑之可见者尚有大夹沟、燕子硐、火龙硐、福禄硐等,就中以燕子硐之规模为最大,高约五十英尺,宽三十英尺,深百余英尺,其间尚有支巷口数处,但早经断塞无法入探,闻乾隆时火龙硐中石壁崩塌,压毙矿工二千余人,继遭苗乱,附近村落焚掠一空,而万福厂之矿业遂一蹶不振。"[116]现代调查显示,万福厂铅锌矿业遗址"距水城县城南 10 公里,地处玉舍区笔架乡关门山村,……万福厂系附近冶炼铅厂群之主厂。遗址占地约 0.5 平方公里,当年炼铅锌所遗煤灰、废渣及铅罐残片,到处皆是,有的厚达 5 米以上。分厂较多,均分布于万福厂周围之税上、峡沟一带"[117]。由此可见,万福厂位于今六盘水市水城区盐井乡关门山村万福厂,距离福集厂直线距离仅 13 公里[118],该厂开自乾隆十四年以前,至咸丰十年停滞,规模不小,几乎与福集厂相始终,故应视为福集厂子厂。

综上所论,福集厂位于今六盘水市钟山区老鹰山镇木桥村福集、街上、水营三自然村一带,开自乾隆十一年,咸丰十年停止,前后长达 115 年,年产锌量自 120—256 万斤不等,为清代黔铅第二大厂。另,万福厂位于盘水市水城区盐井乡关门山村,开自乾隆十四年以前,至咸丰十年停滞,规模不小,应视为福集厂子厂。

三、柞子银铅厂

乾隆九年,贵州总督兼管巡抚事张广泗引雍正五年十月初一日前任巡抚何世璂疏言:"威宁府属阿都厂附近之白蜡、羊角、柞子等处产有银矿,前据厂民蔡隆吉、邓子泰等恳请,移硐就课,经臣批司确查,委员试采,今据布政使祖秉圭详称,柞子、白蜡二厂出产银矿,并无碍民田庐墓,现据管厂官按察司照磨李稟称,……"[119]按张广泗所引,柞子银厂应设立于雍正五年。乾隆朝《钦定大清会典则例》亦载:"雍正五年覆准,贵州威宁府属白蜡、柞子二厂准其开采。"[120]自然界单质银矿极少,大多为含银方铅矿,故冶炼时银铅同出,故柞子等应视为银铅厂。柞子厂自雍正五年正式设立以后,一直持续采炼,道光二十四年贵州巡抚贺长龄盘查贵州矿厂时,柞子厂仍名列其中[121]。笔者推测,柞子厂可能与莲花、福集等厂相似,咸丰十年因战乱停滞。

柞子厂的位置,据道光《大定府志》引乾隆《威宁州志》云:"柞子厂在威宁州,产黑铅,乾隆三年开采,年久矿歇,附近有新开、朱红、塘子三厂承其课购,……运至七家湾,转运供省府二局鼓铸,及楚省汉口出售之用。"[122]道光二十九年,又于柞子厂附近清水站地方开采铅矿,作为柞子厂子厂[123]。但清代威宁州辖境辽阔,含有今贵州威宁、赫章二县之地,新开、朱红、塘子、清水站等细小地名难以查找,且重名现象在滇黔较为普遍。民国三十年,汪允庆调查叙昆铁路沿线矿产,"榨子厂开办于前清乾隆三年,……咸丰以来,采矿之事虽则终止,而冶炼工作,仍然未曾间断,兹已八十余年,所用原料,都为前人遗弃之废锌与铅渣,可见此厂昔日之盛况矣。榨子厂位于威宁县东约六十五里,妈姑车站之西约十五里,……(柞子)厂之南西北三面,昔日均曾凿洞开矿,但年代久远,洞口多封闭,惟西山一洞尚属完好。……铅渣分布甚广,自榨子厂至何家冲,一路均有此种铅渣发现,不过榨子厂量较多耳"。[124]查今地图,赫章县妈姑镇西海子村有地名柞子厂,距离妈姑镇驻地约7公里,应为汪允庆所言柞子厂所在地。以柞子厂为中心,其北约10公里有地名回水,原名清水,西北约17公里有地名红岩,原名朱红岩[125],可分别定为柞子厂朱红、清水站子厂所在地。此外,乾隆二十九年,因柞子厂产量下降,新开清平县凯里县丞永兴寨铅矿作为子厂[126]。民国《炉山物产志稿》言:"按田志(田雯《黔书》)之黑白两厂所在地,今明镰厂,距凯里城三十里,乾嘉间甚形发达,……余昔过该处,则见坑冶遍山,询之老砂丁,云附近十余里,皆有矿苗,成分极佳,尤以龙塘街一带为最。"[127]查今地图,凯里市三棵树镇有铅厂村,其北约3公里处为台江县台盘乡龙井村龙塘,与铅厂村相邻[128]。今凯里市仅铅厂及其西南松柏等村蕴藏铅锌矿,故田雯所言凯里铅及永兴寨铅厂应不出此地。

雍正五年柞子正式设厂之际,便派委按察司照磨为该厂厂员,管理厂务。乾隆三十二年,贵州巡抚鄂宝奏称:"柞子、朱碘贰厂,每月支销各役工伙、纸张、笔墨等项银四十一两,自三十一年四月起至三十二年三月底,计十二个月,共支销银四百九十二两两。"[129]另据《钦定户部则例》载:柞子厂书记一名,每月支银一两九钱;客课长二名,每名每月支银一两九钱;巡役十名,每名月支银一两七钱;家丁一名,每月支银三两;水火夫二名,每名每月支银一两五钱;灯油纸笔每月支银二两一钱[130]。统计柞子厂厂员之外,另有书巡、客课等杂役 16 名,每年支销工食银 369.6 两,如加上厂官养廉银 120 两,与上述记载大致相符。由厂员及其下属的书记、客课、巡役等杂役,组成一套官府矿厂管理体系,其职责与分工与莲花、福集厂同。

柞子铅矿私开之际,其产量本无记载。雍正七年,云贵总督鄂尔泰奏报:"柞子一厂可出铅一百余万斤。"[131]此后产量逐渐下降。乾隆十年,因贵州黑铅不敷京运,贵州总督兼管巡抚事张广泗奏请由湖南代办京运黑铅 20 万斤[132]。乾隆十三年四月初一日起至十四年三月底,柞子厂"新收各炉户煎出本铅一十二万二千五百一十八斤零"[133],年产量仅 12 万余斤。次年,贵州巡抚爱必达奏称:"柞子、新寨等新旧各厂,硐老山空,矿砂淡薄。本省每年应需黑铅十万余勷,承办不敷"[134]。故柞子厂铅产量应不足 10 万斤。因新开永兴寨子厂协助,乾隆三十一年柞子厂产铅达 14 万斤[135]。自乾隆四十六年始,该厂余铅四成通商,商民有利可图,产量大幅提升。据乾隆四十九年贵州巡抚孙永清奏报:"查威宁州柞子厂黑铅,自蒙皇上天恩仿准,获铅四成通商以来,厂旺课增,……今自四十八年四月起至本年三月至,又据陆续抽课铅五十余万斤"[136],年产量超过 250 万斤。此后产量又逐渐下降,嘉庆八年,贵州巡抚福庆奏称:"(柞子厂)近因开采年久,硐老山空,现准经管铅厂之贵西道折报,每年仅止出产铅十三四万斤"[137],年产量再次下降至 13 余万斤。道光二十四年,贵州巡抚贺长龄称:"至现在贵西道每年解部银课系威宁等属柞子、硃碢塘、猓布嘎三处铅厂煎炼黑铅中之零碎银砂,约计炼铅万斤可得银八九十两,向系按四成抽课,并无定额,铅旺之时解课千有余两,近来硐老山空,铅斤短绌,解课减至百数十两。"[138]按铅矿含银率及抽课量推算,柞子厂年铅产量不会高于3.5万斤。

综上所论,柞子银铅厂设立于雍正五年,咸丰十年停止,前后持续长达133年。该厂位于今赫章县妈姑镇海子村菜园子附近,其子厂有新开、朱红、塘子、永兴寨、清水站等,除永兴寨子厂位于今凯里市三棵树镇之外,其余各子厂分布于柞子厂周围20公里以内。该厂年产铅量3—250万斤不等,几经反复。

四、其他矿厂

1、猴子银铅厂

雍正三年,贵州巡抚毛文铨奏请:"窃查黔省猴子厂于康熙五十七年具题开采以来,至康熙六十一年矿已衰微,续升布政使裴率度具详咨部请封,嗣因部覆不准停止,管厂官无可如何,臣于是年在大定州地方另踢一山,地名落龙硐,详明开采,帮补猴子厂,迄今又已四载,落龙硐亦复衰微。"[139]但该年猴子厂抽课银3600余两,故毛文铨奏请封闭猴子厂未获批准,不得不另开水城八甲山、跛木雄、猴场河等处银铅矿,帮补课额[140]。雍正七年,贵州巡抚张广泗奏称:"自雍正五年二月十六日起,连闰扣至雍正六年正月十五日止,一年限满,猴子厂抽获课银一百三十四两六钱九分一厘二毫零,……所有猴子厂雍正五年四月二十八日起至雍正六年正月十五日止,抽获炉底课铅变价银六十三两九钱四分五厘。"[141]按猴子厂课银134.6912两,银厂抽课四成,每铅千斤出银约为8.9854两,每铅百斤时价银2.13285两,猴子厂产铅约为1.5万斤。一般而言,随着开采时间的持续,矿石平均品位会逐渐降低,银铅矿的含银率亦会随之降低。兹以雍正三年猴子厂每铅千斤出银 10 两计算,则该厂铅产量应不低于 90 万斤。经张广泗此次查奏,"猴子、腻书、阿都三厂所抽课银不足开销工食之费",故予封闭。而乾隆朝《钦定大清会典则例》所言:"雍正六年,猴子厂硐老砂竭,题封。"[142]不实,封闭时间应为雍正七年底。

关于猴子厂的位置,据光绪《贵州全省舆地图说》言:"又(水城厅城)百五十里猴子厂",水城厅图所标猴子厂位置约在今六盘水市水城区野钟乡野钟村附近[143]。现代调查六盘水市水城区水城区野钟乡野钟村有大猴洞铅锌矿遗址:"从野钟向南下大楼梯,经将军台而抵北盘江,即见洞于北畔峭壁上。洞口原搭有楼梯,后毁坏,进洞不易。……后又相继开两洞,依次称二猴洞、三猴洞。所采铅锌矿均在野钟至铅锌村一带冶炼,故亦名猴子厂。"[144]故猴子厂应在今六盘水市水城区野钟乡野钟村附近。

2、马鬃岭锌厂

雍正二年,云贵总督高其倬奏:"又访得贵州地方之马鬃岭、齐家湾、罐子窝等处亦有倭铅矿硐,因通知抚臣毛文铨,委员会同查勘招开,已经具奉令,各处皆有成效,除黔省抽课一年约共可获五六千两,归黔抽报济公外,云南省每年买运黔厂倭铅五十万斤。"[145]次年,大定镇总兵丁士杰查奏:"本营亥仲汛属一带地方逐一踏看,查得仅有马鬃岭塘旁边开倭铅一厂,聚集厂民五千有余,房炉两千两百余间,现在烧炉系雍正二年七月内奉文开采之厂。"[146]同年九月,署理贵州巡抚石礼哈称:"自雍正二年九月至今,马鬃岭所抽收课铅每月有两万余斤,每年约抽二十五六万斤。"[147]按二八抽课,该年马鬃岭厂产铅约为 127.5 万斤。雍正七年,云南总督鄂尔泰奏称:"查马鬃岭厂每年约可出铅一百万斤。"[148]雍正十年,马鬃岭厂抽课208237斤[149],产量104.1万斤。但之后不久产量急剧下降。乾隆二年,"贵州大定府属之马鬃岭铅厂、普安县属之丁头山铅厂开采年久,硐老山空,均准封闭"。[150]

马鬃岭厂因在大定府亥仲汛马鬃岭塘而得名。光绪《水城厅采访册》记载:由水城厅东门出,经界牌塘、扒瓦塘、普察汛、犀牛塘、亥仲汛、马鬃岭塘、者落箐塘,至大定协分防白布河汛沙子塘界,每塘相距10—15里不等[151]。查今地图,六盘水市水城区北部,扒瓦、犀牛塘等地名仍存,今水城区至纳雍县公路基本以此线修建,按其方位、距离,马鬃岭塘应在今水城区南开乡和兴村东北,而该村东4公里即为马宗岭山,其旁有坞铅、坞铅坝等地名[152]。故可定马鬃岭厂在今六盘水市水城区南开乡和兴村马宗岭。

3、丁头山锌厂

雍正二年,贵州巡抚毛文铨奏:"窃查黔省如阿都、腻书、猴子等银厂已经题报外,尚有丁头山、齐家湾等处铅厂,昔日俱属私开,即前折奏闻之滥木桥水银厂,从前亦无分文归公之处,今逐一清查,现檄藩司议定抽收之数,俟详议到日,即会同云贵总督高其倬题报归公。"[153]雍正朝《钦定大清会典》亦载:"雍正二年覆准,贵州威宁府齐家湾、丁头山等处出产铅矿,交商人开采纳课。"[154]雍正三年九月,署理贵州巡抚石礼哈称:"自雍正二年九月至今,……丁头山每月抽课铅六千余斤,每年约抽八万余斤。"[155]则年产铅应在40万斤以上。雍正七年,云贵总督鄂尔泰奏称丁头山一厂可出铅十余万斤[156]。之后产量有所增长。雍正十年年之后,鄂尔泰又奏:"今该(丁头山)厂渐次发旺,每年出铅几及百万斤。"[157]但该年实际产量并没有如此之多,仅抽课铅73707[158]斤,产量为36.9万斤。乾隆二年即因"硐老山空"而封闭[159]。

雍正二年毛文铨题请设立丁头山厂时言,该厂位于普安、安南二县交界一带,地名丁头山[160],此后史书并无相关记载。查今地图,晴隆县花贡镇母洒村有丁头山地名,该地富藏铅锌矿,且紧邻普安县[161],与文献记载相符,应为丁头山厂所在地。

4、砂朱锌厂

雍正七年,贵州巡抚张广泗奏称:"威宁府、大定州所属砂朱、大兴地方产有倭铅,……砂朱厂于雍正七年七月二十五日得矿起,至九月二十二日烧出倭铅八万八千六百四十五斤,内照例每百斤二八抽获课铅共一万七千七百二十九斤,……是二厂既有成效,应请开采,照例抽课,运局供铸。"[162]户部批准设厂当在雍正八年[163]。雍正十二年,贵州巡抚元展成奏报:"砂朱厂自雍正十年九月初一日起至十一年八月底止,共抽课铅十一万一千余觔,共课价银一千六百余两,内除支销厂内办事人役工食银三百余两外,尚应解课价银一千三百余两。"[164]是砂朱厂年产铅已达55.5万斤。乾隆三年,贵州总督张广泗奏报:"该(砂朱)厂自乾隆元年九月初一日起至乾隆二年八月底止,共抽获课铅一十六万四千六百二十七斤",但却被驳回复查,户部认为:"前项所抽课铅查与各年抽收之数计少铅七万六千八百一十二斤以及一万九千五百三十七斤不等,经管人员不无以多报少侵隐情弊。"[165]乾隆元年砂朱厂抽课164627斤,产量已有82.3万斤,按户部所言,此前年抽课曾到过241439斤,创造过120.7万斤的年产量,这应为砂朱厂设立之初的最高产量。乾隆十一年,贵州总督张广泗言,砂朱厂设有厂官、书巡各一员,厂官年养廉银120两[166]。乾隆十七年,该厂抽课铅81978斤,变价课铅13600斤,支给管厂官役工食银204两,年产铅量应在40万斤以上,与莲花厂一起拨供京运[167]。嘉庆朝《钦定大清会典事例》

载:"乾隆二十年题准,贵州砂朱、茨冲二铅厂,准其封闭。"[168]

砂朱厂在威宁州境内,但无其他直接史料。查今地图,赫章县水塘堡乡田坝村有朱砂厂地名,虽与砂朱厂名称颠倒,但紧邻草子坪铅锌矿区,且距离莲花厂所在地不足10公里,同属清代妈姑铅锌矿群[169]。故定砂朱厂在今赫章县水塘堡乡田坝村朱砂厂。

5、月亮岩锌厂

乾隆四年,因滇铜京运,威宁道拥挤,贵州总督张广泗奏请开设月亮岩铅厂:"遵义府绥阳县月亮岩地方产有铅矿,铁星坪、版坪产有煤块,并无干碍田园庐墓,据客民熊琢呈请开采,当委遵义府知府陈玉璧前诣该地采试,据称自乾隆三年十二月十六日起至乾隆四年二月十五日止,现在烧出倭铅八万五千五百五十二斤,抽课铅一万七千一百一十斤零,请照小洪关之例,分设人役,委员管理。……应于铁星坪、版坪二处每处各设课长一名,书办一名,每月每名工食银一两九钱,巡拦六名,每名月工食银一两五钱,家人一名,每名月给工食银三两,水火夫二名,每名月给工食银一两五钱,每处每月各给灯油纸张笔墨银一两五钱,二处每月共准销银四十两六钱,于课铅变价项下开销。"[170]月亮岩厂月出铅4万余斤,试采有效,同年设厂,添置书办、课长、巡拦、家人、水火夫共计12名,每月支官役工食、厂费银22.2两,加上厂官养廉银,每年共约银386.4两。同时,月亮岩矿山与炼厂并不在一处,乃移矿就煤。但因该厂未大旺,由他厂代管,并未派遣厂员。次年,张广泗又奏:"开采绥阳县属月亮岩铅矿,……核算每年收买连抽课,约可收铅百万余觔,即由月亮岩分路解运,其不敷办解京局之铅,仍于莲花、砂朱二厂收存铅内拨运。"[171]按二八抽课、官买四成计算,该厂年产铅高达166万余斤,大部分由仁怀水次运转京局。乾隆六年,鉴于该厂大旺，又于铁星坪、版坪二处炼厂添设"坐厂抽收官二员，照从前各厂例给养廉"。[172]但因，乾隆八年以后黔铅京运增至380余万斤，次年将月亮岩厂余铅全部官买，分道转运进京，以解威宁路运输压力[173]。但官价过低，商民亏本。乾隆十四年，"遵义府属月亮岩铁星坪厂硐老山空，炉民星散"，而被迫封闭[174]。

乾隆四十二年，因新寨、砂朱、茨冲、永胜坡等厂相继封闭，莲花、福集二厂产量严重下滑，京运不敷，不得不再次开启月亮岩厂。"月亮岩白铅厂一处，矿砂丰旺，可期速有成效，该处附近新寨，将来即作为新寨子厂，以供京运"。[175]次年，户部尚书英廉称："月亮岩矿质较薄，设炉十二座烧炼，每日每炉出铅七八十斤，统计每年可获铅三十万斤。除通商外，每岁抽课采买，照例核计只可获铅二十万斤，……合计每岁抽买铅斤数目，尽可就近拨运京铅，由厂直达四川重庆，较之福集厂更为便捷，节省脚费"。[176]因时隔二十余年，原有矿硐早已废弃，重新开采不易，即使恢复通商，年产量仍较低，作为遵义县新寨子厂。至嘉庆二年，再次封闭月亮岩厂[177]。

道光《遵义府志》记载："月亮崖，在（绥阳县）赵八甲，产铅，旧有厂，乾隆间封禁，亦产白金，地与野茶坝相接，属遵义。"该书又引档册云："（道光）二十一年九月，绥阳县奸民熊仕宗等纠集游民于绥阳县、正安州接壤之野茶坝、聚宝山、天缘山、新山等处私采银铅。"[178]月亮岩即月亮崖，与野茶坝相接，今绥阳县野茶乡，与正安县交界。故月亮岩矿山约在今绥阳县野茶乡。铁星坪、版坪今不知何处，但绥阳县境内产煤地仅三处，分别为西北部宽阔镇驻地、西南部蒲场镇大桥村和南部郑场镇清源村，惟宽阔镇距离野茶乡最近，且有河道相连[179]，故推测月亮岩炼厂约在今绥阳县宽阔镇附近。

6、新寨锌厂

乾隆四十二年,贵州巡抚裴宗锡奏称:"遵义县属新寨一处,地近川省,所产纯系白铅,矿砂盛旺,足资拨运,请以大丰厂铅全拨楚省额运,新寨铅酌拨京运一百余万斤。"[180]另据嘉庆朝《钦定大清会典事例》记载:"乾隆四十二年题准,贵州遵义县属新寨、绥阳县属月亮崖铅厂,仍准其开采。"[181]新寨厂与月亮岩厂一道,"仍准其开采",表明此前曾经开采过,但无相关记载,存疑。乾隆四十三年,户部尚书英廉称:"查新寨正厂、月亮岩子厂试采,自乾隆四十一年八月试采起,至四十二年八月至,共抽收课余铅一十万二千八百二十三斤,已有成效"[182],二厂共产铅51.4万斤。但"自四十三年以后,浮矿挖尽,即行短绌,每年出铅仅二十八九万至三十万斤不等,较原案所载一百余万之数竟短十分之七"[183]。嘉庆元年,"以硐老山空,封闭贵州月亮岩、新寨等矿厂"[184]。

道光《遵义府志》引《心斋随笔》言:"遵义县铅厂在沙溪里泮水场侧内,有大海子、小海子各一,乾隆三十八年知县罗存德具报开采,至四十二年大有成效,……至六十年硐老山空,大亏工本,知府嵇承孟详请封闭。"[185]乾隆四十二年,贵州巡抚裴宗锡请调大定府知府姚学英署遵义知府,其理由为"现今遵义府属铅矿即系该员经手堪办,立能就绪"[186]。可见,新寨白铅厂在遵义县沙溪里泮水场大小海子。查今地图,遵义县泮水乡永定行政村驻大海子,应为新寨白铅厂所在地。

7、济川锌厂

乾隆十年,贵州总督张广泗奏请:"黔省丹江所属济川地方出产铅矿,可以开采,请照例二八抽课,变价解部。至挂丁等处,僻处苗地,杂径甚多,请添设巡役稽查,其人役工食等项,照例支给。"[187]乾隆朝《钦定大清会典则例》记载:"乾隆十年题准,贵州都匀府丹江所属之济川地方产有铅矿,并无干碍田园庐墓,似可开采,每铅百斤收税二十斤,变价解库,办事人役工食等项每月开销三十两六钱,增设巡役八名,统于课铅变价项下开支。"[188]张广泗的奏请被批准,济川厂设有巡役八名稽查,该厂办事人役每年工食银为367.2两。乾隆十六年,户部奏称:"查丹江所属新开济川一厂,僻在下游新疆地方,……。本年春夏之间,该厂每月尚可出铅六七万斤。今炉民因工本不敷,渐次散去,每月只出铅四五万斤。"[189]该年为济川厂产量的分水岭,从78万斤降至54万斤,缘于成本高昂,无利可图。乾隆二十二年,户部奏称:"今据丹江通判张光普册报,该(济川)厂自乾隆二十一年四月初一日起,至本年十二月二十九日封闭止,共抽获课铅二万八千斤",共产铅14万斤[190]。

清代丹江厅辖境为今雷山县(民国时称炉山县)及丹寨县一部,与凯里市接界。民国《炉山物产志稿》言:"按田志(田雯《黔书》)之黑白两厂所在地,今明镰厂,距凯里城三十里,乾嘉间甚形发达,……。余昔过该处,则见坑冶遍山,询之老砂丁,云附近十余里,皆有矿苗,成分极佳,尤以龙塘街一带为最。"[191]查今地图台江县台盘乡龙井村龙塘,经凯里市三棵树镇铅厂、松柏等村,以至三棵树镇驻地,皆为铅锌矿区。而松柏村南2.5公里处为挂丁村,扼丹江水道要冲[192]。张广泗所言济川厂于挂丁等处设巡役稽查,意为控制进出矿区干道。故可断定,济川白铅厂应在今凯里市三棵树镇松柏村附近。

8、乐助堡锌厂

乾隆二十五年,贵州巡抚周人骥奏称:"再黔省新河运铅,现在源源无滞,新报之都匀厂产铅甚旺,数月间已积至百万。即饬趱运赴楚,以备各省采买。"[193]嘉庆朝《钦定大清会典事例》亦载:"乾隆二十五年题准,贵州都匀县属乐助堡、凯里所属永胜坡等处铅厂,准其开采,二八抽课,余铅一半官买,一半通商,每百斤给价银一两五钱。"[194]乾隆二十八年,乐助堡厂抽课铅195424斤,收买余铅390848斤,开销管厂官役养廉工食银875.74两[195]。合计年产铅97.7万斤,则周人骥所言初开之时产量突破百万应非虚言。乾隆五十三年,贵州巡抚李庆棻奏称:乐助堡厂"新收乾隆五十二年正月起至十二月底,计一十二个月,各炉户共烧出铅二十九万一千一百二十斤,共抽课铅五万八千四百二百二十四斤,……内除照酌减之数支销厂内办事人役工食等项银五百五十七两六钱,……容俟发运鼓铸销售之日扣还另报"[196]。乾隆五十二年乐助堡厂产铅已降至29.1万斤,课余铅运销本省鼓铸,因课税减少,管厂人役工食银核减发放。乾隆五十九年十二月底,乐助堡厂硐老山空,嘉庆元年批准封闭[197]。

乐助堡厂属都匀县管理。民国《都匀县志稿》云:"(铅)一产于白猫水,……一产坝固,清道光间巨商李国桢开采,因苗乱停歇。"[198]坝固即今都匀市坝固镇,今都匀市惟此地有铅锌矿藏分布,且紧邻清水江,水运可直达汉口[199],故将乐助堡厂定于今都匀市坝固镇。

9、连发山锌厂

乾隆四十一年十月,贵州巡抚裴宗锡奏称:"兹据布政使郑大进详称,连发山铅矿颇旺,现在经该州试采,每日可得铅一千数百斤,每月约可出铅四五万,已有成效,将来厂旺铅多,即可运供省局,请照乐助厂成例,每出铅百斤抽课二十斤外,官买四十斤,每百斤给价一两五钱,其余四十斤听其通商,由司给票销售"[200]。次年三月,户部批复:"普安州属连发山产有白铅,现在开嶰试采,获矿颇旺,每月约出铅四五万斤,应准其开采,仍照例抽课采买,以资鼓铸。"[201]连发山正式设厂。按裴宗锡所言,连发山厂初开时年产铅约在50万斤左右,此后该厂产量并未见于记载。乾隆六十年十一月,贵州巡抚冯光熊奏请封闭连发山铅厂,可能因该厂矿砂衰竭[202]。

10、水洞帕锌厂

乾隆四十一年,贵州巡抚裴宗锡奏称:"惟水洞帕白铅厂一处,达磨山黑铅厂一处,矿旺砂多,且黑铅可抽银课,此二处现已试采有效,即以水洞帕作为达磨山子厂。"[203]嘉庆朝《钦定大清会典事例》载:"乾隆四十二年题准,贵州大定府属水洞帕、兴发等厂,产有白铅,准其开采,照福集厂之例收买。"[204]水洞帕厂正式设立,并未作为达磨山厂的子厂。乾隆五十一年,贵州巡抚李庆棻奏报:"该(水洞帕)厂旧管乾隆四十九年底存铅四万六千二百六十七斤六两零,业经发运永局,新收乾隆五十年正月起至十二月底,计一十二个月,共抽课铅五万五千斤,内除支销厂内人役工食银二百八十两八钱,变价课铅二万零五十七斤二两零,另册造报外,实在乾隆五十年底存厂课铅三万四千九百四十二斤十三两零,容俟发运兑交川省扣还课价之日另报。"[205]该厂乾隆五十年抽课5.5万斤,产铅量应为27.5万斤,除变价支销厂费银280.8两外,课铅全部运送永宁铅局,拨供四川采买。如厂费银不变,乾隆四十九年水洞帕厂产铅量应为33.2万斤。嘉庆二年,水洞帕厂课铅除变价支给厂费外,存余19864斤全部转运永局[206],合计该年产铅约为20万斤。

道光《大定府志》记载："水洞帕地方旧有铅厂，供四川采买及省局鼓铸，嘉庆元年、四年额运不敷，奉准停止，今止供运定局鼓铸铅八万有奇。"但该书又同载："铅厂之可言者凡四：曰兴发，在大定西，产白铅，乾隆四十一年十一月试采，四十三年正月始行抽课，每采铅百斤官抽课二十斤，余八十斤官购其半，每百斤予直银一两四钱，是岁供宝黔二局之用，又运五十万斤至永宁，以供四川采买，后渐衰竭，无论课余，凡厂所出，官概购之，每百斤予直一两八钱三分，郡直不敷者，通省各府捐贴，岁委佐杂官一员在厂弹压，四十六年始不委官，令大定知府总理，五十六年铅出愈衰，始减川运为二十八万斤，嘉庆元年停川运。……四年，知府王光显又以矿竭请停。先是，省城大定二局岁需铅二十三万一千三百余斤，至是布政使常明始令威宁妈姑厂供省局之铅，而大定局需铅八万三斤有奇，仍供自兴发厂，厂无铅，实设法供办也，事具《大定档册》。"[207] 按该书所云，兴发厂在试采及设厂时间、产量变化、运售渠道等方面与水洞帕厂并无二致。现存清代档案中并未发现兴发厂的年度奏销资料。故疑二者实为一厂，水洞帕为官方正式厂名，兴发厂乃为俗称。

嘉庆朝《钦定大清会典》中将此二厂并列[208]。又《钦定户部则例》记载莲花、福集、柞子、水洞帕四厂设有杂役：水洞帕厂书记一名，每月支银一两九钱；客课长二名，每名每月支银一两九钱；巡役六名，每名月支银一两七钱；家丁一名，每月支银三两；水火夫二名，每名月支银一两五钱；灯油纸笔月支银二两一钱。水洞帕厂杂役共计 12 名，每年支销工食银 267.6 两。但该书又同时记载："黔省每年拨供京楚白铅七百余万斤，内于莲花厂酌拨二百一十万斤，新寨厂酌拨一百万斤，兴发厂酌拨五十万斤，共合铅三百六十万斤，与福集厂岁获铅斤，均拨京楚及四川采买之用。"[209] 很明显，

《户部则例》将水洞帕与兴发两名混用,记载管理机构时用水洞帕,记载运销时用兴发。道光《大定府志》将兴发厂而不是将水洞帕厂列入当时大定府四大铅厂之一,可能亦受此二书的影响。

如水洞帕与兴发为一厂二名,兴发厂位于大定府西。查今地图,威宁县盐仓镇有兴发村地名,与赫章县接界,紧邻四堡、柞子厂,地处贵州妈姑铅锌矿群内部[210]。故可定水洞帕(兴发)白铅厂位于今威宁县盐仓镇兴发村附近。

以上所论矿厂,其开采时间均在 10 年以上。此外,还有一些矿厂虽然创造过较高的年产量,但持续时间很短。如雍正七年,云贵总督鄂尔泰言:"大鸡厂约可出铅一百五六十万斤。"[211]三年后,贵州巡抚张广泗奏称:"雍正九年六月初八日,据毕节县知县李耀详称,县属之大鸡铅厂初旺发,但处万山之中,矿深煤远。自雍正五年十二月内,前任知县介锡周具报开采以来,历今数载,硐老山空,矿砂无出,卑职奉委经历,敢不鼓劝炉民悉心调剂,无如采办实难,以致每卯所抽之课铅尚不敷厂员支销工食费用,于公于私皆无裨补,理合据实详明,转请封闭,是为民便。"[212]毕节县属大鸡白铅厂开采于雍正五年底,虽然雍正七年产量曾高达 150 余万斤,但五年之后就因"硐老山空"而封闭,其厂地在今毕节市小吉场镇大吉村;再如位于今遵义县洪关乡洪关村的小洪关白铅厂,试采之际,"自雍正八年十二月十九日得矿起,至雍正九年正月初九日,各炉户共烧出倭铅二十七万斤"[213]。正式设厂后,雍正十一年该厂抽课铅 30.7 万斤,厂内办事官役工食开支银 800 余两[214],产铅 153.5万斤。但至乾隆元年,便因"硐老山空,开采无益"而封闭[215]。

另有一批小厂,开采时间极短,史料记载缺乏,仅知其大概。如威宁州腻书、阿都、齐家湾、新寨黑白铅厂,水城厅猓木底、茨冲白铅厂,大定府大兴白铅厂,普安州罗朋白铅厂,清平县永胜坡白铅厂,思州府枫香坡黑铅厂,松桃厅大丰厂,等等。开采多则六七年,少则二三年,而且产量很小。故不一一论述。

清代黔铅矿厂概况表　　单位:年/万斤/人/银两

编号	厂名	管理州县	厂址今地	开采时段	持续时间	年产量区间	管厂人役及厂费	矿厂类型	备注
1	马鬃岭	威宁州	水城区南开乡和兴村马宗岭	雍正二年至乾隆二年	14	104—127		中型	子厂4处
2	齐家湾	威宁州		雍正二年至七年	6	6		小型	
3	柞子	威宁州	赫章县妈姑镇海子村柞子厂	雍正五年至咸丰十年	134	3.5—250	16/369.6	大型	子厂5处
4	腻书	威宁州	威宁县海拉乡北部耐书河沿岸	雍正五年至八年	4	5		小型	
5	阿都	威宁州		雍正五年至八年	4	8.1		小型	
6	白蜡	威宁州	赫章县珠市乡核桃村白蜡厂	雍正五年至乾隆五年	14	7.2		小型	

编号	厂名	管理州县	厂址今地	开采时段	持续时间	年产量区间	管厂人役及厂费	矿厂类型	备注
7	砂朱	威宁州	赫章县水塘堡乡田坝朱砂厂	雍正八年至乾隆二十年	26	40—121	—/204	中型	
8	莲花	威宁州	赫章县妈姑镇莲花村	雍正十三年至咸丰十年	126	100—927	12/367.2	超大型	子厂8处
9	新寨	威宁州		乾隆十二年至十四年	3	——	14/408	小型	子厂1处
10	猴子	水城厅	水城区野钟乡野钟村	康熙五十七年至雍正六年	11	1.5—90		中型	
11	观音山	水城厅	钟山区老鹰山镇观音山村	康熙五十七年至雍正元年	6	——		小型	
12	猓木底	水城厅		乾隆十年至十六年	7	——		小型	
13	福集	水城厅	钟山区老鹰山镇福吉村	乾隆十一年至咸丰十年	115	120—256		大型	

编号	厂名	管理州县	厂址今地	开采时段	持续时间	年产量区间	管厂人役及厂费	矿厂类型	备注
14	茨冲	水城厅	水城区陡箐镇茨冲村	乾隆十六年至二十一年	6	——		小型	
15	水洞帕	大定府	威宁县盐仓镇兴发村	乾隆四十二年至道光二十九年	72	8—50	12/267.6	中型	
16	达磨山	平远州		乾隆四十二年至嘉庆八年	27	2		小型	
17	大鸡	毕节县	毕节县吉场镇大吉村	雍正五年至十年	6	160		小型	
18	大兴	毕节县		雍正八年至十年	3	36		小型	
19	小洪关	遵义县	遵义县洪关乡洪关村	雍正九年至乾隆元年	6	153		小型	
20	新寨	遵义县	遵义县泮水镇永定村大海子	乾隆四十二年至嘉庆元年	20	30—100		中型	

编号	厂名	管理州县	厂址今地	开采时段	持续时间	年产量区间	管厂人役及厂费	矿厂类型	备注
21	月亮崖	绥阳县	绥阳县野茶乡、宽阔镇	乾隆四年至十四年	11	166	12/386.4	中型	二次设厂，移矿就煤
				乾隆四十二年至嘉庆元年	20	30		小型	
22	丁头山	普安县	晴隆县花贡镇母洒村丁头山	雍正二年至乾隆二年	14	37—100		中型	
23	罗朋	普安州		乾隆十年至十二年	6	41		小型	
24	连发山	普安县		乾隆四十二年至乾隆六十年	19	50		中型	
25	永胜坡	清平县	凯里市三棵树镇铅厂村附近	乾隆二十五年至二十七年	3	4		小型	
26	永兴寨	清平县	凯里市三棵树镇铅厂村附近	乾隆三十一年至道光二十四年	79	4.5—6.3		小型	

编号	厂名	管理州县	厂址今地	开采时段	持续时间	年产量区间	管厂人役及厂费	矿厂类型	备注
27	乐助堡	都匀县	都匀市固镇附近	乾隆二十五年至嘉庆元年	37	29—100	—/557.6	中型	
28	济川	丹江厅	凯里市三棵树镇松柏村附近	乾隆十年至二十一年	12	18—78	10/367.2	中型	
29	枫香	思州府		乾隆七年至十一年	5	——		小型	
30	大丰	松桃厅		乾隆四十二年至四十三年	2	100		小型	移矿就煤

注:本表所列矿厂30个,皆为清代正式设立,并未包括子厂在内。矿厂分类依据有二:一是开采时间,100年以上者为大型,10年以上者为中型,10年以下为小型;二是年产量,年产900万斤以上者为超大型,200万斤以上为大型,50万斤以上为中型,50万斤以下为小型,综合考虑开采时间和年产量两者而定,如开矿时间虽长而产量过低则降级归类,如开采时间符合而产量过高则晋级归类,其中年产量以最高记录为准。本表依据上述考证,并结合清代《内阁大库档案》、《军机处档案》、《清实录》,以及各朝《钦定大清会典》、《钦定大清会典事例》、《钦定户部则例》等资料整理而来。

五、黔铅矿厂地理分布及其演变

通过以上研究,黔铅主要矿厂的开采时间、产量等问题均得以解决。因此,通过梳理黔铅产地的演变过程,归纳不同时期黔铅产地的分布特征,分析其时空变化的原因。为此,首先需要进行适当的分段。自康熙五十七年至咸丰十年的 143 年之中,虽然贵州总共设立铅锌厂 30 座,但不同时期矿厂数量差异很大。依据清代黔铅的开发过程,将其大体分为四个时段:康熙五十七年至雍正十一年(1718—1733 年)、雍正十二年至乾隆四十年(1734—1775 年)、乾隆四十一年至嘉庆十七年(1776—1812 年),和嘉庆十八年至咸丰十年(1813—1860 年)。

第一时期:

这一时期清代全国矿业政策还基本处于封禁阶段。康熙五十二年五月,大学士九卿等议覆:"除云南督抚雇本地人开矿,及商人王纲明等于湖广、山西地方各雇本地人开矿不议外,他省所有之矿向未经开采者仍严行禁止。"[216] 此政策一出,除云南之外,所有省份禁止新开矿厂,实际上是对康熙十八年以来开放铜铅矿产开采的否定。但是,实际执行方面却并非如此。康熙五十七年,贵州威宁府属观音山、猴子等处便开始设厂开采银铅[217]。雍正朝以来,贵州开矿在事实上已经不成问题。这一时期设厂 13 座,其中威宁州 8 座,水城厅 2 座,毕节、遵义、普安三县各 1 座,而威宁、水城、毕节均属大定府管辖,矿厂绝大部分处于大定府境内。这 13 座矿厂中,中型厂有猴子、马鬃岭、丁头山、柞子、砂朱等 5 座[218],分布威水交界地带及水城厅与普安县交界北盘江边,形成威水和北盘江两大铅锌矿群,成为黔铅产地的中心区域。

除了黔铅产地核心形成之外,这一时期的矿厂,大多在政府设立之前就已有商民从事开采炼。雍正二年,贵州巡抚毛文铨奏称:"窃查黔省如阿都、腻书、猴子等银厂已经题报外,尚有丁头山、齐家湾等处铅厂,昔日俱属私开,即前折奏闻之滥木桥水银厂,从前亦无分文归公之处,今逐一清查,现檄藩司议定抽收之数,俟详议到日,即会同云贵总督高其倬题报归公。"[219]而次年贵州大定镇总兵丁世杰查勘后称,该镇所辖汛塘之内现开矿厂9处,仅马鬃岭一厂奉有部文,其余皆属私自开采[220]。如柞子厂,据雍正三年威宁镇总兵石礼哈所奏:"康熙五十八年(金世扬)升授黔省巡抚时,(矿商)王日生又同至黔省,到威宁府开采天桥、腻书、阿都、柞子等厂,至四川重庆府发卖。……王日生在威宁府开矿贩卖铅斤二三年之久,乃兵民人人共知之事。"[221]则柞子铅矿早在康熙五十八年即由商人开采。另,光绪《水城厅采访册》载:"梁国卿,水城人,以勇力为队长。雍正二年,柞子厂厂丁吴二以病归,就国卿宿,室隘,为借庙庑宿之,供饮食,数日,吴二病小痊,遂匍匐行,遗所携白金十两,国卿收饮食,具见,曰吴二病,又失银,必死矣,坐待之,吴二反且哭,国卿举已予之。"[222]梁国卿拾金不昧是否属实暂且不论,雍正二年即有柞子厂厂丁吴二存在,亦可作为石礼哈所奏柞子铅矿已经开采的脚注。但政府正式设立柞子厂却迟至雍正五年。贵州地方官府仅是对私矿进行查勘,报部审批而已,给私矿披上合法的外衣,成为官府认可的合法矿厂,同时纳入政府的监管和财政体系。因此,清理私矿是这一时期贵州黔铅矿业的另一大显著特征。

第二时期:

第一时期设立的13座矿厂之中,猴子、观音山、腻书、阿都、大鸡、大兴、小洪关、马鬃岭、丁头山等厂相继封闭,黔铅产量大减。自雍正十三年黔铅京运以来,但凡产矿之地均许开采。为了满足京运,新开莲花、月亮岩、福集、济川、乐助堡等锌厂9处,新寨(威宁州)、枫香等2处铅厂。加之前期所开砂朱、柞子二厂,共计有矿厂13处。其中莲花厂自乾隆十年以后突然发旺,年产锌900余万斤,至乾隆四十五年,年产量仍维持在 480 万斤,实乃清代第一大厂,新开的福集、月亮岩、乐助堡、济川等大中型矿厂,贵州白铅年产量迅速突破 1400 万斤。

　　这一时期虽然矿厂数量有所下降,但其分布地域有所扩大。除了原有威水、北盘江两大矿群外,随着遵义、绥阳和清平、都匀、丹江等厅县铅锌矿的开发,又形成了清水江和遵义矿群,妈姑黔铅产地中心区继续巩固的同时,又形成了清水江、遵义两个次中心区域。需要说明的是,清水江、遵义两大黔铅次中心区的形成是政府政策导向作用所致。如绥阳县月亮岩厂的开发。乾隆四年,贵州总督张广泗言:"今遵义府属绥阳县之月亮岩初行开采,矿路已开,出产日盛,……但查从前请开该厂之由,原因滇省运铜、黔省运铅俱由威宁一路解京,是以题请于相离水次不远之产铅地方,查明开采,收买凑解,业经奉部议准,檄行遵照。"[223]绥阳县月亮岩厂的开发,缘于地近仁怀水次,可借助赤水河道转运川江,分担京运,以缓解威宁路的运输压力。都匀、丹江、清江等地矿厂开发,亦因该地与湖广水道相连,楚运可直达汉口,不必与滇铜共挤威宁一路。如乾隆二十四年,贵州巡抚周人骥奏:"窃臣前闻黔省积铅甚多,又悬帑本,川运险远,办理维艰,爰特川黔道里相较,可以节缩运费,开通本省下游河道,俾利疏销。"[224]同时,着手开发都匀县乐助堡锌矿。次年,周人骥又言:"再黔省新河运铅,现在源源无滞,新报之都匀厂产铅甚旺,数月间已积至百万,即饬趱运赴楚,以备各省采买。"[225]

1734—1775 年黔铅主要矿厂分布示意图

第三时期:

经过几十年开采,黔铅矿厂大多因"硐老山空"而封闭。乾隆四十一年,贵州巡抚裴宗锡奏:"(贵州)其铅矿出产白铅,供运京楚者,现止莲花、福集两处,供应本省铸局者仅有乐助厂一处,他如出产黑铅之柞子、朱矿数处亦止堪本省各营应用,不敷京运。"于是,广为查勘,"产铅者,则有大定府属水洞帕;平远州属达磨山;普安州属连发山;遵义县属新寨、波罗海;绥阳县属月亮岩;镇远府属牛塘沟;丹江厅属乌找山等处,黑白兼产"。[226]次年,大定水洞帕、平远达磨山、普安连发山、遵义新寨、松桃巴坝山等处均设厂开采,即使封闭有年的绥阳县月亮岩厂又被重新设立开采。加之前期所设莲花、福集、柞子、永兴寨等厂,黔铅矿厂计9处。矿厂数量进一步下降,其分布区域则有所变化,新增松桃厅大丰厂之外,原北盘江矿群已仅剩普安州连发山一个矿点。故前述威水矿群的核心地位进一步加强,而遵义、清水江两大次中心则逐渐削弱。

这种变化的产生,一方面由于前期水陆交通大规模改善之后,黔西北的运输能力进一步加强,分流压力减弱;另一方面黔铅总体产量却大幅度下滑,政府越来越依赖大型矿厂,政策导向作用已不明显。黔铅的产地分布重新归结于矿藏和市场双重作用的结果。

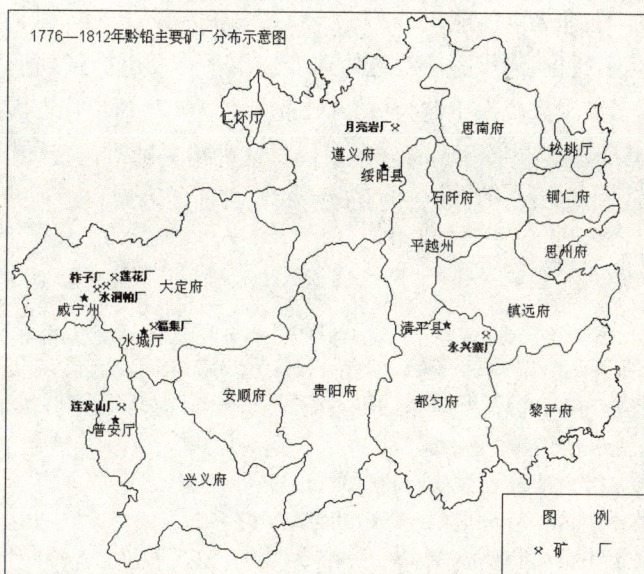

1776—1812 年黔铅主要矿厂分布示意图

第四时期:

嘉庆十七年以后,贵州铅厂仅有莲花、福集、柞子、水洞帕等数处而已。遵义、清水江两次中心已不复存在,矿厂完全集中于威水矿群核心区。虽然政府规定了各厂每年应办铅锌数量,但产量仍然持续下降,经常不敷定额。新开矿点大多作为这些厂的子厂,几乎没有另行设立矿厂,显然已是黔铅生产的衰落期。计从康熙五十七年至咸丰十年,黔铅主要矿厂已开采百年以上,随着矿石平均品位的下降,矿洞加深,采炼成本逐渐增加,厂民经营状况逐渐恶化,加剧了矿厂的衰落。这是矿业生产规律使然,在当时的技术水平条件下,非人力所能扭转。

综上所论,清代黔铅产地的演变经历了一个由扩张到退缩的过程,形成了以威水矿群为核心区,北盘江、遵义、清水江三大次中心及其周边矿点所组成的分布格局。这种格局随时而变,其中既有矿藏、市场方面的原因,也有政府政策方面的因素。

注　释

1　《大明神宗皇帝实录》卷五百六十七,万历四十六年三月乙丑,贵州毕节、乌撒二卫军民王应星等奏。毕节、乌撒二卫均处于水西宣慰司辖地的包围之中。

2　《大清圣祖皇帝实录》卷四,顺治十八年八月乙卯,吴三桂疏言:"遵旨铸行满汉字制钱。其云南厘字钱应请停铸。"

3　杨雍建《抚黔奏书》卷三《题为清查贼遗铜铅事》。

4　杨雍建《抚黔奏书》卷四《题为铜斤无可采买等事》。

5　杨雍建《抚黔奏书》卷七《题为进贡红铜事》。

6　《钦定大清会典》(雍正朝)卷五十三《课程五·杂赋》矿课。

7　《大清圣祖皇帝实录》卷二百五十五,康熙五十二年五月辛巳,大学士九卿等遵上旨议覆开矿一事。

8　毛文铨《奏猴子厂落龙硐矿砂衰微将尽续采有弊无益折》,雍正三年五月初一日,《雍正朝汉文朱批奏折汇编》第四册,第871页。

9　雍正三年四月二十二日，贵州威宁镇总兵石礼哈《奏报恶棍王日生开矿贩卖等劣迹事》，《雍正朝汉文朱批奏折汇编》第四册，第813页。

10　光绪《水城厅采访册》卷八《人物门》。

11　高其倬《奏节省铅价调剂钱法折》，雍正二年十一月二十一日，《雍正朝汉文朱批奏折汇编》第四册，第54页。

12　贵州大定镇总兵官丁士杰《为行查大定汛属矿厂事》，雍正三年五月十三日，《宫中档雍正朝奏折》第4辑，第316—317页。

13　何世璂：《奏报黔省矿厂事宜及开挖盐井折》，雍正五年闰三月二十六日，《雍正朝汉文朱批奏折汇编》第九册，第509页。

14　张广泗《奏报地方政务折》，雍正八年三月二十七日，《宫中档雍正朝奏折》第16辑，第462页。

15　《大清世宗皇帝实录》卷一百七十三，雍正十一年十一月癸巳，上谕内阁。

16　乾隆七年五月十五日，贵州总督兼管巡抚事张广泗《题为铅厂矿煤两旺等事》中引前巡抚元展成奏，《内阁大库档案》，编号：000090412。

17　《大清高宗皇帝实录》卷三百四十二，乾隆十四年六月乙酉，户部议覆贵州巡抚爱必达奏。

18　《大清高宗皇帝实录》卷一千三百十一，乾隆五十三年八月[日期不详]，贵州巡抚李庆棻奏。

19　《钦定大清会典事例》（嘉庆朝）卷一百九十四《户部·杂赋》。

20　曼殊震钧《天咫偶闻》卷三，引自彭泽益主编《中国近代手工业史资料》第一卷（1840—1949），第557页。

21　参见夏湘蓉等编著《中国古代矿业开发史》，地质出版社，1980年版，第158页；周卫荣《云贵地区传统炼锌工艺考察与中国炼锌历史的再考证》，《中国科技史料》1997年第2期。

22　如许笠《贵州省赫章县妈姑地区传统炼锌工艺考察》，《自然科学史研究》1986年第4期；周卫荣《云贵地区传统炼锌工艺考察与中国炼锌历史的再考证》，《中国科技史料》1997年第2期，等。然而，他们所论，大多以现代实地考察为依据，对于考证我国传统炼锌工艺或许不成问题。但就清代贵州铅锌矿的采炼而言，了解两百多年前黔铅的采冶过程和技术，仅以现代考察资料显然不够。故本节结合清末以及近代调查资料，详细解析清代黔铅的采冶过程，尤以白铅为重。

23 《朱批奏折》,乾隆四十一年八月十二日,贵州巡抚臣裴宗锡《奏为筹请广采山矿以补民生仰祈圣训事》,引自《清代的矿业》,第 336 页。又见裴宗锡《滇黔奏稿录要》,第 271—274 页。

24 檀萃《黔囊》,《小方壶斋舆地丛钞》第七帙。

25 李宗昉《黔记》卷四。

26 详见本章第三节《清代黔铅矿厂与产地分布》。

27 田雯《黔书》下《凯里铅》。

28 雍正三年五月十三日,贵州大定镇总兵官丁士杰《为行查大定汛属矿厂事》,《宫中档雍正朝奏折》第四辑,第 316—317 页。

29 清代钞档:乾隆十年十二月初二日,贵州总督兼管巡抚事务张广泗题,转引自《中国近代手工业史资料》第一辑,第 451 页

30 民国《今日之贵州》之《贵州矿产纪要》,京滇公路周览会贵州分会宣传部印,1937 年。

31 汪允庆《叙昆路沿线矿产调查报告(二)》,《矿冶半月刊》第 4 卷第 7——16 期,1941 年。

32 唐八公《贵州西部铅锌矿业之调查》,《西南实业通讯》第 6 卷第 2 期,1942 年 8 月。

33 山口义胜《调查东川各矿山报告书》,连载于《云南实业杂志》第 2、3 卷,1913—1914 年。

34 裴宗锡《奏为奏请循例动给洩水工费以舒厂力以裕铜政事》,乾隆四十三年二月十六日,引自《滇黔奏稿录要》(不分卷),第 593—597 页。

35 《大清高宗皇帝实录》卷一千三百十一,乾隆五十三年八月[日期不详],贵州巡抚李庆棻奏。

36 《朱批奏折》,嘉庆十五年八月二十四日,贵州巡抚鄂云布《奏为黔省妈姑福集两厂开采年久出铅短缩以致缺铅情形恭折奏闻仰请圣恩俯准减额另筹子厂赡运事》,引自《清代的矿业》,第 339—340 页。

37 李宗坊《黔记》卷四。

38 《大清宣宗皇帝实录》卷一百四十八,道光八年十二月丙寅,谕内阁嵩溥奏请暂减课铅成数一摺。

39 山口义胜著《调查东川各矿山报告书》,连载于《云南实业杂志》第 2、3 卷,1913—1914 年。

40　道光《大定府志》卷十六《疆域志六·威宁州》。

41　光绪《水城厅采访册》卷二《地理·山川》。

42　唐八公《贵州西部铅锌矿业之调查》,《西南实业通讯》第 6 卷第 2 期,1942 年 8 月。

43　夏湘蓉等编著《中国古代矿业开发史》,地质出版社,1980 年第 1 版,第 284 页。

44　京滇公路周览会贵州分会宣传部编印:《今日之贵州》之《贵州矿产纪要》,1937 年。

45　唐八公《贵州西部铅锌矿业之调查》,《西南实业通讯》第 6 卷第 2 期,1942 年 8 月。

46　《朱批奏折》,乾隆二十二年正月二十五日,甘肃巡抚吴达善《奏为奏闻事》,引自《清代的矿业》,第 382 页。

47　《朱批奏折》,乾隆二十二年八月二十六日,广东巡抚周人骥《奏为奏明事》,引自《清代的矿业》,第 375 页。

48　《大清高宗皇帝实录》卷九百六,乾隆三十七年四月丁卯,户部议覆护广西巡抚布政使淑宝疏称。

49　《户科史书》,雍正六年五月二十八日,总理户部事务和硕怡亲王允祥等《题为详请开采等事》,引自《清代的矿业》,第 315—316 页。

50　参见第二章第四节《滇铜、黔铅:全国矿产中心的形成》。

51　田雯《黔书》下《凯里铅》。

52　康熙《贵州通志》卷十二《物产》。

53　山口义胜著《调查东川各矿山报告书》,连载于《云南实业杂志》第 2、3 卷,1913—1914 年。

54　唐八公《贵州西部铅锌矿业之调查》,《西南实业通讯》第 6 卷第 2 期,1942 年 8 月。

55　汪允庆《叙昆路沿线矿产调查报告(二)》,《矿冶半月刊》第 4 卷第 7——16 期,1941 年。

56　宋应星《天工开物》下卷《五金》。

57　夏湘蓉等编著《中国古代矿业开发史》,地质出版社,1980 年版,第 281—284 页。

58　郑珍《巢经巢诗文集》诗集卷三《者海铅厂三首》。

59　《中国大百科全书·矿冶卷》,中国大百科出版社,2009 年版。

60　参见周卫荣《云贵地区传统炼锌工艺考察与中国炼锌历史的再考证》,《中国科技史料》1997 年第 2 期。

61　贵州省国土资源厅编《贵州省铅锌矿资源勘查与开发规划》(内部资料),2007 年。

62　程鸿主编《中国自然资源手册》,科学出版社,1990 年版,第 644 页;编委会编《云南省资源大全》,云南人民出版社,2006 年版,第 244—245 页。并参见拙文《论清代黔铅兴起的原因与背景》,《贵州大学学报》(社会科学版)2010 年第 3 期。

63　《钦定大清会典事例》(乾隆朝)卷四十九《户部·杂赋上》铜铁铅锡矿课。

64　乾隆七年五月十五日,贵州总督兼管巡抚事张广泗《题为铅厂矿煤两旺等事》,《内阁大库档案》,编号:000090412。

65　民国《威宁县志》卷九《经业志·矿业》。

66　罗文彬著、王秉恩点校《平黔纪略》卷七,贵州人民出版社,1988 年版,第 165 页。

67　道光《大定府志》卷十六《疆域志六·山川副记第五》威宁州。

68　雍正三年四月二十二日,贵州威宁镇总兵石礼哈《奏报恶棍王日生开矿贩卖等劣迹》,《雍正朝汉文朱批奏折汇编》第四册,第 813 页。

69　参见贵州省测绘局编《贵州省地图集》,1985 年版;贵州省国土资源厅、贵州省测绘局编《贵州省地图集》,2005 年版。

70　毕节地区地方志编纂委员会编《毕节地区志·文物名胜志》第一章第二节《古矿遗址》,贵州人民出版社,1994 年,第 15 页。

71　《朱批奏折》,乾隆十六年五月十六日,贵州威宁镇总兵官李琨奏。引自《清代的矿业》,第 332 页。

72　见贵州省测绘局编《贵州省地图集》,1985 年版;贵州省国土资源厅、贵州省测绘局编《贵州省地图集》,2005 年版。

73　《钦定户部则例》卷三十五《钱法二》贵州铅厂章程条。

74　如罗时法《清代前中期贵州矿业考略》,《贵州社会科学》1986 年第 4 期;温春来《清前期贵州大定府铅的生产与运销》,《清史研究》2007 年第 2 期;袁轶峰《清前期黔西北的矿业开发与生态环境变迁》,《贵州大学学报》2010 年第 3 期,等。

75　《钦定户部则例》卷三十五《钱法二》贵州铅厂章程条。

76　乾隆十九年十二月十二日,贵州巡抚定长《题为铅厂矿煤两旺等事》,《内阁大库档案》,编号:000111202。

77　《大清高宗皇帝实录》卷之三百四十二,乾隆十四年六月乙酉,户部议覆贵州巡抚爱必达奏。

78　乾隆二十五年六月八日,贵州巡抚周人骥《题为详请题报等事》,《内阁大库档案》,编号:000115801;乾隆十八年四月九日,贵州巡抚开泰《题为详请题明开采铅厂以供鼓铸事》，《内阁大库档案》，编号：000108649；乾隆二十一年五月二十日，贵州巡抚定长《题为恳准开厂裕课便民事》，《内阁大库档案》，编号：000112898。

79　爱必达《黔南纪略》卷二十六《威宁州》。

80　道光《大定府志》卷四十二·《经政志第四·食货志四下》厂矿。

81　《钦定大清会典事例》（乾隆朝）卷四十九《户部·杂赋上》铜铁铅锡矿课。

82　《钦定大清会典》（嘉庆朝）卷十四《户部·广西清吏司》铅厂。

83　赵翼纂《瓯北集》卷十九《出巡妈姑、福集二铅厂》，壬辰（乾隆三十七年）三月至十月。

84　参见拙文《清代黔铅的销量与产量：兼对以销量推算产量的检讨》，《清史研究》，2011年第1期。

85　《钦定大清会典事例》（乾隆朝）卷四十九《户部·杂赋上》铜铁铅锡矿课。

86　《大清高宗皇帝实录》卷之二百六十一，乾隆十一年三月乙未，户部议覆贵州总督张广泗疏称。

87　《朱批奏折》，乾隆十六年五月十六日，贵州威宁镇总兵官李琨奏。引自《清代的矿业》，第332页。

88　乾隆十三年一月二十二日，贵州巡抚孙绍武《题为铅厂矿煤两旺叩赐详准赏采裕课便民事》，《内阁大库档案》，编号：000100883。

89　《钦定户部则例》卷三十五《钱法二》。

90　吴其濬《滇南厂矿图略》卷一《役十》。

91　乾隆九年[月日不详]，贵州总督兼管巡抚事张广泗《题为铅厂矿煤两旺等事》，《内阁大库档案》，编号：000000331

92　乾隆三十六年九月二十八日，贵州巡抚李湖《题为请开白铅子厂以济抽收事》，《明清档案》，册号：A213—016。

93　乾隆四十一年六月二十一日，署户部尚书英廉《题覆贵州省莲花塘白铅厂抽课并支销工食等银开销事》，《明清档案》，册号：A227—041。

94　《大清宣宗皇帝实录》卷之七十四，道光四年十月丁丑，上谕内阁：明山等奏查明铅厂炉欠实在情形分别有著无著勒限追赔一折。

95　《钦定户部则例》卷三十五《钱法二》贵州铅厂章程。

96　《钦定大清会典事例》（光绪朝）卷二百十四《户部·钱法》办铅锡。

97　民国《威宁县志》卷一《地理志·山川》。

98　汪允庆:《叙昆路沿线矿产调查报告(二)》,《矿冶半月刊》第4卷第7—16期,1941年。

99　唐八公:《贵州西部铅锌矿业之调查》,《西南实业通讯》第6卷第2期,1942年8月。

100　王明登、龙宪良《赫章县集市贸易中心—妈姑》,《赫章文史资料选辑》第2辑。

101　《大清高宗皇帝实录》卷之二百六十一,乾隆十一年三月乙未,户部议覆贵州总督张广泗疏称。

102　《钦定大清会典事例》(嘉庆朝)卷一百九十四《户部·杂赋》铜铁锡铅矿课。

103　道光《大定府志》卷四十二《食货志四下》厂矿。

104　光绪《水城厅采访册》卷二《地理·山川》。

105　顾德凤测绘,贵州测绘舆图局校《贵州全省舆地图说》,宣统元年贵州调查局本。

106　见贵州省测绘局编《贵州省地图集》,1985年版;贵州省国土资源厅、贵州省测绘局编《贵州省地图集》,2005年版。

107　参见水城县地方志编纂委员会编《水城县(特区)志》,贵州人民出版社,1994年,第847—850页。

108　《大清高宗皇帝实录》卷之二百六十一,乾隆十一年三月乙未,户部议覆贵州总督张广泗疏称。

109　乾隆《毕节县志》卷四《赋役志》铅运。

110　乾隆二十五年六月八日,贵州巡抚周人骥《题为详请题报等事》,《内阁大库档案》,编号:000115801。

111　《钦定户部则例》卷三十五《钱法二》。

112　乾隆四十五年五月二十六日,暂护贵州巡抚印务李本《奏为莲花厂产铅日绌筹请通融补剂仰祈圣鉴事》,《军机处档折件》,编号:027542。

113　嘉庆五年二月二十八日,护理贵州巡抚常明《题为详请题报开采白铅矿厂等事》,《明清档案》,册号:A295—054。

114　《朱批奏折》,嘉庆十五年八月二十四日,贵州巡抚鄂云布奏。转引自《清代的矿业》,第339—341页。

115　爱必达《黔南识略》卷二十四《水城通判》;道光《大定府志》卷四十二《食货志四下》厂矿;光绪《水城厅采访册》卷二《地理·山川》,等等。

116　民国《贵州矿产纪要》,京滇公路周览会贵州分会宣传部印,1937年。

117　参见水城县地方志编纂委员会编：《水城县（特区）志》，贵州人民出版社，1994年，第847—850页。

118　见贵州省测绘局编《贵州省地图集》，1985年版；贵州省国土资源厅、贵州省测绘局编《贵州省地图集》，2005年版。

119　乾隆九年［月日不详］，贵州总督兼管巡抚事张广泗《题恳准开厂裕课便民事》，《内阁大库档案》，编号：000096542。

120　《钦定大清会典事例》（乾隆朝）卷四十九《户部·杂赋上》金银矿课

121　贺长龄《耐庵奏议存稿》卷十《覆奏开采银矿请随时采访折》，道光二十四年八月二十五日。

122　道光《大定府志》卷四十二《食货志三》厂矿。

123　《大清宣宗皇帝实录》卷之四百六十五，道光二十九年三月壬午，署贵州巡抚罗绕典覆奏。

124　汪允庆《叙昆路沿线矿产调查报告（二）》，《矿冶半月刊》第4卷第7—16期，1941年。

125　见贵州省测绘局编《贵州省地图集》，1985年版；贵州省国土资源厅、贵州省测绘局编《贵州省地图集》，2005年版。

126　乾隆三十七年四月三日，护理贵州巡抚布政使图思德《奏为分明厂地情形仰祈圣鉴事》，《军机处档折件》，编号：016739。

127　民国《炉山物产志稿》第三门《矿物》第一类《金属》铅。

128　参见贵州省国土资源听、贵州省测绘局编《贵州省地图集》，2005年版。

129　乾隆三十二年十月二十八日，贵州巡抚鄂宝《题为恳准开厂裕课便民事》，《内阁大库档案》，编号：000125351。

130　《钦定户部则例》卷三十五《钱法二》。

131　雍正七年十一月初七日，云贵总督鄂尔泰《奏为奏明调剂黔省铅斤并办获滇省铅息事》，《雍正朝汉文朱批奏折汇编》第十七册，第159—160页。

132　《大清高宗皇帝实录》卷二百四十八，乾隆十年九月壬午，户部议准贵州总督兼管巡抚事张广泗疏称。

133　乾隆十六年四月二十一日，开泰《题报威宁州属柞子羊角二厂正课并炉底课毛铅变价银两数目事》，《内阁大库档案》，编号：000105455。

134　《大清高宗皇帝实录》卷三百四十三，乾隆十四年六月癸卯，户部议覆贵州巡抚爱必达疏称。

135　该年柞子厂抽课及秤头铅共 38272 斤，推算其产量为 14 万余斤。见乾隆三十二
　　　年十月月二十八日，鄂宝《题报黔省威宁州属柞子厂抽收课铅拨供上下两游营铅
　　　数》（《内阁大库档案》，遍号：000125351）。

136　乾隆四十九年三月十日，暂护贵州巡抚布政使孙永清《奏为筹请预拨黑铅存贮永
　　　局以便缓急转输仰祈圣鉴事》，《军机处档折件》，编号：036204。

137　《军机处录副奏折》，嘉庆八年九月十六日，贵州巡抚福庆奏。转引自《清代的矿
　　　业》，第 338—339 页。

138　贺长龄《耐庵奏议存稿》卷十《覆奏开采银矿请随时采访折》，道光二十四年八月
　　　二十五日。

139　雍正三年五月初一日，贵州巡抚毛文铨《奏猴子厂落龙硐矿砂衰微将尽续采有弊
　　　无益折》，《雍正朝汉文朱批奏折汇编》第四册，第 871 页。

140　雍正七年十二月十三日，贵州巡抚张广泗《为会堪威宁等事》，《明清档案》，册号：
　　　A42—21。

141　雍正七年十二月十三日，贵州巡抚张广泗《为会堪威宁等事》，《明清档案》，册号：
　　　A42—22。张广泗同时言："赋书存厂课铅一千七十斤四两照依时价，共卖得银二
　　　十二两八钱三分八厘零"，每百斤合价银 2.13285 两。

142　《钦定大清会典事例》（乾隆朝）卷四十九《户部·杂赋上》金银矿课。

143　顾德凤测绘，贵州测绘舆图局校《贵州全省舆地图说》，宣统元年贵州调查局本。

144　参见水城县地方志编纂委员会编《水城县（特区）志》，贵州人民出版社，1994 年，
　　　第 847—850 页。

145　雍正二年十一月二十一日，云贵总督高其倬《奏节省铅价调剂钱法折》，《雍正朝
　　　汉文朱批奏折汇编》第四册，第 54 页。

146　雍正三年五月十三日，贵州大定镇总兵官丁士杰《为行查大定汛属矿厂事》，《宫
　　　中档雍正朝奏折》第四辑，第 316—317 页。

147　《户科史书》，雍正三年九月初二日，总理户部事务允祥等《题为详请开采等事》，
　　　转引自《清的矿业》，第 314—315 页。

148　雍正七年十一月初七日，云南总督鄂尔泰《奏为奏明调剂黔省铅斤并办获滇省铅
　　　息事》，《雍正朝汉文朱批奏折汇编》第十七册，第 159—160 页。

149　雍正十二年八月二十八日，贵州巡抚元展成《为详请开采等事》，《明清档案》，卷

号：A60—36。

150　《钦定大清会典事例》(乾隆朝)卷四十九《户部·杂赋上》铜铁铅锡课。

151　光绪《水城厅采访册》卷七《武备门》兵制塘铺附。

152　参见贵州省测绘局编《贵州省地图集》,1985 年版;贵州省国土资源听、贵州省测绘局编《贵州省地图集》,2005 年版。

153　雍正二年五月二十九日,贵州巡抚毛文铨《奏清查私开矿厂酌议抽收款项归公折》,《雍正朝汉文朱批奏折汇编》第三册,第118—119 页。

154　《钦定大清会典》(雍正朝)卷五十三《课程五·杂赋》矿课。

155　《户科史书》,雍正三年九月初二日,总理户部事务允祥等《题为详请开采等事》,转引自《清代的矿业》,第 314—315 页。

156　雍正七年十一月初七日,云南总督鄂尔泰《奏为奏明调剂黔省铅斤并办获滇省铅息事》,《雍正朝汉文朱批奏折汇编》第十七册,第159—160 页。

157　《户科史书》,雍正十年三月初五日,管吏部户部尚书张廷玉等《题为请添借帑银收买铅斤事》,转引自《清代的矿业》,第 324 页。

158　雍正十二年八月二十八日,贵州巡抚元展成《为详请开采等事》,《明清档案》,卷号：A60—36。

159　《大清高宗皇帝实录》卷四十六,乾隆二年七月己丑,户部议覆贵州总督张广泗疏称。

160　雍正十二年八月二十八日,贵州巡抚元展成《为丁头山等铅厂抽课数目事》,《明清档案》,册号：A060—036。

161　贵州省国土资源厅、贵州省测绘局编《贵州省地图集》,2005 年版。

162　《户科史书》,雍正七年十二月二十一日,贵州巡抚张广泗题,引自《清代的矿业》,第317—318 页。

163　《钦定大清会典事例》(乾隆朝)卷四十九《户部·杂赋上》铜铁铅锡矿课。

164　雍正十二年八月二十八日,贵州巡抚元展成《为砂朱厂抽课铅数目事》,《明清档案》,册号：A060—034。

165　乾隆三年十月二十五日,大学士协理户部纳亲《题为详请题明开采铅厂以供鼓铸事》,《明清档案》,册号：A86—16。

166　《大清高宗皇帝实录》卷二百六十一,乾隆十一年三月乙未,户部议覆贵州总督张广泗疏称。

167 乾隆十九年六月十二日,贵州巡抚定长《题为详请题明开采铅厂以供鼓铸事》,《内阁大库档案》,编号:000110546。

168 《钦定大清会典事例》(嘉庆朝)卷一百九十四《户部·杂赋》铜铁铅锡课。

169 参见贵州省测绘局编《贵州省地图集》,1985年版;贵州省国土资源听、贵州省测绘局编《贵州省地图集》,2005年版。

170 乾隆四年十一月十二日,贵州总督兼管巡抚事务张广泗《为遵旨议奏事》,《明清档案》,册号:A91—65。

171 《大清高宗皇帝实录》卷一百十四,乾隆五年四月己卯,户部议准贵州总督兼管巡抚事张广泗疏请。

172 《大清高宗皇帝实录》卷一百四十,乾隆六年四月丙申,大学士等议覆署贵州总督张允随奏称。

173 《大清高宗皇帝实录》卷二百二十一,乾隆九年七月戊戌,户部覆云南总督张允随奏称。

174 《大清高宗皇帝实录》卷三百三十九,乾隆十四年四月庚寅,户部议准贵州巡抚爱必达疏称。

175 乾隆四十二年四月十一日,裴宗锡《奏为奏明试采铜铅各厂分别已未有效仰祈圣鉴事》,引自《滇黔奏稿录要》,第495—498页。

176 清代钞档:乾隆四十三年三月二十九日,大学士事务户部尚书英廉等谨题,转引自《中国近代手工业史资料》第一辑,第369页。

177 《钦定大清会典事例》(嘉庆朝)卷一百九十四《户部·杂赋》铜铁铅锡课。

178 道光《大定府志》卷四《山川·绥阳县》;卷四十二《食货志四下·厂矿》。

179 参见贵州省国土资源厅、贵州省测绘局编《贵州省地图集》,2005年版。

180 《大清高宗皇帝实录》卷一千二十五,乾隆四十二年正月[日期不详],贵州巡抚裴宗锡奏。

181 《钦定大清会典事例》(嘉庆朝)卷一百九十四《户部·杂赋》铜铁铅锡课。

182 清代钞档:乾隆四十三年三月二十九日,大学士事务户部尚书英廉等谨题,转引自《中国近代手工业史资料》第一辑,第369页。

183 道光《遵义府志》卷十九《坑冶》,附乾隆六十年遵义知府稽承孟查勘新寨、月亮岩厂禀。

184 《钦定大清会典事例》(嘉庆朝)卷一百九十四《户部·杂赋》铜铁铅锡课。

185 道光《遵义府志》卷十九《坑冶》。

186 乾隆四十二年正月十二日,裴宗锡《奏为请调熟练知府经理新厂铅务仰祈圣恩破格允准以收实效事》,引自《滇黔奏稿录要》,第409—414页。

187 《大清高宗皇帝实录》卷二百四十八,乾隆十年九月乙亥,户部议准贵州总督兼管巡抚事张广泗疏称。

188 《钦定大清会典事例》(乾隆朝)卷四十九《户部·杂赋上》铜铁铅锡矿课。

189 清代钞档:乾隆十六年十月初二日傅恒等题,转引自《中国近代手工业史资料》,第367页。

190 乾隆二十二年十二月四日,大学士兼管吏部户部事务傅恒《题为京局需铅甚多详请开采以济运解事》,《内阁大库档案》,编号:00011405。

191 民国《炉山物产志稿》第三门《矿物》第一类《金属》铅。

192 参见贵州省国土资源厅、贵州省测绘局编:《贵州省地图集》,2005年版。

193 《大清高宗皇帝实录》卷六百十五,乾隆二十五年六月[日期不详],贵州巡抚周人骥奏。

194 《钦定大清会典事例》(嘉庆朝)卷一百九十四《户部·杂赋》铜铁铅锡课。

195 乾隆二十九年十二月二十二日,护理贵州巡抚调任云南布政使钱度《题为请题开采下游铅厂等事》,《内阁大库档案》,编号:000120594。

196 乾隆五十三年七月二十二日,贵州巡抚李庆棻《题为请题开采下游铅厂等事》,《明清档案》,册号:A253—070。

197 嘉庆十三年一月二十二日,贵州巡抚福庆《题为请题开采下游铅厂等事》,《内阁大库档案》,编号:000004861;《钦定大清会典事例》(嘉庆朝)卷一百九十四《户部·杂赋》铜铁铅锡课。

198 民国《都匀县志稿》卷六《物产》。

199 参见贵州省国土资源厅、贵州省测绘局编《贵州省地图集》,2005年版。

200 乾隆四十一年十月二十日,裴宗锡《奏为试采连发山铅厂已有成效先行恭折复奏仰祈圣鉴事》,引自《滇黔奏稿录要》,第341—344页。

201 《大清高宗皇帝实录》卷一千二十八,乾隆四十二年三月戊辰,户部议覆贵州巡抚裴宗锡疏称。

202 《大清高宗皇帝实录》卷一千四百九十一,乾隆六十年十一月乙丑,贵州巡抚冯光熊奏请。

203　乾隆四十一年十月二十日,裴宗锡《奏为试采连发山铅厂已有成效先行恭折复奏仰祈圣鉴事》,引自《滇黔奏稿录要》,第341—344页。

204　《钦定大清会典事例》(嘉庆朝)卷一百九十四《户部·杂赋》铜铁铅锡课。

205　乾隆五十一年五月二十八日,贵州巡抚李庆荣《题为遵旨议奏事》,《内阁大库档案》,编号:000137321。

206　嘉庆七年七月七日,户部尚书禄康《题报查核贵州省水洞帕兴发白铅厂抽课厂费银两事》,《内阁大库档案》,编号:000160203。

207　道光《大定府志》卷四十二《食货志四下》钱法与厂矿。

208　《钦定大清会典》(嘉庆朝)卷十四《户部·广西清吏司》。

209　《钦定户部则例》卷三十五《钱法二》。

210　参见贵州省国土资源厅、贵州省测绘局编:《贵州省地图集》,2005年版。

211　雍正七年十一月初七日,鄂尔泰《奏为奏明调剂黔省铅斤并办获滇省铅息事》,《雍正朝汉文朱批奏折汇编》第十七册,第159—160页。

212　雍正十年二月十日,贵州巡抚张广泗《为封闭大鸡铅场事》,《明清档案》,册号:A050—089。

213　《户科史书》,雍正九年六月十二日,管户部尚书张廷玉等《题为报明开采铅厂裕课便民事》,转引自《清代的矿业》,第323页。

214　雍正十二年九月十三日,贵州巡抚元展成《为报明开采铅矿等事》,《明清档案》,册号:A060—047。

215　《大清高宗皇帝实录》卷二十三,乾隆元年七月庚申,吏部议覆经略苗疆贵州总督兼巡抚张广泗奏。

216　《大清圣祖皇帝实录》卷二百五十五,康熙五十二年五月辛巳,大学士九卿等遵上旨议覆开矿一事。

217　《钦定大清会典》(雍正朝)卷五十三《课程五·杂赋》矿课。

218　莲花厂雍正十三年设立时产量并不高,年产百万余斤,至乾隆十年以后遽增至数百万斤,详见第四节《黔铅产量演变》。

219　雍正二年五月二十九日,贵州巡抚毛文铨《奏清查私开矿厂酌议抽收款项归公折》,《雍正朝汉文朱批奏折汇编》第三册,第118—119页。

220　雍正三年五月十三日,贵州大定镇总兵官丁士杰《奏为行查大定汛属矿厂事》,《宫中档雍正朝奏折》第四辑316—317页。

221　雍正三年四月二十二日,贵州威宁镇总兵石礼哈《奏报恶棍王日生开矿贩卖等劣迹事》,《雍正朝汉文朱批奏折汇编》第四册,第 813 页。

222　光绪《水城厅采访册》卷八《人物门》。

223　乾隆四年十一月十二日,贵州总督兼管巡抚事务张广泗《为遵旨议奏事》,《明清档案》,册号:A91—65。

224　乾隆二十四年十月二十九日,工部《为黔省开修运铅河道事》,《内阁大库档案》,编号:000034271。

225　《大清高宗皇帝实录》卷六百五十五,乾隆二十五年六月［日期不详］,贵州巡抚周人骥奏。

226　乾隆四十一年八月十二日,裴宗锡《奏为筹请广采山矿以裕民生事仰祈圣训事》,引自《滇黔奏稿录要》,第 271—274 页。

第四章

清代黔铅的产销与管理

产销量是衡量资源开发规模最主要的指标之一,也是分析其地位和作用的重要参考数据。在上一章考察清代黔铅开发过程、采冶特征和矿厂分布的基础上,本章将对黔铅的产量和销量进行详细的考证和推算,分析不同时期产销量波动的具体原因,同时考察清代黔铅的购销机制,分析国家对黔铅产销的管理和控制。

第一节　黔铅的产销量及其波动

迄今为止,除温春来对清代前期大定府铅的产量和运销进行过初步探讨外[1],并无其他关于黔铅产量的研究。清代黔铅的产量究竟是多少? 其间是否存在波动? 仍缺乏专门的研究。产量问题是认识清代黔铅的基础,也是考察其地位、作用及其影响的先决条件。

关于中国古代矿产量的研究方法,目前学术界比较成熟的有两种:一是以矿课量和抽课率计算矿产量。这种方法形成较早,广泛应用于唐宋元明各代,以矿课量与抽课率的原始数据为前提。二是以销量推算产量。20 世纪 50 年代,严中平先生根据当时所收集到的史料，整理出历年供应京铜量、本省鼓铸自用量和历年外省采买量，以三者之和为官府收铜的数量，列出了乾隆五年（1740年）到嘉庆十六年（1811 年）71 年间的云南历年官铜数目，并认为云南全省的铜矿产量除上述官铜量，"还应加入私卖和准予自卖的那一部分"，他将这一部分私铜及通商铜估计为 10%。这样，以历年官铜量除以 90%，即为云南历年铜矿产量[2]。严氏的这一观点不但被之后的研究者所接受，而且以销量推算产量的方法被广为借鉴，应用到清代其他地域和矿种的产量计算之中[3]。清代黔铅的产销与滇铜相似，一般而言，借用严氏以销量推算产量的方法较为简便。

一、以销量推算产量

清代铅厂"二八抽课"，课铅即是官府所征的实物矿税。抽课之外的部分称之为余铅，余铅由官府以官价向厂民购买，或由商民自由贩运。本文所讨论的产销量主要就官铅而言，即由政府出资收购、委派官吏进行存储和运输、以满足全国各钱局铸币需要的余铅和官府所征课铅的统称。清代前期贵州官铅，按其运销方式，可分为京运、楚运和黔川二省采买三种类型。黔铅京运专供京师户工二部宝泉、宝源二局鼓铸，楚运自贵州运往湖北汉口设局，江苏、浙江、福建、江西、湖北、直隶、陕西、山西、湖南、广西、广东等十一省"委员赴汉口采买"[4]。文献中所谓"楚铅"实乃黔铅。贵州铸钱所需铅斤由本省各厂拨运，四川每年赴贵州铅厂采买。故清代前期中央二局及江苏等十三省局皆须依赖黔铅供铸[5]，黔铅的销售区域遍及全国。兹分京运、楚运、黔川采买三类，考证黔铅的销量。

1、黔铅京运量

雍正十一年十一月,皇帝在给内阁的上谕中说:"至于户工两局需用铅斤,旧系商办。闻贵州铅厂甚旺,如酌给水脚,令该抚委员解京,较之商办节省尤多。着酌定规条,妥协办理。"[6] 各部议复:"京局鼓铸每年额办铅三百六十六万余斤,自雍正十三年为始,令贵州巡抚遴委贤员,照各厂定价,每百斤给价银一两三钱,依数采买,分解宝泉、宝源二局,每百斤给水脚银三两,其商办之铅停其采买。"[7] 按京运黔铅,每百斤价银一两三钱,运京水脚银三两,则366万斤黔铅运京需铅本银15.7万两左右。另,乾隆二年三月,贵州总督张广泗奏报,贵州省办解乾隆元年下运京局铅斤,应需脚价银七万三千二百两[8]。以张广泗言,黔铅京运分为上、下两运,共需铅本银146400两,与上述推算相差银一万两左右。实际上,以当时黔铅年产400万斤左右计算,每年抽课铅80万斤,折价银10400两,而这80万斤课铅应在京运之列,无须支付价银。如此,则与上述推算相符,即乾隆初年,黔铅京运量为366万余斤。

乾隆五年,"京局改铸青钱,与见在黄钱并行,每年应需黑铅五十万斤,令贵州总督于柞子等厂收买,其原白铅每年减办五十六万斤,……均于乾隆六年为始,按年解部"。[9] 合计年解京黑白铅360万斤。乾隆九年六月,贵州总督张广泗奏言:"嗣因京局添铸,自乙丑年(乾隆十年)为始,岁解黑白铅四百五十四万二千余觔。"[10] 另"黔省加运铅觔,由威宁发运者二十余万",故威宁一路"办运黔省黑白铅四百七十余万斤"[11]。乾隆十年后,每年黔铅京运达454.2万斤。乾隆十四年,因贵州黑铅产量下降,将贵州应办黑铅七十万五百七十一斤改归湖南办解,贵州每年仅办解白铅384.19万斤[12]。乾隆朝《钦定大清会典》载:"凡白铅黑铅产于湖南、贵州,亦召商开采,岁输京师白铅三百八十四万千九百十有四斤,黑铅七十万五百七十一斤。"[13]该书所载办解京铅为乾隆十八年数,白铅3841914斤全由贵州办解,与上述推算数相符。乾隆二十四年又定,"贵州白铅,自二十六年为始,每年添办四十万斤,即令上、下两运正、副委员各带解一十万斤解部交收"。合之原办白铅,共计424.19万斤[14]。乾隆二十九年又奏准,"贵州白铅,自三十年为始,每年添办一十五万斤,运京供铸。又奏准,湖南郴州铅厂封闭,所有每年额办黑铅七十万五百七十一斤,令贵州湖南各半办运。"[15]则贵州京运,每年白铅4391914斤,黑铅350285斤,合计约474.22万斤。

乾隆四十年,又因"贵州黑铅出产短少,每年分办京局黑铅三十五万余斤,全归湖南办解",贵州仅办京运白铅[16]。乾隆四十一年,贵州巡抚裴宗锡奏言:"查(贵州)额解京铅四百三十九万一千九百余斤,一年两运,分委丞倅州县四员,每员办运正铅一百九万七千九百余斤"[17]。即乾隆二十九年之后每年所办白铅数。乾隆四十九年,京局黑铅仍由湖南、贵州两省分办;次年"宝泉局配用黑铅不敷,于原额之外,令贵州添办黑铅三万二千九百余斤,解京供铸"[18]。即年办黑铅38.32万斤,加之白铅,合计达477.51万斤。如乾隆五十四年四川总督李世杰奏:"贵州委员署锦屏县知县刘允正办运庚戌年(乾隆五十五年)上运白铅一百九万七千九百七十八斤零,又五十三年上运黑铅八万七千五百七十一斤零,又添办正黑铅八千二百三十八斤零,又买备秤头白铅八千斤,黑铅八百斤,共黑白铅一百二十万二千五百八十八斤零,于乾隆五十三年五月十九日自永宁县开兑。"[19]按一年四运计,每年应办正白铅4391912斤,正黑铅350284斤,加办黑铅32952斤,合计4775148斤,与上述推算基本吻合。

乾隆五十九年至嘉庆三年,因京局改铸黄钱,无须黑铅配铸,停止贵州、湖南所办黑铅;嘉庆四年,京局鼓铸恢复旧制,贵州仍照黑铅原额办解;次年,又加办黑铅九万斤[20]。贵州每年办黑铅473238 斤,加之白铅,合计 4865152 斤。如嘉庆十三年,贵州巡抚福庆奏请拨解铅本银时言,庚午年上、下两运白铅及解运丁卯年一届正加黑铅,"总计应办白黑铅四百八十六万五千一百五十二斤。"[21]两年后,贵州巡抚鄂云布言:"嘉庆十五年应办壬申年上运及嘉庆十六年应办壬申年下运,总计应办京局黑白铅四百八十九万五千一百五十二斤"[22]。此较原额多出三万斤,乃带解营操黑铅。如道光二十七年,贵州巡抚乔用迁奏请拨解办运乙酉年(道光二十九年)京铅银两时说:"乙酉年额办白铅四百三十九万一千九百一十四斤,黑铅四十七万三千二百三十八斤零,带解营操黑铅三万斤,共白黑铅四百八十九万五千一百五十二斤零。"[23]咸丰二年,贵州巡抚蒋蔚远在奏请拨解咸丰四年京运脚本银时,所言黑白铅总额仍为4895152 斤[24]。

然自咸丰三年军兴,长江航道不畅,加之各省协拨铅本不济,京运黔铅大多积存于泸州、永宁一带。咸丰十年,云贵总督张亮基奏:"黔饷难筹,惟查泸、永一带,有存积黑白铅三千五百余万斤,若就近变价,计值数十万金。"[25]故"自咸丰三年以后,因协黔铅本不济,无项发厂拨运,兼之苗教各匪接踵而至,以致砂丁四散,槽硐淹没,所有厂地变为荒墟"[26]。可见,咸丰三年黔铅京运便已中断。

清代前期黔铅京运年额变化表   单位:百斤

年代或时段	黔铅京运年额		
	白铅	黑铅	合计
雍正十三年至乾隆五年	36600	0	36600
乾隆六年至九年	31000	5000	36000
乾隆十年至十三年	38419	7000	45419
乾隆十四年至二十五年	38419	0	38419
乾隆二十六年至二十九年	42419	0	42419
乾隆三十年至三十九年	43919	3503	47422
乾隆四十年至四十八年	43919	0	43919
乾隆四十九年	43919	3503	47422
乾隆五十年至五十八年	43919	3832	47751
乾隆五十九年至嘉庆三年	43919	0	43919
嘉庆四年	43919	3832	47751
嘉庆五年至十四年	43919	4732	48651
嘉庆十五年至咸丰三年	43919	5032	48951
平均	42326	3366	45692

2、黔铅楚运量

京运之外,楚运也是黔铅外销的主要渠道。早在雍正七年,因黔铅销售不畅,大量积压,贵州巡抚张广泗提议:贵州"所有各厂课铅应请留铅供用,其余铅亦应照滇例借动库银项收买,……运往永宁、汉口等处销售。……通计每年收买各厂余铅三四百万斤,转运销售。"[27]但销售情况并不理想。如雍正十年贵州巡抚常安奏报:"查自雍正七年九月起至雍正十年三月底,……先后收买余铅二百六十九万四千三十六零,……详委按察司照磨吴营、贵阳府同知朱东启领铅五万斤,分运永宁、汉口试销,……余铅二百六十四万四千三十六斤零,因运销甚难,止就厂销售"[28]。其后不了了之。楚销黑铅不畅,实与黑铅用途有关,当时黑铅主要用于制造火器弹丸,用量有限。白铅楚销情形与黑铅大致相似,白铅主要用于鼓铸制钱,而当时京局铸钱量有限,而各省铸局大多未开,即使开局也多以废钱、废旧黄铜器皿为原料,无需购置白铅。

然自雍正十年至乾隆十年间,福建、江苏、浙江、湖南、江西、湖北、广东、直隶、山西、陕西等省先后采买滇铜开局铸钱,需白铅配铸,而乾隆五年改铸青钱以后,黑铅亦成为币材之一,全国铅的需求量迅速增加。但是,这些省份基本不产铅,即使有铅矿开采,也不能满足本省鼓铸需求,故各省纷纷"委员赴汉口采买"[29]。汉口黑白铅供不应求,销售顺畅。有鉴于此,乾隆十一年,贵州总督张广泗奏请:"黔省威宁州、水城厅等处开采白铅,出产旺盛,岁自办解京局正耗铅四百数十万觔之外,本省鼓铸及川省收买,又约需一百万觔,计多余铅三百万觔,但矿厂衰旺不常,请每年额外预办二百万觔,存贮以备接济,尚有百万余觔,动藩库公项银,尽数收买,运至四川之永宁下船,抵赴汉口发卖,以供江浙等省钱局采办之用。"[30]朝廷很快批准了张广泗的建议:"贵州白铅运供京局暨本省鼓铸外,其余铅斤,照原定价值,尽数收买,委员转运汉口设局,发卖各省供铸。"[31]重启黔铅楚运,年额白铅一百万斤。乾隆十四年,贵州巡抚爱必达奏称:"黔省铅厂旺盛,余白铅五百万斤,经臣请拨工本收买运赴汉口,令各省买供鼓铸。准部议复:江苏等九省每年采买鼓铸,约需铅二百万斤,除从前已议,令黔省每年运一百万斤至汉口,以供各省采买,此项余铅五百万斤内,再拨一百万斤,共二百万斤,已足各省鼓铸之需。"[32]运楚白铅增至 200 万斤。如贵州委员独山州州同欧阳璐办运乾隆十八年上运汉口售供各省鼓铸铅一百零五万斤[33]，上下两运合计 210 万斤[34]。而自京运黑铅改归湖南办解后（乾隆十四年），贵州按年拨解黑铅 5 万斤运楚，"备直隶、山西两省之用"，乾隆四十七年拨解黑铅增至 10 万斤，嘉庆五年又改为年解 5 万斤[35]。

乾隆二十年之后，黔铅运楚额多有变化。乾隆三十一年，贵州巡抚方世儁奏："窃照黔省出产白铅，于乾隆十四年经前抚臣爱必达奏准，每年酌拨二百万斤运湖北汉口售供各省鼓铸之用，嗣于二十年前抚臣定长议请正额之外，加运一百八十万斤，经部复准办理，至二十三年因楚局递年分运壅滞难销，前抚臣周琬查明奏请停运一年，并于加运铅内酌减四十万斤，每年共运铅三百四十万斤，迨后二十五年，又因汉局存积铅斤约敷两年销售，复经前抚臣周人骥奏明，停运一年，并请将加运一百四十万斤停止办理，每年止照原议拨正额铅二百万斤运楚销售各在案。兹据布政使良乡粮驿道永泰会详称，查明楚局原积铅斤自渐运以来，按年销售，所余无几，请自乾隆丙戌年起，每年加运铅一百万斤，存贮楚局，以备售供。"[36]按方世儁所言，乾隆二十年起，每年加运白铅 180 万斤，正加带运合计 380 万斤。乾隆二十三年，因汉口黔铅积存已达六百五十余万斤，经巡抚周琬奏请停运一年[37]。二十四年起，减加运铅 40 万斤，运额仍有 340 万斤。二十六年，巡抚周人骥奏请停止加运铅，恢复原额 200 万斤[38]。至乾隆三十一年起，每年又加运白铅 100 万斤，正加带运合计 300 万斤。此外，自乾隆二十四年起，"湖南岁需贵州白铅二十万斤，于黔省委运汉口出售铅斤之便，带解楚南"[39]，此又不在运额之内。

乾隆三十五年以后，因黔铅运楚延误，户部曾调剂拨广西铅来汉协济[40]。不久，黔铅楚运又恢复正常，乾隆四十五年湖北巡抚奏报:"今查汉口节年运到黔铅,合计已有五百五十余万斤,足供各省二三年采买之需。"[41]但运期严重滞后。乾隆四十八年,贵州巡抚李本奏:"戊戌年(乾隆四十三年)下运已亥(乾隆四十四年)上运拨发汉口销售正耗白铅二百六十二万五千斤,黑铅五万二千五百斤,……头帮于乾隆四十八年三月十六日自重庆开行"[42]。按上述正耗黑白铅 2677500 斤,折合正铅约 255 万斤。除黑铅 5 万斤外,白铅运额已由 300 万斤减至 250 万斤,但不知始于何年。其实早在乾隆四十二年,贵州巡抚裴宗锡就已说过,额运楚省白铅 2655000 斤[43]。姑且定为乾隆三十六年。乾隆四十九年,巡抚孙永清鉴于汉口、永宁存铅较多,又请将下年额办运楚白铅暂行减半,每年额运白铅 125 万斤,乾隆五十四年又恢复原额 250 万斤[44]。如癸丑年(乾隆五十八年)正耗白铅 2625000 斤、乾隆五十七年分黑铅 52500 斤由都匀县知县祝星番领运,头帮于乾隆五十七年九月十八日自重庆开行[45]。

此后,嘉庆、道光两朝黔铅运楚量基本稳定。如道光十四年,贵州巡抚裕泰仍称,"黔省每年办运汉口销售白铅二百六十三万斤"[46]。当汉局存铅过多,便会奏请停运一二年,待积铅销售完毕又开始发运。如道光二年,贵州巡抚史致光奏:"黔省岁办楚铅,向以汉局存贮之盈虚,酌核黔厂转运之缓急。嘉庆二十年因汉口铅斤支绌,趱运癸、甲、乙、丙四起楚铅,现在汉局存铅充裕,足敷各省三年采买之用,若再将丙子趱运及借拨趱办乙亥之铅按年踵运,亦不过久贮汉局。……准其将未办第四起丙子趱运楚铅停其办运,其已运乙亥趱办系借拨正运楚铅,即抵本年壬午楚铅正运,所有乙亥、丙子二起未运加趱铅斤既无须办运。"[47]嘉庆、道光两朝共停运嘉庆二十、二十一年,道光五、六、七、十二、十三、十五、十六年、十八年、十九年楚铅,共计十一年[48]。

　　咸丰初年军兴,长江航道受阻,楚运黔铅堆积泸州、永宁一带,无法抵汉。继因黔苗之乱,"以致砂丁四散,槽硐淹没,所有厂地变为荒墟",楚运随之停止。兹将楚运停止时间定为咸丰三年,其理由与京运相同。

清代前期黔铅楚运年额变化表　　　　　单位:万斤

年代或时段	黔铅运楚年额		
	白铅	黑铅	合计
乾隆十一年至十三年	100	0	100
乾隆十四年至二十年	100	5	105
乾隆二十一年至二十二年	380	5	385
乾隆二十四年至二十五年	340	5	345
乾隆二十六年至三十年	200	5	205
乾隆三十一年至三十五年	300	5	305
乾隆三十六年至四十六年	250	5	255
乾隆四十七年至四十八年	250	10	260
乾隆四十九年	125	10	135
乾隆五十年至嘉庆四年	250	10	260
嘉庆五年至咸丰三年	250	5	255
平均	237.24	5.21	242.45

　　黔铅运楚自乾隆十一年起,至于咸丰三年。其中乾隆二十三年、嘉庆二十、二十一年,道光五、六、七、十二、十三、十五、十六年、十八年、十九年停运,共计十二年,实际运楚时间为96年。

3、黔川采买量

贵州是清代铅的主产地，黔铅除了京楚两运之外，亦供黔川两省鼓铸。贵州鼓铸用铅皆取自本省铅厂。雍正九年，经云贵广西总督鄂尔泰奏请，贵州于毕节县开局鼓铸，设炉十座，年额三十六卯。乾隆五年又增炉十座，乾隆九年又增年额至四十六卯[49]。乾隆《毕节县志》亦言："雍正八年设宝黔局于城内，置炉十座，年铸三十六卯，照滇省例铜六铅四配搭。乾隆五年添炉十座，六年改铸青钱，照京局铜铅对搭，每铜五十斤，配白铅四十一斤八两，黑铅六斤八两，滇锡二斤。乾隆十年每年加铸十卯，共四十六卯，每年鼓铸用铜五十二万余斤，内买滇铜三十九万斤，黔铜一十三万余斤；每年用白铅四十四万斤，自水城福集厂拨运供铸；每年用黑铅六万五千斤，自威宁之柞子厂拨运供铸；每年用滇锡二万斤，自滇省之个旧厂买运供铸。"[50]依该书所载，宝黔局鼓铸，每卯用料为1136.74斤[51]，其配铸比例为红铜49.98%、白铅42.07%、黑铅6.22%、锡1.91%，与户部所定比例略有出入，在减少红铜、黑铅和锡的同时加大了白铅的比例，这样的调整可能是贵州盛产白铅的缘故。照此推算，则雍正九年至乾隆四年，每年鼓铸用白铅163691斤；乾隆五年用白铅327381斤；乾隆六年至乾隆九年，每年用白铅344323斤、黑铅50908斤；乾隆十年之后，每年用白铅439968斤、黑铅65049斤。

乾隆二十四年贵州钱局移建省城贵阳，仍设炉二十座，每年铸定额四十六卯之外，照定额加铸二十三卯。三十五年，贵州减炉五座，将加铸二十三卯暂行裁减。四十四年，贵州减铸十卯，每年鼓铸三十六卯。五十二年，贵州省城局原设炉二十座，分五炉移设大定府。五十九年，停各省鼓铸，嘉庆元年，复开各省铸局，嘉庆五年，各省局改为三色配铸[52]。按乾隆二十四年宝黔局移建贵阳府，同时加铸二十三卯,共计六十九卯,则年需铜 784037 斤、白铅 659953 斤、黑铅 97573 斤、锡 29962 斤。另据贵州巡抚裴宗锡言:"乾隆二十四年移局省城,适威宁铜厂旺盛,前抚臣周人骥奏请加铸二十三卯,共年铸六十九卯,用铜七十八万余斤。"[53]与上述推算基本相符。

乾隆三十五年,贵州减炉五座,剩余十五炉,并将加铸二十三卯裁减,年铸四十六卯。则需白铅 329976、黑铅 48787 斤。四十一年又恢复原二十炉[54],年铸四十六卯,则需白铅 439968 斤、黑铅 65049 斤。四十四年再减铸十卯,年铸三十六卯,则需白铅 344323 斤、黑铅 50908 斤。此后,除了五十二年将五炉移建大定府外,贵州鼓铸量基本保持稳定。但因滇铜、黔铅产量下降,在保证京运的前提下,贵州鼓铸常被延误。如乾隆五十一年贵州巡抚抚李庆棻奏:"黔省钱局鼓铸,因从前铜铅阻滞,递压卯额,积至四五年之久,现在所铸之钱尚系四十六年分卯额,请照四川湖北之例,将宝黔局现在造报之四十五年分卯钱作为四十九年正额,其四十五、六、七、八等年欠卯无庸补铸。以后年清年款,庶不致再有滞压。"[55]

乾隆五十九年,因各省私铸盛行、小钱充斥,滇黔尤甚,"是以降旨将有鼓铸省分,暂行停止",嘉庆元年重新开铸[56],宝黔局、大定局亦不例外。嘉庆五年,宝黔局依部议改为三色配铸,每一百斤用铜五十二斤,白铅四十一斤八两,黑铅六斤八两,三色配铸。但因贵州黑铅产量不敷,减用黑铅三斤四两,加添滇铜二斤,白铅一斤四两[57]。其配铸比例为:红铜 54%、白铅 42.75%、黑铅 3.25%。按贵阳、大定二局设炉二十座,年铸三十六卯计算,需红铜 441965 斤、白铅 349889 斤、黑铅 26600 斤。然据嘉庆朝《大清会典》载:"宝黔局滇铜三十四万一千七百余斤,本省白铅二十六万余斤;大定局滇铜九万三千九百余斤,本省铜二万斤,本省白铅九万六千余斤。"[58] 合计铜铅 791600 斤,红铜 435600 斤,占 55.03%,白铅 356000 斤,占 44.97%,并未提及黑铅。笔者推测,在嘉庆六年至十六年之间,因贵州黑铅产量不敷,故取消黑铅配铸,加大红铜、白铅的比例。姑且将这一变化定为嘉庆十年。

嗣后,贵州铸钱年额基本稳定,但因银贵钱贱及铜材缺乏,停铸时有发生。道光十八年,贵州巡抚贺长龄奏称:"窃照黔钱局分设贵阳府十五炉、大定府五炉,每年额铸三十六卯,……。嘉庆二十三年及道光二年,黔局无铜济铸,……自道光五年开铸起,十余年来局铸钱文积久,遂形壅滞。……合无仰恳圣恩俯准,将贵阳、大定两局暂行停铸,……。上谕:'著照所请'。"[59] 道光二十三年,贺长龄又奏:"窃照黔省贵阳大定两府分设炉座,每年共额铸钱八万九千七百七十三串二百文,……所需配铸铜斤向系本省陈家沟厂产铜二万斤,采买滇铜四十万三千八百九十余斤。因道光十八年钱价过贱,奏准暂行停铸。……今奉旨饬令开铸,遵即行。……合无仰恳圣恩俯准,将贵阳大定两局收存道光十八年铜铅作为二十三年正额供铸,并将十九年采办铜铅即为二十四年正额供铸。"[60] 按贺长龄所言,嘉庆二十三年、道光二年、三年、四年、十八年、十九年、二十年、二十一年、二十二年等九年宝黔局停铸。此外,贺长龄称宝黔局鼓铸年需铜 423890 斤,按配铸比例中铜占 55.03% 计算,则需白铅约为 346400 斤。咸丰初年,贵州军兴,黔铅厂地屡被蹂躏,生产停滞,铸钱亦应随之停止。

清代前期宝黔局鼓铸用铅量列表　　　单位：斤

年代或时段	宝黔局用铅年额		
	白铅	黑铅	合计
雍正九年至乾隆四年	163691	0	163691
乾隆五年	327381	0	327381
乾隆六年至八年	344323	50908	395231
乾隆九年至二十三年	439968	65049	505017
乾隆二十四年至三十四年	659953	97573	757525
乾隆三十五年至四十年	329976	48787	378763
乾隆四十一年至四十三年	439968	65049	505017
乾隆四十四年至五十八年	344323	50908	395231
嘉庆元年至四年	344323	50908	395231
嘉庆五年至十年	349889	26600	376489
嘉庆十一年至咸丰三年	356000	0	356000
平均	380931	33252	414383

　　四川鼓铸所需白铅亦向贵州采办。雍正十年开宝川局于成都，设炉八座，年铸二十四卯，用铜铅三十二万斤，采买滇铜及黔铅应用。乾隆十二年增炉十五座，十九年增炉七座，二十年增炉十座，加铸十八卯，合计炉四十座，年铸四十二卯，年需白铅116.2万，黑铅18.2万斤。乾隆四十六年因产铜不敷，停炉减卯，年需白铅66.4万、黑铅10.4万斤。乾隆五十九、六十两年停铸。嘉庆元年至三年以铜六铅四配铸，每年用白铅64万斤。嘉庆五年照京局三色配铸，每年用白铅68.4万斤、黑铅5.2万斤[61]。按宝川局每卯用料1666.67斤，则雍正十年用白铅12.8万，乾隆十二年用白铅381800斤、黑铅56580斤，乾隆十九年用白铅498000斤、黑铅73800斤，乾隆二十年用白铅1162000斤、黑铅172200斤，与上述记载基本相符。

　　乾隆五十二年四川总督保宁奏称:"窃照川省宝川局例用黑白铅搭配红铜鼓铸制钱,自乾隆四十五年奏准减卯并添配白铅,计旧炉正铸十二卯及新炉分铸四卯,共配用白铅七十三万六千八百斤。嗣于五十年经前督臣李世杰奏明,复还新旧炉带铸六卯,需配白铅三十六万八千四百斤,统计每年需配白铅一百一十万五千二百斤。查川省配铸白铅旧例,除本省白沙、旺盖二厂产外,每年赴黔省采买白铅四十九万八千斤,以供配用。兹准黔省咨称,各厂衰疲,此后每年仅可拨买二十七八万运本省,……似应请将复带铸六卯仍暂行停铸,俟川黔厂产旺盛,随时酌复旧规。至停铸六卯,每年可减用白铅三十六万八千四百斤,尚需白铅七十三万六千八百斤。"[62]按保宁所言,宝川局采办黔铅,年额白铅49.8万斤,这与乾隆十九年宝川局需用白铅年额相等,这一定额持续至乾隆五十年,其后减为27.5万斤左右。故此可以推论,自雍正十年宝川局开铸以来,即采用贵州白铅,其数额随钱局需求量而变,至乾隆十九年,川省白铅厂产量旺盛,故将每年采办黔省白铅定为49.8万斤。乾隆五十年后,因黔铅产量下降,采办量将至每年28万斤左右,嘉庆元年停川运[63]。

清代前期川省采买黔铅年额变化表　　　　单位:万斤

年代或时段	川省采买黔铅年额	合计
雍正十年至乾隆十一年	12.8	320
乾隆十二年至十八年	31.18	218.26
乾隆十九年至五十年	49.8	1593.6
乾隆五十一年至六十年	28	224
平均	32.89	2355.86

　　此外,云南亦曾经采买黔铅鼓铸。自雍正二年至雍正六年,云

南每年采买贵州白铅 50 万斤以供鼓铸[64]。雍正七年，云贵总督鄂尔泰奏："窃照贵州威宁、南笼二府所属马鬃岭、丁头山等厂出产倭铅，向供云南钱局之用，委滇员管理。兹滇省罗平州地方出有铅矿，已足资配搭铸钱"，不再采买黔铅[65]。云南采买黔铅，共计不过250 万斤。

清代前期黔铅销量变化表 单位:万斤

年代或时段	京运	楚运	黔省鼓铸	川省采买	年销量
雍正十三年 至乾隆四年	366	0	16.37	12.8	395.17
乾隆五年	366	0	32.7	12.8	411.50
乾隆六年至八年	360	0	39.5	12.8	412.30
乾隆九年	360	0	50.5	12.8	423.30
乾隆十年	454.19	0	50.5	12.8	517.49
乾隆十一年	454.19	100	50.5	12.8	617.49
乾隆十二年 至十三年	454.19	100	50.5	31.2	635.89
乾隆十四年 至十八年	384.19	105	50.5	31.2	570.89
乾隆十九年 至二十年	384.19	105	50.5	49.8	589.49
乾隆二十一年 至二十二年	384.19	385	50.5	49.8	869.49
乾隆二十三年	384.19	0	50.5	49.8	484.49
乾隆二十四年 至二十五年	384.19	345	57.75	49.8	836.74
乾隆二十六年 至二十九年	424.19	205	75.75	49.8	754.74

年代或时段	京运	楚运	黔省鼓铸	川省采买	年销量
乾隆三十年	474.22	205	75.75	49.8	804.77
乾隆三十一年至三十四年	474.22	305	75.75	49.8	904.77
乾隆三十五年	474.22	305	37.88	49.8	866.90
乾隆三十六年至三十九年	474.22	255	37.88	49.8	816.90
乾隆四十年	439.19	255	37.88	49.8	781.87
乾隆四十一年至四十三年	439.19	250	50.5	49.8	789.49
乾隆四十四年至四十六年	439.19	255	39.52	49.8	783.51
乾隆四十七年至四十八年	439.19	260	39.52	49.8	788.51
乾隆四十九年	474.22	135	39.52	49.8	698.54
乾隆五十年	477.51	260	39.52	49.8	826.83
乾隆五十一年至五十八年	477.51	260	39.52	28	805.03
乾隆五十九年至六十年	439.19	260	0	28	727.19
嘉庆元年至三年	439.19	260	39.52	0	738.71
嘉庆四年	477.51	260	39.52	0	777.03
嘉庆五年至十年	486.51	255	37.75	0	779.26
嘉庆十年至十四年	486.51	255	35.6	0	777.11
嘉庆十五年至咸丰三年	456.92	255	35.6	0	747.52

以上京运、楚运及黔川滇三省鼓铸,自雍正十年至咸丰三年间,共计采买贵州白黑铅84729.38万斤[66],年销量从雍正十年395.17万斤快速增至乾隆三十一年的904.77万斤,之后逐渐回落至嘉庆十五年的747.52万斤,平均每年694.5斤。其中,作为黔铅销售的三大渠道——京运、楚运及黔川滇三省鼓铸分别占总销量的64.16%、27.45%、8.36%。同时,在黔铅总销量中,销往省外部分占黔铅总销量的94.82%。也就是说,除了贵州本省鼓铸之外,其他大部分皆销往全国各地,供京局及各省局鼓铸。

4、通商铅与私铅的比例

以上所考察的黔铅销量均是官铅,即课铅及官购余铅。要推算黔铅产量,还必须明确通商铅和私铅的比例。康熙十八年批准各省开采铜铅矿,规定二八抽课,课铅一般就地变价,余铅由商民贩卖,不存在所谓官铅。乾隆四年,贵州总督张广泗言:"黔省各厂所出铅斤除抽课外,炉民所获余铅向系自行销售,至雍正八年经升任总督部堂鄂尔泰题请动帑收买运售获息,获息充公,又于雍正十二年内奉旨,行令照价收买,按年委官解运京局,以供鼓铸,迨至乾隆元年,因铅厂收积已多,京局存铅又尚充裕,题请将莲花、砂朱二厂所出铅斤除抽课外,余铅听民自行销售,各在案。是黔省各厂自开采以来,或经官买,或听通商,原无议定。"[67]自雍正八年官买运销及十二年后开始京运,官买官销,商铅概行禁止,乾隆元年又允许商铅销售。正如张广泗所言,黔铅运销时而官买,时而通商,并无定制。乾隆十四年,贵州巡抚爱必达奏请:"今查每年运供京局及川黔两省鼓铸,存贮备用,运汉销售,并新议增买共需铅九百万斤,目前各厂岁约出铅一千四百余万,请酌量变通,嗣后每百斤除抽课二十斤外,余铅八十斤,以五十斤官为收买,以三十斤听其通商,计一千四百余万之铅,抽收课余足敷九百余万斤之数,此外余铅听炉民自售。"[68]这实为双重规制:一是三成通商,二是官买黔铅定额九百万斤之后,其余全部通商。按当时年产1400万斤计算,这双重规定并不矛盾,但当产量开始下降时,势必减少商铅以满足官运,商民获利减少乃至亏本,导致产铅继续下滑。大约自乾隆二十五年之后,新开矿厂一律四成通商,如乐助堡、新寨、月亮岩等厂[69],其后逐渐推行至原有老厂,兹以乾隆三十年为限。

乾隆四十五年之后,莲花、福集等大厂年产量已经不敷京楚二运,每年缺额100余万斤,从以前积存厂铅弥补,至乾隆五十四年,从其积存厂铅仅剩700余万斤[70]。嘉庆朝以后,黔铅产量继续下滑,嘉庆八年之后,妈姑厂"所出铅斤仅能勉敷正额",福集厂"即正额亦属不敷"[71]。此时名义上虽有四成通商,但实际上商铅基本全被官府收购,用以添凑运销。如嘉庆十七年贵州仅产铅773.62万斤[72],年销之外仅有20余万斤剩余,几无通商可言。道光以后,即使商铅全被官买,亦不敷官销定额。如道光十四年贵州巡抚裕泰奏称:黔铅"各厂开采年久,硐深矿微,出铅渐少,向赖购买商铅以资凑集,近年商铅亦少,办理维艰。"[73]故可知道光十年以后,黔铅年产量低于官销量。

通过以上考察可知,正式规定黔铅通商比例是在乾隆十四年,商铅占三成,乾隆三十年之后基本四成通商,嘉庆八年后规定仍四成通商,但实际上已不存在所谓商铅,道光十年以后更为严重,黔铅产量已经低于官定销量,兹以一成计。如此,将官铅与商铅销量综合,可得黔铅产量的时间序列。如下表:

清代黔铅产量表（以销量推算）　　　　单位:万斤

年代或时段	官销量	商销量	推算年产量
雍正十三年至乾隆四年	395.17		395.17
乾隆五年	411.50		411.50
乾隆六年至八年	412.30		412.30
乾隆九年	423.30		423.30
乾隆十年	517.49		517.49
乾隆十一年	617.49		617.49
乾隆十二年至十三年	635.89		635.89
乾隆十四年至十八年	570.89	244.67	815.56
乾隆十九年至二十年	589.49	252.64	842.13
乾隆二十一年至二十二年	869.49	372.64	1,242.13
乾隆二十三年	484.49	207.64	692.13
乾隆二十四年至二十五年	836.74	358.60	1,195.34
乾隆二十六年至二十九年	754.74	323.46	1,078.20
乾隆三十年	804.77	536.51	1,341.28
乾隆三十一年至三十四年	904.77	603.18	1,507.95
乾隆三十五年	866.90	577.93	1,444.83
乾隆三十六年至三十九年	816.90	544.60	1,361.50
乾隆四十年	781.87	521.25	1,303.12
乾隆四十一年至四十三年	789.49	526.33	1,315.82
乾隆四十四年至四十六年	783.51	522.34	1,305.85
乾隆四十七年至四十八年	788.51	525.67	1,314.18
乾隆四十九年	698.54	465.69	1,164.23

年代或时段	官销量	商销量	推算年产量
乾隆五十年	826.83	551.22	1,378.05
乾隆五十一年至五十八年	805.03	536.69	1,341.72
乾隆五十九年至六十年	727.19	484.79	1,211.98
嘉庆元年至三年	738.71	492.47	1,231.18
嘉庆四年	777.03	518.02	1,295.05
嘉庆五年至十年	779.26	519.51	1,298.77
嘉庆十一年至十四年	777.11		777.11
嘉庆十五年至道光七年	747.52		747.52
道光八年至咸丰三年	747.52		672.77
年均	699.37	312.45	1,009.40

分析上表,自雍正十三年至乾隆二十一年,黔铅年产量从 395 万斤增至 1242 万斤。此后 50 余年间产量基本稳定,徘徊在 1000—1507 万斤之间。嘉庆八年之后开始快速下降,至道光十年左右跌至 672 万斤。纵观黔铅产量演变,基本呈正态分布,于矿业生产规律一致。

二、依据奏销数据推算产量

在清代,政府对矿业实行严格的监督和管理。任何经政府批准设立的矿厂,每年由各省布政司将各厂抽课、收买、变价以及厂费开销等项编造旧管、新收、开除、实存四柱清册按季上报,并于年底将用过价脚厂费等项造册,由本省巡抚复查无异后上报,最终由户部核实报销,这即是清代的矿厂年度奏销制度。矿厂奏销制度的实行, 留下了大量以奏销清册为基础的黔铅产量原始数据, 笔者据台湾故宫博物院藏清代《内阁大库档案》和《军机处档折件》中历年各矿厂奏销折的记载, 整理清代黔铅各矿厂历年产量如下表:

清代黔铅主要各矿厂部分年份产量表

单位: 斤

矿厂名	起至日期	计月	抽课	收买	出铅	年产量
马鬃岭	雍正十年九月初一至十一年八月底	12	208237			1041185
丁头山	雍正十年九月初一至十一年八月底	12	73707			368535
小洪关	雍正十一年正月初一至十二月底	12	307116			1535580
福集	乾隆二十四年四月初一至二十五年三月底	12	511861			2559305
福集	乾隆五十七年四月初一至五十八年三月底	12	395114			1975570
福集	嘉庆二年四月初一至三年三月底	12	394256			1971280
福集	嘉庆三年四月初一至四年三月底	12	363883			1819415
福集	嘉庆八年四月初一至九年三月底	12	363810			1819050
乐助堡	乾隆二十八年正月初一至十二月底	12	195424	390848		977120
乐助堡	乾隆五十二年正月初一至十二月底	12	58224		291120	291120
乐助堡	乾隆五十四年正月初一至十二月底	13	63038		315190	315190

矿厂名	起至日期	计月	抽课	收买	出铅	年产量
莲花塘	乾隆八年六月初一至九年五月底	12	200000			1000000
莲花塘	乾隆十一年六月初一至十二年五月底	12	180887			904435
莲花塘	乾隆十八年六月初一至十九年五月底	13	1854193			9270965
莲花塘	乾隆二十三年六月初一至二十四年五月底	12	1601552			8007760
莲花塘	乾隆二十六年六月初一至二十七年五月底	13	1227375			6136875
莲花塘	乾隆三十九年六月初一至四十年五月底	12	921070			4605350
莲花塘	乾隆四十五年六月初一至四十六年五月底	13	568750			2843750
莲花塘	乾隆五十一年六月初一至五十二年五月底	12	641665			3208325
莲花塘	乾隆五十二年六月初一至五十三年五月底	12	650000			3250000
莲花塘	乾隆五十四年六月初一至五十五年五月底	12	754167			3770835

矿厂名	起至日期	计月	抽课	收买	出铅	年产量
莲花塘	乾隆五十五年六月初一至五十六年五月底	12	900000			4500000
莲花塘	乾隆五十六年六月初一至五十七年五月底	12	975000			4875000
莲花塘	乾隆六十年六月初一至嘉庆元年五月底	12	900000			4500000
莲花塘	嘉庆三年六月初一至四年五月底	12	900000			4500000
莲花塘	嘉庆八年六月初一至十年六月底	25	1935522			4838805
莲花塘	嘉庆十二年六月初一至十三年五月底	13	1035522			5177610
莲花塘	嘉庆十六年六月初一至十七年五月底	12	955867			4779335
砂朱	雍正十年九月初一至十一年八月底	12	111668			558340
砂朱	乾隆元年九月初一至二年八月底	12	164627			823135
砂朱	乾隆十六年九月初一至十七年八月底	12	89851			449255
砂朱	乾隆十七年九月初一至十八年八月底	12	81977			409885
水洞帕	乾隆五十年正月初一至十二月底	12	55000			275000

矿厂名	起至日期	计月	抽课	收买	出铅	年产量
水洞帕	乾隆五十一年正月初一至十二月底	13	56000		280000	280000
水洞帕	乾隆五十二年正月初一至十二月底	12	55740		278800	278700
水洞帕	乾隆五十三年正月初一至十二月底	12	55780		278900	278900
柞子	雍正六年正月初一至七年三月底	15	346413			1385652
柞子	雍正七年四月初一至八年三月底	12	460262			2301310
柞子	乾隆十三年四月初一至十四年三月底	12	30629		122518	122518
柞子	乾隆十九年四月初一至二十年三月底	12	185814		743257	743257
柞子	乾隆二十二年四月初一至二十三年三月底	12	80638			403190
柞子	乾隆三十一年四月初一至三十二年三月底	12	34475			172375
柞子	乾隆四十三年四月初一至四十九年三月底	73		2190000		450000
柞子	乾隆五十一年四月初一至五十二年三月底	13			883600	883600

矿厂名	起至日期	计月	抽课	收买	出铅	年产量
柞子	乾隆五十四年四月初一至五十五年三月底	13		351470		878675
柞子	嘉庆七年四月初一至八年三月底	12			200000	200000

注:表内抽课、收买、出铅量均源于清册数据,年产量依据清代贵州铅厂二八抽课之例,由抽课量计算而来。其中,柞子厂乾隆四十六年之前,二八抽课后余铅全部官买,年产量等于收买余铅量的 1.25 倍,四十六年后余铅四成通商,年产量等于余铅收买量的 2.5 倍。

理论上讲,所有铅厂每年产量汇总便可生成黔铅产量的时间序列,但由于档案保存并不完整,上表所列仅为部分年份主要铅厂的产量,因此,必须结合其他记载分析清代不同时期黔铅的产量:

1、雍正二年,云贵总督高其倬曾言,贵州白铅厂每年抽课五六千两白银,按照铅厂二八抽课以及每百斤价银一两五钱计算,当时年产量约在 180 万斤左右[74]。再加之猴子等黑铅厂,黔铅年产量应不低于 180 万斤。

2、雍正七年云贵总督鄂尔泰奏报,马鬃岭厂每年约可出铅一百万斤,大鸡厂约可出铅一百五六十万斤,砂朱厂约可出铅二三十万斤,江西沟厂约可出铅一二十万斤,丁头山一厂可出铅十余万斤,柞子一厂可出铅一百余万斤,六厂共计四百余万斤[75]。雍正八年六月,户部引用云贵总督奏请贵州运销铅斤折称:"疏称各厂每年抽收课铅约有七十余万斤。"[76]鄂尔泰所奏运销铅斤为马鬃岭、大鸡、砂朱四厂,全部为白铅,并不包括柞子厂黑铅在内。按二八抽课计,雍正七年贵州白铅产量约 350 万斤。然柞子厂该年所产黑铅高达230万斤(见上表,下同)。此外,还有羊角、白蜡、阿都、猴子等小厂数余处。雍正十年贵州巡抚张广泗言:"王廷琬接管(铅务)之后,于调剂厂规、通裕商运、讲求办理,厂民踊跃,赴办一年,所出铅斤竟有六七百万斤之多,为从来所未有。"[77]按王廷琬为贵州粮驿道道员,于雍正七年五月接手铅务。张广泗所奏为王廷琬亏空开脱,存在虚报嫌疑。但雍正七年黔铅产量580万斤应属可信。

3、清政府出资收买余铅,运至四川、湖广销售。不但扩展了黔铅的销路,而且获得了丰厚的收益。"雍正十年获余息银一十六万三千五十余两,十一年又获余息因一十六万九千九百余两,除扣还从前工本银八万两外,余存银两皆作台拱军需之用。"[78]另据张广泗言,黔铅运销永宁、汉口,"每百斤可获余息银一两四五钱不等"[79]。据此推算,每年外销的黔铅约有600万斤左右。当然,不排除运销铅斤中有以前积压存铅。上表马鬃岭、丁头山、砂朱、小洪关四厂雍正十一年白铅产量共计350万斤,此外还有柞子等黑铅厂,故雍正十一年黔铅年产量500万斤应较接近史实。

4、乾隆十一年,贵州总督张广泗奏:"查莲花、砂砵、月亮岩各厂,每年约可出铅一千万余斤,每年需用七百余万斤,尚余三百万斤"[80]张广泗所言年产1000万斤,恐不实。上表莲花厂乾隆八年、十二年产量均在百万斤左右;砂朱厂、月亮岩二厂产量有所下降,合计年产量约百万斤左右;柞子厂乾隆十三年亦仅产12万斤。该年新开福集厂,其最高年产量亦256万斤。此外新寨、罗朋、济川、枫香四厂,其产量不会超过150万斤。以上合计仅为618万斤,距1000万斤距离甚远。存疑。故将其产量暂定为620万斤。

5、乾隆十四,贵州巡抚爱必达奏:"(黔铅)每年运供京局及川黔两省鼓铸,并运汉销售,共铅九百万斤。现各厂岁出铅一千四百余万斤。"[81]黔铅产量的迅速增加与大厂的开发密不可分,如乾隆十八年年莲花厂产 927 万斤、乾隆二十四年福集厂产 255 万。加之砂朱、济川等厂产量均在 50 万斤以上,故爱必达所言 1400 万斤较为真实。黔铅巨大的年产量,除满足中央和全国各省铸币所需外,每年还剩余百万斤,节年累积。乾隆二十三年,黔铅"存厂存局共计有五千余万"斤[82]。平均每年剩余 500 余万斤,亦与爱必达所言相符。据此可知,乾隆十四年至二十三年的十年间,黔铅的年产量平均在 1400 万斤左右。

6、乾隆三十年左右,随着莲花、福集二厂产量的下降,黔铅的年产量也随之低落。据上表,莲花厂乾隆二十六年产量 610 万斤,乾隆三十九年产量 460 万斤,福集厂产量维持在 200 万斤左右,乐助堡厂乾隆二十八年产量 97 万斤,乾隆三十一年柞子厂产量 17 万斤,则乾隆三十年前后,黔铅的年产量应在 850 万斤左右,仅敷京楚两运及川黔鼓铸之用。

7、乾隆四十五年之后,黔铅的产量逐渐下降。据贵州巡抚李庆棻奏:"黔省福集、莲花二厂,岁供京楚两运白铅六百余万斤,每年所产有一百余万斤缺额,自乾隆四十五年始,俱以旧存余铅凑拨,日形支绌。"[83]则乾隆四十五年之后,黔铅的年产量已经回落到五百万斤左右。但据上表,莲花厂产量约在 300 万斤左右,福集厂维持在 200 万斤,乐助堡、水洞帕、柞子三厂合计约 100 万斤,总计约为 600 万斤,李庆棻所言恐不实。

8、乾隆五十五年前后,黔铅产量又有一定程度地恢复。上表所示,莲花、福集、柞子、水洞帕、乐助堡等五厂产量合计大 835 万斤。加之月亮岩、新寨、达磨山、连发山等厂,估计黔铅产量约在 900 万斤左右。

8、嘉庆朝以来,随着开采日久,黔铅产量又开始缓慢下降。据嘉庆朝《钦定大清会典》记载:"贵州出白铅六百六十九万六千二百余斤,抽课变价银一万七千二百三十七两有奇,黑铅一百四万斤,抽课变价银一百九十六两有奇。"[84]该书所收资料截至于嘉庆十七年,当时贵州黑白铅年产量共计773万斤。

9、道光八年,为了鼓励黔铅生产,改二八抽课为一九抽课,"每年计少价银九千四百七十八两零"[85]。按每百斤一两八钱计算,则每年抽课约52.7万斤,黔铅年产量约为530万斤左右。

咸丰初年,由于太平天国战事影响,长江航道不畅,黔铅外运受阻,加之随后而来的滇黔回乱军兴,黔铅生产基本停止,产量无从考证。据以上分析,将清代不同时期黔铅产量列表如下:

清代前期黔铅产量变化表(以奏销数据推算) 单位:万斤

时段	产量区间	平均产量	合计
雍正三年至六年	180—580	380	1520
雍正七年至十年	580—500	540	2160
雍正十一年至乾隆九年	500—620	560	6720
乾隆十年至十三年	620—1400	1010	4040
乾隆十四年至乾隆二十三年	1400—1400	1400	14000
乾隆二十四年至三十九年	1400—850	1125	18000
乾隆四十年至四十四年	850—600	725	3625
乾隆四十五年至五十四年	600—900	750	7500
乾隆五十五年至嘉庆十七年	900—773	836.5	19239.5
嘉庆十八年至道光八年	773—530	651.5	10424
平均		838.74	87228.5

注:根据前文推算出的部分年份的黔铅产量,形成十个不同时段的产量区间,以每个产量区间的平均产量乘以区间年份数得出不同时期黔铅的产量,十个时段之和即黔铅的总产量。

　　清代前期的一百多年间,虽然黔铅产量经历了剧烈的变化,从百余万斤猛增至千余万斤,然后逐渐回落至六百余万斤。104年间,黔铅总产量达8.72亿斤,平均每年生产黑白铅839万斤。黔铅产量表现出明显的波动,历经了两波增长、下降的过程,年际之间差异较大,振幅最高时超过100%。

三、两种计算方法的比较以及产量波动的原因分析

　　产量与销量之间虽然有密切的联系,但它们往往并不同步,供大于求或供不应求的产生均是销量滞后于产量的表现。因此,以销量推算产量方法的科学性值得思考。笔者将以上两种计算结果比较如下图:

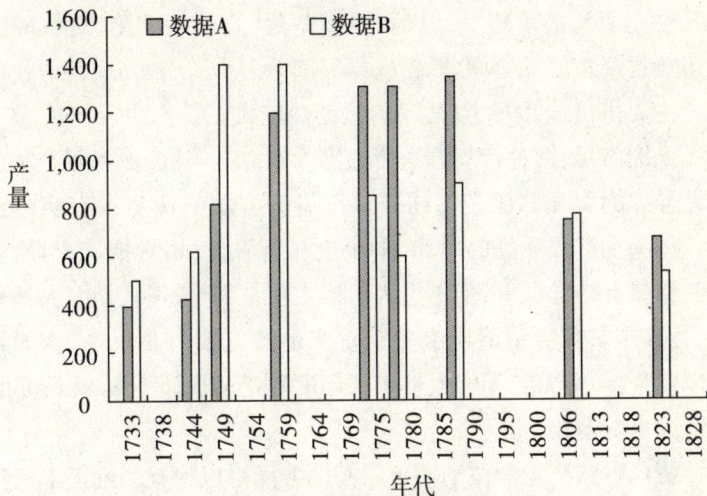

清代黔铅产量变化比较图

　　注:此表中数据A是按销量推算所得,数据B是由历年铅厂奏销资料汇总所得。

　　两组数据并未完全重合。之所以有这样的差异,缘于两种数据的计算方法不同。数据 A 依据售量推算,表示销售情形。在一定时期内,市场需求相对稳定,因而数据 A 比较平稳。销售量虽因产量而变化,但并不能完全代表实际产量的变化。如乾隆二十三年奏报:贵州“各厂白铅近年出产甚旺,除供京局及川黔两省鼓铸,并各省采买外,每年约尚余铅一百万余万。而积年存厂存局共计有五千余万”[86]。因此,数据 A 与实际产量之间存在误差。

　　传统时代的矿业生产遵循经济发展的基本规律,自发性的市场调节往往滞后于市场需求的变化。数据 B 根据各厂产量得出,反映生产的实际状况。雍正年间黔铅产量迅速增加,导致市场销售不畅,“以致铅皆堆积,而炉户人等工本无几,时有停工误卯之虞”,便是真实的写照[87]。其后,随着楚运、京运的实施,黔铅的销售市场逐渐扩展到全国,黔铅一举突破千万大关,贵州成为清代币材的主要供给地,因此数据 B 的波动性较大。

　　上图所示,两种计算方法所得出黔铅总量不同,而年际产量变化差异尤为明显。比较不同条件下研究方法的优劣没有实际意义。因为在严氏所处的时代,由于史料所限,以销量推算产量,虽然其结果有一定误差,但不失为可取之法。而今,清代档案大量开放,尤其是矿厂奏销清册中关于矿产量的记载为数众多[88]。如果仍以销量推算产量,而弃大量矿厂年度奏销清册而不顾,无疑是学术研究上的退步。

　　清代黔铅产量的波动还可以其他方面得以检验。雍正十三年开始黔铅京运,当时每年运量为 366 万斤,加之川黔鼓铸,每年运铅约 395 余万斤。乾隆四年,贵州总督张广泗称:“莲花、砂朱二厂收存铅斤分拨乾隆五年半运之数外,止存铅七百余万,兼之开采日久,砂朱厂现已衰微,莲花厂亦出产渐少。"[89]按莲花、砂朱是当时黔铅的主要矿厂,年产量下降,已不敷京运和川黔采买,可知二厂年产量应在 390 万斤。加上其他矿厂所产,黔铅年产量应在 400—500 万斤左右。乾隆二十三年,贵州巡抚周人骥奏称:"各厂白铅近年出产甚旺,除供京局及川黔两省鼓铸,并各省采买外,每年约尚余铅一百万余万。而积年存厂存局共计有五千余万。"[90]按自乾隆十四年以来,京楚二运及川黔采买之外,黔铅每年有 500 万斤积存,十年后存量达 5000 万斤。乾隆四十一年,贵州巡抚裴宗锡巡查福集厂时,该厂存铅 700 万斤[91]。又乾隆五十三年,贵州巡抚李庆棻奏称:"查福集厂现在仅存旧铅四百余万斤,莲花厂仅存旧铅一百余万斤"[92]。可见,福集厂已经开始去库存化,莲花厂亦不例外,其速度比福集厂还快。从乾隆二十三年至五十三年,黔省库存从 5000 万斤降至 500 万斤,平均每年减少 225 万斤。

　　值得一提的是,清代黔铅几次较大亏空案均发生在产量严重下降之际。乾隆三十四年查出,威宁州知州刘标自乾隆二十五年开始经管该州铜铅厂,"亏空铜本脚价银四万八千三百九十余两外,约计少铅七百余万斤,缺工本脚价银十余万两"[93]。次年,又查出威宁州继任知州王葆元、高炜及厂员张祥发共有炉欠铅 150 万斤。平均每年少铅 70 余万斤。道光四年查出,贵西道道员何金又炉欠铅 190 万斤[94]。何金于嘉庆二十年出任贵西道,经管大定铅务共八年[95],平均每年欠铅 24 万斤。所谓欠铅,即采办铅斤不敷定额部分。三次亏欠案分别发生于两次黔铅产量下滑之际,故笔者认为,这并非官员采办不力,实因黔铅产量下降所致。

　　黔铅产量波动如此剧烈,其原因何在?自雍正二年至乾隆十四年的 26 年中,黔铅年产量从 180 万斤增至 1400 万斤,增加了近 7 倍,年均增长率为 27.11%,属于黔铅开发的快速扩张时期。黔铅开发之所以如此迅速,其原因是多方面的。其一,是官府提倡和支持。贵州从"禁矿"省份到矿业全面开放即发生于此时。同时,原先大量私开的矿厂,经过官府查勘,报部批设,而转变成为合法矿厂,无形中扩大了统计半径。其二,是销路扩展,需求大增。从滇省采买鼓铸,到贵州官买转销四川、湖广,再到京运、楚运的开启,黔铅的销售市场从滇黔地区发展到全国,市场需求成为拉动黔铅开发加速的重要动力。其三,利润丰厚。黔西北有大量高品位铅锌矿石,加之人力、物力成本低廉,采炼铅锌利润丰厚,吸引大量外地商民集聚贵州。

自乾隆十四年至乾隆二十三年是黔铅发展最为鼎盛的时期,1400 万斤的年产量维持了 10 年。其时,黔铅已经处于供大于求的局面,每年有 500 余万斤剩余。按照商品经济规律,势必导致铅价大跌,进而影响生产发展。但由于政府收储政策的执行,使商民生产得以继续。乾隆二十一年,贵州巡抚定长奏:"查乾隆二十二年十月应办己卯年上运、戊寅年四月应办己卯年下运京局白铅三百八十四万一千九百一十四斤,……。又乾隆二十二年收买备贮铅三百万斤,每百斤工本银一两四钱五分,共需银四万三千五百两,总计办运京局并收买备贮共铅六百八十四万一千九百一十四斤,共应需工本水陆脚费银二十七万三千二百四十六两四千五分七厘二毫,……应请一并拨给。"[96] 按定长所言,每年于京运之际,"收买备贮铅三百万斤"应为常例。如此,京铅、楚铅及川黔鼓铸铅,再加上储备铅,官府购销量已占黔铅年产量的绝大部分。因此,商民铅斤销售压力大减,生产得以继续。

乾隆三十年之后,黔铅主要矿厂产量递减。一方面因开采年久,矿硐深远,采炼成本增加,商民经营状况逐渐恶化。如乾隆三十五年,"威宁州属妈姑厂原设炉房百座,每月烧出毛铅,除抽课外,余铅收买三十万斤,合计每月需采办毛铅四十万斤,近因开采有年,出铅渐少,每月止获毛铅二十七八万斤"[97]。另一方面,征缅战役持续数年,大量官兵、军需从黔入滇,沿途征用驮运牛马和人夫,矿区运输受险,对黔铅生产有一定影响。虽然乾隆四十一年之后,政府大力开发新矿,整顿老矿,但仅仅稳定住黔铅产量下滑的趋势,并没有出现大规模的增长。

乾隆四十五年以后,虽然黔铅产量已大幅下降,但因前期贵州有大量储备铅斤,故外销量并未受太大影响。为了恢复黔铅产量,政府相继出台了一系列政策。乾隆四十六年,开始允许柞子厂黑铅四成通商。如乾隆四十八年,贵州巡抚孙永清奏称:"查威宁州柞子厂黑铅,自蒙皇上天恩俯准,获铅四成通商以来,厂旺课增"[98]。乾隆五十三年又增加官府收铅价格,莲花厂铅由每百斤价银 1.5 两增至 1.8 两,福集厂铅每百斤价银由 1.4 两增至 1.7 两[99]。商民经营状况好转,黔铅年产量又急转向上,形成了黔铅发展的第二波高潮。

但嘉庆朝以来,黔铅小型矿厂纷纷封闭,采办压力几乎全部叠加在仅有的几个大型矿厂之上。而莲花、福集、柞子等厂开采已逾半个世纪,老矿力不能支,办铅官吏不得已将收买商铅凑数。如前所述,这一时期虽名义上四成通商,实际上商民无铅可卖。失去商铅补贴的商民,其经营状况更加入不敷出,黔铅生产每况愈下。此外,这一时期贵州雨水较多,原有成熟矿硐多遭水淹。嘉庆年间李宗昉言:"威宁多铅厂,旧矿产铅不旺,且每岁夏时中多积水,车戽之费较昔日增,又从前官炉不足,则买商铅以补之。"[100]道光八年,"黔省妈姑、福集等铅厂因开采年久,硐老山空,砂丁采取匪易。新发、白岩子厂,夏间雨水过多,硐被淹,招丁车水,需费不少,炉户倍形疲乏。"官府不得已减少矿课为一成[101]。但已无法挽回黔铅衰落的趋势。

　　由此可见，清代黔铅产量历经了两波增长——下滑的过程，呈明显的"M"型分布。黔铅产量增长的主要原因得益于政策的强力支持和市场的巨大需求，而丰富的矿藏和丰厚的利润也是黔铅产量增长的因素。而矿藏衰竭、成本增加是产量下降的主要原因，政府的不利政策又加速了黔铅产量的下滑。总结清代黔铅产量波动的原因，矿藏、市场、成本等因素都在不同程度上对产量有所影响，但起决定作用的还是政府的政策。

四、贵州是清代全国性矿产中心

　　贵州之外，清代云南、四川、广西、湖南、广东、陕西等省也产铅。那么，其他省的产量如何，黔铅究竟在清代铅锌矿业中占据什么样的位置？温春来在《清前期贵州大定府铅的生产与运销》一文中引用《皇朝政典类纂》所载数据对清代主要铅产地的年产量作过比较，这组数据来源于嘉庆朝《钦定大清会典》，仅是嘉庆朝中期全国各省的铅产量，并不能代表整个清代的情形。因此，首先需要对清代其他省份的铅锌产量作一考察。

　　云南省：清代该省主要铅矿有罗平州属卑淅铅厂、平彝县属块泽铅厂、会泽县者海铅厂、建水州普马山铅厂四处。雍正二年，云贵总督高其倬奏："查云南开局鼓铸，以倭铅四分配搭，计四局一年共应用倭铅六十七万六千余斤，俱照市价采买，各局远近不一，并驮脚每百斤共需四两五钱，臣亟思另自开厂，以供鼓铸，外访得云南之块泽河向鲁出产倭铅，委员招采，所出不旺，节省有限，仍不敷用。"[102] 但五年后，鄂尔泰便说："兹滇省罗平州地方出有铅矿，已足资配搭铸钱"[103]。可见，雍正七年，云南省铅产量已达 67 万余斤。云南巡抚刘藻奏："者海厂乾隆二十三年分办供东川旧局正课铅三十一万九千四百六十一斤十五两零,……,又添办东川新局正课铅一百一十九万七千九百八十九斤十三两零"[104]。次年,建水州普马铅厂"办出毛铅五十八万五千六百八十三斤八两六钱"。另,"罗平州属卑块二厂乾隆二十五年管收共铅七十二万二千六百二十八斤八两九钱零,内除官买抽课铅四十七万九千一百九十五斤十五两壹一钱零外,实余铅二十四万三千四百三十二斤九两七钱零,卖过商铅二十四万五百零七斤"[105]。则乾隆二十四年前后,仅此四厂产铅已达282万余斤。乾隆二十八年,者海厂仍维持在1257888斤,但普马厂产量已降至271678斤[106]。乾隆三十四年,新开弥勒县野猪井铅厂,其产量亦有239597斤[107]。乾隆三十六年,卑浙、块泽二厂亦降至399329斤[108]。以此推之,乾隆三十六年前后,云南铅产量约在217万斤左右。乾隆五十年后,因东川新局停铸,者海厂仅办供东川旧局铸铅159731斤[109]。乾隆五十六年,卑浙、块泽二厂共办获毛白铅304724斤,普马厂办供省城局铸铅223624斤[110]。故乾隆五十六年,云南省铅产量约为69万斤。嘉庆《钦定大清会典》载:"云南出白铅五十一万三千四百余斤,抽课变价银六百八十余两,黑铅三万九千五十六斤,抽课变价银二十一两有奇。"[111]该书资料截至于嘉庆十七年,即可认为该年云南产铅55万余斤。

四川省:清代该省主要铅厂有建昌属沙鸡厂、酉阳州属铅旺盖白铅厂、荣经县属盘陇山黑铅厂、石砫厅属白沙岭白铅厂等。乾隆二十四年,四川总督开泰奏:"(酉阳州属铅旺盖白铅厂)自乾隆十九年四月初一日题报开采起,至乾隆二十三年年底止,一铅斤旧管无,新收课耗余铅一百三十三七千六百二十斤七两零。"[112]则一年十二个月抽课铅、耗铅及收买余铅281487斤,按二成抽课、四成收买计算,年均产量为469145斤。乾隆四十九年,沙鸡厂新收铅

44253 斤,白沙岭厂新收铅 119015 斤,五十二年荣经县属盘陇山黑铅厂新收课耗余铅 37528 斤,此三厂合计年产铅 334660 斤[113]。加之上述旺盖白铅厂,则乾隆五十年左右,四川省年产铅 80 万斤上下。嘉庆十七年,"四川出白铅十八万九千七百余斤,黑铅九万八千四百七十斤有奇"[114],共计 28 万余斤。

湖南省:该省铅矿主要分布于郴州和桂阳州。"(康熙)五十二年题准,湖南大凑山、黄沙等三处,于一年内开采获铅税三十六万二千一百余斤"。[115]乾隆二十三年,郴桂二州马家岭等处铅厂黑铅抽税 232083 斤,白铅抽税 10751 斤[116]。湖南铅厂二八抽课,如五十一年,湖南郴桂二州各铅厂获黑铅 367570 斤,抽税 73514 斤;白铅 197525 斤,抽税 39505 斤[117]。故康熙五十二年湖南产铅1810500 斤,乾隆二十四年产铅 1214170 斤。乾隆五十三年,湖南东坑湖、金川塘、石仙岭、白沙垄、杉树坑等处铜铅各矿抽税铜 70斤、税黑铅 14118 斤、税白铅 1972 斤[118]。再加上马家岭等厂,湖南乾隆五十年左右产铅约 64 万余斤。嘉庆十七年,"湖南出白铅二十万八千一百四十七斤,征铅沙税二百九十五两有奇,黑铅二万八千一百四十七斤有奇,征铅沙税银一百六十八两",共计236294 斤[119]。

广西省:该省主要铅厂为永康州绿泓等黑铅厂与融县四顶山白铅厂。乾隆七年,广西巡抚杨锡绂上奏《鼓铸事宜》时说:"渌泓等黑铅厂,计每年抽课四万余千斤。"[120]按二八抽课,则当时广西渌泓等黑铅厂年产量超过 20 万斤。柳州府融县四顶山白铅厂,"自乾隆二十九年四月试煎起,至三十年十一月止,共抽正课撒散白铅十四万七千余觔,……照例每炼铅一百斤,抽正课二十斤,撒散三斤"。[121]故乾隆三十年,四顶山厂年产铅 403661 斤。因四顶山燃料不济,乾隆三十五年,将四顶山白铅矿砂运至马巩螺塘山产煤旺盛之处煎炼。"兹自乾隆三十五年四月建炉起,至三十六年六月止,每矿砂百斤,约炼出铅十九斤及二十一二斤不等,共炼出白铅五十八万二千一百零"[122]。此为十五个月产量,则该厂年产量约为465680斤。乾隆五十一年,又运四顶山矿砂至罗城县冷洞山,移砂就煤,每年可抽正课五万余斤,其年产量约在25万斤以上。嘉庆十七年,"广西出白铅二十二万三千三百七十斤,黑铅六万一千二百九斤",合计284579斤[123]。

广东省:该省铅矿分布很广。据乾隆九年奏报,广州、韶州、惠州、潮州、肇庆、罗定、连州、嘉应等府州有铅矿77处、铜铅矿52处、铜铅金银矿19处[124]。但大多为小矿,几年后便硐老山空而封闭。其开采时间较长的矿主要在香山、丰顺、嘉应、镇平等四州县。乾隆三十三年,广东巡抚钟音奏:"丰顺、嘉应、镇平三州县开采各铅矿山场,乾隆三十三除嘉应州矿厂采出矿砂,照依定价每百斤变价银伍分,内除公费五厘,余银折半抽课,并无铅斤抽收外,其丰顺、镇平二县各厂,共煎出铅四千二百四十七斤零"[125]。乾隆三十八年,香山、丰顺、嘉应、镇平四州县矿山共煎出铅12561斤,五十八年共煎出铅12507斤[126]。另,嘉庆《钦定大清会典》亦载:"广东出白铅一万二千余斤"[127]。

此外,陕西、山西亦曾开采铅矿,如陕西省同州府华阴县华阳川黑铅矿,乾隆三十年,陕西巡抚和其衷奏请封闭该厂时说:"自乾隆十三年起至二十二年,每岁采获铅斤自五六万斤至十万斤不等,抽收课铅及收买余铅自二三万斤至四五万斤,运局供铸,颇为有益。乃自乾隆二十三年以来,采获铅斤较前短少,至二十六七等年,报获黑铅递年减少,较之初开尚不及十分之一,至二十八年分仅获铅四百斤,愈采愈微。"[128]其产量有限,所需黑白铅大多赴汉口采买黔铅。嘉庆《钦定大清会典事例》虽然记载:山西省有"交城县马鞍山铅厂、交城县属金沟铅厂、平定州属铜题山铅厂"[129]，但是,这些矿厂从开到闭前后不过四年,产量有限,故"晋省办铜鼓铸,尚须白铅点锡,应委员赴楚采买"[130]。综合以上各省不同时期铅产量,将其列表如下:

清代各省铅锌产量表　　　　　单位:万斤

年份及时段	云南	四川	湖南	广西	广东	陕西	贵州	合计	黔铅所占比重
乾隆二十四年至三十年	282	46.9	131	60.3	0	7.5	1400	1927.7	72.63%
乾隆三十一年至四十九年	217	63.4	92.5	66.5	1.2	0	900	1340.6	67.13%
乾隆五十年至六十年	69	80	64	45	1.2	0	600	859.2	69.83%
嘉庆十七年	55.2	28.8	23.6	28.5	1.2	0	773.6	910.9	84.93%

注:本表中部分年份数据利用该省前后年份数据中位插入法而得。

从上表可以看出,在清代七个主要产铅省分中,传统产铅大省湖南、云南的产量逐年下降,而贵州的产量一直维持在高位,黔铅产量占清代铅总产量中的67%—84%。因此,贵州是清代铅矿的最大产地,黔铅在清代矿业中占有非常重要的地位。

清代黔铅开发,自康熙五十七年第一座铅厂设立至咸丰三年矿业生产陷于停顿,前后一百多年的历史中,贵州的铅锌矿一直在开采,平均年产量在767万斤左右。自雍正十三年实行黔铅京运以后,其产量迅速增长,很快突破 1000 万斤大关,1400 万斤的最高年产量持续了近二十年。之后,黔铅产量逐渐回落,但至道光年间仍有 500 万斤的年产量。黔铅的产量占清代铅总产量的三分之二以上,供应京局及除云南以外所有省局的鼓铸所需,是清代全国性矿产中心,在清代矿业中占据非常重要的地位。

第二节　黔铅的购销管理

自雍正十年至咸丰三年间,黔铅销售共计 84729.38 万斤,年均销售量 694.5 万斤。同时,黔铅产量的波动远远大于销量的变化,在供大于求或供不应求的情况下,政府如何在保证销售的同时稳定生产,这是考验清代黔铅购销制度的首要问题,也是保证国家资源供给的必要环节。为此政府制定了一系列规章、制度来实现黔铅的购销任务,包括官府收购、价格、储存、调拨和销售渠道等方面内容,保证黔铅及时到达各个指定区域,满足全国币材需求。

一、余铅收购、国家储备与加工提炼

在清代,具体的矿业生产过程一般由商民负责,政府主要对矿业进行监督和管理。但是,绝大部分矿产品的销售权却由国家掌控,而这一过程的前提即是矿产品的收购。在清代,所有黔铅矿厂煎炼出的黑白铅斤,均需按照"二八抽课",即商民必须以矿产量的 20% 上交国家,作为矿业税,称之为课铅,剩余的 80% 矿产量称为余铅。

雍正初年,贵州余铅除了部分由云南地方政府收购,运往昆明、大理等地钱局鼓铸制钱之外,大部分由商民自由贩运销售。但因黔铅矿厂僻处深山,滇黔地区铅斤需求有限,商民运输不便,大

量铅斤积压矿厂,难以销售,铅价骤降。为了维持黔铅生产,自雍正五年起,云贵两省先后借用官银收买余铅,运销四川、湖广[131]。乾隆四年,贵州总督张广泗追述:"黔省各厂所出铅斤除抽课外,炉民所获余铅向系自行销售,至雍正八年经升任总督部堂鄂尔泰题请动帑收买,运售获息充公,又于雍正十二年内奉旨,行令照价收买,按年委官解运京局,以供鼓铸,迨至乾隆元年,因铅厂收积已多,京局存铅又尚充裕,题请将莲花、砂朱二厂所出铅斤除抽课外,余铅听民自行销售,各在案。是黔省各厂自开采以来,或经官买,或听通商,原无议定。"[132]张氏所言,除黔铅官销开始时间有误外,其余铅收买过程基本属实。雍正五年后,官府收买余铅、官运官销。至雍正十三年黔铅京运后,在京运优先的前提下,官府余铅收买视存铅多寡而定。乾隆十年后,黔铅产量大增。乾隆十四年,贵州巡抚爱必达奏请:"今查每年运供京局及川黔两省鼓铸,存贮备用,运汉销售,并新议增买共需铅九百万斤,目前各厂岁约出铅一千四百余万,请酌量变通,嗣后每百斤除抽课二十斤外,余铅八十斤,以五十斤官为收买,以三十斤听其通商,计一千四百余万之铅,抽收课余足敷九百余万斤之数,此外余铅听炉民自售。"[133]由于黔铅产量巨大,在保证官府运销量的前提下,允许部分铅斤由商民自行运销,而政府控制了绝大部分黔铅的销售权。

收购余铅的价格由官府制定。雍正八年,张广泗奏称:贵州"各厂所费工本多寡不一,其收买价值议定每百斤一两四五钱不等,另加驮脚盘费,运往永宁、汉口等处销售,现在时价三两七八钱及四五两不等,除归还买本脚价,每百斤可获余息银一两四五钱不等"[134]。可见,官府收购余铅是以成本定价,并没有将商民的矿业利润考虑在内,故官府运销余铅利润高达100%。其后政府决定黔铅京运,除了产量巨大外,价格低廉也是其主要因素之一。如雍

正十三年,贵州巡抚元展成奏请:"于每岁运京三百六十六万余斤
铅价内赏息银三万七千余两,庶京局铅价较前商运每年仍可节省
四万五千七百余两。"[135]

虽然官府定价很低,但这些余铅从商民手中收购,还是需要一
定资金。官购运铅工本、脚价银两由贵州巡抚提前奏请中央政府
划拨。乾隆元年,贵州巡抚张广泗奏称:"部拨浙省雍正十二年秋
季存库案内拨协贵州运铅等银,今据宁海县县丞徐铆管解到黔,经
司眼同开鞘,用部颁法马弹兑明白,照数贮库。"[136]楚运工本、脚价
则借用贵州藩库存银。乾隆十四年,贵州巡抚爱必达奏称:"每年
运汉铅觔,需工费银七万二千五百二十两零,请拨给两年银存贮支
用,嗣后即以售价收买,毋庸再拨。"[137]川黔二省鼓铸铅由贵州存
贮铅内拨运,铸钱还款。前述爱必达所言,每年官销铅 900 余万斤
中,除了所抽课铅 280 万斤外,每年收购余铅 720 万斤,按每百斤
价银 1.5 两计算,需工本银 10.8 万两。

余铅收购量并非完全依据销售量而定,仔细分析上述爱必达
的奏折,除每年京楚二运及川黔两省鼓铸外,官府收购余铅中还有
一部分用于"存贮备用"。因黔铅产量波动较大,政府适量收购存
贮铅斤,不但可以调节生产节奏,而且可以保证官铅供给源源不
断。关于官府存贮铅斤数量,乾隆十一年,贵州总督张广泗奏请:
"黔省威宁州、水城厅等处开采白铅,出产旺盛,岁自办解京局正
耗铅四百数十万觔之外,本省鼓铸及川省收买,又约需一百万觔,
计多余铅三百万觔,但矿厂衰旺不常,请每年额外预办二百万觔,
存贮以备接济。"[138]乾隆二十一年,护理贵州巡抚吴士端奏请户部
划拨京黔工本、脚价银时说:"查乾隆二十二年十月应办己卯年
(乾隆二十四年)上运、戊寅年(乾隆二十三年)四月应办己卯年下
运京局白铅三百八十四万一千九百一十四斤,……又乾隆二十二

年收买备贮铅三百万斤，每百斤工本银一两四钱五分，共需银四万三千五百两，总计办运京局并收买备贮共铅六百八十四万一千九百一十四斤，共应需工本水陆脚费银二十七万三千二百四十六两四千五分七厘二毫。"[139]官府收贮铅斤，应始于京运之始，随着黔铅产量的增长，每年储备铅斤从一百万斤增至三百万斤。乾隆二十三年，黔铅"存厂存局共计有五千余万"斤[140]。这应是官储铅斤逐渐积累所致。正因为有如此巨大的收储量，当此后黔铅产量减少时，官府仍有存铅可供运销。如乾隆五十三年贵州巡抚李庆棻称："黔省福集、莲花二厂，岁供京楚两运白铅六百余万斤，每年所产有一百余万斤缺额，自乾隆四十五年始，俱以旧存余铅凑拨。"[141]

　　贵州各厂所产均为毛铅，与钱局规定成色不敷，故黔铅需镕净后运京。乾隆五十七年，户部奏称"贵州运京铅斤，向来运员在厂领运，每毛铅百斤，加耗五斤，至四川重庆，始行募工镕净解京，矿砂折耗，势所不免，遂致解官挂欠。嗣后应令贵州本厂镕净，照例五十斤一块，錾明厂名斤数，到局验收"[142]。运官自四川永宁铅局领收京运正耗铅，运至四川重庆府设局镕化提炼，其添设炉房、雇募工匠、采买薪炭均由运员安排。如乾隆四十四年八月，贵州运员庄熊芝给重庆府巴县的移文中称："敝运奉委解运辛丑年上运京铅，应交户、工二部白铅一百零九万七千九百七十八斤八两，又自出己资买备沿途磕损折耗及交部添补秤头白铅一万五千斤。在渝熔化完竣，雇募秃尾夹鳅中船十六支，……装载齐全。查于本年二月初四日自永宁开秤起，陆续运抵重庆，于五月十八日开炉熔化。"[143]乾隆五十八年以后，京铅镕化转归各厂办理。《钦定户部则例》载："黔省办运京铅，自乾隆乙卯年（乾隆六十年）为始，照湖南之例，就近在黔省本厂将毛铅镕净，按五十斤镕成一块，刊明年份、厂名及厂员姓名，用部颁法码兑足，交运员领运。"黔铅楚运原在汉口镕炼,自此亦归矿厂镕化。"楚运铅斤向系委员将毛铅运至汉口,镕经售卖,今汇同京铅一并在厂熔炼"。[144]

二、销售方式和销售市场

清代黔铅官销,按运销渠道和方式可分为三种:即京销、楚销和川黔采买。自雍正十三年开始,京运所需工本、运费银两按年由贵州巡抚提前奏请,户部划拨他省协银到黔应用,贵州省依定额购买,按年运京,供户部宝泉局、工部宝源局鼓铸,事后据实报部核销。表面上看,黔铅京运似按年由政府从贵州调拨至京局,实则购买资金早已划拨给贵州。

黔铅楚销,即每年由贵州省出资购买余铅,运至湖北汉口销售。楚运早在雍正年间就已实行,后因京运被迫暂停。但此后福建、江苏、浙江、湖南、江西、湖北、广东、直隶、山西、陕西等省先后采买滇铜开局铸钱,需铅配铸,纷纷"委员赴汉口采买"[145]。有鉴于此,乾隆十一年,贵州总督张广泗奏请:黔省每年所产铅斤,除京运、川黔采买及储备外,"尚有百万余觔,动藩库公项银,尽数收买,运至四川之永宁下船,抵赴汉口发卖,以供江浙等省钱局采办之用。"[146]朝廷很快批准了张广泗的建议:"贵州白铅运供京局暨本省鼓铸外,其余铅斤,照原定价值,尽数收买,委员转运汉口设局,发卖各省供铸。"[147]

楚运运官不但运铅,还需销售。乾隆二十一年规定:"贵州运铅至汉口,委员坐局售卖,汉阳同知就近管理,卖获铅价,该同知查验,督令解至汉阳府库收存,贵州委员将铅价解领回省时,报明湖北巡抚饬沿途地方官拨兵护送,其存局未售铅斤,责成汉阳府同知年终赴局盘查,将实存数目,详明巡抚,转咨贵州查覈。"[148]黔铅汉口设局销售,由湖北汉阳同知管理,售卖价银暂贮湖北藩库,等全部售完,由运官带回贵州。但各省采买时间不定,运员座局销售旷日持久。乾隆四十四年改定:"贵州州委员运汉销售铅斤,系全数卖毕,携价回省报销,未免守候需时,应改为前后运交存,现运委员铅抵汉口,即将前运未卖之铅交与现员代卖,前运委员即携已卖之价回省销差,并饬现员先尽前运存铅卖毕,再行接卖自运之铅,仍令前员报销以清年款。"[149]其后,进一步简化销售程序,"贵州每年运赴湖北汉口销售铅斤,黔省委员至汉口交代,湖北委员接收清楚,即行起程回黔,毋庸在汉口守候销售,其接收铅斤及兑发各省委员采买事宜,令汉阳同知就近坐局管理,每届岁底责成汉阳府盘察结报,所有售获铅价寄贮湖北藩库,黔省下运委员到楚,领解回黔归款。"[150]楚铅销售由汉阳府同知管理,运官不再售卖铅斤。

大部分鼓铸省份赴汉口采买黔铅。《钦定户部则例》载:"贵州福集、莲花等厂采办白铅,委员运赴湖北汉口,以供直隶、山西、江苏、江西、福建、浙江、湖北、陕西、广东等省采买"[151]。湖南虽不在汉口购买黔铅,但由楚运运员带解至巴陵,亦属楚运范畴[152]。乾隆十四年,广西巡抚舒辂奏称,广西"添铸所需白铅,委员前赴常德截买黔铅"[153]。除湖南、广西外,各省委员携银至汉口,价银交入湖北藩库,自雇船只水手运送黔铅回省鼓铸。

川黔二省并不在黔铅楚销之内,而是直接由贵州采买。"雍正十年(四川省)开局于省城成都,设炉八座,年铸二十四卯,用铜铅三十二万斤,采买滇铜及黔铅应用"[154]。乾隆十五年规定:"四川采买贵州白铅,每一百斤照旧给价银三两九钱,自永宁运至成都,每一百斤给水脚银四钱八分。"四川委员携银赴贵州藩库交纳,在永宁局领铅回省。贵州鼓铸所需铅斤,白铅来自莲花、福集厂,黑铅来自柞子厂[155],铸出钱文还补铅价。

可见,黔铅销售分为三种方式:京销主要供应京师户部宝泉局和工部宝源局鼓铸，楚销供直隶、山西、江苏、浙江、江西、福建、湖北、陕西、广东等九省鼓铸，川黔鼓铸所需铅斤赴铅厂采购，黔铅的销售市场几乎遍布全国。正是由于国家的组织和管理，通过黔铅的收购、收储、加工、运销组织等一些列措施，确保黔铅销售的顺利进行，也保证了京师及其全国各省所需币材的供给。

注　释

1　温春来《清前期贵州大定府铅的生产与运销》，《清史研究》2007 年第 2 期。该文对雍正七年和嘉庆十七年的黔铅产量作过考察，其中引用过一条云贵督抚关于黔铅矿厂的奏销折。

2　严中平著：《清代云南铜政考》，中华书局，1948 年。杨煜达在《清代云南铜矿开采对生态环境的影响研究》（《中国史研究》2004 年第 3 期）一文中认为，严氏所提出私铜及通商铜比例过低，但依然没有脱离以销量计算产量的思路。

3　如林荣琴《清代湖南矿业开发》，复旦大学历史地理研究中心 2004 年博士论文，等。

4　参见《皇朝文献通考》卷十六《钱币考四》，各省开局鼓铸及所需黑白铅来源。

5　云南采买黔铅在雍正二年至六年之间，其后本省铅厂旺盛，不再采买黔铅供铸。

6　《大清世宗皇帝实录》卷一百七十三，雍正十一年十一月癸巳，上谕内阁。

7　《钦定大清会典则例》（乾隆朝）卷四十四《户部·钱法》。

8　乾隆二年三月十五日，张广泗《钦奉上谕事》，《内阁大库档案》，编号：000080557。

9　《钦定大清会典则例》（乾隆朝）卷四十四《户部·钱法》办铅锡条。

10　《大清高宗皇帝实录》卷二百十八，乾隆九年六月辛酉，贵州总督张广泗、署贵州按察使宋厚条奏。

11　《大清高宗皇帝实录》卷一百八十五，乾隆八年二月辛亥，户部议覆贵州总督兼管巡抚张广泗疏奏；《大清高宗皇帝实录》卷二百二十一，乾隆九年七月戊戌，户部覆云南总督张允随奏。

12　《钦定大清会典则例》（乾隆朝）卷四十四《户部·钱法》。

13　《钦定大清会典》（乾隆朝）卷十四《户部·钱法》，该书成于乾隆二十三年，凡例载："一会典不书年分，惟户部丁赋榷税每年增减不一，仍遵照旧典，核得乾隆十八年额数登载，工部榷税仿此。"

14　《钦定大清会典事例》(嘉庆朝)卷一百七十三《户部·钱法》办铅锡条:"(乾隆)二十七年奏准,贵州额解白铅四百二十四万一千九百一十四斤,上下两运,每运派府佐州县二员,分作四起运解。"

15　16　18　《钦定大清会典事例》(嘉庆朝)卷一百七十三《户部·钱法》办铅锡条。

17　乾隆四十一年四月十八日,裴宗锡《奏为奏明请旨事》,引自《滇黔奏稿录要》,第209—214页。

19　乾隆五十四年一月,工部《移会稽察房四川总督李世杰奏贵州委员署锦屏县知县刘允正办运京铅于乾隆五十三年十月二十二日入境于十一月六日出境》,《内阁大库档案》,编号:000141924。

20　《钦定大清会典事例》(嘉庆朝)卷一百七十三《户部·钱法》。

21　嘉庆十三年九月六日,户部《题为黔抚题拨铅本银两事》,《内阁大库档案》,编号:000005433。

22　嘉庆十五年四月二十六日,鄂云布《题为钦奉上谕事》,《明清档案》,卷册号:A342—030。

23　道光二十七年五月二十四日,乔用迁《奏明请拨办运乙酉年京铅银两由》,《军机处档折件》,编号:000078421。

24　咸丰二年四月二十七日,蒋霨远《奏请拨银两办运甲寅年京铅》,《军机处档折件》,编号:000085338。

25　《大清文宗皇帝实录》卷三百十一,咸丰十年三月庚寅,云贵总督张亮基等奏。

26　同治十三年七月十五日,曾璧光《奏报筹办黔省新开矿厂以出白铅事》,《军机处档折件》,编号:000116697。

27　雍正八年三月二十七日,张广泗《奏报地方政务折》,《宫中档雍正朝奏折》第16辑,第462页。

28　《户科史书》,雍正十年闰五月二十六日,护理贵州巡抚常安《奏为详请题明收买厂余黑铅获有息银充买本事》,引自《清代的矿业》,第325页。

29　参见《皇朝文献通考》卷十六《钱币考四》,各省开局鼓铸及所需黑白铅来源。

30　《皇朝文献通考》卷十七《钱币考五》,乾隆十一年条。

31　《钦定大清会典事例》(嘉庆朝)卷一百七十五《户部·钱法》。

32　乾隆十四年六月,户部《题复贵州巡抚爱必达将黔省各省厂余铅酌定官商分买备贮运销及请拨工本等项事》,《内阁大库档案》,编号:000102915。又载《大清高宗皇帝实录》卷三百四十二，乾隆十四年六月，户部议覆贵州巡抚爱必达奏称。

33　乾隆十九年十二月二十一日，定长《题为遵旨议奏事》，《内阁大库档案》，编号:000111324。

34　此处多出的10万斤乃为耗铅，参见京运耗铅注。

35　《大清高宗皇帝实录》卷一千一百五十三，乾隆四十七年三月[日期不详]，贵州布政使孙永清奏;《钦定大清会典事例》(嘉庆朝)卷一百七十五《户部·钱法》。

36　乾隆三十一年三月，户部《为加运楚局铅斤事》，《内阁大库档案》，编号:000049046。

37　《大清高宗皇帝实录》卷五百六十一，乾隆二十三年四月[日期不详]，贵州巡抚周琬奏。

38　《大清高宗皇帝实录》卷六百三十五，乾隆二十六年四月[日期不详]，贵州巡抚周人骥奏。

39　《大清高宗皇帝实录》卷五百八十五，乾隆二十四年四月丁丑，湖南巡抚冯钤奏。又见《钦定大清会典事例》(嘉庆朝)卷一百七十五《户部·钱法》。

40　《大清高宗皇帝实录》卷八百八十九，乾隆三十六年七月乙丑，湖北巡抚梁国治奏。

41　《大清高宗皇帝实录》卷一千一百十，乾隆四十五年七月乙酉，湖北巡抚郑大进奏称。

42　乾隆四十八年五月二十日，李本《奏报委署平越县知县杜成领运楚铅于三月十六日自重庆开行》，《内阁大库档案》，编号:000135218。

43　乾隆四十二年正月十二日，裴宗锡《奏为新开前场试采已有成效预筹改拨京初二运铅进一节帑项而裕备贮仰祈圣鉴事》，引自《滇黔奏稿录要》，第401—408页。

44　乾隆四十九四月，户部《移会稽察房暂署贵州巡抚印务布政使孙永清奏为减运楚铅事》，《内阁大库档案》，编号:000214235。又见《大清高宗皇帝实录》卷一千三百三十五，乾隆五十四年七月，调任贵州巡抚郭世勋奏。

45　乾隆五十七年十一月二十七日，户部《移会稽察房贵州巡抚冯光熊奏报乾隆五十七年黔省拨运湖北汉口销售黑铅白铅于九月十八日自重庆开帮起行》，《内阁大库档案》，编号:000150806。

46　道光十四年九月，户部《奏为汉局存铅较多酌请暂停办运》，《内阁大库档案》，编号:000017377。

47　《大清宣宗皇帝实录》卷二十八，道光二年正月戊辰，上谕内阁。

48　《大清宣宗皇帝实录》卷一百七,道光六年十月己酉,上谕内阁;贺长龄纂:《耐庵奏议存稿》卷三《汉局白铅请暂停办运折》,道光十七年八月二十六日;道光二十一年六月,户部《移会稽察房贵州巡抚贺长龄奏为黔省运贮汉局铅斤存积尚多请准将戊戌己亥两年楚铅暂停办运事》,《内阁大库档案》,编号:000049242。

49　《大清世宗皇帝实录》卷一百十,雍正九年九月甲申,命贵州省开局鼓铸;《钦定大清会典事例》(嘉庆朝)卷一百七十五《户部·钱法》直省鼓铸条;《大清高宗皇帝实录》卷二百十七,乾隆九年五月辛丑,户部议准贵州总督张广泗疏称。

50　乾隆《毕节县志》卷四《赋役志·鼓铸》。

51　宝黔局鼓铸,每卯分为正铸、带铸和外耗三项,所用铜铅锡合计为1136.74斤。而道光《贵阳府志》卷四十六《食货略第五之三钱法》及道光《大定府志》卷四十二《食货志下·钱法》所载均为1190斤。

52　《钦定大清会典事例》(嘉庆朝)卷一百七十五《户部·钱法》直省鼓铸条。

53　54　乾隆四十一年十月十六日,户部《奏覆贵州宝黔局应准复炉添铸事》,《明清档案》,卷册号:A228—043。

55　《大清高宗皇帝实录》卷一千二百五十五,乾隆五十一年五月[日期不详],贵州巡抚李庆棻奏。

56　《大清高宗皇帝实录》卷一千四百五十五,乾隆五十九年六月丙子,上谕;《大清高宗皇帝实录》卷一千四百九十四,嘉庆元年四月癸卯,上谕。

57　《钦定大清会典事例》(嘉庆朝)卷一百七十五《户部·钱法》京局鼓铸条。

58　《钦定大清会典》(嘉庆朝)卷十四《户部·广西清吏司》,该书所引户部赋役钱粮为嘉庆十七年数据,见该书凡例。

59　贺长龄纂:《耐庵奏议存稿》卷四《钱价过贱请暂停鼓铸折》,道光十八年九月二十日。

60　贺长龄纂:《耐庵奏议存稿》卷九《钱局开铸请更定额铸年分折》,道光二十三年七月二十三日。

61　嘉庆《四川通志》卷七十《食货·钱法》。

62　乾隆五十二年七月,工部《移会稽察房四川总督保宁奏宝川局鼓铸前因黑铅不敷添用白铅今局库现存黑铅尚属充裕且白铅不敷配铸请仍照往例减配以资调剂》,《内阁大库档案》,编号:000138705。

63　道光《大定府志》卷四十二《食货志四下·厂矿》大兴厂条。

64　高其倬《奏节省铅价调剂钱法折》，雍正二年十一月二十一日，《雍正朝汉文朱批奏折汇编》第四册，第 54 页。

65　鄂尔泰《奏报调剂黔省铅斤并办获滇省铅息情形折》，雍正七年十一月初七日，《雍正朝汉文朱批奏折汇编》第十七册，第 159 页。

66　这仅指正额而言，如加以 5% 的耗铅，黔铅销量总计达 88965 万斤。

67　乾隆四年十一月十二日，贵州总督兼管巡抚事务张广泗《为遵旨议奏事》，《明清档案》，册号：A91—65。

68　乾隆十四年六月，户部《题复贵州巡抚爱必达将黔省各省厂余铅酌定官商分买备贮运销及请拨工本等项事》，《内阁大库档案》，编号：000102915。

69　乾隆四十一年十月二十日，裴宗锡《奏为试采连发山铅厂已有成效先行恭折复奏仰祈圣鉴事》，引自《滇黔奏稿录要》，第 341—344 页。

70　《大清高宗皇帝实录》卷一千三百十一，乾隆五十三年八月［日期不详］，贵州巡抚李庆棻奏。

71　《朱批奏折》，嘉庆十五年八月二十四日，贵州巡抚鄂云布《奏为黔省妈姑、福集二厂开采年久出铅短缩以致缺铅情形恭折奏闻仰恳圣恩俯准减额另觅子厂赡运事》，转引自《清代的矿业》，第 339—341。

72　《钦定大清会典》（嘉庆朝）卷十四《户部·广西清吏司》，该书所载数据为嘉庆十七年，见该书凡例。

73　道光十四年七月一日，贵州巡抚裕泰《奏为查明黔省运贮汉局白铅积存尚多应请暂停补运以纾厂力恭折奏祈圣鉴事》，《军机处档折件》，编号：068760。

74　高其倬《奏节省铅价调剂钱法折》，雍正二年十一月二十一日，《雍正朝汉文朱批奏折汇编》第四册，第 54 页。

75　鄂尔泰《奏报调剂黔省铅斤并办获滇省铅息情形折》，雍正七年十一月初七日，《雍正朝汉文朱批奏折汇编》第十七册，第 159 页。

76　《户科史书》，雍正八年六月二十七日，管吏部户部尚书张廷玉等题《为详明筹办厂务并恳请借帑买运余铅以便厂民以济公项事》转引自《清代的矿业》，第 320—322 页。

77　雍正十年六月十二日，贵州布政使常安谨《奏为遵旨回奏事》，《雍正朝汉文朱批奏折汇编》第三十册，第 521—534 页。

78　常安《奏陈治理贵州台拱苗务管见并报台拱发现煤矿及开采倭铅获利折》，雍正十二年二月初一日,《雍正朝汉文朱批奏折汇编》第二十五册,第 823 页。

79 张广泗《奏报地方政务折》,雍正八年三月二十七日,《宫中档雍正朝奏折》第 16
    辑,第 462 页。

80 《朱批奏折》,时间不详,推测为乾隆十一年,张廷玉等奏《为遵旨议奏贵州总督张
    广泗奏请节省铜铅余息以裨工程一折》。引自《清代的矿业》,第 330 页。

81 《大清高宗皇帝实录》卷三百四十二,乾隆十四年六月乙酉,户部议覆贵州巡抚爱
    必达奏。

82 《朱批奏折》,乾隆二十三年六月二十一日,署理贵州巡抚周人骥奏。引自《清代的
    矿业》(上册),第 335 页。

83 《大清高宗皇帝实录》卷一千三百一十一,乾隆五十三年八月[日期不详],贵州巡抚
    李庆棻奏。

84 《钦定大清会典》(嘉庆朝)卷十四《户部·广西清吏司》。

85 《大清宣宗皇帝实录》卷一百四十八,道光八年十二月丙寅,谕内阁嵩溥奏请暂减
    课铅成数一折。

86 《朱批奏折》,乾隆二十三年六月二十一日,署理贵州巡抚周人骥奏。引自《清代的
    矿业》,第 335 页。

87 鄂尔泰《奏报调剂黔省铅斤并办获滇省铅息情形折》,雍正七年十一月初七日,《雍
    正朝汉文朱批奏折汇编》第十七册,第 159 页。

88 台湾中央研究院史语所藏清代《内阁大库档案》、《军机处档折件》等档案中有大量
    清代各类矿厂奏销清册,记载了各类矿厂年度产销量数据,笔者粗略统计,达 150
    余份。

89 乾隆四年十一月十二日,贵州总督兼管巡抚事务张广泗《为遵旨议奏事》,《明清档
    案》,册号:A91—65。

90 《朱批奏折》,乾隆二十三年六月二十一日,署理贵州巡抚周人骥奏,转引自《清代
    的矿业》,第 335 页。

91 乾隆四十一年四月十八日,裴宗锡《奏为敬陈巡查地方情形仰祈圣鉴事》,引自《滇
    黔奏稿录要》,第 203—206 页。

92 乾隆五十三年九月三十日,工部《为预筹调剂厂铅事》,《内阁大库档案》,编
    号:000045024。

93 《大清高宗皇帝实录》卷八百四十四,乾隆三十四年十月壬子,上谕;道光《大定府

志》卷二十三《职官谱第一下》。

94　《大清宣宗皇帝实录》卷七十四，道光四年十月丁丑，谕内阁：明山等奏查明铅厂炉欠实在情形分别有着无着勒限追赔折。

95　道光《大定府志》卷二十二《职官谱第一上》。

96　乾隆二十二年六月十三日，管理户部事务傅恒《题为钦奉上谕事》，《明清档案》，册号：A194—104。

97　乾隆三十六年九月二十八日，贵州巡抚李湖《题为请开白铅子厂以济抽收事》，《明清档案》，册号：A213—016。

98　乾隆四十九年三月十日，暂护贵州巡抚布政使孙永清《奏为筹请预拨黑铅存贮永局以便缓急转输仰祈圣鉴事》，《军机处档折件》，编号：036204。

99　《大清高宗皇帝实录》卷一千三百十一，乾隆五十三年八月［日期不详］，贵州巡抚李庆棻奏。

100　李宗昉《黔记》卷四。

101　《大清宣宗皇帝实录》卷一百四十八，道光八年十二月丙寅，谕内阁：嵩溥奏请暂减课铅成数一摺。

102　高其倬《奏节省铅价调剂钱法折》，雍正二年十一月二十一日，《雍正朝汉文朱批奏折汇编》第四册，第54页。

103　鄂尔泰《奏报调剂黔省铅斤并办获滇省铅息情形折》，雍正七年十一月初七日，《雍正朝汉文朱批奏折汇编》第十七册，第159页。

104　乾隆二十四年闰六月二十一日，刘藻《题为请开暂闭之铅厂等事》，《内阁大库档案》编号：000115115。

105　乾隆二十六年三月十三日，刘藻《题为请定铅厂抽课通商等事》，《内阁大库档案》，编号：000116445。

106　乾隆二十九年四月二十五日，刘藻《题为请开暂闭之铅厂等事》，《内阁大库档案》，编号：000119678；乾隆二十九年五月二十七日，刘藻《题为请定铅厂抽课通商等事》，《内阁大库档案》，编号：000119754。

107　乾隆三十五年八月二十日，彰宝《题为详请改拨厂铅等事》，《内阁大库档案》，编号：000128134。

108　乾隆三十七年十二月十六日，李湖《题为敬筹滇省铅厂等事》，《明清档案》，册号：A216—132。

109　乾隆五十三年七月四日,谭尚忠《题为请开暂闭之铅厂等事》,《内阁大库档案》,
　　　编号:000140771。

110　乾隆五十七年七月二十日,谭尚忠《题为请定铅厂抽课通商等事》,《明清档案》,
　　　册号:A265—032;乾隆五十七年闰四月十三日,谭尚忠《题为请开有益之铅厂等
　　　事》,《明清档案》,册号:A263—035。

111　《钦定大清会典》(嘉庆朝)卷十四《户部·广西清吏司》

112　乾隆二十四年九月十八日,开泰《题为请开铅厂等事》,《内阁大库档案》,编
　　　号:000115232。

113　乾隆五十三年九月二十八日,李世杰《题为详请开采黑铅矿厂以资鼓铸事》,《明
　　　清档案》,册号:A254—027;乾隆五十年八月十二日,李世杰《题为试采铅矿事》,
　　　《明清档案》,册号:A244—009;乾隆五十年八月十二日,李世杰《题为请开铅厂以
　　　资鼓铸事》,《明清档案》,册号:A244—010。

114　《钦定大清会典》(嘉庆朝)卷十四《户部·广西清吏司》。

115　《钦定大清会典》(雍正朝)卷五十三《课程五·杂赋》。

116　乾隆二十四年闰六月二十八日,冯钤《题为遵旨议奏事》,《明清档案》,册号:
　　　A200—019。

117　乾隆五十二年八月十四日,浦霖《题为遵旨议奏事》,《内阁大库档案》,编
　　　号:000138748。

118　乾隆五十四年六月二十一日,浦霖《题为恳详复采事》,《内阁大库档案》,编
　　　号:000143029。

119　《钦定大清会典》(嘉庆朝)卷十四《户部·广西清吏司》。

120　《大清高宗皇帝实录》卷一百七十六,乾隆七年十月庚子,户部议覆广西巡抚杨锡
　　　绂条奏鼓铸事宜。

121　《大清高宗皇帝实录》卷七百六十四,乾隆三十一年七月辛未,户部议覆广西巡抚
　　　宋邦绥疏《柳州府属融县四顶山开采白铅矿砂抽课各事宜》。

122　《大清高宗皇帝实录》卷九百六,乾隆三十七年四月丁卯,户部议覆护广西巡抚布
　　　政使淑宝疏《融县马巩地方螺塘等山煤矿采运四顶山白铅矿砂就煤煎炼一案》。

123　《钦定大清会典》(嘉庆朝)卷十四《户部·广西清吏司》。

124　《大清高宗皇帝实录》卷二百二十,乾隆九年七月乙酉,户部议覆两广总督马尔泰
　　　署广东巡抚策楞条陈《粤东开采矿厂召商抽课各事宜》。

125 乾隆三十四年八月八日，钟音《题为遵旨议奏事》，《内阁大库档案》，编号：000127299。

126 乾隆三十九年八月五日，德保《题为遵旨议奏事》，《明清档案》，册号：A221—148；乾隆五十九年十二月十六日，朱珪《题为遵旨议奏事》，《内阁大库档案》，编号：000152757。

127 《钦定大清会典》（嘉庆朝）卷十四《户部·广西清吏司》。

128 乾隆三十年七月二十五日，和其衷谨《题为遵旨议奏事》，《内阁大库档案》，编号：000121590。

129 《钦定大清会典事例》（嘉庆朝）卷一百九十四《户部·杂赋》。

130 《大清高宗皇帝实录》卷二百九十九，乾隆十二年九月甲寅，上谕。

131 雍正六年十月二十日鄂尔泰《为奏明借动库项收铅运售获息情由仰祈圣鉴事》、雍正七年十一月初七日鄂尔泰《为奏明调剂黔省铅斤并办获滇省铅息事》、雍正八年三月二十七日张广泗谨《为奏明事》、雍正九年正月二十八日鄂尔泰谨《为请添借帑银收买铅斤事》，《雍正朝汉文朱批奏折汇编》第十三册第721页、第十七册第159—160页、第十八册第324—328页、第十九册第904页。

132 乾隆四年十一月十二日，贵州总督兼管巡抚事务张广泗《为遵旨议奏事》，《明清档案》，册号：A91—65。

133 乾隆十四年六月，户部《题复贵州巡抚爱必达将黔省各省厂余铅酌定官商分买备贮运销及请拨工本等项事》，《内阁大库档案》，编号：000102915。

134 雍正八年三月二十七日，贵州巡抚张广泗谨《奏为奏明事》，《雍正朝汉文朱批奏折汇编》第十八册，第324—328页。

135 雍正十三年二月初四日，云贵广西总督尹继善谨《奏为遵旨议奏事》，《雍正朝汉文朱批奏折汇编》第三十册，第839—840页。

136 乾隆元年二月八日，张广泗《请订酌拨条例事》，《内阁大库档案》，编号：000079048。

137 《大清高宗皇帝实录》卷三百四十二，乾隆十四年六月乙酉，户部议覆贵州巡抚爱必达奏称。

138 《钦定大清会典事例》（嘉庆朝）卷一百七十五《户部·钱法》。

139 乾隆二十二年六月十三日，大学士管理户部事务傅恒《题为钦奉上谕事》引吴士端奏折，《明清档案》，册号：A194—104。

140 《朱批奏折》,乾隆二十三年六月二十一日,署理贵州巡抚周人骥奏。引自《清代的矿业》,第 335 页。

141 《大清高宗皇帝实录》卷一千三百十一,乾隆五十三年八月[日期不详],贵州巡抚李庆棻奏。

142 《大清高宗皇帝实录》卷一千四百十六,乾隆五十七年十一月丁未,户部奏称。

143 四川省档案馆编《清代巴县档案汇编》(乾隆卷),乾隆四十四年九月十八日巴县申文,档案出版社,1991 年,第 356—358 页。

144 《钦定户部则例》卷三十五《钱法二》镕铅。

145 参见《皇朝文献通考》卷十六《钱币考四》,各省开局鼓铸及所需黑白铅来源。

146 《皇朝文献通考》卷十七《钱币考五》,乾隆十一年条。

147 148 149 150 152 《钦定大清会典事例》(嘉庆朝)卷一百七十五《户部·钱法》直省办铜铅锡条。

151 《钦定户部则例》卷三十七《钱法四》各省采买铅价。

153 《大清高宗皇帝实录》卷三百四十七,乾隆十四年八月乙未,大学士等议准广西巡抚舒辂奏添铸钱各事宜。

154 嘉庆《四川通志》卷七十《食货·钱法》。

155 道光《大定府志》卷四十二《食货志四下》钱法。

下　篇

历史运输地理——以清代滇铜黔铅为中心的研究

一般而言，经济发展水平较高、人口众多、交通便利的平原地区对资源的需求量较大。然而，资源富集区往往是那些人口稀少、社会经济发展滞后的欠发达地区，这在矿产资源方面表现得尤为明显。资源产地与消费地的分离使运输成为资源开发中必须解决的重大问题。对于国家资源而言，如何将关系国计民生和国防军事安全的资源及时运送至需求地区，这是国家资源管控中的核心问题。

　　然而，以往交通史、经济史和历史地理的研究大多侧重于交通，尤其是对交通道路的形成、演变和交通格局的研究。至于这些交通路线上运输的客货流、具体的运输过程以及运输布局等方面内容则缺乏应有的关注。运输是把人、货、财从出发地转移至目的地的过程，离开了具体的客货流和运输过程，无法从交通路线上了解历史运输状况。同时，运输是实现人和物空间位置变化的活动，这本身就是一个空间过程，而货物产销地的对接和运输路线的选择又都涉及地理要素。

　　因此，本篇在历史地理学范畴之内，借助现代交通运输地理学的相关理论和方法，以清代滇铜黔铅为中心，通过分析滇铜黔铅的产销地分布及其对接、运输路线的选择、中转站点和交通枢纽的确定、道路运输能力和货物分流，考察其运输组织和运输过程，归纳清代滇铜黔铅运输的时空变化，阐释国家资源运输过程中的管理和控制，即历史运输地理研究。

第五章

清代滇铜的运输地理

铜是清代国家资源，中央和各省铸钱局以及清军火器制造都需要大量的铜材供给。但是，清代铜矿业布局极不平衡，云南是铜矿生产中心，滇铜产量占全国铜产量的 90% 以上，中央及各省绝大部分的铜材需求必须依赖于滇铜。保证将滇铜及时运输至全国各地，满足铸币和火器制造的需要，这是清代必须妥善处理的重要任务。本章通过考证滇铜的产销地分布与对接，分析运输路线的选择、转运站点和交通枢纽的确定、道路运输能力和货物分流等内容，归纳滇铜的货流分配与运输布局，以及滇铜运输过程中的国家管控问题。

第一节　滇铜产销的地理分布

运输地理研究首先要明确货物的产销地，滇铜产地即铜厂所在地。关于清代云南铜厂，记载其名称、数量、产量等信息的文献很多，但其厂址的记载多不具体[1]。前辈学者亦有考证，但仅为大型矿厂，并非全部[2]。因此，仍须结合历史文献和矿冶遗址，依据地名学的方法，考证清代主要铜厂的具体位置，复原清代滇铜矿厂的地理分布。

一、清代滇铜产地分布

据《滇南矿厂图略》的记载,云南有名铜厂共计 35 个,但开采时间不一,有康熙朝开采的,也有嘉庆朝开采的。鉴于清代云南省各铜厂第一次定额(政府规定各铜厂年度产量指标)始于乾隆四十三年,第一部系统记载云南铜厂情况的《云南铜政全书》编撰于乾隆五十年左右,故本文将考察清代滇铜矿厂的地理分布的时段限于乾隆朝后期,即乾隆三十一年至乾隆六十年之间,嘉庆朝开采的铜厂不予考察。同时,一些小厂的史料缺乏,故仅考察年定额在万斤以上的铜厂。符合条件的铜厂为 27 个,兹以府为单位,分别考证其具体位置:

1、云南、东川二府铜厂

云南府万宝厂"在易门县西北五十里,地名杂栗树,今名万宝山"。[3] 今易门县城即清代易门县治,其西北铜厂乡驻地南有万宝厂地名,距离县城约 20 公里[4],方位、距离、地名均与文献记载基本相符,故清代万宝厂在今易门县铜厂乡万宝厂。大美厂"在罗次县北三十里,发脉于观音山,以照壁山为案,有一溪曰冷水沟,为洗矿开炉之所"。[5] 罗次县后并入禄丰县,其县城在今禄丰县碧城镇,其北三十里约在今禄丰县仁兴镇北部,该地有河名冷水沟,缘于禄丰县大路溪乡东北,与文献记载吻合,故定清代大美厂在今禄丰县仁兴镇西北冷水沟旁。

2、东川、昭通二府铜厂

谭其骧主编《中国历史地图集》第八卷《云南省》图中已标注

出汤丹、紫牛坡、乐马三厂的位置,分别在今东川区汤丹镇驻地、绿茂乡紫牛村和鲁甸县龙头山乡驻地西侧,无需再次考证。碌碌厂"在会泽西,距郡一百六十里,一名落雪,山极高,气候极寒,夏月衣棉,冬多雪"。[6] 今东川区舍块乡有落雪村,"因地处老雪山下的高山区,每年十月至翌年四月,经常雪花飘飘,故名。原名碌碌厂,清便在此开采铜矿,因产矿石大而得名"。[7] 位于今会泽县城(即清代东川府城)西约 80 余公里,故清代碌碌厂位于今东川区舍块乡落雪村。大水沟厂,民国以后改名因民,意为民众开办铜矿[8],今为东川区因民镇驻地,其西 1.2 公里大箐村有清代铜矿采冶遗址[9]。茂麓厂"在巧家西北,地临金沙江"[10]。今东川区舍块乡茂麓村东 1.5 公里处有清代铜矿采冶遗址[11],该处北临金沙江,与文献记载相符。故清代茂麓厂在今东川区舍块乡茂麓村。大风岭厂,又名大丰岭,乾隆《东川府志》所附《分防则补图》中标注,大丰岭厂在金沙江北岸[12],约在今四川省会东县南部长新乡附近。

梅子沱厂"在永善东南"[13]。今永善县城乃清代永善县治,但无法确定梅子沱厂的具体位置。《铜政便览》记载:"水路自梅子沱厂二百五十里至安边,……;陆路自梅子沱厂半站至半边村,一站至洗沙溪,一站至石版溪,一站至桧溪,……"[14] 查今地图,永善县东有桧溪镇,再东有细沙乡,其北绥江县板栗镇有石板溪,再北又有地名铜厂,和省道 301、国道 213 的走向基本一致。故笔者认为,梅子沱厂可能在今绥江县板栗镇铜厂村。长发坡厂"在镇雄西北,地名戈魁河,东有林口、红岩、五墩坡、乡水、白木坝、阿塔林,南有花桥、发绿河、山羊、拉巴、大鱼井,北有木冲沟、二道林、铜厂沟、麻姑箐、巴茅坡,长发坡其总名也。"[15] 按这些地名所示,长发坡应在今彝良县树林乡驻地北大黑山。小岩坊厂"在永善北四百余里,一名细沙溪"[16]。今永善县有细沙乡,其驻地附近应为清代小岩坊厂所在地。

3、澄江府铜厂

凤凰坡厂"在路南,距城六十里"[17],但方位不明。今弥勒县西三乡有凤凰村地名,在石林县城(清代路南州城)南约 30 公里。另据《铜政便览》记载:凰坡厂一站至禄丰,一站至乌旧村,一站至澄江府城[18]。按澄江府城即今澄江县城,乌旧村在今宜良县竹山乡,禄丰在今华宁县青龙镇,凤凰村在其东约 30 公里。故定清代凤凰坡厂在今弥勒县西三乡凤凰村。红石岩厂"在路南东六十里幕卜山之旁,旧名龙宝厂"[19]。幕卜山已不知所指,按其方位与距离判断,该厂应在今石林县圭山乡老圭山附近。红坡厂"在路南东十五里"[20],应在今石林县城东。大兴厂距回子哨、路南州均为一站[21]。路南州城即今石林县城,回子哨今名回辉哨,在陆良县大莫古镇发峨哨村,故可定清代大兴厂在今石林县惟则乡北部。发古厂,《滇南矿厂图略》言在路南州[22],而《铜政便览》记在寻甸州,二州并不搭界。但据《铜政便览》又载:"发古厂一站至板桥,一站至水海子,一站至马军铺,一站至澄江府城。"[23]从路程上看,发古厂更应在路南而非寻甸,其位置应在今石林县板桥乡附近。义都厂"在习峨西一百五十里,东北距易门一百里"[24]。今易门县绿汁镇棚苴村有地名易都厂,处于易门县城西南,峨山县城(清代习峨县城)西北,距离与文献记载基本相符,故定义都厂在今易门县绿汁镇棚苴村易都厂。

4、顺宁、大理、永北三府厅铜厂

谭其骧主编《中国历史地图集》第八卷《云南省》图中已标注出宁台厂的位置,在今昌宁县大田坝乡文沧村附近。得宝坪厂在永北厅，"临草海，北负西山关"[25]。另据《铜政便览》载："得宝坪厂一站至平和，一站至黑乌，一站至满官村，一站至程海，一站至永北厅。"[26]这段站程顺序有误，永胜县城（清代永北厅城）南沿程海东岸，经程海镇、满官至金沙江边。黑乌在清代地图上标为黑五街[27]，在今永胜县梁官镇驻地南，位于程海北岸。梁官镇西约20公里为宝坪乡，其位置正南临程海，与文献记载相符。故定清代得宝坪厂在今永胜县宝坪乡。白羊厂"在云龙西北二百七十里"[28]，清代云龙州城在今云龙县宝丰镇，则白羊厂应在今检槽乡附近。《铜政便览》载："白羊厂一站至狮井。"[29]师井地名仍存，在检槽乡驻地北10余公里，故可定白羊厂在今云龙县检槽乡师井村西。大功厂与白羊厂相距一站[30]，今师井村西约10公里有地名大工厂，其旁有地名小杆场，符合"左曰小小竿场山"的记载[31]，故定大功厂在今云龙州检槽乡大工厂。

5、曲靖、楚雄、丽江、临安四府及元江州铜厂

双龙厂"在寻甸北九十五里，距府城二百四十五里"[32]。"双龙厂一站至红果营，一站至寻甸店"[33]。红果营地名仍存，在今寻甸县功山镇南，故双龙厂应在功山镇北，靠近会泽县界。寨子箐厂"一站至三转湾，一站至马龙厂"[34]。按马龙厂在今双柏县妥甸镇马龙厂，推测寨子箐厂可能在今双柏县锷嘉镇附近。金钗厂"在蒙自西南九十里"[35]。另据乾隆《蒙自县志》所载舆图标注：金钗厂紧邻龙树厂[36]。查今地图，今个旧市卡房镇南有龙树脚地名，正处于蒙自县城西南，故定金钗厂在今个旧市卡房镇龙树脚附近。回龙、青龙二厂，谭其骧主编《中国历史地图集》第八卷《云南省》图中标注在今维西县永春乡四保村附近和元江县青龙厂镇驻地。

清代乾隆朝后期滇铜主要矿厂分布示意图

通过以上考证,清代乾隆朝后期,依据云南铜厂的地理分布,滇铜产地形成滇东北、滇西和滇中三大集中区。滇东北以东川府为中心,汤丹、碌碌、大水沟、茂麓、紫牛坡、大风岭六厂均位于东川府西部,加之周边永善县梅子沱、小岩坊、鲁甸厅乐马、镇雄州长发坡四厂,合计定额541.4万斤,占滇铜总定额46.3%;滇西以顺宁府宁台厂为中心,加之周边云龙县白羊、大功、丽江府回龙、永北厅得宝坪四厂,合计定额467.8万斤,占滇铜总定额的40%;滇中铜厂数量多，分布广，如云南、澄江、楚雄、临安、曲靖五府及元江、武定二州铜厂近 20 处，但各厂规模一般较小，合计定额 160 余万斤，仅占滇铜总定额的 13.7%。这种东西两边重而中间轻的分布格局是决定滇铜运输布局的基础。

二、清代滇铜的销售地

清代乾隆朝后期，云南是全国铜产中心，供应中央和各省钱局鼓铸。滇铜的销售可分为三类，一类是京运，供应京师户部宝泉局、工部宝源局鼓铸；一类是各省采买，供应江苏、江西、浙江、福建、湖北、湖南、陕西、广东、广西、贵州等十省钱局鼓铸，这些省局基本设于省城；一类是供本省鼓铸，即云南省城、临安、东川旧、东川新、大理、广西、顺宁、永昌、曲靖等九局，均设于府治[37]。可见，清代乾隆朝后期滇铜的销售地众多，遍及大江南北十余个省，即使云南本省，也有八府之地，包括滇中、滇东、滇南和滇西。

不同销售区域的销量各不相同。自乾隆四年"云南停铸解京之钱"后，滇铜京运每年正耗余铜共计 6331440 斤[38]，销售地为京师。各省采买滇铜始于川、黔二省。雍正七年，云南总督鄂尔泰奏请贵州开炉鼓铸时说："又以东川府厂铜甚旺，可就近运于威宁府属之毕节县地方，酌量规模，置设炉局，将各厂收买铜铅运贮备用，并选拔滇省宝云局谙练匠役前往试铸样钱。"[39]但大规模采买应在乾隆五年之后。如《皇清文献通考》云："雍正年间各省鼓铸，惟宝云局及八年所开之宝黔局、十年所开之宝川局皆因矿开铸，配用铜铅。……自乾隆五年以后江苏、江西、浙江、湖北、湖南、山西诸省各随水陆之便，分买东洋、滇南等处之铜，复行开局。"[40]关于各省采买滇铜的数量和云南各铸局用铜量，兹据《铜政便览》记载列表如下：

乾隆朝后期各省年均采买滇铜数量表　　　单位:万斤

省份	采买次数	采买高铜	采买低铜	采买总量	年均采买量
江苏	3	30	110	140	4.67
江西	6	80.736	90.064	172.8	5.76
浙江	13	174	148	322	10.73
福建	10	400	200	600	20.00
湖北	17	275.5938	124.2116	399.8054	13.33
陕西	15	333.2017	193.7983	527	17.57
广东	27	270	135	405	13.50
广西	22	283.2733	356.1978	639.4711	21.32
贵州	25	686.8805	209.8913	896.7718	29.89

注:乾隆朝后期是指乾隆三十一年至乾隆六十年,在此之间湖南省并无采买,故不列入。

乾隆朝后期云南各铸局年均用铜量表　　　单位:斤/年

铸局名	铸钱量变化	年均用铜量
省局	乾隆三十一年24座、四十五年炉20座、四十六年炉28座,年均931.2卯	正耗铜631354斤
东川旧局	乾隆三十一年25座,四十四年16座,四十六年10座,年均608.4卯	正耗铜394243斤
东川新局	乾隆三十一年25座,三十五年停铸,四十二年设8座,四十四年复停,年均139.2卯	正耗铜90202斤
广西局	乾隆三十一年15座,三十五年停铸,四十二年设8座,四十四年4座,四十五年停铸,年均96卯	正耗铜62208斤

铸局名	铸钱量变化	年均用铜量
顺宁局	乾隆三十一年设 8 座,三十五年停铸,年均 38.4 卯	正耗铜 24883 斤
永昌局	乾隆四十一年设 8 座,四十二年 10 座,四十三年停铸,年均 21.6 卯	正耗铜 13997 斤
曲靖局	乾隆四十二年设 18 座,四十三年 8 座,四十四年停铸,年均 31.2 卯	正耗铜 20218 斤
临安局	乾隆三十一年 8 炉,三十五年停铸,四十一年设 12 座,四十二年 8 座,四十四年停铸,年均 72 卯	正耗铜 48816 斤
大理局	乾隆三十一年 15 座,三十五年停铸,四十一年设 12 座,四十二年 8 座,四十五年移于省城,年均 115.2 卯	正耗铜 78106 斤

注:省城、临安、大理三局鼓铸,每正铜百斤加耗十三斤,其他局加耗八斤。

　　从销售上看,中央户工二局是滇铜的最大销售地,每年京运 633.1 万斤,占滇铜年销售总量的 65.09%,但运输距离过于遥远;各省采买每年合计 203.1 万斤,占销售总量的 20.88%,但分布于苏州、杭州、福建、南昌、武汉、广州、桂林、贵阳、西安等九处,运输距离较远且地点分散;云南本省鼓铸年用铜 136.4 万斤,占销售总量的 14.02%,分布于省城、东川、广西、顺宁、永昌、曲靖、临安、大理等七府州,运输距离近但地点分散。

　　由此可见,滇铜生产相对集中,而销售地则更为分散,且运输距离过远。这样的产销分布格局,即货流的收发点、收发量、运送方向与运送距离,是决定滇铜货流分配和运输布局的基础,只有充分考虑这些要素,才能做到按时、按量完成运输任务。

第二节 各省采买滇铜的运输

清代滇铜的运输路线是学术界关注的热点问题,研究成果众多。但是,已有的研究大多以滇铜京运为中心,对各省采买的运输问题很少涉及。虽然各省采买滇铜量不如京运量大,但这是滇铜外销的主要渠道之一,也是研究滇铜运输地理不可或缺的部分。鉴于现有研究的缺失,为了研究方便,兹补此一节。

一、运销管理

清代各省采买滇铜主要用于鼓铸铜钱。乾隆朝以前,各省设局鼓铸,大多以收购旧钱及废铜器皿为原料,收来即铸,铸完即停。如《皇清文献通考》云:"雍正年间各省鼓铸,惟宝云局及八年所开之宝黔局、十年所开之宝川局皆因矿开铸,配用铜铅,……(雍正七年)是年所开之宝昌、宝浙、宝武、宝南、宝河、宝济、宝晋局,及嗣后所开之宝苏、宝安局,并收买旧铜器,分别生熟铜,对搭鼓铸,……后以废铜铸完,各局于雍正十三年以前次第停止,宝济局于乾隆三年停止。自乾隆五年以后江苏、江西、浙江、湖北、湖南、山西诸省各随水陆之便,分买东洋、滇南等处之铜,复行开局。"[41]四川省钱局"因矿开铸",所需铜料并非本省所产,而是采买滇铜。乾隆三年六月,四川巡抚硕色奏:"川省钱文,雍正十年经前抚臣宪德奏请,开炉十五座鼓铸,嗣恐滇铜不敷,止开八座,今闻滇铜旺盛,请增七座,以副原数。"[42]乾隆五年之后,各省相继开局,"分买东洋、滇南等处之铜"鼓铸。乾隆朝《钦定大清会典》记载:"凡直省奏准开铸者,直隶、山西、江苏、江西、福建、浙江、湖北、湖南、陕西、四川、广东、广西、云南、贵州,十有四省,惟云南即山采铜,其他或收本境废铜,或买云南余铜,各随其地之宜,作之泉布,以利民用。"[43]自乾隆初年直咸丰初年,除云南、四川采用本省铜鼓铸,直隶、山西两省采买洋铜鼓铸,其余十省均须来滇采办。

乾隆朝,随着各省采买滇铜量的增长,运销制度逐渐完善。各省采买滇铜领运地点,乾隆十七年规定,各省在寻甸、蒙自二铜店领运;四十年进一步规定,上游铜厂由厂员运铜交下关店,转运省城供各省领兑,义都、青龙两处及省城下游各铜厂由各省委员赴厂领运[44]。关于各省采买滇铜量。乾隆三十一年七月,云贵总督杨应琚奏请:"……再现在滇省各厂每年约可办获铜一千二三百万斤,内解赴京局及本省鼓铸并外省采买滇铜,共约需一千二百余万斤,所余不过数十万斤,若外省尽数加买,势必入不敷出。请将各省采买滇铜,除乾隆十九年奏定之额仍听按年买运外,如有请豫买一运以及加买,并借买数十万斤之处,概不准行。"[45]那么,乾隆十九年各省的采买量究竟是多少呢?据《铜政便览》所载,乾隆十九年,江西、湖北、广东、广西、贵州五省采买滇铜,正、耗、余铜合计1773950斤[46]。杨应琚因滇铜产量不敷,故提出限制各省采买量的建议。按杨氏所奏,当时京运、各省采买及云南本省鼓铸,每年需铜一千二百余万斤。而云南运解京局正耗铜,每年6336440斤,云南本省"六府设炉一百十六座,岁用铜二百三十余万斤",二者合计不过864万斤[47],则其余约330万斤应为各省当年采买滇铜量。另,笔者据《铜政便览》统计,乾隆三十一年,江苏、江西、浙江、福建、陕西、广东、广西、贵州八省采买云南正、耗、余铜共计约318万斤[48]。与杨应琚所言基本相符。因此,可以推断,乾隆、嘉庆两朝,各省采买滇铜量每年在177—318万之间,平均约为250万斤左右。

虽然各省采买量远不如京运量,但政府对各省办运滇铜的管理却没有丝毫疏忽。为了保证各省按时办回滇铜,政府对运输过程进行了严格的管理和监控,要求沿途地方官稽查,防止运员盗卖铜斤,并严加催趱,运员不得无故逗留,贻误该省鼓铸,同时将各省办运情形随时上报,以便政府进行监管和调控。乾隆二十六年,广西巡抚熊学鹏奏:"邻省采办铜铅经过,例不奏报。请嗣后各省督抚照运京铜铅,遇有事故奏闻外,其并无疎失事故,仍于岁底将某省采解若干觔,并委员出入境期汇奏。"[49]次年,政府正式命令各省督抚:"凡遇邻省采办铜铅经过,饬各州县一体实力稽查,如有偷盗沉溺情弊,随时具折专奏,若查明并无事故者,只令于岁底将某省办运铜铅若干,并入境出境日期汇奏。"乾隆五十六年六月,应两广总督福康安、广东巡抚郭世勋奏请:"广东办运滇铜及广西、湖北白铅,又江西采买滇铜,所过地方应责成各该府护送催趱,倘遇守风守水等事,亲往稽察。"[50]政府认为州县官官阶过低,改由知府沿途稽查、催运,足见政府对各省办运滇铜之重视。

同时,援引京运铜铅例,对各省办运滇铜进行严格的时间限制。乾隆三十年规定:"各省赴云南买铜,委员备价起程至云南省城。其委员运铜回省限期,以铜斤领足之日,由厂员报明起限。"其后,各省陆续奏明运铜自剥隘回省局期限:江苏225日、陕西293日、湖北185日、浙江240日、江西141日、福建245日、广东82日、湖南145日、广西105日、贵州19日[51]。但长途转运,路况、天时无法预计,运员往往因"逾违"限期而被参。乾隆三十七年,福建委员按察使司照磨刘玉权领运滇省金钗厂正耗余铜二十四万八千斤,"自厂运至剥隘,计逾定十个月零五日,经云南抚臣查明参奏,部议照例革职,戴罪管解,完日开复。今计剥隘运抵福建省城,统限八个月零五日,刘玉泉于乾隆三十六年十月二十五日由剥隘管运起,至乾隆三十七年十月二十二日始全数抵省交局,实逾限三个月零二十二日。"后据闽督钟音复奏："查沿途经由地方,惟广西省咨报因前全州陡河风信靡常,阻滞三十五日,例准扣筹,湖南省并无逗留,湖北汉口镇及黄冈县验船守风稍有阻滞,江西省因五福地方雇夫挑运,正值秋收,人夫稀少,且有杉关,运交福建光泽县逐一秤收,有需时日,而光泽县水口止有小船陆续分帮,轮流起运"[52]。刘玉泉并非无故逗留,实因天时所迫。

本应取消对刘玉泉的参劾,但乾隆皇帝却发现了另外一个问题,"该员领运铜斤所有耽延逾限情节,该督即应就事劾参,今乃称其在途停留俱属有因,似欲为之开脱。何以甫经回任即行甄别,若以该员实不便姑容恋栈,其为老病可知,人之年齿就衰,必以渐而至,其距派差时不过两年,断非自今日始露龙钟之态。夫采买滇铜至二十余万斤之多,所关非小,自宜于丞倅等官中遴其强干者派赴领运,而专择一衰迈微末之员委以重任乎,其故实不可晓。"[53]即闽省所派运员年已花甲,而采办滇铜所关非细,闽省督抚被饬亦不为过。

其实,各省办铜之始,对运员并无特别要求。乾隆十四年,户部《议奏酌定铜运各款》时说:"一、加运宜遴员领解。每年四正运,委府佐州县一员、佐杂一员;二加运但委佐杂二员。嗣后正、加运俱委府佐州县一员为正运官,佐杂一员为协运官。一、办解铅锡,与运铜事同一例,应均照例办理。"[54]即每运正运官为府佐州县一员,协运官为佐杂一员。经刘玉泉一案,乾隆皇帝上谕明申:"凡采办滇铜必须选派明干知县,或能事之同知、通判前往,并须选择其身家殷实者充当此差,方为妥协。杂职中即有勤慎明白、堪以任差委者,亦只可令派出之丞倅、知县带往,以供奔走查催之役,断不可专派薄尉微员领办,致滋贻误。设差委非人,沿途或有侵蚀亏空等事,惟派委之该督抚藩司是问"。户工二部很快议定:"各省采办铜铅锡斤,动项在一万两以上者,于州县、丞倅中选委妥员办理,以专责成。"[55]各省采办铜铅锡,运员选派更为严格。

由此可见,随着各省采买滇铜量的增加,领运地、采买量、运输时限、运输稽查、运官选择等各方面规定逐渐明确,各省采买制度不断完善。与此同时,各省运铜路线也基本固定下来。

二、运输路线

乾隆五年,福建、江苏奏请采买滇铜鼓铸,时任云南巡抚的张允随奏:"前闽省请买滇铜二十万斤,江苏请买滇铜五十万斤。查滇省每年办运京铜共七百三十余万斤,黔省每年办运京铅一百八十三万斤,同路运送,驮脚每苦不敷。今江、闽两省又共请买铜七十万斤,实难运济。查广南府与粤西接界,由粤西水路至粤东,可以直达福建,闽省所需铜,应于附近广西之开化府者囊厂铜内拨给,交广西收贮税所,俟办员到日领运回闽,仍分作两年,每年十万斤,方得从容。至江苏上通楚蜀,应由威宁、镇雄两路运赴永宁,交办员领运回苏。但铜斤现在不敷,实不能如江苏所请原数,请酌减二十万,给与三十万,亦分作两年运送。"[56]因滇黔铜铅京运每年达九百余万斤,昭通、威宁至川江一线运力不敷,为了减轻运输压力,故张允随建议分流,福建运铜由广南出,经两粤以达福建。就在张允随上奏的次月,浙江亦奏请采买滇铜。张允随建议浙江与江苏一道,从永宁出,沿长江顺流而下。"今若令浙省办员仍赴东川领铜,碍难查考,应令径至永宁领运。其自东川寻甸转运永宁,令承运各地方官分年带运,今拟以六十万斤为率,分作两年"。[57]江苏、浙江,以及其后的湖南均有走寻甸——永宁——长江一线的奏请[58],但并未能固定下来。此后的记载显示,苏、浙、湘三省与福建一样,仍走广南。

关于各省采买滇铜的运输路线，《铜政便览》对云南省内的运输站程有详细的记载[59]："凡九省（江苏、浙江、广西、广东、江西、陕西、福建、湖南、湖北）委员领运上游各厂铜斤由省城转运剥隘，计二十四站，自省城至竹园村计八站，马运由竹园村至剥隘计十六站半"；"如拨路南各厂铜斤，则由竹园村赴凤凰坡、红石岩厂领运计二站，……赴红坡、大兴二厂领运计三站，……赴发古厂领运计十五站"；"由剥隘赴文山县领运都龙、者囊二厂铜斤，自剥隘至开化府城计十三站，自开化至者囊计四站，……自开化至都龙计二站"；"由剥隘赴蒙自县店领运金钗厂铜斤计十七站"。各省采买滇铜，领兑厂地不同，其线路亦有差异。总体而言，由云南省城陆运，经弥勒县竹园村，至广南府宝宁县剥隘。

剥隘以下的运输路线。嘉庆朝《钦定大清会典》云："省局则各视其水陆之程而运之。各省局赴云南买铜者，各厂铜自寻甸店、省店运至竹园村，由竹园村至剥隘；金钗厂铜，自蒙自县运至剥隘。再由剥隘经百色，宝广径达粤江，余局由陡河达湘江，分别水陆程站覈给脚价。"[60]即自百色装船，沿右江水运以达各省。但此记载过于简略，兹分别考证如下：

1、广西、广东、江西三省采买滇铜运输路线

乾隆三十一年，广西巡抚宋邦绥在《酌定办运铜斤》一折中说："计云南剥隘地方起运，自百色至梧州府系下水，自梧州至桂林府省城系上水，共计程限七个月二十一日。"[61]即由剥隘陆运至广西省思恩府百色厅，再沿右江水运至南宁府宣化县转入郁江，又水运至浔州府桂平县转入龚江，至梧州府苍梧县后，溯桂江，经平乐至广西省城桂林。广西省内路线，除剥隘至百色陆运外，其余皆走水陆，虽然路程较远，但运费较省。

广东、江西二省运输滇铜，自梧州府苍梧县进入广东省封川县，沿西江经德庆州、高要县而至三水县。至此二省分道，广东铜运由三水县水运至广州府城交局。而江西省运铜则由三水县北上北江，经清远、英德、曲江、始兴等县至南雄州，然后陆运过梅关入江西省大庾县，再沿章水、赣江顺流而下，以至江西省城南昌。乾隆五十五年，广东巡抚郭世勋奏报邻省铜船过境时言："江西委员余干县知县高凤翙办运滇铜三十三万七千四百二十斤八两，……于乾隆五十四年六月二十一日由广西苍梧县入广东封川县境，经由德庆、高要、三水、清远、英德、曲江、始兴、保昌等州县，于九月十四日至江西大庾县交替。"[62]次年，该抚又奏："广东办运滇铜及广西、湖北白铅，又江西采买滇铜，所过地方应责成各该府护送催趱，倘遇守风守水等事，亲往稽察。"[63]可见，江西办铜滇铜路线确实经过广东。

2、湖南、湖北二省采买滇铜运输路线

此二省办运滇铜，其广西境内与广西办运滇铜路线相同。自桂林经兴安灵渠，沿湘江顺流而下，经永州、衡州而至长沙。湖北铜运继续沿湘江水运，经岳州而至湖北省城武昌。乾隆二十八年定："湖北采买宁台厂铜，每百斤给运脚银一钱四厘二毫，自省至竹园村，每站每百斤给运脚银一钱，竹园村至剥隘，每站每百斤给运脚银一钱二分九厘二毫，自剥隘至百色，每站每百斤给运脚银四分，自百色运至湖北省城，每百斤给水脚银三钱七分五厘有奇，杂费银三钱一分一厘有奇。"[64]湘江水道贯通南北，成为长江沿岸省份采买滇铜的必经之路。如乾隆五十六年，湖南巡抚姜晟奏："浙江委员吴斌领运采买滇铜，先经分檄委员岳州、永州、衡州、长沙等处知府各按境地接护，会同运员并督率地方官亲身催趱，……浙江

委员领运采办滇铜,由广西全州入湖南东安县境,经永州知府王辰、衡州知府余延良、长沙知府潘成栋并岳州府,各按境地押护出境,各该运员均系依限趱行。"[65]湖南办运滇铜,不应舍此水道而他求。

3、江苏、浙江二省采买滇铜路线

乾隆三十一年,江苏巡抚明德奏酌定采办铜铅限期:"请嗣后委员领银,自江苏至云南省城,定限一百八十二日,及领运铜觔自广西全州以下至苏州,应行九十六日。"[66]可见,江苏运输滇铜,仍经过广西、湖南,由湖北汉口随江而下。浙江运滇铜路线与江苏基本一致,仍以乾隆五十六年浙江办运滇铜为例。吴斌自湖北汉口沿长江直下,"于乾隆五十六年九月初十日午时入江苏省上元县境,九月二十六日巳时出江苏省之震泽县境,交与浙省秀水县接护前进"[67],"于五十六年十月初三日运抵杭州省城"[68]。吴斌在江苏丹徒从长江进入江南运河,经丹阳、武进、无锡、吴县、震泽、秀水而达杭州。

4、福建省采买滇铜运输路线

就路程而言,福建应与广东合运,至广州后出洋,沿海北上至福州最为便捷,即张允随所言"出两粤以达福建"的路线。然而,福建却是沿湖南北上,沿长江而至江西九江,穿越鄱阳湖区,溯赣江、汝河、黎溪而至建昌府新城县五福,陆运八十里,越杉关至福建光泽县上水口下船,沿绍武溪、富屯溪、东溪而至闽江,最后达福州府。福建的采买路线,乾隆三十八年闽浙总督钟音在查报运员刘玉权逾限缘由时称:"刘玉泉于乾隆三十六年十月二十五日由剥隘管运起,至乾隆三十七年十月二十二日始全数抵省交局,实逾限三个月零二十二日。查沿途经由地方,惟广西省咨报因前全州陡河风信靡常,阻滞三十五日,例准扣筹,湖南省并无逗留,湖北汉口镇及黄冈县验船守风稍有阻滞,江西省因五福地方雇夫挑运,正值秋收,人夫稀少,且有杉关,运交福建光泽县逐一秤收,有需时日,而光泽县水口止有小船陆续分帮,轮流起运,是以头帮铜斤于三十七年八月十一日抵省,至十月二十二日全数运竣交局。"[69]十年后,闽督富勒浑在奏报运员程限时亦言:"今朱国垣于乾隆四十七年八月二十五日由剥隘起运,至四十八年八月初五日运竣交局。扣小建五日,计逾限三个月零一日,系在广西、湖南、湖北、江西四省阻风守水以及赴关纳料,节次稽滞,并非无故逗留"[70]。福建采买滇铜黔铅,均须由赣入闽,"惟建昌府之新城县,由五福地方陆运八十里至闽省邵武府光泽县之上水口,即可用竹牌及小船剥运,此系向来解运铜铅之大路,由上水口再四十里至光泽县,又可换大船运至省城"[71]。可见,福建运滇铜,绕道湘、鄂、赣确有其事。

5、陕西采买滇铜运输路线

乾隆五十五年,陕西运员张星文赴滇买铜。云贵总督富纲等奏报:"今该委员于本年八月初五日全数运抵宝宁县属剥隘地方扫帮出境,⋯⋯除应咨经过之广西、湖南、湖北、河南、陕西、广东等省饬接替催趱依限运回各局交收以供鼓铸,并咨明户工二部,所有陕西委员张星文、广东委员张眉大办运滇铜扫帮厨境日期,理合恭折具奏。"[72]按其咨会沿途省份,陕西办运滇铜长江以南所走路线应与鄂、苏、浙、闽等省相同。湖北汉口之后,应溯汉水而上。次年四月,据河南巡抚穆和蔺奏报:"陕西委员张星文领办滇铜三十七万七千六百五十斤,⋯⋯于乾隆五十七年正月二十五日准湖北均州护送入内乡县境,二月初二日经淅川县境护送交陕西商南县出境。"[73]其后,经商州至陕西省城西安。另,嘉庆朝《钦定大清会典事例》载陕西办运滇铜:"如领运泸州铜斤,自云南省城至泸州限三十一日,在泸州兑领,每一十万斤,限五日运至泸州水次,至略阳县限一百二十五日,自略阳县运至省城,限二百四十。"[74]此线为经川到陕,川陕路途艰难,亦多陆运,且泸州乃京铜领兑之地,既使陕西由此领运,亦非常例。

6、贵州采买滇铜路线

乾隆三十一年,贵州巡抚方世儁奏报贵州采办滇铜限期时说:"贵州省采办云南铜斤,自大兴等厂起至沾益州止共二百五十里,计程四站,又自沾益州运至贵州省局止,共八百四十五里,计程十四战半,总共计程十八站半,应定限十九日。"[75]按大兴厂在路南州,上述过沾益州而至贵州,其所走路线应自大兴厂出发,经过曲靖、宣威、沾益、威宁等地至毕节。嘉庆朝以后,贵州办运滇铜路线有所变化。据《铜政便览》记载:"凡贵州委员领运上游各厂铜斤由省城转运平彝计七站,……如拨路南各厂铜斤,由平彝赴凤凰坡领运计七站,……赴红石岩领运计八站,……赴红坡、大兴领运计六站,……赴发古领运计八站,……赴蒙自县店领运金钗厂铜斤计十五站半。"[76]以平彝为汇总地,经普安、安顺以达贵阳,基本沿滇黔驿道东行。盖因乾隆二十五年以后,贵州省局由毕节移至贵阳之故。然嘉庆朝《钦定大清会典事例》载:"贵州领运云南大兴金钗厂铜,自厂运至贵州,陆路每站每百斤给脚费银一钱二分五厘,水程四站,每百斤给银八分,筐绳银一分一厘,运费银四分。"[77]滇黔之间虽有赤水河、北盘江、南盘江、牛栏江等多条河流,但惟有赤水河有运输铜铅的记载,且赤水河通航河段为贵州仁怀茅台镇至四川合川县之间,距路南、毕节、贵阳俱属过远,绕道水运,与节省运费不合,暂且存疑。

各省采买滇铜运输线路表

省份	运输线路及其主要节点
广西省	云南省城(或大理)—园村村—剥隘—百色—宣化—桂平—苍梧—桂林
广东省	云南省城(或大理)—竹园村—剥隘—百色—宣化—桂平—苍梧—封川—德庆—高要—三水—广州
江西省	云南省城(或大理)—竹园村—剥隘—百色—宣化—桂平—苍梧—封川—德庆—高要—三水—庆远—英德—曲江—始兴—大庾—赣县—庐陵—清江—南昌
湖南省	云南省城(或大理)—竹园村—剥隘—百色—宣化—桂平—苍梧—桂林—全州—零陵—衡阳—长沙
湖北省	云南省城(或大理)—竹园村—剥隘—百色—宣化—桂平—苍梧—桂林—全州—零陵—衡阳—长沙—岳阳—武昌
福建省	云南省城(或大理)—竹园村—剥隘—百色—宣化—桂平—苍梧—桂林—全州—零陵—衡阳—长沙—岳阳—汉口—黄冈—九江—南昌—临川—新城—光泽—绍武—南平—福州
江苏省	云南省城(或大理)—竹园村—剥隘—百色—宣化—桂平—苍梧—桂林—全州—零陵—衡阳—长沙—岳阳—汉口—黄冈—九江—怀宁—铜陵—当途—江宁—丹徒—苏州
浙江省	云南省城(或大理)—竹园村—剥隘—百色—宣化—桂平—苍梧—桂林—全州—零陵—衡阳—长沙—岳阳—汉口—黄冈—九江—怀宁—铜陵—当途—江宁—丹徒—苏州—秀水—杭州
陕西省	云南省城(或大理)—竹园村—剥隘—百色—宣化—桂平—苍梧—桂林—全州—零陵—衡阳—长沙—岳阳—汉口—钟祥—襄阳—均州—淅川—商南—商州—西安
贵州省	云南路南—曲靖—宣威—沾益—威宁—毕节;云南省城—平彝—普安—安顺—贵阳。

此外，四川也曾采买过滇铜。"雍正十年（四川）开局于省城成都，设炉八座，年铸二十四卯，用铜铅三十二万斤，采买滇铜及黔铅应用，如本地采得矿铜，亦即添补供铸"。[78]乾隆十年以后，本省铜矿渐旺，足敷鼓铸，不再采买滇铜[79]。四川采买滇铜并不到滇，一般于滇员运送京铜之际，带解至四川泸州，再由川员沿岷江水运回省局。川省采买滇铜不过十余年，每年仅 20 余万斤，故各史书提之甚少，本文暂不予讨论。

上表所示，除贵州之外，各省采买滇铜云南省内运输，从云南省城铜店经弥勒州竹园村至广南府剥隘，或由临安府蒙自铜店至广南府剥隘，这段路程基本为陆路运输，依靠人背马驮。剥隘以下，西江水道水运，经梧州转至桂江，过灵渠后沿湘江北上，经长沙至汉口。江苏、浙江、福建、陕西等省再由汉口分别沿长江、赣江、闽江、汉江及其支流运回，而广西、广东、湖南、湖北、江西则就近分道运回，贵州省采买滇铜基本沿滇黔驿道陆路运输。可见，各省运输滇铜基本以水运为主，汉口是其主要中转站。云南省广南府剥隘和广西省百色厅是各省采买滇铜的必经之地，姑且将这条运输路线称之为广南百色道。各省采买滇铜选择走此路，一方面由于滇东北运力不敷，京运之外无法兼顾；另一方面，经过沿途官府的修治，广南百色道的路况已大为改善。

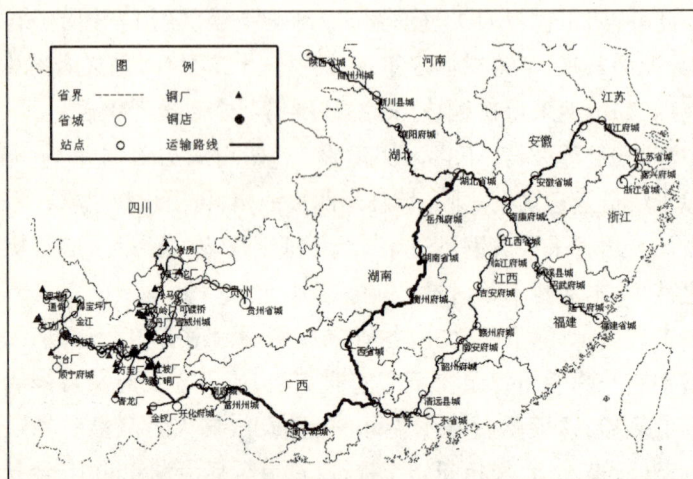

清代各省采买滇铜运输路线示意图

注:此图所用底图为谭其骧主编《中国历史地图集》第八册嘉庆
二十五年(1820 年)清代全图。

第三节　清代滇铜的货流状况与运输布局

借用已有的交通路线是选择运输路线最为简便的方法。明清
时期,覆盖全国的交通网络已基本形成。它是以遍布全国的驿道
为中心,从全国政治中心——京师向各次级行政中心扩散,辅以自
然及人工水道,组成水陆结合、放射状的全国交通道路格局,而多
条驿道交汇段便成为全国的运输主干道,如长江、运河段水运道路
和途径河南、湖北、陕西段驿道。就云南而言,自省城昆明出贵州
经湘黔驿道至湖北,或出四川沿长江水道至湖北,然后沿长江、运
河至京师,而本省之内,由昆明通往各府级政区治所的驿道形成覆

盖全省的放射状交通格局,而多条驿道交汇段则成为云南省内的交通主干道,如经平彝、曲靖、昆明、楚雄、大理至永昌之间的东西大道。

一、京运路线的选择与泸州交通枢纽的形成

以最大产区对应最大销售区域,这是货流合理规划的基本原则之一,其目的是为了避免迂回运输和无效运输,减少运输距离。前文论述滇铜产量的65%销往京师,而滇铜产量的46%以上集中在滇东北,这一地区东临贵州,北接四川,距离京师距离最近。虽然通过滇黔驿道和长江水运均可达京师,但一个以陆运为主,一个以水运为主。在古代社会,水运成本远低于陆运,这也是运输线路选择时必须考虑的因素之一。

云南出滇东北借道黔西北至川南水次,这是明清时期滇川之间的主要交通道路。这条线虽需穿越滇黔交界之地的乌蒙山区,但至四川永宁后可沿纳溪河水运进入长江,就运费而言较为节省。早在雍正初年,商人贩运滇铜、黔铅即由此路运抵四川重庆发卖[80]。雍正六年,因滇铜、黔铅产量大增,产品积压,云贵总督鄂尔泰奏请将余铜、余铅由官府收买,并广铸制钱,运销湖广、江浙[81]。次年,鄂尔泰奏称:"其湖北铜运,该省愿买滇铜,臣现在发运一百余万至永宁水路,听其收领,湖南、广东俱委员差役赴滇买铜,臣俱令粮道如数发卖,并些少减价,以恤远来,其吴省铜斤因去岁运到之铜至今尚未收解,不便再运。"[82]雍正八年,贵州巡抚张广泗言:官府收买余铅"运往永宁、汉口等处销售"[83]。以销售地看,永宁、汉口、江浙均沿长江水道东进,其运输路线应走威宁、永宁、长江无疑。可见,乾隆朝之前,滇黔川驿道已经成为滇铜、黔铅外运的主要路线。故乾隆二年议定,云南每年办铜二百万斤运京。次年云

南巡抚张允随在筹画京运时,即以此为运输路线[84]。之所以没有选择湘黔驿道,是因为该线由云南至湖南沅州府段均为陆路,不但运费高昂,且运输迟缓。

但是,除已有线路、运输历史和运输成本之外,线路的运输条件和通过能力也影响着运输任务的完成情况。滇黔川地区是西南交通要道,三省往来货物大多经由此地,各省采买滇铜以及雍正十三年开始的黔铅京运亦走此线,威宁道的年运输量不断增加,对于依靠人背马驮的乌蒙山路,其通过能力面临日益严峻的考验。在张允随筹画滇铜京运之时就已意识到这一问题,建议黔铅京运暂停。"查滇省运铜至京,必由威宁换马,但威宁一州路当滇黔蜀三省冲衢,官运铜铅,商驮货物,均于此处换马,前因官商争雇,壅滞不前,案准贵州督臣咨,将马匹分作十分计算,酌定官六商四,又于官雇六分之中分作十分计算,若铜多铅少,则铜六铅四,若铅多铜少,则铅六铜四等因。从前各省办铜只一百余万,驮马艰难尚且如此,今查黔省现运京铅三百八十四万零,又每年运毕节铜铅四十一万零,又准四川抚臣咨,每年买滇铜三十万斤,再加以滇省办运京铜四百余万,是每年官雇六分之中,约需马五六万匹,按日轮流计算,每日必得马一百五六十匹"。现今据各办员报称:"威宁每日进关之马。至多不过五六十匹,少则一二十匹。即加给脚价,亦断不能雇至前数之多。"[85]每年官运铜铅共计855万斤,再加之商运货物,需要经由此路通过的货运量急剧增加,而威宁地区运力有限,官商之间、铜铅之间争雇马匹在所难免,威宁已经成为滇黔川运输路线的瓶颈之地。该年,贵州总督张广泗奏称:"黔省办运铅觔,部议停运一年。未奉部文之先,已将己未年正耗铅斤改由贵阳直运楚省,请仍照旧解。"户部议覆:"(京铅)此后仍由威宁办运,究虞拥挤。请于黔省较近水次,兼产铅矿之地,招商开采,收买接济。应如所请。"[86]黔铅按张允随的建议,为缓解威宁道压力,改走湘黔大道,但仅此一年之后又恢复如故,而户部的建议则影响日后黔铅产地的分布格局[87]。

　　黔铅亦为京运,停运应无可能,张允随认识到这一点。他说:"但铅斤一项京局必须,暂停起运究非长策,经臣等委员查勘,东川由鲁甸、昭通至大关之盐井渡下船,可由水路直达川江,若此路可通,则两路分运可免壅滞。"[88]已经考虑对威宁道分流。此后,金沙江、盐井渡、罗星渡水道的开凿与疏浚均与分流威宁道铜铅运输压力有直接的关系。如乾隆四年,云南总督庆复奏称:"滇铜运道,自东川起,由昭通过镇雄,直达川属之永宁,最为捷径,施工开辟,便可与威宁两路分运。"[89]除了滇铜、黔铅京运之外,各省采买滇铜亦经由威宁一路。乾隆五年,云南总督庆复、巡抚张允随奏:"前闽省请买滇铜二十万斤,江苏请买滇铜五十万斤。查滇省每年办运京铜共七百三十余万斤,黔省每年办运京铅一百八十三万斤,同路运送,驮脚每苦不敷。今江闽两省又共请买铜七十万斤,实难运济。查广南府与粤西接界,由粤西水路至粤东,可以直达福建,闽省所需铜,应于附近广西之开化府者囊厂铜内拨给,交广西收贮税所,俟办员到日领运回闽,仍分作两年,每年十万斤,方得从容。至江苏上通楚蜀,应由威宁、镇雄两路运赴永宁,交办员领运回苏。"[90]庆复、张允随建议福建采买滇铜改走广南一路,经由两广转运福建。虽然江苏采买滇铜仍走威宁道,但此后记载显示,除四川、贵州之外,所有采买滇铜省份均走广南道,详见前文。

　　滇铜京运选择滇黔川驿道与长江水道相接,缘于该线是西南交通的主干道,且以水运为主,可以节省运费。这条路线自东川、寻甸出发,经由贵州威宁、毕节至四川永宁,然后沿纳溪河、长江、运河而至京师。作为陆运与水运的交汇点,四川永宁理应成为复合式交通枢纽,但纳溪河流量较小,无法通行大船,而纳溪河汇入长江的泸州成为滇铜京运的交通枢纽。但是,受运力所限,该线的通过能力无法满足日益增加的铜铅运输任务。故开辟新的支线,实现货运分流,便成为云南督抚的主要任务。于是,东川至泸州之间,经由鲁甸、昭通、大关河的盐井渡道,经由昭通、镇雄、长宁河的罗星渡道以及经由永善县黄草坪的金沙江道相继开凿兴修,于威宁道平行,而各省采买滇铜亦大部分转归广南道,实现了货流的合理分布。

二、滇铜外运的集散地、中转站及运输路线

滇铜产地分散,大规模外运必须依赖已有的交通路线。各厂所产铜斤首先汇集于交通干线上的重要节点,然后集中外运,而这些节点成为滇铜外运的集散地,称为铜店。同时,受交通干线运力的限制,为了分流滇铜而形成多条支线,这些支线中的水陆连接处成为滇铜的中转站点,虽然它们也被称为铜店,但与交通干线上的重要节点有所不同。兹以《铜政便览》和《滇南矿厂图略》所载各厂程站和铜店资料,分析不同产区滇铜外运的集散地、中转站点及其运输线路。

1、滇东北产区铜斤外运

滇东北产区以东川府为中心,该府所产铜斤大多汇集于东川府城铜店,然后集中外运,东川府城是滇东北铜斤的转运中心之一。如乾隆四年云南总督庆复奏称:"又自(汤丹)厂至东川,所经小江塘及寻甸一路,尚多阻塞,亦应一例开修。"[91]据《铜政便览》记载:"汤丹厂一站至小江,一站至东川府城;汤丹厂一站至小江,一站至松毛棚,一站至双箐,一站至寻甸。"[92]按汤丹厂在今东川区汤丹镇驻地,运送铜斤至府城(今会泽县城)必须过小江,此处所言

小江应指清代的小江塘,据乾隆《东川府志》舆图所标,应在今会泽县大海乡小江村,位于小江东岸一支流交汇处[93],其路线即由今汤丹镇北上杉木乡,过江至小江村,然后沿支流而上,经会泽县金钟镇以礼河至会泽县城。碌碌厂与汤丹位置接近,距离东川府城3.5站,与汤丹厂铜运输路线基本一致,只是站点不同而已。大水沟厂地近碌碌,其路线无太大变化。茂麓厂距离最远,至东川府城8站,其路线自东川区舍块乡茂炉村,沿金沙江经桃树坪至树结对岸渡江,西南至因民镇驻地,再经落雪至黄草坪,以下与碌碌厂运输路线相同。大风岭厂在江北,沿金沙江南岸东进,至小江口渡过金沙江,再东南至今会泽县大海乡大沟村老尖山,与其他厂运输路线交汇,约为6站。紫牛坡厂位于今东川区绿茂乡紫牛坡,沿小江北上至小江塘,与其他各厂运输路线汇合。

东川店铜斤经昭通府分运黄草坪、盐井渡、罗星渡三处,而昭通府境内各厂所产铜斤就近汇集于这三点,沿金沙江、大关河、南广河水运至泸州。东川店部分铜斤转运寻甸州城,寻甸店是东川府铜斤的另一个转运中心。寻甸店铜斤经宣威、威宁运至永宁,沿永宁河水运至泸州。滇东北地处乌蒙山区,高川纵横,其间大多为羊肠小道,铜斤外运依靠人背马驮。这样的陆路运输不但运量小而且费时。如东川府城至寻甸州城共计4站,人马运铜需要4天,运输路线与今天会泽至寻甸的高速公路基本一致,而今天开车仅需1个小时,其运输之艰难可想而知。滇东北铜斤外运,在黄草坪、盐井渡、罗星渡、永宁以下都是水运,运输条件有所改善。

2、滇西产区铜斤外运

滇西产区有宁台、大功、白羊、回龙、得宝坪五厂,分别位于顺宁、云龙、丽江、永宁四州县。虽然滇西大理、永昌、顺宁三府均设有钱局,但用量较小,而滇东北产区不能完全满足京运需求,仍须从其他产区进行调剂。滇中产区分散,并无大厂,难以保证京运的顺利进行,故调剂京铜势必从滇西产区着手。滇西产区以宁台、得宝坪、大功三厂产量较大,但这些矿厂分别地处云南西南部和西北部,通往外省的交通不便,势必仍需借助云南省内东西大道运送。大理府的下关是滇西交通枢纽,南连顺宁、西临永昌,北接丽江,集散滇西铜矿,转运滇东,非下关莫属。下关铜店的设立正是基于滇西铜矿产销的地理分布格局,故以上宁台、大功、白羊、得宝坪、回龙五厂均先运抵下关集结,然后转运寻甸。

　　宁台厂地处今昌宁县大田坝乡文沧村附近,由厂至下关共计12.5站,距离约700余里,其路线经从今永平、昌宁二县交界处东北行,经厂街乡、龙街镇至顺濞江边,再经大理府城至下关,往返一次需要近一个月。大功、白羊二厂位于今云龙县检槽乡师井村以西,距离下关12.5站,其路线由今云龙县检槽乡大工厂,经师井、检槽至227省道至关坪镇驻地,再东北行,经洱源县炼铁镇江滂村、凤羽镇驻地至江尾镇沙坪,然后沿221省道至下关,运送铜斤的距离和时间与宁台厂相当。得宝坪厂在今永胜县宝坪乡,距离下关9.5站,距离600余里,其路线即由永胜县宝坪乡沿220省道至永胜县涛源镇金江街,再西南行过金沙江,经鹤庆县黄坪镇至洱源县江尾镇沙坪,然后沿221省道经大理市古城镇至下关镇,每次运铜需时约10天。回龙厂今维西县永春乡四保村附近,距离下关16.5站,距离约1000里,其路线由厂地沿通甸河南下,至兰坪县通甸镇后东进,再沿冲江河至玉龙县石鼓镇,然后沿308省道经拉市乡至丽江市区,转221省道南下大理市下关镇,每次运铜需要半个月。

　　滇西产区铜斤除供大理、顺宁、永昌三府铸钱之外,大部分集中东运,经楚雄、昆明至寻甸铜店,于东川府铜斤一起转运京师。可见,寻甸店是东川府和滇西产区京铜运输的重要中转站。然从区位上看,曲靖府地处滇东,东接贵州,东北通四川,是滇铜京运的理想中转站。但仔细看地图就会发现,发源于寻甸州的牛栏江经宣威、会泽、巧家等厅州县后汇入金沙江,在东川府与曲靖府之间形成了天然的阻隔。如果将曲靖府作为滇铜京运的中转站,则东川府所产之铜势必要绕道寻甸才能到达曲靖,且曲靖府距离滇东北和滇中产区均属过远。寻甸州北接东川府,南临滇中产区路南州,西近省会昆明,且绕开了牛栏江的阻隔,滇东北所产铜斤可由此运供省局,亦可由此经宣威出省,同时,路南、寻甸等地所产铜斤亦可就地收集,故寻甸铜店发挥了联系滇东北、滇中产区和京运、省局供给的任务。滇西铜矿由昆明转运寻甸,"省城至板桥四十里(昆明县地),板桥至杨林六十里(嵩明县地),杨林至易隆七十五里(寻甸州地),易隆至寻店七十五里"。[94]板桥即今昆明市官渡区大板桥镇驻地,杨林即今嵩明县杨林镇驻地,易隆在今寻甸县塘子镇易隆,其运输路线由昆明沿101省道至寻甸县塘子镇易隆村,然后北上至寻甸县城。

3、滇中产区铜斤外运

滇中产区虽然矿厂众多,但除临安府金钗厂之外,其他厂产量很小,尤其是产地较为分散。这样的产地分布决定了滇中产区铜斤仅能满足省局鼓铸和各省采买。滇中产区包括云南、澄江、楚雄、临安、广南五府和武定、元江二直隶州,而省会昆明是云南省的交通枢纽,于云南、澄江、楚雄三府和武定州距离适中,可以覆盖滇中产区,同时,位于昆明省局在云南鼓铸中用铜量最大,是滇中产区铜斤的消费区之一,故于省城设置铜斤集散地最为合适。

　　云南、澄江、楚雄、武定、元江等地铜斤均汇集于省城铜店。万宝厂位于今易门县铜厂乡,距离省城6站,其运输路线经今易门县城沿213省道北上至安宁市禄裱镇大哨,再沿103省道东进至昆明。大美厂位于今禄丰县仁兴镇西北,距离省城3.5站,其运输线路即由禄丰县仁兴镇沿铁路线至昆明。凤凰坡、红石岩、红坡、大兴、发古五厂分别位于路南州南部和东部,距离省城铜店和寻甸铜店均在3—5站之间。寨子箐厂在今双柏县锷嘉镇附近,距离楚雄府7站,在楚雄府于滇西铜斤一起转运省城铜店。青龙厂在今元江县青龙厂镇驻地,距离省城6站,其运输路线由元江县青龙厂镇沿213国道至晋宁县昆阳镇,再经滇池水运至昆明。

　　滇中产区以蒙自县金钗厂产量最大,该厂位于今个旧市卡房镇镇龙树脚附近,且临安府设有钱局,是滇中产区铜斤消费地之一。因此,在蒙自县设立铜店,一方面可以收集本地铜产供本地鼓铸之用,同时还可以作为自省城、寻甸等处铜斤经广南道外运的中转站。金钗厂距离临安府城3站,距离广南府剥隘17站,其运输线路由厂地经蒙自至砚山中部,入广南县境内,折入广南县城外,基本沿323国道至富宁县剥隘镇。广南府土富州的剥隘地处滇桂交界,与西江水道相连,是各省采买滇铜运输的重要中转站,各省在云南、澄江、临安等地采买的铜斤均经由此水运出滇。

三、滇铜的货流状况与运输布局

　　在《滇南厂矿图略》中,云南每个铜厂均有明确的铜斤供运去向记载,如汤丹厂"供京运",大功厂"供京运、省铸及采买",凤凰坡厂"供省铜及采买,间拨京运"[95]。京运、采买、省铸或省铜代表了滇铜的不同销售方向,亦即现代交通运输地理学中所谓的货物流向,简称货流。根据这些记载,可以分析清代滇铜的货流状况。需要说明的是,部分矿厂铜斤并非单一流向,除了明确记载不同方向的流量之外,必须先作一规定。如"省铸、采买间拨京运",可以认为是供省铸和采买,其流量对半开,仅是在京运不足的情况下协拨,可以不予考虑;如"京运、省铸及采买",其流量各占三分之一;如"省铸及采买"或"京运或省铸",其流量对半开。

1、滇铜京运的货流状况与运输布局

依据《滇南厂矿图略》的记载,将云南各铜厂京运流向及其流量列表如下:

清代云南京铜流向流量表　　　单位:万斤

产地	厂名	流向	流量
东川府	汤丹	京运	316
	碌碌	京运	124
	大水沟	京运	51
	茂麓	京运	28
昭通府	人老山	京运	0.24
	箭竹塘	京运	0.24
	乐马	京运	3.6
	梅子沱	京运	4
	长发坡	京运	1.3
	小岩坊	京运	2.2
曲靖府	双龙	京运	0.675

续表

产地	厂名	流向	流量
顺宁府	宁台	京运	200
永北厅	得宝坪	京运	120
大理府	大功	京运	13.3
	回龙	京运	7
合计	15厂		868.195

　　在京运流向中,滇东北产区计有10厂,共计527.22万斤,占总流量的60.73%,属于京铜供应中心。滇东北产区的大厂集中于东川府西部,即今东川区汤丹、因民、舍块三乡镇。这些矿厂所产铜斤从高海拔的山区越过小江,汇集至东川府城铜店,然后分运寻甸与昭通铜店。昭通铜运又分为两路:一路北上至永善县黄草坪(后改由昭通至黄草坪),经金沙江水运至泸州铜店;一路东北经鲁甸、昭通至大关厅盐井渡,然后沿大关河水运至泸州。以上二路铜斤流量,据乾隆十年云南巡抚张允随的运输规划:"(金沙江水运)每年以运铜一百万斤计算,较陆路可节省运脚银六千三百余两;……又开修盐井渡河道,除照原奏,于节省脚价银内归款外,每年分运东川铜一百五十八万余斤,可节省运脚银五千二百余两。"[96]两路年运送能力合计258万余斤。乾隆十年至十一年实际运送到泸州的滇铜:金沙江道年均99.43万斤,盐井渡道年均104.34万斤,合计203.77万斤[97],相当于预计运输能力的78.98%。但由于水路初开,航道不熟,还不能完全发挥运送能力。至乾隆朝中后期,上述两条线的实际运输能力已超过预定规划。如乾隆《恩安县志稿》记载:"自昭通至东川计程二百九十里,总计昭

通接运东川之铜,除由东至昭除折耗铜五千二百七十六斤三两外,每年实接运铜额三百一十六万零四百四十三斤十二两八钱。对分运:一运所至属之大关,交大关同知秤收,转运四川泸州装船;一运所至属之永善县,该县秤收,转运至四川泸州装船,汇齐候上宪委员由川河押运进京。"[98]上述两线的年运输能力已达 316 万斤,是原定运送能力的 122.48%。

东川运京铜斤的另一半,约 316 万斤,经待补、功山转运寻甸铜店,亦有部分铜斤经厂直运寻甸,如汤丹厂。滇西产区宁台、大功、回龙、得宝坪四厂所产铜斤,分别由顺宁府、云龙州、丽江府、永北厅汇集于大理府下关铜店,其中 340 余万斤京铜经省城铜店转运至寻甸铜店,与来自东川府转运的京铜汇合,然后经宣威运抵贵州威宁铜店,然后分为两路:一路经贵州毕节运至四川永宁,沿永宁河水运至泸州,称之为威宁道;一路经镇雄运至罗星渡,沿长宁河水运至泸州,称之为罗星渡道。之后,因永宁道运送黔铅量增加,该道京铜转归罗星渡道。在滇铜京运初期,基本走永宁道。随着金沙江道、盐井渡道、罗星渡道的开通,京铜逐渐分流于其他线路,按乾隆十年云南巡抚张允随的运输规划:"又开罗星渡河道,除照原奏于节省脚价银内归款外,每年分运威宁铜一百五十八万余斤。"[99]该年七月至次年五月,罗星渡道实际运送京铜 138.41 万斤[100],其年运输能力为 151 万斤左右,和规划运输能力基本相符。但之后,随着黔铅京运、楚运量的递增,威宁道不堪重负,途经该道的京铜改走镇雄,由罗星渡水运至泸州。乾隆《镇雄州志》记载:"查威店寄设威宁州城,接运宣威州运交各厂拨发一半,年额三百一十五万数千余斤,复有带解铜五六十万斤不等,陆运十站至罗星渡,由船转运八站交兑泸店,转发京运。"[101]可见,罗星渡道与威宁道先分后合,年运输量约 316 万斤。

昭通府京运六厂靠近四川,梅子沱、小岩坊二厂可就近纳入金沙江道,人老山、箭竹塘、乐马三厂可就近运抵盐井渡,长发坡厂可就近运往罗星渡,但其流量很小,每厂约在万斤上下,可以看成是此三路的支线。

这四条京运路线,包括由厂至店和由各店至泸州总店两类,学界称之为分运和递运[102]。金沙江道永善县黄草坪、昭通道大关厅盐井渡、镇雄道罗星渡、威宁道永宁以上均为陆路,以牛马为主要运输工具,运力紧张时还需人夫背运,不但费时、费力,而且运费高昂。如乾隆九年云贵两省奏请提高威宁段运费时言:"查滇黔运铜运铅,固在马匹多寡,但脚户驮运往来,原冀获利,若脚价宽裕则踊跃争趋,倘脚价短少则裹足不前,是马匹之多寡全在脚价之增减,……今黔省加运铅斤既已多需马匹,且因沿途食物草料昂贵,八分五厘之价不能雇运,题请照依运铜脚价一体发给,则滇省办运铜斤雇募自必更难,每百斤每站给银一钱二分九厘二毫零,实难核减,应请照数发给。"户部认为增加幅度过高,令核实再报。东川府知府田震和护大定府事平远州知州钮嗣昌负责实地核查:"(威宁至永宁)计一十三站共设六十四塘,计程六百一十九里,处处皆高岗峻岭,石磴嶙峋,兼之岚重箐深,雾多泥滑,且遇过河之处岸高沟险,卸渡艰难,迥非他出可比,惟自顿子坎至瓦甸、瓦甸至七家湾、七家湾至平山铺、平山铺至新屯、新屯至毕节、摩尼至普市,此六站之内,间有坦坡,是以一日尚能行五六十里为一站,至若由威宁至顿子坎、毕节至层台、层台至白岩、白岩至赤水河、赤水河至摩尼、普市至大湾、大湾至永宁,此七站之内鸟道崎岖,危坡曲磴,步若登梯,如行螺旋,叠溪深坎,处处碍行,竭尽一日或力虽只四十余里,即为一站,而人马之劳疲更甚,于日行七十里之离,是以往来商旅皆必旧定之程,以为歇站而不能破站越程,自威至永实须一十三站,此历来久走之程途,并非因解运铜铅而始,足此毕威实不能日行两站,或日行站半。"[103] 威宁道穿越乌蒙山区的核心地带,山高路险,鸟道羊肠,日行仅四十余里。虽然此地产马,但日益增加的铜铅运量仍然使威宁道运力不堪重负。在奏请增加运费吸引脚户运输之外,开辟新路进行分流也是地方官府的重要任务。

威宁道之外,同处乌蒙山区的罗星渡道镇雄段也艰险异常,运力不敷。乾隆四十一年,时任镇雄州知州的饶梦铭言:"至乾隆三十六年,征缅军兴之后,马匹稀少,前署州汪公讳丙谦始兼管威店,暂雇镇属民夫帮运。州牧白公讳秀到任,亦踵而行之。"牛马不继,雇募人夫背运。继任镇雄州知州屠述濂称:"乾隆三十六年改为派雇镇雄里民背运,赴罗交卸。每铜一驮重一百六十八斤,例销脚价银二两,健者二夫,弱者三夫,道远途难,民情苦累。蒙前督宪李奏准,每驮加增脚银四钱八分,以敷食用。然背负既重,日行不过半站,兼之镇雄城南三十里即威宁州所管地方,各里民夫离城远者七八站,近者三四站,自镇城至威又复五站,裹粮远涉领运一次,往返动辄月余,以及四十日不等,仍不无津贴之累。兼以上游铜斤,先后多寡不一,或夫到而无铜,或铜到而无夫,守候空回,更滋苦累,办理颇形掣肘,节经士民纷控,历征条议,终无定策。"[104] 饶梦铭所作《芒部铜运歌》即是对镇雄民夫背运京铜的真实写照。乾隆四十六年,经云贵总督福康安奏请,将"滇铜自威宁至镇雄州城改归威宁承运"[105]。

不仅如此,整个滇东北境内的交通运输条件均较为恶劣。如东川至昭通段路程需跨越牛栏江,江底与两岸落差大,人马上下非常危险。据乾隆《恩安县志》记载:"前经题请开修以吾道路,由牛栏江转运鲁甸,转运昭通之铜运由此始也。嗣因牛栏江大坡四十余里,滚跌损伤铜马,乾隆十年详请,转改由合租江直运奎乡。"[106] 避开了牛栏江最为凶险的河段。

　　黄草坪、盐井渡、罗星渡及永宁以下均为水路，在这些水陆交界之处，铜斤下马上船，需要储存、中转，故这些地方均设有铜店，为运输提供便利。相比陆运人背马驮而言，水运在运费方面有一定的优势，但仍须有运输工具和交通设施为之配套。尤其是在险滩河段，还需盘剥，绕道而行。如金沙江道，自黄草坪水运四站至新开滩，"黄草坪、雾基、锅圈崖、大汉漕四处，每处雇留站船十五只，每只每月给盐菜银一两二钱，食米三斗"。包括新开滩在内，"每处书记一名，每名每月给工食银三两；搬夫二名，每名每月给工食银二两"。[107] 站船分段接运，人夫装卸铜斤，书记管理经费。川江各支流的航运条件视水量而定，春冬水涸，险滩遍布，行船步步艰难；春夏之交，山洪时发，河水暴涨，昔日险滩皆成河底暗礁，行船更加危险。如乾隆三十六年十月十五日，王昶（《云南铜政全书》的修纂者）从永宁下船至泸州："盖自江门（永宁县码头）至泸州，历大州、渠坝、纳溪三驿，凡一百六十里，若乘舟顺流，半日可达也。酉刻，予同兵部员外郎尚安亦登舟，江出两崖间，水湍急，所谓江门峡尤悍，舟至是忽落数丈，其旁巨石如狞狮奔马，皆与船舷戛击，初见山腰远火上下，与舟人呼啸，顷之齐列峡侧，因是峡险恶，晚行尤不易，故土人把火来照。"次日，"绕（纳溪）县境北行，水渐逆，是为清水河入大江处，顷之见大江从西来，冲瀜渺瀰。又东行二十里，午刻至泸州。"[108] 王昶此行所乘小船尚且如此惊心动魄，则重载铜铅船只的安全更难以预料。

　　泸州是滇铜京运的枢纽，各路分运、递运铜斤均汇集于此，由云南省选派运官分批解京。滇铜、黔铅的京运路线在泸州之后重合，关于长江、运河段的运输情况，将在下一章论述。滇铜京运与之相近，兹不重复。

2、各省采买滇铜的货流状况与运输布局

依据《滇南厂矿图略》的记载，将各省采买滇铜流向及其流量列表如下：

清代各省采买滇铜流向流量表 单位：万斤

产地	矿厂	流向	流量
顺宁府	宁台	采买	31.05
大理府	白羊	采买	10.8
	大功	采买	13.3
澄江府	凤凰坡	采买	0.6
	红石岩	采买	0.6
	红坡	采买	2.4
	大兴	采买	2.4
	发古	采买	2.4
云南府	万宝	采买	15
	大美	采买	1.2
	狮子尾	采买	0.18
	大宝山	采买	0.36
楚雄府	寨子箐	采买	0.56
	马龙	采买	0.22
	秀春	采买	0.225
临安府	义都	采买	4
	金钗	采买	90
元江州	青龙	采买	3
合计	18 厂		178.295

鉴于滇黔川交界地区运输能力有限,在保证京运的前提下,各省采买滇铜被分流至广南道,故供应各省采买的铜厂被规划于滇中和滇西产区。滇中产区共计 15 厂,共计 123.145 万斤,占采买总流量的 69.07%,其中,尤以蒙自县金钗厂为最。临安府位于滇南,与广南府接近,金钗厂铜拨供各省采买距离最近,其具体路线前文已述。

滇西产区宁台、白羊、大功三厂分别由产地汇集于大理府下关铜店,至省城铜店与来自滇中产区的楚雄、云南二府所产铜斤汇合,经由弥勒州竹园村(今弥勒县竹园镇驻地),路南州各厂铜斤南下弥勒在此汇合,在开化府境内与来自金钗厂铜汇合,沿途汇聚文山县都龙、者囊二厂铜斤,经广南府至土富州的剥隘,其路线与金钗厂至剥隘相同,故剥隘成为滇铜外运的又一交通枢纽。元江州青龙厂至剥隘路线无记载,笔者推测可能经由石屏、建水二州至蒙自,与金钗厂运输路线汇合。当然,各省采买时间不同、数量不一,并非一次完成,故其运输亦有先后,量有多寡,此仅就各厂铜斤到剥隘的路线而言。此外,乾隆十七年规定,各省采买滇铜在寻甸、蒙自二铜店领运;四十年进一步规定,上游铜厂由厂员运铜交下关店,转运省城供各省领兑,义都、青龙两处及省城下游各铜厂由各省委员赴厂领运[109]。领兑地点的变化并没有改变滇铜运输路线,只是运输管理主体由各省委员变成云南官吏。

广南道在清初就已引起朝廷的足够重视。雍正四年,广西钱贵,云南布政使常德寿奏言:"云南至广西交界剥隘地方马运计程二十站,自剥隘上船可直运至广西省,计钱一串约需水陆运费银二钱三四分"[110]。云贵总督鄂尔泰亦说:"临安一局附近粤西,由广南府之剥隘下船以至两广更为便易"[111]。于是,朝廷发云南铸钱两万串运销广西,以平钱价。

雍正七年,云贵总督鄂尔泰开始在云南大规模改善水陆交通。据《新开水道并兴修陆路事》中奏称:"兹于(雍正七年)五月二十三日,据云南广南府贾秉臣等覆称,职等奉委开河,随同各委员沿江查勘,源发于澄江,流达于粤闽,内有巨石间阻,叠滩陡险,相传汉唐迄今未曾开凿,职等详看形势,初甚以为难,乃不数月而工已告竣,自阿迷州以下一千五百里至剥隘之水道已通,八达河而土黄一百六十里之旱路亦修整平坦,可行车马,是不特东西两粤片帆可至,将来通商并可达吴楚等情。"[112]至年底,广南至剥隘陆路修治完毕之后,鄂尔泰亲自体验滇粤交通状况:"窃臣自雍正七年十一月初八日起程,取道广南府,经土富州等处入粤西境,自剥隘地方至百色登舟,过思恩土田州属抵南宁府,登陆赴柳州,自柳州复由水路于十二月十九日抵桂林省城。沿途瘴气全消,且天气和暖,路旁豆、麦、青葱、菜花黄茂,缘年岁十分丰稔,以故兵民气象皆甚属恬熙。"[113]可见,当时滇粤之间已成通途。

不止鄂尔泰这样认为,时任广西左江镇总兵的齐元辅亦基于滇粤间便捷的交通而建议朝廷扩大滇钱运粤:"按广西水道,上通云南广南府属之剥隘,较他省挽运稍易。现今云南有余之铜,差员由广西运往汉口镇江。若以此存于临安府,添炉鼓铸,运交粤西给发官俸役食及驿站钱粮,计可岁销四万余串。……且前此运粤之二万串,系全数解交藩库,方领银回滇,未免运费太多。若止令桂林一府运交藩库,其余悉于经过之处截留,即不必经过之大、思、柳、庆各府州,亦俱于水道相通之南、浔、梧三府截留,运费更可少省。"[114]

鄂尔泰回滇之后,基于自己的实地考察,对通粤路线进行了调整。虽然对于扩大滇钱运粤,朝廷还无定论,他已经开始为运钱作准备。"至于通粤河道,自滇之阿迷州直达粤之八达汛,中止有土黄一百数十里之陆路,前经臣奏明。今查得由飞塘至八达河止计水程二百四十里,水势平缓,易于疏凿,大可行舟,由八达河登陆至土黄计一百八十里,下船直通剥隘、百色,计水程六百九十四里,与其历诸险滩至阿迷州登陆,六日方到云南省城,不若由八达河下船至飞塘登陆,由广西府至省城计程亦不过六日,既险易迥殊,且工费悬绝"。同时,令广西府修整加宽至省城的道路,"务使可以行车",沿途搭建车站和牛棚,"以便载运钱铜,招引商贾"。对于鄂尔泰的工作,雍正皇帝甚为满意,朱批道:"庆快事也,向开化此路甚属险峻,未料如此轻易就绪。"[115]

鉴于滇粤交通的改善,朝廷将滇钱运粤扩大为云南代京铸钱[116]。云南巡抚张允随在考察铸局选址后认为,以广西府作为代京铸钱之地最为合适,其理由之一便是广西府"至西隆州属之土黄,水旱程途共计五百八十里,内自府城旱路一日至师宗州之飞塘,由飞塘下船,顺水二日可达八达,由八达旱路三日课至土黄,由土黄下船直达两粤,通行吴楚",钱文外运便捷[117]。但正如鄂尔泰所言,八达——土黄线的运输条件并不理想,而广西府经剥隘至百色一线,早在鄂尔泰任云贵总督时,为贩运广西米来缓解云南粮价,"曾委开广西剥隘地方至云南属广西府河道"[118]。其后办运京钱,改由广南剥隘至百色下水。而"自剥隘至百色之陆路,从前甚属险窄,今知臣(鄂尔泰)经过,依獞人等争先开修,已成大道"[119]。

广西百色厅为滇粤往来必经之路,但剥隘至百色之间时常瘴疠弥漫。雍正三年后,广东为办解京铜,"俱赴云南买运,万里程途,往回耽搁,必经七八月始到广东,若从广西以至滇粤接壤之百色,春夏多瘴,人不能行,必俟霜降后方可往来"[120]。但五年之后,鄂尔泰自广南经百色至桂林,"沿途瘴气全消,且天气和暖",尤其

"看得百色地方为滇粤门户,水陆交会,人烟稠密,商贾辏集,且系行盐总埠,诚属往来之要冲"[121]。随着人员往来的增加和交通条件的改善,百色的瘴疠已不再严重。百色至桂林交通,雍正八年鄂尔泰考察后认为:"如自百色抵南宁,由浔梧、平乐以至省城,俱可行大船。"[122]

灵渠沟通湘、漓二水,是南北交通之要津,清代以来称之为陡河。自秦代开凿以来,历代均有修葺。"然历岁久远,根基摇动,遇大水便不可为,癸巳(康熙五十二年)之春霖雨不止,水势日涌,百姓日夜环吁,予(广西巡抚陈元龙)遴委郡丞黄之孝,督邑令百计培,堤苟免于患,然忧之甚"。次年奉旨修竣[123]。雍正七年,广东运送大木,即由广西梧州、桂林,过陡河而至湖广[124]。雍正八年,即鄂尔泰巡查广西之际,又再次重修陡河[125]。乾隆十九年,两广总督杨应琚在奏请修治陡河时亦言:"粤西兴安县陡河,俗名北陡,为转运楚米、流通商货之要津,……临桂县陡河,俗名南陡,下达柳庆,溉田运铅,亦关紧要。"[126]

清代前期对滇桂湘运输线路进行不断地维护与修葺,使得这一贯通南北的运道畅通无阻。自乾隆元年至乾隆四年,每年运抵京师钱文达258万余斤[127],足以证明当时经滇桂湘而至京师的运输条件已经比较成熟。虽然广南道自广西百色以下皆为水路,但毕竟路途遥远,如福建运铜需穿越桂、湘、鄂、赣等省,绕道大半个南中国,运费节省无多,但在优先保证京运的前提下,各省采买滇铜选择广南道是基于现实的无奈之举。

3、云南本省鼓铸用铜的货流状况与运输布局

依据《滇南厂矿图略》的记载,将云南本省鼓铸用铜流向及其流量列表如下:

清代滇省鼓铸用铜流向流量表

单位:万斤

产区	产地	矿厂	流向	流量
滇东北产区	东川府	大风岭	局铸	8
		紫牛坡	局铸	3.3
滇西产区	顺宁府	宁台	省铸	58.95
	大理府	大功	省铸	13.3
滇中产区	澄江府	凤凰坡	省铜	0.6
		红石岩	省铜	0.6
		红坡	省铜	2.4
		大兴	省铜	2.4
		发古	省铜	2.4
	云南府	万宝	省铸	15
		大美	省铸	1.2
		狮子尾	省铸	0.18
		大宝山	省铸	0.36
	楚雄府	寨子箐	省铸	0.56
		马龙	省铸	0.22
		香树坡	省铸	0.72
		秀春	省铸	0.225
	临安府	义都	省铸	4
		青龙	省铸	3
	元江州	双龙	省铸	0.675
合计		20厂		118.09

从产地分布看,云南本省鼓铸用铜来源于较为广泛,滇东北、滇西、滇中均有,但以滇西为重,这和云南钱局分布及滇铜总体流向规划有直接的关系。乾隆时期,云南曾设立七个铸钱局,广泛分布于滇中、滇东、滇东北、滇南、滇西等地,分散的销售地决定了各地铜厂就近供应的格局,同时,滇东北产区的铜大部分流向京师,滇中产区是各省采买的供应地,仅有滇西产区的铜斤,在协济京运和各省采买之后,还有大量铜斤可供分配。因此成为云南本省鼓铸用铜的主要供给区,滇西二厂供应量占本省用铜量的61.18%。

关于云南本省鼓铸所需铜斤的来源。乾隆八年,云南总督张允随奏请设立大理铸局时言:"(大理府)该地产有铜矿,应请设法开采,设炉十五座,每年需铜二十八万余觔,即以所出之铜供铸,不敷,再将迤东各厂铜觔添拨。"[128]此时宁台厂还未开,乾隆三十年后,宁台厂产量大增,大理局用铜可能不再求诸迤东各厂。除此之外,《铜政便览》记载:顺宁、曲靖二局用宁台厂铜[129]。《滇南矿厂图略》记载:云南省局"应拨铜斤原无定厂,近以元江州青龙厂,武定大宝、禄狮厂,罗次大美厂,宁州绿矿硐厂,定远秀春厂为专供,路南红坡、大兴、发古三厂,易门义都、万宝、香树坡三厂,楚雄马龙、寨子箐二厂委员,宁台厂为酌拨"。东川局嘉庆二十二年复开,"收买汤丹等厂商铜供用"。[130]显然,该书所载省城、东川二局铜斤来源应为嘉庆朝的情形。但"原无定厂"应指嘉庆朝以前而言,且这些"专供"及"委员"铜厂均位于省城周边,距离较近,不敷部分由宁台厂协拨。这样的供给结构并非任意而为,必然有一个形成的过程,笔者认为这与乾隆朝省局铜斤的地理分布应相去不远。

东川局所用,无论是官铜还是商铜,均出自东川府铜厂,供应地并为发生明显变化。故东川府大风岭、紫牛坡二厂铜斤运至府城,就近供应东川新旧二局鼓铸。滇中产区各厂主供省局,不敷部分由滇西宁台厂拨运。顺宁、大理、曲靖三局由宁台厂供应。广西局地处滇东,所用铜斤可能与曲靖局一样,来自滇西宁台厂。永昌局地处滇西,宁台、大功等厂亦可就近拨运。临安局地处滇南,用铜量有限,周边又有金钗、青龙、都龙、者囊等厂,虽然这些厂确定为各省采买的供应地,但不排除分流供应临安局的可能。

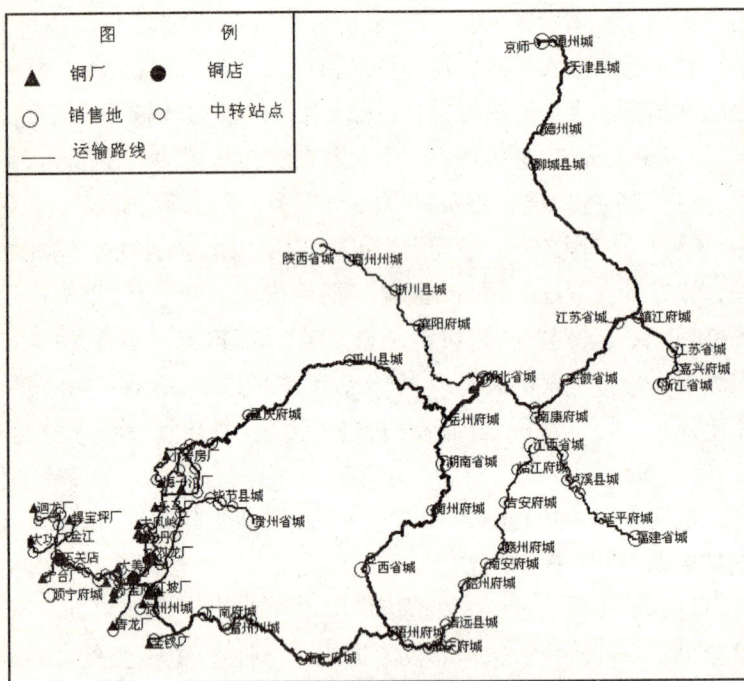

清代滇铜货流与运输布局示意图

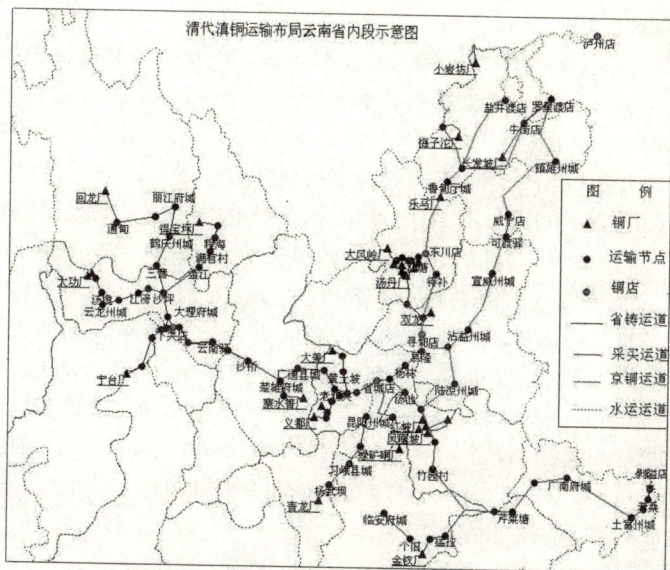

清代滇铜运输布局云南省内段示意图

　　通过以上考察,清代滇铜运销已有较为明确的货流分配,京铜的主要供应地为滇东北产区,不足部分由滇西产区拨运;各省采买主要在滇中产区,尤以临安、开化、澄江三府铜厂为重,不足部分由滇西产区协济;云南本省鼓铸用铜的供给地较为分散,滇中产区供应省局和临安局,滇东北产区供应东川局,其他铸局基本由滇西产区供给,而宁台厂供应量最大。这样的货流状况与运输路线及转运铜店相结合,形成一个完整的、合理的运输地理格局,这与现代交通运输地理学中运输配置原则基本一致[131]。

注　释

1　参见《云南铜志》、《滇南矿厂图略》、《铜政便览》以及道光《云南通志稿》中所引《云南铜政全书》的记载。

2　　如谭其骧主编《中国历史地图集》（八卷本），中国地图出版社，1988 年版。其中，由
　　　云南大学历史系方国瑜、朱惠荣、尤中、木芹等先生负责的清代云南图中标有一些
　　　大型矿厂的具体位置。

3　5　吴其濬《滇南矿厂图略》下《铜厂第一·云南府属》。

4　　见云南省国土资源厅、云南省测绘局编《云南省地图集》，星球地图出版社，2005 年
　　　版。以下所用现代地名均以此图为准，不再注明。

6　10　吴其濬《滇南矿厂图略》下《铜厂第一·东川府属》。

7　8　东川市人民政府编《东川市地名志》，内部发行，1988 年，第 58 页、第 60 页。

9　　杨光昆主编《东川市文物志》，云南民族出版社，1992 年第 1 版，第 17、26 页。

11　杨光昆主编《东川市文物志》，云南民族出版社，1992 年第 1 版，第 20、30 页。

12　梁晓强校注《〈东川府志·东川府续志〉校注》卷一《图象·图说》，第　40 页。

13　15　16　吴其濬《滇南矿厂图略》下《铜厂第一·昭通府属》。

14　《铜政便览》卷一《厂地上》梅子沱厂。

17　19　20　22　吴其濬《滇南矿厂图略》下《铜厂第一·澄江府属》。

18　《铜政便览》卷二《厂地下》凤凰坡厂。

21　《铜政便览》卷二《厂地下》大兴厂。

23　《铜政便览》卷二《厂地下》发古厂。

24　35　吴其濬《滇南矿厂图略》下《铜厂第一·临安府属》。

25　吴其濬《滇南矿厂图略》下《铜厂第一·永北厅属》。

26　《铜政便览》卷一《厂地上》得宝坪厂。

27　民国《新纂云南通志》卷一《清代舆图》，永北直隶厅。

28　吴其濬《滇南矿厂图略》下《铜厂第一·大理府属》。

29　《铜政便览》卷二《厂地下》白羊厂。

30　《铜政便览》卷一《厂地上》大功厂。

31　吴其濬《滇南矿厂图略》下《铜厂第一·大理府属》。

32　吴其濬《滇南矿厂图略》下《铜厂第一·曲靖府属》。

33　《铜政便览》卷二《厂地下》双龙厂。

34　《铜政便览》卷二《厂地下》寨子箐厂。

36　乾隆《蒙自县志》卷一《舆图》。

37　参见《铜政便览》卷三《京运》、卷五《局铸》、卷七《采买》。

38　《钦定大清会典事例》(乾隆朝)卷四十四《户部·钱法》办铜。

39　鄂尔泰:《奏为请开黔省鼓铸以利民用事》,雍正七年九月十九日,《雍正朝汉文朱批奏折汇编》第十六册,第662—663页。

40　41　《皇朝文献通考》卷十六《钱币考四》。

42　《大清高宗皇帝实录》卷七十一,乾隆三年六月[日期不详],四川巡抚硕色奏。

43　《钦定大清会典》(乾隆朝)卷十四《户部·钱法》。

44　《钦定大清会典事例》(嘉庆朝)卷一百七十五《户部·钱法》直省办铜铅锡。

45　《大清高宗皇帝实录》卷七百六十四,乾隆三十一年七月壬申,云贵总督杨应琚奏。

46　《铜政便览》卷六《采买》,云南省图书馆藏清刻本。严中平的统计中不含乾隆十九年湖北采买的50万斤高铜,故与上述统计差距较大,见《清代云南铜政考》附录第三表《各省采买云南铜料估计》。

47　滇铜京运量见乾隆朝《钦定大清会典事例》卷四十四《户部·钱法》办铜;云南七局鼓铸用铜量,见《大清高宗帝实录》卷八百六十六,乾隆三十五年八月辛已,户部议准原任云南巡抚明德奏。

48　《铜政便览》卷六《采买》。

49　《大清高宗皇帝实录》卷六百五十一,乾隆二十六年十二月[日期不详],广西巡抚熊学鹏奏。

50　《大清高宗皇帝实录》卷一千三百八十一,乾隆五十六年六月庚午,两广总督福康安广东巡抚郭世勋奏。

51　各省自剥隘运铜回省局期限据嘉庆《钦定大清会典事例》卷一百七十五《户部·钱法》直省办铜铅锡条而来。其中,福建限期,据吏部《为闽督奏刘玉泉运铜迟延事》中言:"今计剥隘运抵福建省城,统限八个月零五日"(乾隆三十八年二月,《内阁大库档案》,编号:000036986);浙江限期,据户部《移会稽察房浙江巡抚福崧奏浙江委员新城县知县吴斌赴滇采办宝浙局鼓铸正铜程限》:"于乾隆五十六年正月二十六日在云南剥隘地方扫帮开行,令于五十六年十月初三日运抵杭州省城"(乾隆五十七年一月,《内阁大库档案》,编号:000149030),但该员在广西土田州沉溺铜船一只,打捞费时约月余,故定限期为240日;湖南限期无相关史料,滋取广西、湖北期限之中数,为145日。

52　乾隆三十八年三月,吏部《为闽督奏刘玉泉运铜迟延事》,《内阁大库档案》,编号：000036986。

53　《大清高宗皇帝实录》卷九百二十七，乾隆三十八年二月壬午，谕军机大臣等。

54　《大清高宗皇帝实录》卷三百四十一，乾隆十四年五月乙丑，户部议奏酌定铜运各款。

55　《钦定大清会典事例》（嘉庆朝）卷一百七十五《户部·钱法》直省办铜铅锡条。

56　《大清高宗皇帝实录》卷一百十九，乾隆五年六月［日期不详］，云南总督庆复巡抚张允随奏。

57　《大清高宗皇帝实录》卷一百二十，乾隆五年闰六月丙午，户部议覆云南巡抚张允随疏。

58　《大清高宗皇帝实录》卷四百六十二，乾隆十九年四月庚申，湖广总督开泰湖南巡抚范时绥奏。

59　《铜政便览》卷七《采买》，亦见于嘉庆朝《钦定大清会典事例》卷一百七十五《户部·钱法》直省办铜锡条。

60　《钦定大清会典》（嘉庆朝）卷十四《户部·广西清吏司》。

61　《大清高宗皇帝实录》卷七百五十七，乾隆三十一年三月庚寅，谕军机大臣，户部议覆宋邦绥酌定办运铜斤折。

62　乾隆五十五年一月，郭世勋《奏为邻省铜船过境遵例奏闻事》，清代《内阁大库档案》，编号：000144699。

63　《大清高宗皇帝实录》卷一千三百八十一，乾隆五十六年六月庚午，两广总督福康安广东巡抚郭世勋奏。

64　《钦定大清会典事例》（嘉庆朝）卷一百七十五《户部·钱法》直省办铜铅锡条。

65　乾隆五十六年九月，工部《为湖南巡抚姜晟奏折除知照户部外仍移会稽察房》，《内阁大库档案》，编号：000148457。

66　《大清高宗皇帝实录》卷七百七十一，乾隆三十一年十月乙丑，户部议覆江苏巡抚明德奏。

67　乾隆五十六年十二月，吏部《移会稽察房两江总督书麟奏》，《内阁大库档案》，编号：000148904。

68　乾隆五十七年一月，户部《移会稽察房浙江巡抚福崧奏》，《内阁大库档案》，编号：000149030。

69　乾隆三十八年三月，吏部《为闽督奏刘玉泉运铜迟延事》，《内阁大库档案》，编号:000036986。

70　乾隆四十八年十月,富勒浑《奏为办运滇铜回闽核明程限恭折奏闻事》,《军机处档折件》,编号:000034577。

71　《钦定平定台湾纪略》卷十九,乾隆五十二年五月二十八日,闽浙总督李侍尧奏言。

72　乾隆五十六年十一月,户部《移会稽察房云贵总督富纲等奏》,《内阁大库档案》,编号:000148788。

73　乾隆五十七年四月,户部《移会稽察房河南巡抚穆和蔺奏》,《内阁大库档案》,编号:000142571。

74　《钦定大清会典事例》(嘉庆朝)卷一百七十五《户部·钱法》直省办铜铅锡条。

75　乾隆三十一年十二月,户部《复议贵州省运办铜铅限期事》,《内阁大库档案》,编号:000015048。

76　《铜政便览》卷七《采买》。

77　《钦定大清会典事例》(嘉庆朝)卷一百七十五《户部·钱法》直省办铜铅锡条。

78　嘉庆《四川通志》卷七十《食货·钱法》。

79　如建昌属之迤北、沙沟、紫古咧、金马铜厂,乐山县老洞沟、盐源县属甲子夸豹子沟铜厂先后开采,产量最高时,年产超过200万斤。

80　石礼哈《奏报恶棍王日生开矿贩卖等劣迹》,雍正三年四月二十二日,《雍正朝汉文朱批奏折汇编》第四册,第813页。

81　雍正五年十月初八日,鄂尔泰《奏钦奉圣谕酌筹运铜他省事宜折》,《雍正朝汉文朱批奏折汇编》第十册,第777页;鄂尔泰《奏滇省铸钱日多请增发运折》,雍正六年二月初十日,《雍正朝汉文朱批奏折汇编》第十一册,第650—652页;鄂尔泰《奏为奏明借动库项收铅运售获息情由仰祈圣鉴事》,雍正六年十月二十日,《雍正朝汉文朱批奏折汇编》第十三册,第721页。

82　雍正七年十一月初七日,鄂尔泰《奏为报明七年分盐铜课息事》,《雍正朝汉文朱批奏折汇编》第十七册,第161—162页。

83　雍正八年三月二十七日,张广泗《奏为奏明事》,《雍正朝汉文朱批奏折汇编》第十八册,第324—328页。

84　85　88　《张允随奏稿》,乾隆三年五月三十日《为奏明办解京铜事宜以速鼓铸事》。

86　《大清高宗皇帝实录》卷八十二,乾隆三年十二月癸未,户部覆议贵州总督兼管巡抚事张广泗疏报。

87 　详见第三章第三节《清代黔铅矿厂与产地分布》。

89 91 　《大清高宗皇帝实录》卷八十五,乾隆四年正月[日期不详],云南总督庆复奏。

90 　《大清高宗皇帝实录》卷一百十九,乾隆五年六月[日期不详],云南总督庆复、巡抚
　　张允随奏。

92 　《铜政便览》卷一《厂地厂》汤丹厂,以下站程均引自该书。

93 　乾隆《东川府志》卷一《图象》汤丹厂图。

94 　《滇南矿厂图略》卷二《程第八》。

95 　《铜政便览》中亦将铜厂分为"专供京运"、" 京运、局铸、采买兼拨"、" 局铸、采
　　买兼拨"和"专拨采买"四类,但在具体的矿厂记载中,却往往于分类矛盾。如得宝
　　坪厂属"专供京运",但其下却言"所收余铜备供京运及局铸、采买"。故在分析货
　　流分布时以《滇南矿厂图略》为准。

96 99 　《张允随奏稿》,乾隆十年九月二十日《为遵旨复奏事》。

97 100 　《张允随奏稿》,乾隆十一年九月二十四日《为遵旨奏复事》。

98 　乾隆《恩安县志稿》卷五《铜运志》。

101 　乾隆《镇雄州志》卷六《艺文》,镇雄州知州屠述濂《铜运改站禀稿》。

102 　参见蓝勇《清代滇铜京运路线考释》,《历史研究》2006 年第 3 期。

103 　乾隆九年六月十六日,云南总督张允随、贵州总督张广泗《为京铜运脚不敷等
　　事》,《明清档案》,册号:A131—102。

104 　乾隆《镇雄州志》卷六《艺文》,乾隆四十一年镇雄州知州饶梦铭《镇雄州铜运节
　　略》、镇雄州知州屠述濂《铜运改站禀稿》。

105 　乾隆《镇雄州志》卷六《艺文》,镇雄州知州饶梦铭《芒部铜运歌》、乾隆四十六年
　　六月十三日云贵总督福康安《改站铜运奏稿》。

106 　乾隆《恩安县志稿》卷五《铜运志》。

107 　嘉庆《永善县志略》卷二《铜运》。

108 　王昶《蜀徼纪闻》,引自《春融堂杂记八种》。

109 　《钦定大清会典事例》(嘉庆朝)卷一百七十五《户部,钱法》直省办铜铅锡。

110 　《世宗宪皇帝朱批谕旨》卷五十四,雍正四年三月初八日,云南布政使常德寿奏。

111 　《世宗宪皇帝朱批谕旨》卷一百二十五之一,雍正四年六月二十日,云南巡抚管云
　　贵总督事鄂尔泰《奏为钦奉朱批敬陈大暑事》。

112 　《世宗宪皇帝朱批谕旨》卷一百二十五之十一,雍正七年六月十八日,云贵广西总

督鄂尔泰《奏为新开水道并兴修陆路事》。

113　119　121　122　《世宗宪皇帝朱批谕旨》卷一百二十五之十三，雍正八年正月十三日云贵广西总督鄂尔泰《奏为奏明微臣入粤情形事》。

114　《大清世宗皇帝实录》卷七十七，雍正七年正月甲戌，户部议覆广西左江镇总兵官齐元辅疏。

115　《世宗宪皇帝朱批谕旨》卷一百二十五之十三，雍正八年正月十三日，云贵广西总督鄂尔泰《奏为敬陈水利并改河道事》。

116　《大清世宗皇帝实录》卷一百三十七，雍正十一年十一月癸巳，谕内阁。

117　《雍正朝汉文朱批奏折汇编》，雍正十二年十一月二十九日，云南巡抚张允随奏。

118　《大清高宗皇帝实录》卷四十，乾隆二年四月癸亥，谕大学士鄂尔泰。

120　《世宗宪皇帝朱批谕旨》卷二百十四之三，雍正八年三月十一日，广东总督郝玉麟署巡抚傅泰谨《奏为历陈办铜下情恳祈亟赐筹划事》。

123　雍正《广西通志》卷一百十六《艺文》，陈元龙《重建灵渠石堤陡门记》。

124　《世宗宪皇帝朱批谕旨》卷二百二十中，雍正七年七月二十一日，广西巡抚金鉷奏为奏闻事。

125　《世宗宪皇帝朱批谕旨》卷一百二十五之十三，雍正八年正月十三日云贵广西总督鄂尔泰《奏为奏明微臣入粤情形事》。又见雍正《广西通志》卷一百十六《艺文》，云贵桂三省总督鄂尔泰《重修桂林府东西二陡河记》、广西布政使元展成《重修陡河建海阳堤记》、广西布政使张钺《重修兴安临桂二陡河记》、桂林知府耿鳞奇《陡河海阳堤记》。

126　《大清高宗皇帝实录》卷四百七十七，乾隆十九年十一月［日期不详］，两广总督杨应琚奏。

127　按广西局代京铸钱，年铸 3384 卯，年运京钱 344632 串 337 文，每文钱重一钱二分，合计约 258 万斤。参见王德泰《乾隆初年滇省代京铸钱失败原因探悉》，《故宫博物院院刊》2003 年第 3 期。

128　《大清高宗皇帝实录》卷二百七十，乾隆八年十二月辛未，户部议覆云南总督张允随疏称。

129　《铜政便览》卷六《铸局下》。

130　《滇南矿厂图略》卷二《铸第十二》。

131　交通运输布局的原则：1、要促进国民经济与对外贸易的发展，并要与工农业布局和人口分布相适应。2、要以科学的客货运量预测为基础。3、要因地适宜,充分考虑各地的自然条件和特点。4、要综合利用各种运输方式,加速综合运输网的形成。5、要点(站)、线(路)、面(网)结合,形成综合运输力。6、要节约用地。7、与城市建设规划相结合。8、要适应国防和备战的需要。参见杨吾扬等著:《交通运输地理学》(商务印书馆 1986 年版)。

第六章

清代黔铅的运输地理

铅锌是清代的国家资源,全国各地铸币局和军械局对铅锌有大量的需求。但是,清代铅锌矿业分布极不平衡,贵州铅锌产量占全国总产量的70%以上,中央及各省绝大部分的需求必须依赖于黔铅。保证将黔铅及时运输至全国各地,满足铸币和火器制造的需要,这是清代必须妥善处理的重要政务。本章通过考证黔铅的产销地分布与对接,分析运输路线的选择、转运站点和交通枢纽的确定、道路运输能力、货物分流和运输过程等内容,归纳黔铅的货流状况与运输布局,以及黔铅运输过程中的国家管控问题。

第一节 黔铅的运输路线

运输路线的确定,必须考虑经济(节省运费)、安全(路况良好)、便捷(运输时间短)等多种因素,而产地与销售地的确定又限制了选择的余地。贵州主要铅厂均位于大定府境内,而大定府地处贵州省西北角,属云贵高原东部,山高路险,交通不便。同时,大定府与四川省永宁县接界,沿永宁河可达泸州。故由威宁、水城两地经毕节、永宁而达川江是最为便捷的铅运路线。此外,经过雍正年间黔铅运销永宁、汉口的实践,证明此线路况完全可以满足运输的需要。因此,四川省永宁县城成为黔铅京运理想的中转点,铅局即设于此,派官常驻[1]。

一、京铅运输路线

永宁铅局驻员负责接收各厂来铅和兑发京楚二运铅斤。由矿厂运铅至永宁铅局由矿厂所在地州县负责,称之为分运。京运之初,黔铅矿厂大多位于贵州省大定府威宁州境内,故早期路线为威宁—毕节—永宁,姑且将此段路称之为威宁道。乾隆三年,户部议复贵州总督张广泗奏称:"黔省办运铅觔,部议停运一年。未奉部文之先,已将己未年正耗铅觔改由贵阳直运楚省,请仍照旧解。查威宁一路,有江、安、浙、闽四省承办铜觔人员,并商驮货物均于此处雇运,马匹无多,脚价必贵,是以议令停运一年。该抚既称改由贵阳,并无拥挤,应准照旧解部。又疏称京局铜铅,乃每年必需之物,己未铅觔虽改由省城一路办解,运存之铅,业已无多。此后仍由威宁办运,究虞拥挤。请于黔省较近水次,兼产铅矿之地,招商开采,收买接济。"[2] 按张广泗所言,因威宁一路拥挤,乾隆四年份京运黔铅是临时"改由贵阳直运楚省"。可见,此前京铅运输是走威宁道。经过几年的实践和调整,黔铅京运路线基本定型。乾隆八年,贵州总督张广泗在《黔省办解京局铅觔事宜》中再次重申了威宁运道:"(贵州)莲花、砂朱二厂铅斤均由威宁一路雇运。"[3] 其后,随着遵义府铅矿陆续开采,该地所产就近由赤水河运至川江。同时,赤水河道的开凿,亦使毕节之铅可以直接水运到川。于是,又形成了由毕节、遵义经仁怀厅,由赤水河至川江的运输线路。兹分别论述之。

1、京铅威宁道分运路线

清代前期设铅局于四川省永宁县城（今叙永县城），负责黔铅收储、供兑京运的任务。乾隆初年，贵州铅厂中以莲花、福集、柞子三厂年产量最高，故此三厂所产用于京运。莲花、柞子二厂均位于威宁州妈姑地区（今赫章县妈姑镇），处于威宁至毕节的官道旁，故由厂至局的运输由威宁州知州负责。"威宁至永宁共程五百余里，中分十三站，顿子坎至普市六站，间有坦坡，一日可行五六十里为一站；其由威宁历顿子坎至大湾七站，鸟道崎岖，尽一日之力，止行四十里，即为一站"。[4] 这段路中的普市，今称普市街，属永宁县后山镇，距叙永县城 25 公里，顿子坎、大湾二处不可考。

此路明代就已成通途。《明史》载：自永宁而普市、而沾泥、而赤水，百五十里皆坦途，赤水有城郭可凭而守。又四十里为白岩，六十里为层台，又六十里为毕节，至大方不及六十里[5]。按普市（今叙永县后山镇普站村，明设普市守御千户所）、沾泥（应为摩泥，今叙永县摩尼镇驻地，明设摩泥千户所）、赤水（今叙永县赤水镇驻地，明设赤水卫）、白岩（按距赤水、层台二地距离，应在今毕节市亮岩镇附近）、层台（今毕节县层台镇，明曾设层台卫）、毕节（今毕节市区）等地名今大多仍存，其线路由今叙永县城，南经普市、摩尼镇、赤水镇，过赤水河，再经毕节市清水铺镇、亮岩镇、燕子口镇、层台镇、海子街镇而至毕节市区。这一路线与清代永宁至毕节驿道重合。乾隆《毕节县志》记载由威宁至永宁驿道走向："城东十里至观音桥，十里至迎宾铺，十里至木稀铺，十里至梅子沟，十里至层台汛，二十里至孙家铺，十里至小哨沟，五里至大哨沟，十里至小铺塘，十里至环秀桥，十里至岩铺，十里至石蒙堡，十里至清水铺，十里至高山铺，十里至赤水汛，过河即四川永宁界"；"城西十里至撒喇溪，十里至周泥站，十里至七星关汛，十里至七里沟，五里至平

山铺,五里至平山哨,与威宁交界。平山哨溪之乌蒙铺又系毕
节"[6]。其中观音桥(今毕节市观音桥办事处)、迎宾铺(今毕节市
海子街镇迎宾)、层台汛(今毕节市层台镇)、孙家铺(今毕节市燕
子口镇小哨南)、小哨沟(今毕节市燕子口镇小哨)、大哨沟(今毕
节市燕子口镇小哨北)、清水铺(今毕节市清水铺镇)、高山铺(今
毕节市清水铺镇高山)、撒喇溪(今毕节市撒喇溪镇)、周泥站(今
毕节市杨家湾镇周驿)、七星关汛(今毕节市杨家湾镇七星)、平山
哨(今赫章县平山乡)等地名至今仍存,其路线自赫章县妈姑起,
经水塘堡、赫章县城、野马川、平山而至毕节市,再经杨家湾、撒喇
溪、长春堡、毕节市区、海子街、层台、燕子口、清水铺,过赤水河至叙
永县赤水镇,然后经摩泥镇、普市街而至叙永县城,全长280公里,
其中妈姑镇至普市街约250公里,与张广泗所言500余里相符。

　　威宁州地处云贵高原中部,这一地区自然条件复杂,山高谷
深,受地形条件,对外交通条件很差,交通线路一旦形成便很难更
改,清代驿道、近现代的公路及铁路选线,均以此为基础。因此,可
以断言,清代前期黔铅京运,威宁至永宁段即沿袭驿道走向。事实
上,今天326国道威宁县至毕节市段基本仍沿袭清代驿道的走向。

　　福集厂位于水城厅,与威宁州妈姑地区虽然直线距离不足二
十公里,但中间所隔乃贵州省最高处韭菜坪(海拔2900米)。福
集厂铅势必不能穿越韭菜坪,与莲花厂铅同路运输。道光年间,大
定府知府黄宅中《仁育里鸡场》诗云:"万岭盘旋上,场开野市平,
鸡鸣山店晓,马放草坡晴,古路修苗寨,通衢入水城,吾邦盐铁货,
负贩此经行。"并注曰:"铅厂自水城运毕节,州盐自毕节贩水城,
路必经此。"[7]此处所言铅厂即福集厂,该厂运铅经过大定府亲辖
地,而直趋毕节,即为上述推论之证明。按大定府亲辖地即今大
方、纳雍二县地,大定府仁育里在今大方县城西南,与纳雍县接界。

因此,福集厂铅运毕节,乃经由水城厅至大定府驿道,然后西行,与莲花等厂铅会合于毕节县城,即由今水城区驻地出发,经由纳雍县县城、大方县城而至毕节市区。

不论是威宁、水城所产之铅,还是云南东川所产之铜,均须路经毕节而至永宁,因而毕节成为威宁道之要冲。《黔南识略》言:"(毕节)岁额运贵西道督办白铅七百二十八万八千五百八十斤,黑铅五十万三千二百三十九斤,由县赴运四川永宁铅局,局有委员驻其地接收。"[8]《黔南职方纪略》亦载:"(威宁)州境颇宽,且滇省昭、东各厂运铜,陆道解至泸州,必由州境,人夫背负,牛马装驮,终岁络绎于途";"威宁各厂运铅至于永宁之局,背负肩承,经过(毕节)县境。"[9]乾隆三十六年,王昶途径此路,称"毕节为黔滇两省铜运总汇处,市集甚盛";又言泸州"阛阓富庶,市集繁华,盖云南之铜皆于此运江行"[10]。非仅是滇铜,还有黔铅,因王昶由云南而来,所见运铜较多而已。乾隆末年,贵州学政洪亮吉亦言:"自毕节至四川永宁今已为通衢,运铅往来皆由此道。"[11]

2、京铅赤水河道分运路线

乾隆三年滇铜京运开始,亦借道威宁至永宁,与黔铅同路,加之川滇黔三省商货往来均路经此地,威宁一路人夫、马匹征雇艰难。如何分流京铅,缓解威宁道压力,成为贵州官吏思考的主要问题。乾隆四年,贵州总督张广泗言:"今遵义府属绥阳县之月亮岩初行开采,矿路已开,出产日盛,……但查从前请开该厂之由,原因滇省运铜、黔省运铅俱由威宁一路解京,是以题请于相离水次不远之产铅地方,查明开采,收买凑解,业经奉部议准,檄行遵照。"[12]绥阳县月亮岩厂的开发,缘于地近仁怀水次,可借助赤水河道转运川江,分担京运,以缓解威宁路的运输压力。乾隆六年分京铅上运白铅 183 万斤即由月亮崖厂办解[13]。此厂办运京铅就近由厂地陆运至仁怀厅二郎滩(今刁水县二郎乡驻地)下船,沿赤水河水运至重庆,减轻了威宁道的运输压力。

但随着京运铜铅量的增加,威宁道人夫、马匹雇运维艰。乾隆九年,云南总督张允随奏:"滇黔两省办理京铜,皆由滇省之威宁州转运。嗣经将东川至永宁道路开修,两路分运铜觔,每年四百四十余万斤,后又加运一百八十九万斤,威宁一路,实运三百一十六万余觔。加以办运黔省黑白铅四百七十余万斤,雇运艰难,日见迟误。"因此,张允随虽建议"将黔省月亮岩铅觔,停止炉民私销,概归官买,全由贵阳运至京局。"[14]但从后来的记载看,乾隆十二年月亮崖、新寨二厂因出砂淡薄相继封闭,张允随的建议并未被采纳。但分流京运、缓解威宁道运力的思想却引起朝廷及贵州官吏的重视。

乾隆十年,贵州总督张广泗提出开凿赤水道建议:"黔省威宁、大定等府州县,崇山峻岭,不通舟楫,所产铜铅,陆运维艰,合之滇省运京铜,每年千余万斤,皆取道于威宁、毕节,驮马短少,趱运不前。查有大定府毕节县属之赤水河,下接遵义府仁怀县属之猿猱地方,若将此河开凿通舟,即可顺流直达四川、重庆水次。"[15]赤水河道开凿的目的就是为了黔铅京运,分流威宁—毕节—永宁陆运线的压力。经过一年的施工,至乾隆十一年四月竣工。原计划由毕节直达重庆,然赤水河毕节境内山高谷深,水流湍急,无法行船,被迫放弃赤水河白沙至鱼塘段,"水运铅改由白沙以下之鱼塘为口岸,运至新龙滩起剥陆运,至二郎滩下船,直达川省"。[16]运铅自毕节县城起,陆运经白沙(今毕节市田坎乡白沙村),至黔西州鱼塘(今金沙县清池镇渔河村)下船,水运至新龙滩(今仁怀市沙滩乡两江村附近)起剥[17],陆运三十里至二郎滩(今习水县习酒镇对岸)下船,然后直达川江。乾隆《毕节县志》记载:"毕邑设局在

（福集）厂收铅,每年奉拨运京一百五十万斤,自厂起运,由赤水渔塘河转运至重庆府兑交委员接收,熔化运赴京局供铸。"[18]即为赤水河道初开时之情形。

赤水河工程共用银三万八千余两,以张广泗原议,水运两年,即可以节省的运费补还公款。但至乾隆十五年,"统计节省铅运脚价一万四百余两",每年不过节省运费银三千七百余两,故屡遭朝臣及贵州官吏弹劾[19]。与此同时,云南金沙江、盐井渡、罗星渡三条河道相继开通,分道运送京铜,大大缓解了威宁地区的运输压力。因此,乾隆二十年之后,赤水河铅运基本停止。如道光《仁怀直隶厅志》所载,嗣因赤水河铅运"节省无多,今仍陆运至永宁下船,运至泸州"[20]。

此外,黔铅京运除威宁道外,还有贵阳道。如乾隆三年发运乾隆四年份京铅即"改由贵阳直达楚省",乾隆九年云南总督张允随建议分流威宁道铜铅时再次被提及。由贵阳至镇远下沅江,水运经湖南常德而至湖北汉口,合于长运路线。详见下文楚运路线。

3、京铅长运路线

黔铅京运,每年分上下二运四起,每起选派运官一员,自永宁铅局领兑,运送至京,称之为长运。嘉庆朝《钦定大清会典》载:"贵州京铅由厂运至永宁,运官兑领上船,至泸州易船,至重庆铜铅皆起载,东川道督同过秤、雇船换载,并行文夔关查验,至汉口易船,至仪征又易船,由湖北、江南护送之员盘查过秤,……由南北运河至天津雇船起拨,起六存四,如原船破漏不能前进者全行起拨,抵通坝,运官打包过秤,坐粮厅亲赴掣点,经纪运贮号房,大通桥监督复加掣点,车户由朝阳门陆运赴局,钱法堂侍郎验包兑收。"[21]京运黔铅,自重庆与京运滇铜合道而行,除在重庆镕化提炼后,沿长江、运河水运,途经汉口、仪征换船,天津关起剥,陆运至通州,经座粮厅、大通桥两处查验后,运至户工二局库房存储。黔铅京运的路线、制度和管理与滇铜基本一致,滇铜京运的研究相对成熟,故黔铅京运长运段的路线可参见严中平、孙任以都、川胜守、蓝勇等人的研究[22],此不重复。

二、楚运及各省采买路线

楚运是黔铅外销的第二大渠道,供各省采买鼓铸。"向以汉局存贮之盈虚,酌核黔厂转运之缓急",故其销量变化较大(详见第四章第一节黔铅销售量)。在近百年的运销过程中,形成了两条运输线路:一是沿威宁道至永宁,经川江水运至湖北汉口,与京运同道;二是经贵阳陆运镇远,沿舞阳河、沅江经湖南至湖北汉口,与京运辅道相同。楚运至汉口设局销售,由各省委员运回本省。

1、楚运路线

乾隆十一年议定:"贵州白铅,运供京局暨本省鼓铸外,其余铅斤,照原定价值,尽数收买委员转运汉口设局发卖各省供铸,……贵州莲花厂白铅,运至永宁,每一百斤给脚价银一两四钱七分五厘六毫,福集厂给脚价银一两五钱三分八厘九毫,柞子厂黑铅,给脚价银一两六钱六分五厘六毫,新滩拨费银三分四厘,杂费银一厘四毫,熔化火工,白铅每一百斤给银四分九厘六毫,黑铅给银三分四厘五毫,均在于铅本银内动支,……每一百斤照铅本价及办员养廉工食各项覈计实需银三两六钱五分六厘零,定价收卖。"[23]楚铅由莲花、福集、柞子等厂拨运永宁铅局,再转运汉口。可见,永宁铅局是黔铅外销的集中地,京、楚两运铅斤均由此领兑。乾隆《毕节县志》亦载:"福集厂系水城厅属地方,出产白铅,……每年奉拨运京一百五十万斤,自厂起运,由赤水渔塘河转运至重庆府兑交委员接收,熔化运赴京局供铸;又奉拨楚铅,自厂运至永宁兑交委员接收,转运汉口销售,其斤数听上宪酌拨。砂碟厂系威宁地方,毕邑遣人管理,每年奉拨运楚铅斤总数由上宪酌拨,自厂运至永宁兑交委员接收,转运汉口销售"[24]。因此,黔铅由厂至永宁铅局,然后转运汉口,这条路线与京运路线大体相同。如贵州委员开州知州钱维锡,领运乾隆十五年分下运办贮汉口销售各省鼓铸正耗白铅 1251524斤,于乾隆十六年四月十六日由重庆开帮起,至五月初五日出巫山县境,即经由此路[25]。再如贵州委员平越县知县杜成领运戊戌年(乾隆四十三年)下运己亥(乾隆四十四年)上运拨发汉口销售正耗白铅 2677500 斤,于乾隆四十八年三月十六日自重庆开行[26]。

　　由铅厂经永宁至汉口是清代前期黔铅楚运的主要路线,但这一路亦是滇铜黔铅京运路线,每年通过的铜铅不下一千万斤,加之川滇黔三省商货往来亦经此道,故此路异常繁忙,人夫驮马常感不足,如遇大军过境,更是不堪重负。故铅运分流,缓解此路的运输压力,保证京楚两运及时到达,一直是朝廷上下关注的重要问题。乾隆九年,云南总督张允随就提出京铅由贵阳直达楚省的建议。由贵阳经湖南至湖北汉口,这是湖广与贵州之间的传统交通路线,但要运输大量铅斤,须另加修治。乾隆二十四年,贵州巡抚周人骥奏:"窃臣前闻黔省积铅甚多,又悬帑本,川运险远,办理维艰,爰特川黔道里相较,可以节缩运费,开通本省下游河道,俾利疏销。……睹自省城南明河起,至瓮城河口水路二百余里,一面办理外,其瓮城河口以下,陆路原有南北两途,一由平越府之平寨经两岔河入清江而东,一由黄平旧州经诸葛洞入镇远府之镇阳江而东,总归于湖南黔阳县之洪江,始合为一。……其黄平旧州陆路本系小贩经行捷径,稍为陡窄,亦易开修,兹该地民苗闻知运铅运货,可广营生,踊跃争先。睹自瓮城河至旧州陆路一百二十里于三日内自行辟治宽平。"[27]即自贵阳城南明河(今贵阳市区)水运至瓮城河口(今贵定县盘江镇驻地北),再陆运至黄平旧州(今黄平县旧州镇驻地),然后下船,沿舞阳河、沅江水运至湖北汉口。按周人骥提议开修此道的目的是便于黔铅外销,秉承了分流威宁道铅运压力的思想。两年后,贵阳道修治完毕,据云贵总督爱必达奏:"河道现无阻滞,须岁修可久。至黔省各处河道,均一线溪流,今由新河运铅,实较川江为稳,惟远雇水手,未悉路径,不免浅阻耽延。"[28]可见,此条线路不但可以分流威宁道的运输压力,而且可以避免川江之险,于京楚两运均有裨益。但此道运输京铅仅持续三年,乾隆二十七年即奏请停运[29]。贵阳道停运,一方面缘于贵州境内多次起剥陆运,而舞阳河、沅江亦不利行舟;另一方面因为都匀府铅厂相继封闭,须由福集铅厂拨运,而福集厂远在水城厅,须经过安顺府始达贵阳,已不如威宁道便捷。道光年间,吴其濬路由湖南至贵州,过洪江(清代湖南省沅州府黔阳县属地名,在今湖南省湘西州洪江市)作诗云:"千家阛阓镇烟鬟,初见碉楼踞半山,罂子桐多商舶集,竹舟河水似眉湾。"并注曰:"余既溯潕(即舞阳江)上至镇远,渡黄平上游。考清江之源,为运铅、运木开凿之孔道";又过杨老驿(清代清平县西三十里,约在今福泉市凤山镇附近)作诗云:"锡铜负载走先先,驿路羊肠剧苦辛,坠马石前频怅望,转移犹幸列间民。"并注曰:"昔人悯役夫辛苦,夜中骑马经此而坠,后人立石志之,今驿修治,肩挑鱼贯,贫民籍以糊口,其不能负贩者赤身行乞,殆不知几许也。"[30]可见,此路商贸繁盛不假,但贵州境内陆路运输艰难亦为事实。

2、各省采买汉口黔铅路线

黔铅运至湖北汉口,设局销售,供各省鼓铸。这即是史书所称之楚铅,实则黔铅也。贵州"每年酌拨二百万斤运赴汉口售卖,以供江南等九省鼓铸"[31]。所言九省,即江苏、浙江、江西、福建、广东、湖北、直隶、山西、陕西。各省由汉口运输楚铅回省路线,据嘉庆朝《钦定大清会典事例》记载:"直隶赴汉口采买铅锡,自汉口运至保定,每一百斤给水脚银四钱八分八厘有奇;山西赴汉口采买铅锡,自汉口水运至郑家口,每一百斤给水脚银四钱四分七厘,自郑家口车运至获鹿县,给车脚银无钱二分六厘,自获鹿县至太原钱局,给驮脚银七钱八分五厘,沿途杂费银三分八厘七毫有奇;陕西赴汉口采买铅锡,自汉口运至西安,每一百斤给水陆运脚银一两一钱七分有奇;江苏每一百斤给水脚银二钱二分九厘有奇;江西每一百斤给水脚杂费银一钱八分四厘;浙江每一百斤给水脚杂费银三钱六分八厘有奇,拨费银一钱三分,杂费银三钱七厘。"[32]则江苏、浙江运楚铅,沿长江水运至镇江,再沿江南运河水运至苏州与杭州;江西、福建运楚铅,沿长江、赣江、闽江及其支流,分别达南昌与福州;陕西运楚铅,溯汉水北上均州,经商州至西安,这五省路线与采办滇铜路线基本相合。直隶运楚铅,沿长江、运河、大清河水运保定府;山西运楚铅,沿长江、运河水运至直隶河间府故城县郑家口,再陆运经正定府获鹿县而至太原;湖北运楚铅,由汉口水运至武昌城。

　　广西、湖南、广东三省亦曾采买黔铅。乾隆七年,广西巡抚杨锡绂奏请开局鼓铸时言:"至现开各厂并无白铅,应于百色等处收买运省。"[33]杨锡绂并未言明百色收买白铅来自何处。乾隆十四年,宝桂局增铸,"添铸所需白铅,委员前赴常德截买黔铅"[34]。按由湖南常德买黔铅,其回省路线应溯湘江至全州,过灵渠至桂林,此与各省采买滇铜路线相同。湖南亦产白铅,但不敷本省所需,常年于贵州采买黔铅。乾隆二十四年,湖南巡抚冯钤奏:"郴、桂两厂,向计产铅十六万斤,近年出产渐微,倘黔省所带铅,不能如期运到,即缺鼓铸。请于例买黔省白铅二十万斤外,增带二十万斤,并耗铅统交巴陵秤收,转解供铸,需费如例于地丁动用。此次加买黔铅,所以留备缺乏,嗣后仍抵运常例之铅,毋庸格外加带。"[35]黔铅不至,则宝南局即有停铸之虞,故于每年 20 万斤白铅之外,又加买20 万斤。按湖南所买黔铅,并非在楚运之内,而是由贵州运员于楚运之便,每年带解白铅 20 万斤至岳州府巴陵县,由湖南溯湘江运回长沙。虽其后广西产铅旺盛,湖南改买桂铅。但几年之后,调任广西巡抚的冯钤就奏请:"粤西干、卢二厂,开采年久,出铅渐少,请令湖南仍买黔铅,不必赴粤西购运,至粤东一省需铅无几,仍令赴买。"[36]广东鼓铸所需白铅亦在广西采买,至乾隆五十一年,"今以(广西)产铅不敷,请于广西、汉口各采买铅一十四万四千二百余斤,间年采买一次以供配铸,……自汉口运至广东省城,每一百斤给水脚银五钱四分三厘,其自广东至桂林,自桂林至长沙,自长沙至汉口,每处雇船一只,给船价银二十一两九钱八分七厘"[37]。此后,广东每两年于广西、汉口各采买白铅 144200 斤以供鼓铸。至嘉庆朝《钦定大清会典》所言[38]:宝南、宝桂等局"各就本省所出铜铅鼓铸,有不敷者买于邻省",即指滇铜、黔铅而言,而"宝广买广西白铅",此乃乾隆五十一年前的旧例。

三、黔川两省运输路线

　　贵州本省鼓铸所需铅斤由各厂拨解。雍正九年,贵州于大定府属毕节县设炉鼓铸。当时贵州主要铅厂,如马鬃岭、丁头山、砂朱、柞子等厂,均位于大定府境内。白黑铅由厂到局,少则二三站,多则五六站。乾隆朝以来,随着黔铅京运、楚运的开启,每年黔铅外运达 700 余万斤,莲花、福集、柞子等大厂主供京楚两运。特别是乾隆二十四年,宝黔局移建省城贵阳,远离铅矿产地,专供省局的铅厂逐渐确定。

乾隆二十八年云南巡抚署贵州巡抚刘藻奏请乐助堡厂白铅就近供应省局鼓铸,至嘉庆元年该厂封闭前,省局白铅一直由乐助堡厂供应[39]。省局所需黑铅由柞子厂供应。如乾隆三十一年,贵州定办运铜铅限期时亦说:"至本省收买铜铅,⋯⋯柞子厂至省六百五十里,计程十一站,应定限十一日;都匀县属之乐助厂至省二百四十里,计程四站半,应定限五日。"[40]按柞子厂属威宁州,在今赫章县妈姑镇海子村菜园子,其黑铅运至省城贵阳,须途径大定、黔西、清镇等府州县,路程最远;乐助堡厂属都匀县,在今都匀市坝固镇附近,其白铅经由都匀、贵定、龙里至省城,距离最近。乾隆四十一年,贵州巡抚裴宗锡言,"供运本省局铸者,仅有乐助一处"[41],即是就白铅而言。乾隆五十五年,贵州巡抚额勒春奏销乐助白铅厂乾隆五十四年分抽收课铅及厂费时说,"俟发运省局鼓铸销售之日,扣还另报"[42]。

乾隆四十二年,移省局五炉于大定府鼓铸,即大定局。如再以乐助堡厂白铅拨运,距离过远,且新开大定府水帕洞白铅厂产铅旺盛,可以就近供应大定局。道光《大定府志》言:"大定局需铅八万三千斤有奇,仍供自兴发厂。⋯⋯《黔南识略》云:大定水洞坡旧有铅厂,供应四川采买及省定二局鼓铸,⋯⋯即此厂也。"[43]按水洞帕厂在今威宁县盐仓镇兴发村附近,距大方县城(清大定府城)仅百余里,水洞帕厂供应大定局白铅直至道光年间。其黑铅就近由柞子厂供给,其距离亦仅两站而已。

四川省采买黔铅,始于雍正十年,乾隆十九年后每年采买贵州白铅49.8万斤。黔铅运川,与上述各省路线不同。四川地近黔铅矿厂,且铅局设于四川省永宁县。"四川采买贵州白铅,每一百斤照旧给价银三两九钱,自永宁运至成都,每一百斤给水脚银四钱八分"。[44]自永宁铅局沿纳溪河、长江、资江水运至成都。如乾隆三十七年四川总督阿尔泰曾提及,四川委员成都府龙泉驿巡捡柴中博赴黔采运辛卯年(乾隆三十六年)白铅49.8万斤逾限,按例参处[45]。乾隆四十一年前,川省采买黔铅,由砂朱、福集等厂拨供,四十二年之后,由大定府水洞帕厂拨解。该厂"岁供宝黔二局之用,又运五十万斤至永宁,以供四川采买,后渐衰竭,……五十六年铅出愈衰,始减川运为二十八万斤,嘉庆元年停川运"。[46]

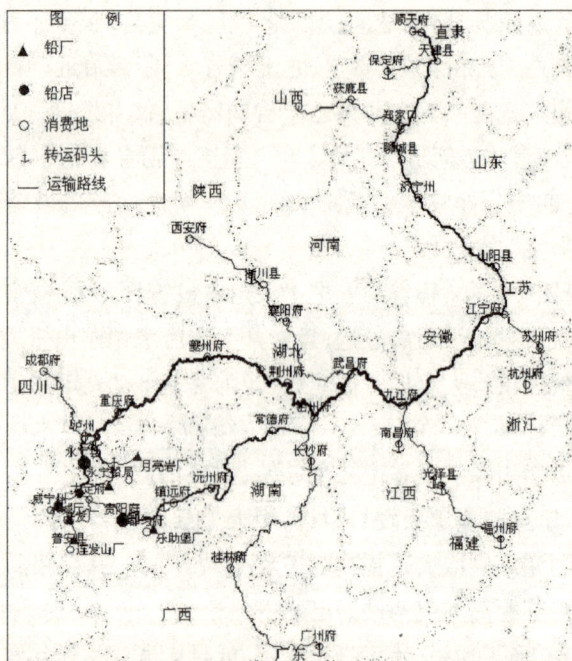

清代乾隆朝中期黔铅运输路线示意图

清代乾隆朝中期黔铅省内运输路线示意图

第二节　黔铅的运输组织与管理

　　黔铅运输是一项浩大的资源运输工程,关系国家币制稳定和经济平稳运行,是清代政府的重要任务。除了基本的规章制度之外,运输管理也至关重要。管理的目的是保证各项制度的能够按照规定执行,按时按量完成运输任务。清代黔铅运输管理包括时间、数量、安全、成本等四个方面,具体涉及沿途督催与程限奏报、稽查与护送、川江船只限载、沉溺打捞与分赔、运费分配与使用等问题。

一、沿途督催、盘验与护送

　　清代黔铅运输的各路段均有明确的时间限定,称之为程限,而程限的长短是以正常情况下最短运输时间为基础。然黔铅运输路程漫长,费时日久,各种意外情形均有可能发生,往往导致运输不能按时完成,称之为违限。故清代对黔铅运输实行严格的督催管理,尽可能减少违限的发生,而这项任务主要由沿途官吏来完成。

乾隆朝《钦定大清会典》载:"凡运铜及铅锡皆有定限,计日到京,逾期者论,经行之地所在有司督催出境,毋许淹留,法与督漕同,催行不力者纠劾。"[47]黔铅运输借用督催漕粮之法,由沿途地方官来完成,但职责不明。威宁道的运输能力严重限制黔铅的通过能力,是违限的重点路段。乾隆四十九年,贵州巡抚永保奏请:"黔省威宁各厂黑白铅觔,由威宁运毕节,达川省永宁铅局。查各厂至毕节,站远山多,路险径杂,不无挽前落后,间有逾期未到,如不设法督催,设遇各省并年采买,势必挽运不及,且难保无中途盗卖情弊。现责令近驻威宁之贵西道,督率大定府知府,将已发各铅,督催收发转运,并委试用佐杂等四员交该道府,派于沿途分驻,专司催趱,每五日将催过号数报该道府及臣衙门,其毕节总路另委员驻劄,将收到转发各数,按日报查,并檄饬永宁局委员,将已收者随时查报,以归核实。"[48]威宁道的运输瓶颈,自滇铜京运开始以来就存在,虽然朝廷与云贵督抚竭力分流,但因运量越来越大,运力不敷问题仍没得到彻底解决,铅运违限时有发生。故永保奏请由贵西道总理,率领大定府知府和四名专员负责该路段的督催任务,详细规定了催运章程,实时查核。

《钦定户部则例》规定:"威宁州并水城通判至永宁各计一十一站。每站各设卡书一名、巡役二名,俱每名月给工食银五钱。"水城厅福集厂至毕节"设喃摆、者萝箐、这沟、石板井、猪场五卡,每卡设立书办一名、巡役二名,每名月给工食银五钱,共设书巡一十五名,每年共需银九十两,由水城厅承领发给";"自毕节至永宁设螃蟹井、镇西、林口、河边、黄土川、殷家沟、渣口岩七卡。内一卡应给书役工食银两，毕节县自行通融办理外，其余六卡，每卡设立书役一名、巡役二名，每名月给工食银五钱，共设书巡一十八名，每年共需银一百八两，由毕节县承领给发"。[49]福集厂铅至永宁局，沿途置查卡 13 处，共设书巡 36 名，每年工食银 216 两，由贵西道和毕节县负责。这些书巡是在上述"试用佐杂"官吏的领导下，实时查核每起铅运的进程及数量，汇报贵西道，转呈贵州巡抚，同时催促铅运按时到站到局。莲花等其他各厂的铅运应与此相似。专人负责、明确分工及经费保证，使威宁道铅斤能够及时足额到局。

　　铅斤至永宁局以后，已非黔省管辖，即使运员在途无故逗留，贵州亦鞭长莫及。故清廷规定："每年滇黔两省铜铅开帮时，将沿途各省藩臬大员开单请旨，酌派一员经理其事，俟滇黔两省铜铅船只到境时，各派勤干道府一员，会同该省委员照料，押送出境，递相交替，仍通饬沿途各属小心护送，倘有疏虞，将该省督府藩臬各员分别议处。"[50]铅运经过沿途地方，由各省布政司或按察司总理，派遣干练道员协同运员处理一切事宜。"凡铜铅船只起程，本省给与护牌，沿途入境均令运官先期知会地方官经过之日，地方官查无别项弊端，即于护牌内粘贴印花，注明经过月日，守风守冻亦即注明，一面知会下站，一面具结申报，该督抚将是否在川江大江黄河之处，于奏报折内逐细声明，并将印结送部，俟运员抵通后覈查"。[51]可见，地方官吏不仅要如实查报过境日期，还需实时督催，确保铅斤按时按量过境。

　　但因事不关己，沿途各省大多视为具文。乾隆十四年，上谕："云贵运送铜铅一事，办理日久，诸弊丛生，经朕于营私亏缺之委员严加惩处，并令该部详议定例，沿途督抚，自当实力遵办。……

凡运送船只,由该省起程,于何日出境之处,已传谕云贵督抚奏报,其沿途经过各省分督抚大吏,均有地方之责,云贵督抚既鞭长莫及,而各该督抚复视同膜外,殊非急公之道。嗣后铜铅船只过境出境日期,及委员到境有无事故,并守风守冻缘由,俱应详查明确,随时具摺奏闻。"[52]乾隆皇帝认为,铜铅京运事关重大,非仅云贵二省之事,实乃关系全国的要政,沿途各省均有责任督催、盘查,故除了贵州本省奏报铅运起程情形外,其他途径省份亦需将铅船过境日期、运员表现及意外事故如实上报。如乾隆十六年安徽巡抚张师载奏报:"乾隆十四年五月内钦奉上谕:各省督抚大吏将嗣后铜铅船只过境、出境日期及委员到境有无事故,并守风、守冻缘由,俱应详查明确,随时具折奏闻。钦此。钦遵在案。兹据东流、怀宁、贵池、铜陵、芜湖、当涂各县报称:贵州委员普安县驿丞马玢办运壬申年下运白铅六十四万斤,装船六只,于乾隆十六年闰五月十三日入东流县境,十四日入怀宁县境,守风三日,十九日经芜湖关查验,二十一日出当涂县境,……俱交下江之上元县发护催赞前进等情。臣复查无异,理合遵旨具折奏闻。"[53]其后,铜铅过境奏报范围进一步扩展。乾隆二十六年,广西巡抚熊学鹏奏:"邻省采办铜铅经过,例不奏报,请嗣后各省督抚照运京铜铅,遇有事故奏闻外,其并无疏失事故,仍于岁底将某省采解若干觔,并委员出入境期汇奏。"[54]铅运督催、奏报规定也将楚运及各省采买黔铅包括在内。

　　黔铅运输管理,在保证时限的同时,还需保证数量。沿途官吏在督催铅运的同时,还要查报铅斤数目,防止运员盗卖。如重庆关,"黔省运京铅斤由巴县地方过秤盘验,上载开行"。此类税关还有汉口关、仪征关、天津关等。而"铜铅船只自重庆以下,令上站之员将分装各船编列字号,开具每船装载斤数块数及船身吃水尺寸,同船户人等姓名,造册移知下站之员,按照查验,如验无短少情弊,即具结放行,倘船户水手有中途逃匿情事,该地方官按开拿究"。派遣兵役沿途护送是保证铅斤数量和安全的必要措施。"铜铅船只过境,沿途地方官照催漕例,会同营员派拨兵役崔趱防护。铜斤正运每起拨兵十三名,健役七名,加运每起拨兵十六名,健役八名"。[55]铜铅一体,铅运派兵护送应无例外。

二、限载、盘剥、沉溺打捞与分赔

铅运自永宁以下基本走水路,因各段水文条件不同,船只过载能力亦有差别,尤其是川江河段凶险异常,铅船沉溺经常发生。为了避免铅船失事,政府采取了多种措施:其一,规定川江段铜铅船只的最大承载量。乾隆十六年,户部议定:"滇黔办运铜铅,川江水急滩险,大船转运不灵,向用夹觚秃尾中船,恐满载太重,每船约载七八万斤,以八分为度。……运员不得减少船只,额外装载"[56]。《钦定户部则例》亦载:"铜铅在泸州等处下船装运,每船连船内应用桡夫及行李,以八分载为度,铜铅船数责令地方官核明申报,……倘减船重载,带货营私者参究,货物入官,……其自重庆至宜昌寸节皆滩,每觚船一只酌装铜铅五万斤,一入长江并无险滩,到楚换载,以七万斤为限,饬令办理铜铅之司道大员率同各地方官协同运员严密稽查,毋许船户人等私带货物,如有违例营私等事,即行从重究治。"[57]其二,陆运绕过凶险河段。乾隆三十七年,湖北巡抚陈辉祖奏称:"川江入峡,由巴东、归州至东湖县四百余里内,滩势甚险,近年铜铅船只,沉溺不一,非用小艇全数起剥,难以避害。查每运滇铜七十余万,应剥十分之四,例准销银八十八万两,若每运再加一百三十余两,即可全剥。黔省铅勦,亦即仿此项增费。"[58]在凶险河段,将部分或全部铅斤上岸陆运,越过险滩再行上船,称之为盘剥或起剥。"起剥:船过江河险滩,遇水浅溜急,或雇夫加纤,或起剥十之五六,令地方官会同稽查,用过脚价准其报销。如运员图省脚价,以致失事者,照数著赔"。[59]

　　虽然政府制定了各种预防措施,但铅船失事仍时有发生。铅船沉溺之后,运员要负责及时打捞。乾隆十五年,户部议定:"滇黔运京铜铅,每有沉溺,……嗣后如有沈失,酌留协运之员或运员亲属家人,会同该地方文武员弁,勒限一年打捞,限满无获及捞不足数,运员赔补。所沈铜铅,听自行打捞,报明照厂价收买,不许私售。……再一年限内,运员如有升迁事故,仍留在川打捞,俟事竣,分别赴任回籍。该地方文武官,照漕船失风例处分外,仍于限内停其升转,协同打捞,获过半者,免议。限满无获,或不及半',罚俸一年。至运员于满后赔补,应照江海挽运漂流米谷例革职,限一年赔完开复,逾年赔完免罪不准开复,二年不完照律治罪严追。"[60]具体的打捞事宜由运员负责,地方官协同。"云贵等省委员解运铜铅船只过境有沉溺,该地方官报明该省督抚及专司查察之藩臬,如水次去省较近,即令藩臬亲往查勘,其离省较远者,该督抚专派道府大员前往查勘,取结报部,并将所沉铜铅督率地方官多雇熟识水性人夫上紧打捞,务期全获"。"铜铅沉溺令运员会同地方官试探打捞,定限十日,将捞获铜铅先行归帮开行前进,未获者摘留运员亲信家丁,交该地方官督同看守打捞,免致运限稽迟"。[61]

　　政府的打捞惩处规定,在一定程度上减少了运输上的铅斤损失。对于实在打捞无获的沉溺铅斤需要运员赔补。政府规定:铅船沉溺在险滩,打捞无获免赔;"沉溺铜铅在次险处所,当时捞获带往不计外,余即核定未获数目,仍以一年之限按月分算,如捞不足数,运员赔十分之七,地方官赔十分之三,俟限满之日查明数目,分别着赔".[62]次险滩沉溺,地方官有看护不力之责,分赔30%的铅价银。参照滇铜京运,黔铅运输长江航道,四川境内险滩84处,次险滩36处,湖南境内险滩、次险滩各5处,湖北境内险滩、次险滩各102处,江西境内险滩33处,共计险滩191处、次险滩143处[63]。险滩沉溺,打捞无获可奏请豁免。如乾隆二十六年十月,"豁贵州险滩溺沉乾隆二十四年运京铅七万三千斤有奇"[64]。次险滩沉溺,打捞无获,需要运员与地方官三七分赔;而其他地方沉溺,打捞无获,则需运员全部赔补。

三、运费管理

黔铅京运,其运费与工本一起由贵州巡抚每年奏请政府划拨。如乾隆二十一年,贵州巡抚定长奏称,每年两运白铅3841914斤,需水陆脚费银174038.7两,其中,"由厂发运永宁水陆脚费银五万八千七百八十一两二钱八分零,又由永宁白沙湾转运京局水脚银一十一万五千二百五十七两四钱二分"[65]。之后,随着京运量的增加,运费亦随之增长。

巨额运费的使用与管理是一个大问题。每年运费由政府划拨到黔后,分为两部分,由厂至永的运费银分存于贵西道道库,由道员分发给威宁、水城、毕节三州县,用于支付铅运驮马脚价和督催官役工食。同治《毕节县志》记载该县转运威水铅斤的运费情形:"毕铅转运威水二处,每年交毕局白铅五百七十一万斤,黑铅四十五万五千三百斤九钱四分,白黑共六百一十六万五千三百斤九钱四分,……每年四季,应领脚价银,每百斤每站银一钱三分九厘二毫,六站该银七钱八分五厘,每年运铅五百三十一万五千斤,共该领脚银五千七百三十二两三钱八分;押运人工食银共应领六十两,二共九八平银四万五千七百九十二两三钱八分,到府请领。每年工伙食,道、司二季请领,共银九十四两六钱九分五厘,毕节、赤水、永宁三处查催书巡八名,每日给工伙食银五分六厘,照大小月建算领。"[66]此应为咸丰朝之前的运输情形,其运费和押运人员工食按季在大定府领取银两。

由永至京运费银存于布政司藩库。政府规定,自永至京,每铅百斤运费银三两,其实根本用不了这么多,多余部分称为"运铅水脚节省银",每年有 3 万余两,用于弥补贵州省养廉、公费银的不足[67]。剩余部分分为四份,于每起运员赴永之际领取,用于沿途雇募船只水手、熔炼铅斤、盘剥以及过关纳税之用。如乾隆二十六年,京铅运员安顺府安平县知县王伟任称:"窃敝县奉黔宪委运癸未年(乾隆二十八年)上运京铅一百七十二万斤,共领水脚银一万八千八百两。例由永宁运至重庆,实摊水脚银一千七百五十两,由重庆运至京,实摊水脚银一万五千四百九十五两。"[68]

每起运费于运员起程时在黔一次全发,但却是在永宁、重庆、汉口、仪征、天津等地分次使用。运员携带重赀,不但有提前滥用的弊端,且一旦随船沉溺,打捞无获,影响铅运正常到京。乾隆十六年,云南巡抚爱必达就奏请将京铜运费分存于滇省藩库、湖北藩库和仪征县库,待运员到达各地后再分别支给[69]。乾隆四十年,湖北巡抚陈辉祖奏:"滇铜黔铅运京车脚银,俱系拨存通永道库,俟至张家湾核发,其滇铜自汉口以下水脚银,系拨贮于湖北、江宁两藩库,俟船到汉口、仪征给领。惟黔员水脚,向系在黔全领,似未画一,请嗣后黔省运铅,自汉口至张家湾水脚银,亦如滇省运铜办理。"[70]此后,黔铅京运运费亦仿照滇铜,将部分运费分存于直隶等地,待运员到达再领银支销。《钦定户部则例》载:"贵州省办运京局白黑铅斤,岁需工本脚价银二十九万一千五百二十三两九分八厘,内除各运自通州至京局运费银三千五百九十七两九钱三分七厘，又沿途拨费银五千两，由直隶藩库拨存坐粮厅备用；其自汉口至仪征水脚银数由湖北省于应归贵州售存铅价项内支给，不入奏拨；又拨存四川永宁道库转给运铅各员水脚银三万二千两，由协拨省分先行委员解交；又自仪征至通州水脚银一万一千二百十三两八钱九分六厘，由江南司库拨给；又拨存山东济宁道库转给运铅各员水脚银二千两，由山东藩库就近划拨。其余银两按年奏请协拨，户部即行覆拨，协拨省分作速委员解交，以供应用。"[71]如此，每年黔铅京运运费分存于直隶、济宁、仪征、汉口、永宁各库共计 53811.833 两，避免了沿途沉失的风险，加强了运费管理。

　　长运各段运费分配。据《钦定户部则例》记载："贵州省铅斤由各本厂镕化纯净，陆运至永宁，每百斤每站给马脚价银一钱二分九厘二毫，又运费银二分；委员自永宁运至泸州，雇船水脚每百斤给银七分；前赴重庆每百斤给银六分五厘，沿途上船背铅换船盘拨夫价每百斤各给夫价银三厘；重庆起运堆储每百斤给夫价银一分二厘；在重庆雇船长运，上船装载每百斤给夫价银一分二厘，沿途装舱盘拨按每百斤各给夫价银五厘；雇船水脚自重庆至汉口，每百斤给银三钱二分六厘五毫有奇；前赴仪征每百斤给水脚银二钱二分三厘有奇；前赴通州每百斤给银四钱一分九厘五毫有奇；雇车运至京局，每百斤给车脚银七分三厘五毫，打捆过秤进局上堆，每捆给夫价银五厘。"[72]。永宁至泸州、泸州至重庆、重庆至汉口、汉口至仪征、仪征至通州，五段水运运价各不相同，每百斤每站从银六分五厘至四钱一分九厘五毫，相差 5.5 倍之多，这与各段航行条件有很大关系。长江以三峡最险，故重庆至汉口段运价最高，而运河繁忙，且水位不足，常需蓄水过闸，或让漕拉纤，多费时日，故成本较高。

为了保证黔铅京运,清代政府在运输的时间、数量、安全、成本等多方面进行控制和管理,包括沿途督催与程限奏报、稽查与护送、川江船只限载、沉溺打捞与分赔、运费分配与使用等诸多方面措施。这一管理体系,除了贵州巡抚、运员之外,将沿途所有省份的督抚、地方官吏均纳入其中,黔铅运输已仅非贵州一省事务,而是关系清代全国的重要政务。

第三节　京铅的运输过程

通过对清代黔铅运输的机制、路线、管理等方面研究,理清了黔铅运输的基本制度。但是,清代黔铅路途遥远、人员众多、旷日持久,各项制度能否落实,具体事务如何办理,运员的艰辛与心理感受,仅靠制度和规定是无法理解的。运输是货物从出发地按时到达目的地的一个过程,对机制、路线、管理等方面的研究固然有助于对运输的了解,但离开了真实、具体的运输过程,所有其他方面的研究均显得空泛。因此,本节以京运为中心,搜集史料,揭示清代黔铅运输的具体过程,还原历史真实。

一、基于各地督抚奏报资料的运输分析

黔铅京运自雍正十三年开始每年四起,楚运自乾隆十年开始每年一起,至咸丰三年共计不下600余起,运员在600名以上,但是现存史料中,这方面的记载却很少,这应是当前清代矿产运输研究中重制度而轻过程的主要原因。事实上,关于清代黔铅运输过程还是有迹可循的。乾隆十四年五月,上谕:"云贵运送铜铅一事,……嗣后铜铅船只过境、出境日期,及委员到境有无事故,并守风守冻缘由,俱应详查明确,随时具摺奏闻。"[73]黔铅运输沿途奏报

开始制度化。七月，贵州巡抚爱必达就奏报试用知县王琮押运赴汉销售铅斤情形[74]。按照此项规定，清代形成了大量滇铜、黔铅船只过境奏报折，其中部分奏报折保存于清代档案中。利用这些奏报折可以窥视清代黔铅运输过程中的具体问题，与前述制度、规定作一比较。

1、运员田熠的运铅经过

乾隆十六年，贵州运员田熠在京师私自售卖大量白铅，工部介入调查，据田熠长随余庆交代："小的系贵州布政司经历田煜长随，乾隆十四年十月内，田煜奉差解运白铅六十四万余斤，又代解官高星照带运铅交局白铅四万余斤、黑铅九千余斤，于十一月在四川永宁县领运，加耗共黑白毛铅七十二万余斤，用船载至重庆府官局镕化净铅，不知镕出多少余铅，小的主现又在重庆地方买了毛铅二万七千余斤，也在官局镕成官铅一样，于上年二月内装载起运，沿途将私铅说是加秤官铅，并未报税，至八月开到张家湾，遵例交与点验，过秤打捆……"。[75]田熠借京运之机贩卖私铅暂不考虑，但田煜于乾隆十四年十月奉委押运京铅，十一月在永宁铅局领运铅斤，运至重庆镕净，十五年二月自重庆起程，八月抵达通州张家湾交局，应属实情。

田煜的运铅经历表达了以下几方面信息：其一，运员田煜官职为贵州布政司经历，属于杂佐之类；其二，此次京运带有长随余庆，属于家人仆役，并非田煜一人；其三，本次京运正额白铅 64 万余斤，又带解前运员高星照交局黑白铅约 5 万斤，运员挂欠应时有发生，通常由下运运员带解；其四，运员一般带解部分余铅，以备交局弥补秤头，余铅过关需纳税，否则便视为私铅；其五，永宁领出的是毛铅，需要在重庆设炉镕化，提炼纯净后运京；其六，田煜自永至京历时 9 个月,并未违限,且有余铅售卖,应无挂欠,属于按时、足量安全抵京。

2、锦屏县知县刘允正的运铅之路

贵州委员署锦屏县知县刘允正办运庚戌年(乾隆五十五年)上运白铅和乾隆五十三年上运黑铅,共计 1202588 斤。其行程:"乾隆五十三年五月十九日自永宁县开兑,由泸州运至重庆熔化,于本年十月二十二日在重庆开行,至十二月初六日运出川省巫山县境,入湖北巴东县界",又"于乾隆五十四年二月二十二日入江西德化县境,于二十四日至湖口县大湾洲阻风二日五时,二十七日至何家套阻风六日,三月初四日至彭泽县余家洲阻风三日,初八日经彭泽县护送至安徽东流县",又"于乾隆五十四年三月初八日入安徽之东流县境,在铜陵县阻风二日,芜湖县阻风五日,于三月二十五日经当涂县交替下江之江宁县",又"于乾隆五十四年六月十一日入直隶竟州境,二十日过天津关,……今刘允正所运铅斤于八月初九日全数抵通"。[76]

刘允正此次解运京铅,途经四川、湖北、江西、安徽、江苏、山东、直隶等七省。除了在江苏甘泉县沉溺铅 18.08 万斤而全数打捞外,刘允正有惊无险,沉铅失而复得,可以全数交兑,无需承担分赔之责。但自乾隆五十三年五月十九日至次年八月初九日,共计十五个月零二十一天,违限超过两个月。乾隆四十年规定:"嗣后各省运京铜锡铅觔,除一切章程仍遵旧例办理。如正限之外,逾限不及一月者降一级留任,委解上司照例罚俸一年;逾限一月以上者降一级调用,两月以上者降二级调用,……委解上司仍各降三级留任。"[77]。刘允正将降二级调用,而委解上司贵州巡抚亦降三级留用。

3、乾隆十七年京铅运输动态

以上两个案例是单个运员的运输过程,然京运一年四起,前运未回,后运又起,势必会出现众多运员在途的景象。笔者以乾隆十七年的七份京铅过境奏销折为基础,分析一年内京铅的运输情形。兹按时间顺序先后为:

A、乾隆十六年七月初一日,山东巡抚準泰《奏为恭报铅船出境日期仰祈睿鉴事》:"窃照铜铅船只过境出境各日期例应恭折奏闻。兹据布政使李谓详称,查有贵州委官修文县典吏朱宏仁领运乾隆壬申年宝泉宝源二局白铅六十四万斤,计装船六只,于乾隆十六年五月初三日辰时由江南入东省之泽县境,沿途州县稽查催赞,已于乾隆十六年六月初一日申时催出东省之德州卫境,交与直隶之景州接催北上迄。内除该船在泽县、济宁卫、嘉祥、汶上、阳谷、聊城、博平、临清、武城等境守风、守闸、守水等日期均已行查,统俟取到各结案汇申送部外,该船并无无故逗留及在境生事等情,呈详到臣。臣复查无异,理合遵例奏闻,伏乞皇上睿鉴,谨奏。"

B、乾隆十六年七月初六日,安徽巡抚张师载《奏为奏报铜铅船只入境出境日期仰祈圣鉴事》:"兹据东流、怀宁、贵池、铜陵、芜湖、当涂各县报称,贵州委员普安县驿丞马玢办运壬申年下运白铅六十四万斤,装船六只,于乾隆十六年闰五月十三日入东流县境,十四日入怀宁县境,守风三日,十九日经芜湖关查验,二十一日出当涂县境,……俱交下江之上元县发护催赞前进等情,臣复查无异,理合遵旨具折奏闻。"

C、乾隆十六年七月十三日,江苏巡抚王师《奏为循例奏报事》:"……又贵州省委员姚培叙解部壬申年上运白铅一百二十八万九百五十七斤,于乾隆十六年二月初二日上元县入境起,由仪征等州县至沛县,于四月初八日出江南境等情前来,除将经过各州县及换船守风等项各日期开明咨部外,所有楚滇粤黔等省铜铅锡斤船只过境缘由,臣谨会同暂管总督高斌循例奏报。"

D、乾隆十六年七月二十一日,江南河道总督高斌《奏为奏报铅船入汛出汛日期仰祈圣鉴事》:"……嗣准户部咨开,贵州委员普安县罐子窑驿丞马玢管解壬申年下运白铅行文拨护前来,臣随即檄饬河标各营拨兵接护,逐程催赞去后,兹据中营副将黄正元护理右营游击印务中军守备王国用等报称,贵州委员马玢管解乾隆壬申年下运白铅六十四万斤,装船六只,于乾隆十六年六月十二日入河标中营之山阳县清江闸汛,随即接护,沿途实力催赞,七月初八日送至山东台儿庄地方,交与东省汛弁接护北上等情,臣复查无异,所有拨护过贵州委员马玢管解铅船入汛出汛日期,理合遵旨具折奏闻。"

E、乾隆十六年八月初一日,漕运总督瑚宝《奏为奏报铅船入汛出汛日期仰祈睿鉴事》:"据淮安城守营参将李竣报称,贵州委员遵义府通判席健管解铅船十一只,内装乾隆壬申年下运白铅一百二十八万九千九百五十七斤,于乾隆十六年闰五月二十日入漕标金河汛,随于二十五日出汛,交给河标清江闸汛,把总段锦接护北上讫。又贵州委员普安县罐子窑驿丞马玢管解铅船六只,内装乾隆壬申年下运白铅六十四万斤,于乾隆十六年六月初四日入漕标金河汛,随于十二日出汛,交给河标清江闸汛,把总段锦接护北上讫。查各该委员管解铅船俱因在境修整蓬舵雇募纤夫暂行驻泊,是以未得迅速,合并声明等情前来,奴才复查无异,所有催赞发护过各铅船入汛出汛日期,理合遵旨恭折奏闻。"

F、乾隆十六年九月二十一日,直隶总督方观承《奏为奏闻事》："……又贵州委员朱宏仁领运壬申年京局白铅,于六月二十日自天津西沽起剥,于七月初十日陆续抵湾,……所有董如漪沉溺铜斤全行捞获,并龚锜、朱宏仁、陈铭铅斤三起运抵湾各缘由,理合恭折奏闻。"

G、乾隆十六年十一月十七日,四川总督策楞《奏为循例奏闻事》："黔省委员绥阳县典吏梁元臣办解癸酉年上运白铅六十四万斤,又补解马元亮沉溺白铅五万五千九十九斤,又补解己巳年下运黑铅五万斤,于乾隆十六年九月二十一日自重庆开帮起,沿途催趱,于本月三十日出川省之巫山县境,仅行十日,又黔省委员清平县县丞黄佐办运汉口销售铅一百五十万斤,于乾隆十六年九月二十五日自重庆开帮起,一体催趱,于十月初七日出川省之巫山县境,仅行十二日,均未逾限等情。"[78]

上列七条过境奏报折中,各运分别为壬申年上下运四起、癸酉年上运一起和楚运一起,船只经过直隶、山东、江苏、安徽、四川五省以及漕运、江南河道二总督所辖水道。其中,包括乾隆壬申年(乾隆十七年)京铅四运,朱宏仁、马玢、席健分别为典吏、驿丞和通判。依据规定:"自乾隆七年京局加卯鼓铸,每运应解白铅一百九十二万九百五十余斤,经前司详请咨部,每运办解,或先令正运之员起解三分之二,或先令副运之员起解三分之一,分为先后押运。"[79]按各人运解铅斤数量,朱宏仁、马玢属于副运员,姚培叙、席健属于正运员,故推测姚培叙的官职应为知州或知县。

需要说明的是,每年四起京铅并非同时发运,每运之间约有两个月间隔,以避免船只水手不敷雇募。各运虽走相同的路线,但因运输时间有差异,沿途所遇意外不同,并非能按序到京。如姚培叙所解本年二起京铅应比朱宏仁晚两月出发,但在山东境内已经超越一起长达 20 余天,而马玢所解四起京铅抵达台儿庄时,而一起朱宏仁仅过去两个月。

乾隆十七年黔铅京运四起运行时间表

运别	运员	正运、带运铅斤数量	途径河段与时间
上运	朱宏仁	正额 64 万斤	乾隆十六年五月初三至六月初一在山东境,六月初一至七月初十在直隶境
上运	姚培叙	正额 128.0957 万斤	乾隆十六年二月初二至四月初八在江苏境
下运	席 健	正额 128.0957 万斤	乾隆十六年闰五月二十日至二十五日在漕督河道
下运	马 玢	正额 64 万斤	乾隆十五年闰五月十三至二十一日在安徽境,六月初四至十二日在漕督河道,六月十二至七月初八在江南河督河道

注:漕运总督管辖河段自金河汛至清河汛,与江南河道总督管辖之清江汛至台儿庄段相接,均属江苏、山东二省境内。

按政府规定:"贵州京铅,运官由永宁装载运至泸州限三十日,泸州换船至重庆限二十日,重庆起船储屋熔化限三月,雇船装载限二十日,自重庆开行抵通州限八月零十日。"[80]共计一年零二十天。但运官在途遭遇异常气候及水文条件,往往需守风、守水、守冻,耽延时日,全程大多需要两年时间。

那么,运输在途的京铅接近 10 起。如乾隆十六年十二月三十日夜,"汉口江岸有江西客民网子船失火,时西南风大作,顺风延烧蕲州卫头帮粮船七只,云南、贵州运京、运楚铜铅等船三十五只,又大小盐船十一只"。[81]多起京运铜铅船只相遇汉口,因大火焚烧沉失。

4、乾隆四十五年在途京铅

在笔者搜集的起程及过境奏报折中,乾隆四十五年运输在途的京铅共计五起,分属辛丑年(乾隆四十六年)和壬寅年(乾隆四十七年)京运:

A、乾隆四十五年四月二十八日,贵州巡抚李本奏报:"窃照黔省办运京局铅斤,委员由厂运至四川重庆镕化齐全,开船起程日期,例应专折奏报。兹据署布政使事粮储道德隆详称,委办辛丑年下运京铅,都匀县知县王圣维领运正加白铅一百九万七千九百七十八斤八两,又自出己资买备沿途磕损折耗及抵部添补秤头白铅一万二千斤,据该员具报,镕化齐全,于乾隆四十五年三月二十四日由重庆开船起程等语。查前项铅斤自黔省厂地运至重庆水陆二路俱有官役管押,并无盗卖缺失情弊,取具各结,详请奏咨前来,臣复查无异,除咨明户工二部并分咨经过各省督抚于一体转饬沿途地方官催趱稽查,毋许逗留外,所有辛丑年下运京铅委员王圣维由重庆开行日期,理合恭折奏闻。"该年八月四日,江西巡抚赫硕又称:"贵州委员都匀县知县王圣维领运辛丑年下运京局白铅一百九万七千九百七十八斤八两零,又买备添补折耗铅一万二千斤,于乾隆四十五年七月初二日戌时由湖北蕲州入江西德化县境,初七日申时送至安徽东流县交替前进。"[82]

B、乾隆四十五年七月十二日,湖北巡抚郑大进奏报贵州委员杨照领运京铅过境,七月二十四日,江西巡抚赫硕又报:"贵州委员清平县知县杨照管解壬寅年上运京局白铅一百九万七千九百七十八斤零,又买备添补折耗铅一万五千斤,于乾隆四十五年六月二十一日酉时由湖北蓟州入江西德化县境,二十五日卯时入安徽东流县境。"十二月三日,山东巡抚国泰又称:"贵州委员清平县知县杨照办运乾隆壬寅年上运正加白铅一百九万七千九百七十八斤零,又自备折耗铅一万五千斤,计装船十一只,于乾隆四十五年九月十二日申时入山东泽县境,已于十月二十七日酉时出山东德州卫境,交与直隶接替前进。"[83]

C、乾隆四十五年七月二十七日,江苏巡抚吴坛奏报:"贵州委员锦屏县知县沈常业领解乾隆辛丑年下运京局正备白铅一百十一万五千九百七十八斤零,于乾隆四十五年三月十五日入江南省上元县境,五月十六日出江南省沛县境。"[84]

D、乾隆四十五年十一月十五日,贵州巡抚李本奏报:"委办壬寅年上运京铅天柱县知县赵万里,领运白铅一百九万七千九百七十八斤八两,又自出己自买备沿途磕损折耗及交部添补秤头白铅一万五千斤,据该员具报,镕化齐全,于乾隆四十五年九月二十六日由重庆开船起程。"[85]

E、乾隆四十五年十一月二十二日,贵州巡抚孙永清奏报:"承办壬寅年下运京铅,台拱同知宫绮紬领运正加白铅一百九万七千九百七十八斤八两,并带解前运托灵阿挂欠白铅四万一千三百九十五斤十两,又带解叶相兼挂欠白铅二万一千四百三十四斤九两五钱,黑铅一万三千二百一十八斤九两,又自出己资买备沿途磕损折耗及交部添补秤头白铅一万斤,据该员具报,镕化齐全,于乾隆四十五年十月初十日由重庆开船起程。"[86]

乾隆四十五年在途京铅各起行程表

运别	运员	原任官职	解运数目（斤）	重庆起程时间	途径省份及时间
辛丑年下运	沈常业	锦屏县知县	正余1115978斤		乾隆四十五年三月十五至五月十六在江苏境
辛丑年下运	王圣维	都匀县知县	正1097978.5斤，余12000斤	乾隆四十五年三月二十四日	乾隆四十五年七月初二至初七在江西境
壬寅年上运	杨照	清平县知县	正1097978斤，余15000斤		乾隆四十五年六月二十一日至二十五日在江西境
壬寅年上运	赵万里	天柱县知县	正1097978.5斤，余15000斤	乾隆四十五年九月二十六日	
壬寅年下运	宫绮紬	台拱厅同知	正1097978.5斤，带76048.7斤，余10000斤	乾隆四十五年十月初十日	

　　和乾隆十六年相比，京铅运输出现较大变化：其一，运员不再有正副之分，统一派遣府佐州县充任，每起运铅正加定额1097978.5斤，四起共计4391914斤。乾隆十六年时每年京运白铅3841914斤，乾隆二十六年始添办40万斤，二十九年又添办15万斤。而自乾隆二十七年开始，"贵州省办运京铅无分正副，将每运应解之数通融均算，分派府佐州县领解"。[87]

　　其二，京铅发运更加密集，时间更为明确，每年分上下两运，上运二起于春季发运,下运二起于秋季发运。由于乾隆三十年后,征缅战役及第二次金川战役,大量征用川滇黔地区驮马运送军需物资,贵州运力下降明显,京铅被迫延迟。如乾隆三十二年,因"黔省接送京兵,采办马匹",京铅运输"难以兼顾",贵州巡抚鄂宝请停运汉口铅觔,部议暂停半年京铅运输[88]。虽然乾隆三十四年贵州巡抚良卿奏称:"上年驮马缺乏,稽迟铅运,臣同道府等均干吏议,共知猛省,殚力筹催,赶赴例限,所有积滞京铅,现已趱运清楚,嗣后不致再有贻误。"[89]但却将楚铅运输严重推迟。乾隆三十五年,湖北巡抚奏称:"黔省铅觔,因近年驮马稀少,先尽京运办解,致楚铅未能克期运贮汉口",以致"浙省委员巡检孔传望、主簿温颂先后赴楚采办铅觔,迄今二年尚未运回"。[90]黔铅京运密集发运是为了弥补前期延误,同时,黔铅运输逐渐形成定制。

二、以运员为中心的运输考察

运员是每起铅运过程的核心,全权负责铅斤领交、运输组织、运费发放、运输队伍管理以及运输途中一切突发事件的处理。保证铅斤按时、按量到达目的地,运员的作用至关重要。作为肩负重任的运员,他们是如何看待这项任务,又有什么样的感受和心理过程,这些信息在制度和规定中无法获知。笔者选取两位曾经亲历京铅运输的运员,以他们的视角来认识清代黔铅运输[91]。

陈熙晋(1791—1851年),字析木,号西桥,浙江义乌人。贡生,以教习官贵州开泰、龙里、普定知县,仁怀同知,擢湖北宜昌府知府。《清史稿》有传[92]。道光甲午(十四年)夏,奉檄押运京铅,集沿途所作诗为四卷,名《征帆集》,该书刊于道光二十六年。

俞汝本(1791—1848年),字秋农,浙江新昌人。道光丙寅(十六年)进士,分发贵州,历任镇远、贵定、婺川、天柱知县、独山州知州。道光甲辰（二十四年），委运黔铅至京，事竣调任黔西知州，未满任而卒。俞氏《北征诗钞》（六卷）即作于京铅运输途中，该书自序言："北征诗钞者何？俞子运铅而作也。俞子领甲辰四运，由黔而蜀、而楚、而吴、而齐、而鲁、而冀，凡万有馀里。山水人物禽鱼草木之类，俞子皆得而见之，不可以无诗。……诗系俞子作也，系俞子运铅而作也，其有曰《蜀行小草》，曰《江东集》，曰《汉上集》，曰《直北集》，各以其地名之，而总名之曰《北征诗钞》，使后之览者足以考焉。"诗分六卷，起于甲辰，终于丁未，每卷为一集，除序言所说的运铅途中所作四卷外，卷五《南旋集》、卷六《再来集》系运铅事竣回乡省亲及复官贵州路途所作，该书刊于道光二十八年。

此外，道光末年，诗人贝青乔自四川永宁起，搭乘京运铅船至瓜洲。如《运铅船》诗注云："余在峡江拟作铅船杂事诗，日所访闻，夜辄成咏，颇资当事采览，继在新崩滩失其稿，遂兴败，不复吟，今抵瓜洲，将与铅船分道而行，姑补一诗，聊存崖略云尔。"[93] 其实贝氏所作铅运诗不止此一首。虽然贝氏不是运官，但亦亲身经历了长江段的铅运过程，从一个旁观者的视角看铅运，亦有重要价值。

陈熙晋押运京铅，比俞汝本早十年，《征帆集》也早出数年。两集中类多流连风物、读史述怀之作，《征帆集》中运铅本事较《北征诗钞》更少。因此，论述时以《北征诗钞》为主，附以《征帆集》和贝青乔《半行庵诗存稿》。

1、运员的遴选与出发

《北征诗钞》卷一《贡铅行寄儿子昌生浙中》的第二段说："丞倅牧令俦，奔走无缺空（自知府以下，同知及县令皆任斯役）。圣人经国心，大小事咸综。臣本膺斯役，敬慎戒勿纵。"关于运员的遴选,前文已有论述。乾隆朝前期京铅每年分上下二运,每运正运官一员,运铅三分之二,由府佐州县官内选派,副运员一员,运铅三分之一,由佐杂官吏内选派;乾隆朝后期统一为每年四运,运员在府佐州县内选派,每运运量均分,此后基本稳定,俞汝本官独山州知州,领运道光二十四年第四运京铅,与运员条件相符。

陈熙晋把诗集命名为"征帆",俞汝本把此行叫作"北征",他们均视此行为出征,大有一去不还之意。俞汝本在《北征诗钞》的序中说,"俞子此行是不得意事,而于不得意中更有不得意者",又《贡铅行寄儿子昌生浙中》向儿子嘱咐家事,类似遗言。而陈晋熙在贵阳与家人分别,赋诗《早发贵阳》:"一鞭秋色上层云,曲唱骊驹不忍闻。荐牍致身犹计吏(时以卓荐,题升仁怀直隶同知,带运京铅北上),征袍缺胯似从军。妻孥涕泪愁恋徽(眷属俱留住黔中),兄弟飘零属雁群(三弟兼塘偕行)。惆怅关河千万里,尘埃风雨要平分。"其情形似生死离别。从这些文字里表明,虽然当时官员对京运带有普遍的惧怕心理,但王事不可违,惟有以尽忠报国之心激励前行。同时,基于这样的背景,对于清代运员选派中的繁琐规定便更易理解。

2、永宁领铅装运

俞汝本于道光二十八年十月十六日自省城贵阳出发,经遵义抵达永宁。这段时期的诗文除了体现道路艰险之外,运员的心情亦较为低落。这是万里京运的开始,也是运员完成接受重任的心理准备过程。如《北征诗钞》卷一《贡铅行寄儿子昌生浙中》言:"癸卯子月中,先期策青辁(十一月十六日出省,是时雨雪多),泥泞涂又冻。我仆指臂僵,我御心骨痛。黾勉陟重冈,跋涉沿悬淙。泸水清且寒,武侯行以恸。涵濡三千年,荏苒及唐宋。草木变本性,何况事弦诵。所虑奸黠徒,遇事则播弄。我心如铁石,凡事务郑重。料理及米盐,布置到盎甓。三日即下渝,两月计渡梦。取次入置比,庶免漕艘哄。私心窃颂祷,是否能言中? 行行事长征,去去戒仆从。"

在永局领兑铅斤后,沿永宁河(又称纳溪河,长江支流)水运至重庆。《北征诗钞》卷一《自永宁买舟至泸州得四截句之三》曰:"长绳百丈曳来迟,篙眼蜂窝力莫施。狭路还须宽一步,我来亦有上滩时。"永宁河道狭窄,滩多路险,需纤夫牵挽前进。

3、雇船、造船与买船

自永宁后,京运基本为水路,但长江、运河各段水道通航能力不同,如重庆、汉口、仪征、天津等地,一路上要多次换船。运铅所需船只,分雇募和自造两种。俞汝本选择雇船,《北征诗钞》卷一:

"至泸州谒林菊史观察,具言铅运利弊,极承指示,为述其语以告来者,慎毋蹈其覆辙也。

林公昔在滇,运铜至京邑。为言运利弊,使我心感泣。公未出省垣,先有板主即(板主即揽头)。许以八百锾,阍者为引汲。公早知其奸,屏之勿与入。轻车而简从,所役皆朴直。公令先下渝,易服乃敢出。爰有日者徒,驿舍相与值。自言雇舟便,万得无一失(公言出省时令亲信家人作商人状,先至重庆雇客舟。有一算命人相值,力言板主之害,代为雇舟)。彼仆入其中,事事商密勿。所幸悉妥贴,价廉更什伯。公后见之喜,即令任其职。谁知柄在手,敢将舟舵匿。声言必加补,方克行至北。公乃赫然怒,一牒入州宅。银铛曳以来,相见面无色。但求赦其罪,敢效此心赤。公命书状来,免尔再反侧。斯人愧无语,一路安且默。彼言板主恶,此即板主贼。百计务攒谋,焉知心黑白。劝君勿再用,当知彼奸慝。

我闻梦初觉,深自为擘画。与受若辈愚,宁受百艰厄。亹勉告同侪,凡事须亲历。刚断不自能,小信祸人国。"

俞氏初次押运,船只是雇是买,全无经验,有幸在泸州得到林菊史的经验和指点,避免上当受骗,顺利雇到运铅船只,而其他运员并非都像俞氏那样幸运。但在船只不足难以雇募的情况下,亦有运员选择自行造船,如陈熙晋《征帆集》中《造船行》曰:

"朝造船,夕造船,庠泂长官来贡铅。铅堆百万高于屋,文书火速心茫然。我从七月来蜀道,渝州三阅蟾亏圆。江船戤春招不得,空羡瞿塘估客日日风帆悬。船户虎逐逐,厂户蚁蠕蠕,大船中船各十二,一一议价次第编。取材如山斤斧集,沙嘴一呼人工千。肉如林,酒如川,醉饱无赖横索钱。巴山十日九日雨,使我肠断两眼穿。嗟哉! 船尚未沾尺寸水,坐令万金销铄随云烟。吾闻周官三百六十职,舟楫之利独缺焉。况又蜀中地形天下险,山曲水急不可以转旋。细莫说坳堂芥,高莫问玉井莲,既无层楼飞阁壮旗帜,亦非牙樯锦缆载管弦。艫长艟短,舻后舳前,梢刚而劲,戙直而坚,千橹摇曳,百丈挽牵。麻枲钉铰剧烦琐,米盐醯醋愁倒颠,平生秤星未能辨,枉向蚨腥屑屑子母权。尘帽短靴江上路,身在泥淖谁能怜? 孤城斜日看南斗,极目长安万里天。"

可见,造船同样不免船工欺诈。因京运有时限,重庆熔炼、雇船不得超过三个月,运员急切,而船工却坐地起价。同时,陈熙晋此行打造大中船只共24只,花费巨大,这应是京运中的主要支出。

铅船越过三峡抵达汉口后,航行条件改善,船只载铅从5万斤增至7万斤,需在汉口换载大船。俞汝本所雇船只完成任务,换雇大船即可,而陈熙晋所造船只则需变卖,另雇大船。《征帆集》中《卖船作》曰:

"蜀船二十四,楚船进十二。轻装患滩险,重载趁风利。铜铅

例附漕艘行,文书火迫愁无计。万金用尽一钱悭,卖船思作道理
费。百锱换得十千钱,船价不抵官家税。君不见频年大水人其鱼,
杉皮为壁篷为庐。汉南垂柳伤心绿,半是牵舟岸上居。"

4、川江运输

重庆虽非铅运的起点,却是重要的转运码头,贵州京铅奏报起
程日期均以此为准。俞汝本《二月八日重庆开行夜泊铜锣峡》载:

"旌旗猎猎趁和风,巴子津头水向东。二十三船军令肃,八千
馀里驿书通(自巴县粘贴印花起)。江宽桡拍凫鹥捷,人聚声喧虎
豹同(每船夫役五十余人,用掣八条,声聚如雷)。晴日放舟春更
好,我行从此出蚕丛。"

"成群逐队学凫趋,管领前军任指挥(凡开行皆依次第听船头
指挥)。两胯横安崇六号(船舱曰胯子,官坐六号),一头高立统千
夫(夫头高立掣担督役)。轻装已觉波平拉(船之轻重视拉之高
下),分载都教数合符(每船斤数惟均)。我是紫泉新刺史,舵楼今
悉树蝥弧。"

这两首诗不但展现了京运的具体场景,也提供了一些重要信
息:其一,俞汝本自道光二十三年十月十六日自贵阳出发,在永宁
领后铅运至重庆,镕化纯净,雇船换载,至道光二十四年二月八日
由重庆起程。其二,此次京运装船 23 只,平均装载,与规定载重相
符,每船约 5 万余斤。按京运每运正加额 1097978.5 斤外,加之余
铅及带解前任委员挂欠,与俞汝本所言 115 万斤基本一致。其三,
关于川江铅船所用人工数量,清代文献中很少见于记载,按俞汝本
所言,每船夫役 50 余人,此次船队人数超过千人。其四,每起京运
事先将所载铅斤、船只、船工数目及船只吃水深浅等情况在沿途州
县依此传递,由所过地方官核实,加结转报,即俞汝本所言"粘贴

印花"。

贝青乔《荆江舟行杂诗四首》对川江和荆江河段航行状况也有记载[94]:

"廿四帮船号鳅鳅,几帮安稳出归州,栌床梢架全收起,只用长招付掌头(峡江之险全在归州,一岁铜铅十运及商旅坏船者以百数,我帮二十四船,沉失五船)。"

"梢溃撒游八宽过,换去桡夫满百多,一样噪声齐作号,蜀江噍杀楚江和(凡遇险滩,恐桡夫畏缩,必犒以钱,名曰打宽。自重庆以下,如台盘子、折尾子、庙矶子、牛口、八斗、全盘责、新滩、空合峡八滩为最险,例打八宽,鳅船大者用桡夫百人,次用四五十人,出峡后只用十余人矣)。"

"堤工防潦逐年开,撒米中流日几回,抛荡滚梁弩未定,何堪铁板拥沙来(近来江沙日涨,江水日浅,堤堰亦日高,以致川江涨发不能宣泄,泛滥四溢,下游郢鄂诸郡邑恒被水淹,几与黄河沙患同,沙堆从江底突起者名曰泡沙,沙片从江面拥至者名曰铁板沙,舟遇之辄胶而陷,惟投以米,始徐徐退去,此不知何故,然法甚灵验,试之辄应。峡船被鼓溃水逼上石者谓之滚梁,被回溜水辐入旋者谓之抛荡)。"

"郢都东畔水连天,浩渺平流路一千,欲恐迷津无处问,指南须仗引洪船(荆江关五六里而水极平浅,积沙中梗,朝东暮西,发迁无定,行船往往于阻,必唤渔船为前导,名曰引洪,然渔人亦只知其近处,远则迷于所向,故须随地易之)。"

川江险滩众多,船只触礁沉溺非常频繁,贝青乔所搭乘的船队在川江亦沉溺五只,故有"几帮安稳出归州"的感叹。过险滩时,以额外赏钱换取夫齐心用力,而"打宽"费用是无法报销的。每船所用船夫,贝青乔的记载较俞汝本更为确切,三峡与荆江各不相同。荆江河段暗沙多,江水浅,还有移动沙,即使当地渔民亦不能尽知,外来船只只能凭运气。

5、途程凶险

长江凶险,险滩众多,铅船屡屡失事沉溺,尤以川江为最,俞汝本此行便遭遇过几次沉船事件。第一次在三峡新滩:

"客有自泄滩来者,云我第七号船失事。吉儿口噤不得语,余亦相顾愕然,遂乘小舟,颠蹶波涛中,呼集水手百馀往救。舟横滩而沉,幸未失铅,大赖神佑,感而赋此。"

"一霎危机去眼前,石尤风急浪滔天。竟无人理营三窟(失事后舵工杨再顺、崔琴等乘势脱逃,舟中米物俱失),幸有神扶出万全。臣本不才当薄责,事有可异出重泉。焚香默答灵麻后,吩咐儿曹再省愆。"

这次第七号铅船沈溺,但沉铅全部捞获,除了船工逃匿外,并未造成太大损失,可以说有惊无险。但第二次在广济县的牛关矶就没那么幸运:

"舟行广济县属之牛关矶,余坐船陷入塘中,两日不得出,而第九号船又被风沉溺,水深三十馀丈,无从打捞。嗟乎! 余罪尚可赎哉! 痛定思痛,作为此诗以自劾。"

"疾风一夕鸟声死,我舟南行忽值此。一船陷入清泠渊,一船又触石齿齿。清泠塘中犹可避,谁知后船竟失利。舵楼缝裂水入舱,船既漂流铅亦弃。吁嗟余罪其谁赎,搔首问天天亦苦。生难报国死无益,忍泪惟期北行速。"

这次俞汝本坐船搁浅,第九号船沉溺,五万余斤铅沉溺江中无法打捞。幸好牛关矶属险滩,按例可以豁免。但其后在运河清江闸发生了一次事故,《上清江天妃闸第一号船失事其二》:

"而我忽中变,全功付急流。狂风兼恶浪,破釜更沉舟。人事实难料,臣心自此休。举头问苍昊,哀痛不胜愁。"

运河段无险滩可以豁免,此次沉铅需要自己赔补。此时俞汝本关心的已不是钱财的损失,想到到京之后必受吏部参处,俞氏心情焦虑不安,可见运官所承受的心理压力非一般人所能体会。

6、守风、守水、守冻与让漕

避免铅船沉溺是一方面,而各种极端自然条件也对京运有很大影响。如遇有狂风,须停泊守风;遇江河涨水或枯水,又须守水;冬季运河冰封,则须守冻。此外,自入运河之后,遇有漕船经过,铅船要让道,称为附漕或守漕。虽然政府规定了各种极端条件下铅船的守候期限,但风雨无常,运期常常因此而被延误。《北征诗钞》表明,守风、守水、守冻、守漕常有发生,每到此时,运官的心情便充满焦躁。《让漕》曰:

"漕船南下声嗷嘈,船头不篙横两梢(凡漕船来,以木篙横架船头)。长绳百丈架空起,雀杆卓立天为高。卫漕使者雄如虎,狐裘反衣立当户。指挥役卒如驱羊,片刻不容相停伫。千艘衔尾日夜过,一板一闸真无那(运河水涓滴皆金,漕船无水,套板以行。凡过一闸,下一板)。余亦皇华奉使来,忍气吞声耐寒饿。"

俞汝本表现出了自己的不满,同为朝廷运输重要物资,自己却要"忍气吞声耐寒饿"。可见,漕运地位远高于铅运地位。好不容易等漕船过去后,但运河入秋水浅,仍须继续守水,俞氏急切心情跃然纸上:

"新河口让漕已两月越矣,至十月二十五日始得疏通,二十八日开行又浅。""我生何事困风尘,直作终身道路人。两月未曾行十里,一冬今又过三旬。霜威已酷花生面,水气冲寒冷逼身。见说天河犹可道,只惭牛头不能神"。

　　很快便进入冬天,山东段运河全部封冻。《台庄守冻》:"一夜橹声死,北风无限寒。冻痕连岸折,霜叶入林干。漠漠川原暝,萧萧羁旅单。舟胶行不得,谁识客途难。"在台儿庄,俞汝本的船队一等就是 5 个多月,直到次年四月一日才开行。此后在山东境内又遇大旱,寸雨皆无,运河无水,又等到夏天才能继续前进。经过将近一年的等待,这起京铅已不可能按照朝廷的要求,准时送交户工二部了。

7、沿途交涉

　　京运过程中,运员需不断与沿途官员交涉。如铅船每到一个重要码头,换船卸货,需要地方官查验批复,由他们出具"钤结"才能放行;运输延时或沉溺打捞,需要地方官的证明和协助,等等。

　　《北征诗钞》卷三中谈及一次盘剥时说:"舟中移催,剥船不至,得船又不足数。"地方官不配合,使俞汝本很为难,赋诗曰:"一夜狂飙水更干,孤舟相对只荒滩。负山无力输蚊拙,度日如年学蠖蟠。肥瘠岂真秦越视,文移都作笑谈看。剧怜此役蹉跎甚,杨柳依依又岁残。"

　　前述新滩沉溺但未失铅,俞汝本在办理善后时被地方官留难,滞留二十多天。也正是在此时,俞汝本与宜昌府知府陈熙晋会面了,两位运员彼此交流铅运经历。《北征诗钞》卷二:

　　"余以新滩事在宜昌留滞二十馀日,愤极无聊,作此以呈西桥年伯。"

　　"沿途辛苦向谁陈,津吏犹将怒目嗔。朘我脂膏几彻骨,候人颜色易伤神。路长何止经千劫,愁重虚教过一春(明日立夏)。但愿好风从此去,厌闻戍鼓闹晨昏。"看来俞汝本遭到地方官吏的勒索,气愤之极。

京运路上的另一类重要交涉,就是沿途过关纳税。《征帆集》中《关吏叹》曰:

"江头关吏馋如虎,下马上船一何怒。不税货物只税船,岂意官船倍商贾。船多人众难久留,所喝惟命上缗簿。税额近益增,水脚岂能补,坐令五百锱,摒挡挥如土。却愁前去关重重,途长力短泪如雨。"

运解官府物资还需向官府上税,而且官船的税率要比商船高一倍,这实在匪夷所思。自四川夔关起至京师,沿途要经过十一关,如果每关都征银五百两,合起来将是一笔很大的费用。

8、天津、通州转运

铅运船队到达天津关后,变卖原有船只,遣散水手,铅斤另由剥船转运通州。《北征诗钞》卷四"六月二十七日舟至静海,晚得大雨,次日又值北风,凉气袭人,颇有秋意,且喜至都有期,书以志慰",第二首曰:

"砖河既已过,独流好场市(砖河、独流俱地名)。天津一关越,我舟弃若屣(自四川夔关起凡过十一关,帮船亦从此变卖)。两年尘土中,今日方有此。如身释重负,如行脱虎兕。打捆总云艰,驮载亦孔迩(凡船自津至通须打捆,自通入局须驮载)。不似十万舟,泥浅行复止。凡事有转机,非可人力使。委心听自然,请视此江水。"

陈晋熙《征帆集》中《津门秋感四之三》亦曰:"万里波涛始是涯,迎人津柳已先知。渡头理棹从先后(天津雇剥船运至通州,依运员到津次第开行),岸上牵舟任转移(牙行售船拆用)。北地正当鸿去候,西风刚值蟹肥时。岳云三月峨眉雪,收拾囊中一卷诗。"

京师在望,铅运即将结束,两位运员终于露出喜悦之情。

9、京局交兑

虽已到京,但京局交兑过程中仍不免官吏刁难。《北征诗钞》卷四《都中杂感之二》曰:"朝日上东门,车马何辚辚。所见非所亲,照耀舆台身。彼人亦可畏,怒目未敢嗔。客自远方来,土物岂足珍。低头媚童仆,举头揖荐绅。荐绅岂余侮,彼乃王家臣。国家重贡献,其色须精纯。余心实无愧,余事行多迟。苟不慎厥初,或陷荆与榛。清晨戒旦往,竣事须三旬。所喜百无迍,君恩厚且淳。将事必敬慎,既事又逡巡。即此一事微,已足伤吾神。"经过一个月的验收,这批铅斤终于从贵州产地进入京师的仓库,俞汝本的京运经历自此结束。

陈晋熙甲午(道光十四年)夏天出发,乙未(道光十五年)到京师,至丙申(道光十六年)正月离开京师,历时一年半,在规定的时间内将铅斤足额交完。按例带领引见,优先升迁。而俞汝本自癸卯(道光二十三年)十一月出发,至乙巳(道光二十五年)九月差竣,历时二十二个月,超出规定时限六个月,且在途中损失了两船铅斤。按照规定,应该革职、追赔。但他没有受到处分,而是在引见之后调任贵州黔西知州,于第二年返黔上任。可见,清代铅运制度在道光年间有一定的变通。

自黔至京,途程万里,历时两载,其间的艰辛与苦累难以想象。通过两位运员的记载,使我们有幸能够深入到黔铅运输过程之中,窥视当事者的心路历程,揭开清代百年黔铅京运的真实历史。最后,可用贝青乔的一首《运铅船》来对清代黔铅运输过程作一概括[95]:

"京师铸钱须用铅,铅船万里来穷边。

三百八滩放出峡,七十二闸挽上天。

一年四运有成例,前运后运送相继。

给发运银万八千,制造运船二十四。

运官领运无休假,船丁汹汹吁可怕。

幸得平安官可升,脱遇风波罚无赦。

往往天津去拆船,变卖还须补船价。

农部收铅京局中,镕铅入铜炉火红。

铸出铅钱轮郭劣,毁链取镕将毋同。

呜呼钱政何由坏,铜厂百弊言难终。

试上铅船点铅数,何如六运滇南铜。"

三、基于重庆运输节点的分析

重庆码头是黔铅运输的第一大转运地,所有来自永宁的黔铅,均需在此镕化纯净,换船装载,然后运送到京。重庆府的铅运事务由附郭巴县具体负责,现存《巴县档案》中的大量相关记载,可以分析黔铅运输中重庆节点的具体情形。

1、重庆熔铅

乾隆五十八年之前,所有经过长江路线的黔铅均需在重庆镕化提纯,然后装载前进,但其他文献对此记载较少。乾隆二十六年七月十三日,巴县在给重庆府的申文中称:

"兹于乾隆二十六年七月初二日准,督运京铅贵州安顺府安平县知县王伟任复称:窃敝县奉黔宪委运癸未年上运京铅一百七十二万斤,共领水脚银一万八千八百两,例由永宁运至重庆,实摊水脚银一千七百五十两,由重庆运至京,实摊水脚银一万五千四百九十五两。又重庆□例定例实领银八百一十五两,挑铅夫上下脚价,每百斤应发银[缺六字]朱批二万斤,应发银一百三十七两六钱,各炉匠会食每万须银一两,计一百七十二万,运赏耗共银[缺八字]俟银八十两,木器铁器什物应发银一十六两,租局镕化银一十五两,已移送炭价银四百四十两[缺九字]定例,尚已垫银五十二两七钱,无凭报销,实难转详加增。……卑职查得黔省办运京铅在渝设局熔化,每[缺六字]运需炭六十余万斤,前因山木丛积便易,故详明每百斤价值二钱二分。迩年以来,生齿日繁,垦辟[缺六字]买倍多于前,用炭益广,且现今米粮等物较前稍贵,是以炭户工本倍增于前。且铅局需用炭斤不能缓待,如遇缺乏之时,该炭户等必须远赴黔省、酉阳等处购买,赶办供局,兼之水陆运脚,难免亏折资本。"[96]

此文虽有残缺,但大意基本明确,即增加镕铅所需薪炭价值。这件事情原委暂且不论,但其中透露出一些重要信息:

其一,每运京铅172万斤,熔炼需炭60余万斤,原定炭价每百斤银0.22两。但因每年京铅熔炼约炭达120余万斤,年复一年,导致重庆附近薪炭缺乏,不得不远赴贵州及川黔交界之酉阳等地采办。京铅运输仅仅27年,重庆周边的薪炭便已匮乏,此后三十年京运镕铅所需燃料仍须源源供给,这对重庆及周边地区的植被有重要影响。

其二,王伟任在重庆领银815两,用于镕铅所需工匠工食、熔炼器具、炭价及铅斤存贮等费用,这些银两每年提前分贮重庆府库,供镕铅支领。按政府规定,每起镕铅需工匠25名,两个月半完成,每铅百斤熔炼费银0.04724两[97]。显然,王伟任镕铅费用远低于政府规定的标准。

其三,王伟任此次押运京铅172万斤,在贵阳领银18800两,由永至渝、由渝至京实摊水脚银 17245 两,平均每铅百斤运京水脚银 1.0026 两,远远低于政府规定京运每百斤 3 两水脚银,节省部分大多被贵州地方政府用于官员养廉和办公经费。

2、造船与雇募水手

京运所需船只可以雇募,亦可自行出资打造。前述陈熙晋的诗中曾有对打造船只的的描述,但甚为简单。道光四年五月初二日,泸州船户袁继沛将楚铅运员告上巴县大堂:

"章主在泸雇民打造大帮杂木中船三十只、脚划船三十只、兵牌一只、快划二只,装白铅一百五十万斤运汉销售,议给水脚银五千二百两,立有合同各据。当领银四千两造船装运来渝,余银一千二百两约注铅船拢渝给银一千两,至宜给银二百两,抵汉交卸。四月初八日,由泸开行,十一日运渝。……"[98]

袁继沛所言"章主"即黔铅楚运委员,因该员中途病故,尾款难清,故有此状。此次楚运造中船、脚划船、兵牌船、快划船共计 63 只,其中,每只中船装载铅 5 万斤,与例相符。此次船只在泸州打造,船价议定银 5200 两,实占运输经费的大部。

换载时雇募船夫水手需要沿途州县官吏协助。关于水手的挑选和雇募,道光十九年,京运委员程图南在给巴县的移文中称:

"道光十九年十月十九日,接准大移,内开:希即遵照办理,并饬令各船头、舵、经工、水手人等过县具结备案,以免匪徒在内夹带私盐并带违禁货物。等因。准此,二十日,接奉江北分府札开,案据饭铺杜洪顺等禀称:凡有铜铅船只,向由泸州运输停泊,雇募水手推运入楚,均由饭铺选择本实水手,查明姓名、来历,开单交与船户,以防沿途逃脱稽查,……现在各铜铅船只均已抵渝,特恐头、舵、经工仍前自雇水手,不由饭铺查实姓名来历,以致匪人混入,沿途酿事,致滋遗累,恳请饬禁。等情到府。"[99]

京运铅船所需船夫水手一般在泸州由饭铺挑选,查明姓名、来历等基本情况,交由船户管理,杜绝船户自雇水手,防止不法人等混入其中。程图南重庆换船装载,所需水手由巴县饬饭铺雇募。

3、运员沿途申报、查核

铅运换船载运、雇募船只水手、过关盘验、督催护送等相关事宜,《巴县档案》有相关记载。乾隆四十四年九月十八日,巴县给重庆府申文称:

"乾隆四十四年八月二十四日,准督运京铅拣发贵州直隶州庄熊芝移称:窃敝运奉委解运辛丑年上运京铅,应交户、工二部白铅一百零九万七千九百七十八斤八两,又自出己资买备沿途磕损折耗及交部添补秤头白铅一万五千斤。在渝熔化完竣,雇募秃尾夹𦨻中船十六支,内十五支,每船装铅七万斤,船身入水三尺三寸,第六号船一支,装铅六万二千九百七十八斤八两,船身入水三尺三寸五分。又兵牌船一支。照例设立木牌,编列号次,填注铅条数目,船身入水尺寸,装载齐全。查于本年二月初四日自永宁开秤起,陆续运抵重庆,于五月十八日开炉熔化。扣至七月十九日满限,于八月十七日始行接到兵牌。计守候兵牌耽延二十七日。即于八月十八日开行。又因江水涨泛,铅船重务,未敢冒险前进,守至二十四日水势稍平开行,计守水耽延七日,相应移明。等由。准此,卑职亲诣各船,查验装铅数目、船身入水尺寸相符,并无多装带货及夹带私卖情弊。取具。该运员自雇船户水手姓名、年貌、籍贯清册备案,会营填贴印花,选拨兵役,即于八月二十五日护送至长寿县交替讫。除将该运员在途守候兵牌及守水耽延日期,出具印结,所有解运京铅庄熊芝在渝熔化、开行及守候兵牌、守水并护送出境各缘由,理合具文详报宪台,俯赐核转。"

庄熊芝将自永宁至重庆的运输过程,铅船数量及吃水深浅、装载数目、所用船户水手情形一一开列清单上报,巴县知县核实后,粘贴印花,派兵护送,并将庄熊芝在渝延迟情形转报重庆府知府,同时将庄熊芝运输情形移送下站长寿县。长寿县所作工作与巴县相同,依次将庄熊芝运输情况转报上司,最后汇总至四川总督,由其题报皇帝。这套程序与则例所载一致。

按例,在庄熊芝的移文后应附载船户水手甘结。如船户何荣升结状:"遵依结得,蚁自备夹鰍中船十六支,装载庄太爷京铅一百零九万七千九百七十八斤八两,添秤白铅一万五千斤,装至汉镇交卸。沿途不得违误躲闪,稍有情弊,蚁自甘坐罪。结状是实。"由巴县知县审核批准[100]。

除船只水手甘结之外,运输人员的姓名、年龄、籍贯及铅船吃水深浅等基本信息均需开列清册上报。如乾隆五十三年京铅运员署郎岱同知霍敏申称:

"今船户并各船头舵姓名、年岁、籍贯及各船装载铅斤数目,并梁头丈尺、船身入水尺寸编列号次,相应造册移送查照。须至册者,计开:

船户王春云,年四十五岁,系湖北归州人。

第一号船,头工刘龙吉,年四十六岁,系归州人;舵工何世成,年四十六岁,系归州人;装铅七万斤,计一千四百条,梁头一丈二尺,船身入水三尺三寸。

……

共二万五千七百四十四条零六小条。

以上共船十九只,装白黑铅一百二十八万七千二百八十三斤十三两八钱二分八里,相应移明。"[101]

4、沿途州县盘查督催

在运员达到重庆之前,其运输基本信息已由贵州巡抚移咨川督,再按级下达沿途州县。以乾隆五十年贵州屏县知县李溥才督运京铅为例,九月四日重庆府札载:

"案奉分巡川东兵备道富宪札,准布政司咨,总督部堂李宪札,乾隆五十年八月十四日准贵州抚部院陈咨,据布政司详称:案奉前抚宪檄,嗣后详委办运京楚铅斤,一俟各委员前往永宁兑运,该司即先开列运员姓名,承运数目,及由省起程赴永宁月日,详咨四川饬属催趱护送。等因。本司复查黔省办运丁未年下运京铅,兹准护贵东道都匀府知府宋文型查明,锦屏县知县李溥才,才具明晰,办事勤慎,保送前来。经前署司于乾隆五十年二月内详委办运,并请咨明户部在案。今查委员李溥才,具报于五十年七月十三日自贵州省城起程,前赴四川永宁,于永局接收正耗白铅一百一十五万二千八百七十七斤六两八钱,正耗黑铅九万一千九百四十九斤十五两一钱;……转运重庆熔化,装载开船;……所有委员衔名及领运铅斤数目,并自省起程赴永日期,理合具文详请查核,咨明四川督宪转饬各地方文武员弁,照例护送趱运。等情。到本部院。据此,相应咨明,请烦查照,即便转饬各地方文武员弁,照例护送趱运施行。等因。到本部堂。

准此,合就札行。为此,仰司官吏查照□札准咨事理,即便转饬遵照办理,毋违。等因。奉此,拟合就移。等因。

准此,合就札行。为此,仰府官吏查照札内奉行准咨事理,即便转饬沿江各州县文武员弁,如遇黔员李溥才领运铅斤到境,照例护送趱运,毋违。等因。

奉此,合就札行。为此,行县官吏查照札内奉行准咨事理,即便遵照。如遇黔员李溥才领运铅斤到境,照例护送催趱前进。毋违。此札。"

重庆府这具文札所称李溥才京运的基本信息最初来自贵州巡抚,经四川总督、布政司、川东道转至重庆府,重庆府又将此转给巴县,要求该县"照例护送催趱前进"。

同时,当李溥才在川江行进时,沿途州县将其运输基本信息依次移送,从泸州、合川县、江津县到巴县。巴县所接江津县移文称:

"本年十月初五日准合江县移称,本年十月初四日奉本州正堂明札开,本年十月二十七日准委运京铅贵州锦屏县李移,运到白铅十万零三百七十一斤八两,请拨干役护送。等由。准此,本州查验铅斤数目相符,除代雇船三支,装载齐全,移营会拨兵役护送外,合就札行。为此,仰县官吏查照札内事理,即便查明数目,照例派拨兵役护送前进。仍飞移前途,一体接护,并将接护入境出境日期,通报印收,申报本州查考,毋违。计粘单铅船三支,载铅十万三百七十一斤八两。等因。

奉此,除照例选拨兵役护送外,拟合备移。等由,移解到县。

准此,除照例选拨兵役护送外,拟合备移。为此合移贵县,请烦查照来移事理,希即查明,赐给印信,收管回县备查。须至移者。"[102]

自上而下的铅运信息移文便于沿途州县事先了解运输概况,为换载、雇募船只水手、查验铅斤数目等相关事宜做好准备,而沿运输线路传递的铅运信息,便于沿途州县及时了解运输途中所发生的一切意外事故,实时调整接洽事宜,便于与运输实际情况相对照。通过这两套监督体系,运员在运输过程中所发生的一切情形均在政府的掌控之中,便于铅斤按时、按量抵达京师。

5、沉溺打捞

虽然京运事例中对沉溺打捞有明确的规定，但从条文中无法理解具体的实施过程。乾隆四十三年三月十七日，贵州遵义府绥阳县知县沈世垲移文巴县，称："敝县领运头帮楚铅一百三十六万九千三百九十一斤八两，装船二十只，当经移明，于本月十六日出帮在案。讵于十七日船至县属下游马岭滩，猝遇暴风，人力难施，将第五号铅船撞滩击破，在船铅七万斤全［缺九字］祈即会营查勘，一面饬拨水摸赶紧打捞，俟捞有成效，另行移会开行外，为此合移贵县，请［缺六字］，须至移者。"

铅船沉溺后，沈世垲当即知会护送营弁前来查实，并请巴县知县拨水摸前来打捞。巴县知县将沉船事件及后续处理禀报重庆府，转报川东道："其沉溺未获铅六万四千三百九十三斤，该运员摘留亲信家人简文，协同兵役在滩看守，设法打捞。所有正帮铅船，该运员于三月二十七日开行前进，四月初九日护送至长寿县交讫。"[103]

乾隆五十七年，贵州清镇县知县薛清范押运京铅船只在巴县境内失事，其移文称："窃敝运奉委办运癸丑年下运京局镕净黑白铅一百二十一万六千七百八十八斤六钱七分，装船二十四只，于六月十二日行至百丈梁滩，适遇江水泛涨，更兼风暴大作，漩浪汹涌，人力难施，湾泊不及，将第十五号船一只，横碰石梁打坏，沉溺白铅四万六千九百斤，黑铅四千一百斤，又二十号船一只，由百丈梁甫下段头梁遭风急浪涌，被鼓贲掀至石梁，立时碰坏，板片漂流，沉溺白铅四万六千九百斤，黑铅四百二十斤。拟合移请，会堪打捞。为此，合移贵县，请烦查照，希即会雇水摸，乘时打捞，务期全获，实为公便。"

巴县知县获悉后派遣水摸打捞，同时，此事通过巴县、重庆府、川东道、布政司、总督而达皇帝。沉溺铅斤由巴县和薛清范家人协同打捞,其后续进展按月呈报。乾隆五十九年三月初八日巴县申文称:"案查乾隆五十七年六月十二日,黔员薛清范办运京铅在百丈梁、段头梁二滩坏船二只,共沉白黑铅十万二千斤,当获白黑铅三千一百五十斤,归帮起运。未获铅斤,自九月初五日水退打捞起,至五十九年正月三十日止,百丈梁捞获白铅二万八千一百斤,黑铅三千一百五十斤,段头梁捞获白铅二万九千七百斤,黑铅二千九百五十斤,俱经详报在案。又自二月初一日选雇水摸打捞起,至二十九日止,百丈梁捞获白铅一百斤,段头梁捞获白铅五十斤,俱贮库内。除再重赏打捞,务获具报外,所有二月分捞获铅斤缘由,理合具文详报宪台,俯赐查考。除报督部堂暨藩、道宪外,为此备由另册。文申,乞照详施行。"[104]

　　按例运员沉溺铅斤,打捞十日之后,无论捞获多少,均需押运余铅继续行进,留家人协同地方官兵继续打捞,俟运员进京交兑后,返回沉溺地点继续打捞。薛清范沉铅 102000 斤,而十日内仅捞获黑白铅 3150 斤,无奈押运余铅继续前进。薛清范家人继续打捞,自九月五日至次年二月二十九日,共捞获黑白铅 64050 斤。此时距沉铅发生已 8 月有余,一年之期迫近,还有 34800 斤铅沉失江底。

第四节　清代黔铅的货流状况与运输布局

　　黔铅是清代矿业兴盛的另一代表,与滇铜并驾齐驱。在前文对清代黔铅的生产和运销研究的基础上,本节将分析其货流状况和运输布局。但是,关于黔铅的记载相当零散,考察其货流分布存在着一定的难度,需要从多方面进行细致的归纳。

一、清代黔铅矿厂定额

清代滇铜货流状况的研究以《滇南矿厂图略》所载各厂定额和流向为主要依据,清代黔铅各厂亦曾有过定额,即年度生产任务或目标,但缺乏与之相应的系统记载。

乾隆十一年初,贵州总督张广泗奏称:"又查莲花、砂硃、月亮岩各厂,每年约可出铅一千万余斤,每年需用七百余万斤,尚余三百万斤,今议于京、黔及各省铸局应需铅斤外,每年再预备二百万斤,留待矿厂衰微之时济用外,尚余铅百余万斤,暂于公项银内借动二万两收买,转运汉口发卖,除去运费,可获息银一万三四千两,其借动工本限二年归还。"[105]当时黔铅年产量一千万斤,其中京运及各省鼓铸所需七百万斤,官府储备二百万斤,官府运售汉口一百万斤,销售流向与流量均已明确,这是整个黔铅的销售规划,但缺乏与各矿厂的衔接。乾隆十四年,贵州巡抚爱必达在《黔厂余铅酌定官商收运各款折》中进一步明确:"一、每年(黔铅)运供京局及川黔两省鼓铸,并运汉销售,共铅九百万斤。现各厂岁出铅一千四百余万斤,嗣后每百斤除抽课二十斤外,余铅官买五十斤,以三十斤通商。总以抽收课余,足敷九百余万数,余听炉民自售。"[106]每年九百万斤黔铅是官府需求定额,抽课及收买余铅均以此为准。如此庞大的定额并非任何一厂能够完成,势必分配到各主要矿厂,成为该厂年度生产任务,即矿厂定额,然爱必达在此亦未言明各厂定额。

但爱必达所纂《黔南识略》中记载:"(威宁州)物产惟铅为多,妈姑、羊角、新发、白崖、马街、保纳、黑泥、三家湾等厂,额抽课及采办白铅共四百二十八万斤有奇,柞子、朱矿、保布夏等厂,额抽课及采办黑铅共五六十万斤不等,陈家沟铜厂额办铜六万斤,运供大定鼓铸。"[107]根据本文第三章的研究,上述羊角、新发、白崖、马街、倮纳、黑泥、三家湾等均为妈姑厂(即莲花厂)子厂,即妈姑厂年抽课及采买白铅定额 428 万斤,朱矿、倮布戛等为柞子厂子厂,即柞子厂年抽课及采买黑铅约 55 万斤。乾隆四十五年,贵州巡抚李本奏称:"窃照威宁州属之莲花厂每年出产白铅,除照例抽课通商外,额定官买三百六十万斤,与水城厅属之福集厂岁获铅斤,均拨京楚两运,及卖给川省之用。"[108]按余铅四成官买,莲花厂抽课及采办白铅年额为 540 万斤,较乾隆初年有所增加。乾隆五十年,云贵总督富纲、贵州巡抚李庆棻等奏:"贵州水城厅属福集厂,额运京楚铅二百二十余万斤。"[109]福集厂白铅供应京运和楚运,每年定额 220 余万斤。乾隆五十三年,贵州巡抚臣李庆芬又称:"窃照黔省水城厅属之福集厂、威宁州属之莲花厂每年应兑京楚两运正耗白铅共七百一十一万一千五百余斤,乾隆四十九年前护抚臣孙永清因汉口积铅渐多,奏明楚铅暂得减半兑运,现在每年尚应兑正耗铅五百九十二万四千余斤。"[110]莲花、福集二厂供应京运和楚运,乾隆四十九年以前定额分别为 491 万余斤和 220 万余斤,乾隆四十九年以后,因楚铅减运,二厂定额由 711.15 万斤缩减至 592.4 万斤,二厂定额亦相应减小。其后,这一定额随着黔铅产量的波动而有所增减。嘉庆十五年,贵州巡抚鄂云布奏:"黔省每年额办京楚川及本省鼓铸铅八百余万斤,系在妈姑厂每年额办四百五十万斤,福集厂每年额办一百八十余万斤,从前有新寨、乐助、连发等厂同时丰旺,且有积铅,是以历年供兑均无贻误。嗣因新寨等厂出铅衰薄,陆续详请封闭,额需不敷,经前藩司贺长庚,于嘉庆元年详明妈姑厂除正额外每年加办铅一百三十万斤,福集厂除正额外每年加办铅四十万斤。"[111]乾隆朝末年,莲花厂年额 450 万斤,福集厂年额 180 万余斤,合计 633 万余斤,与京运量基本一致。嘉庆元年,莲花厂增至 580 万斤，福集厂增至 220 万余斤。但莲花厂"所出铅斤仅能勉敷正额，不能再为加办"，福集厂"不独加办之铅不能领办，即正额亦属不敷"，故鄂云布奏请将福集厂"正额酌减六十万斤，每年以一百二十万为率"，但未获批准。

《钦定户部事例》记载："一、黔省每年拨供京楚白铅七百余万斤，内于莲花厂酌拨二百一十万斤，新寨厂酌拨一百万斤，兴发厂酌拨五十万斤，共合铅三百六十万斤，与福集厂岁获铅斤，均拨京楚及四川采买之用；一、贵州柞子厂黑铅递年预运五十万斤，交永宁局作为底铅，以供京运及直隶、山西采办，其运费照定例支销；一、贵州省每年办解湖北汉口黑铅五万斤，以供直隶、山西二省采买鼓铸之用；一、贵州威宁州属莲花山地方妈姑铅厂，每年额办白铅四百二十八万余斤，内莲花山老厂并羊角山子厂共办铅一百九十一万余斤，新发子厂办铅七十七万余斤，白岩子厂办铅三十一万余斤，黑泥子厂办铅二十四万余斤，三家湾子厂办铅十五万余斤，猓纳河子厂办铅七万余斤，马街子厂办铅八十万余斤，统归妈姑老厂一并造册题报，以符原额，如有盈余，尽收尽报。"该书乃"嘉庆十八年至同治十一年（户部）各衙门案例汇集"[112]，但记载较为混乱。如莲花厂与妈姑厂乃一厂二名，上述记载误将其视为二厂[113]，"二百一十万斤"应为福集厂定额。如此，嘉庆朝后期至道光朝，莲花厂定额白铅 428 万斤，福集厂定额白铅 210 万斤，二厂供应京楚二运及四川采买，柞子厂定额黑铅 55 万斤，供应京楚二运。

从黔铅定额看，清代已经对黔铅货流进行了规划，莲花、福集二厂白铅主要供应京运、楚运和四川采买，柞子厂黑铅主要供应京运和楚运，货流状况大致清楚。但由于史料的缺失，无法获悉其具体情形，故需另辟蹊径。

二、矿厂奏销清册中的货流信息

前文所论清代黔铅矿厂奏销清册中基本都含有课铅流向信息。如雍正十二年,贵州巡抚元展成奏雍正十年九月一日至十一年八月底砂朱白铅厂报销册载:"砂朱厂二八抽收课铅以及开销人役工食,例应按年造册报销。行据管理砂朱厂务威宁州知州赵世燕册报,该厂自雍正十年九月初一日起至十一年八月底止,共抽课铅一十一万一千六百六十八斤八钱,每百斤照定价一两五钱计算,共该课价银一千六百七十五两零二分七毫五丝,内除支销该厂办事人役工食银三百六十七两二钱外,尚应解课价银一千三百零七两八钱二分七毫五丝,查此项课铅系运供鼓铸,俟铸出钱文易银拨还课价之日另文详报。"[114]这里"运供鼓铸"是指砂朱厂课铅运至毕节钱局供铸。再如乾隆十三年,贵州巡抚孙邵武奏报:"该臣看得威宁州属莲花厂二八抽收课铅以及开销人役工食,例应按年造册报销。今据布政使恒文详据大定府知府杨汇转据威宁州知州李肖先册报,该厂自乾隆十一年六月初一日起至乾隆十二年五月底,共抽获课铅一十八万八百八十七斤,……查此项抽存课铅,俟发运京局并运供鼓铸,拨还课价、扣收贮库之日,另详咨报。"[115]此所言"发运京局并运供鼓铸"指莲花厂课铅运供京局和省局鼓铸。奏销清册所言仅课铅流向,但课铅数量有限,余铅与课铅同为一厂所产,其流向可能与课铅相同。如果笔者的推测不误,则根据现存奏销清册所载各厂课铅流向、流量信息可以整理出各主要矿厂的黔铅流向与流量[116]。

清代贵州各主要铅厂货流列表　　　单位：斤

年代	矿厂	抽课量	推算产量	流向	流量
雍正十二年	砂朱	111668	558340	本省鼓铸	335004
雍正十一年	丁头山	73707	368535	运售川鄂	221121
雍正十一年	马鬃岭	208237	1041185	本省鼓铸	624711
雍正十一年	小洪关	307115	1535575	运售川鄂	921345
乾隆二年	砂朱	164627	823135	京运及本省鼓铸	493881
乾隆五年	月亮岩			京运	1830000
乾隆十二年	莲花	180887	904435	京运及本省鼓铸	542661
乾隆十四年	柞子	30629	153145	贵州军铅、京运、本省鼓铸	153145
乾隆十七年	砂朱	99851	499255	京运	299553
乾隆十八年	砂朱	81977	409885	京运	245931
乾隆十九年	莲花	1854193	9270965	京运	5562579
乾隆二十年	柞子	185814	929070	贵州军铅、京运、本省鼓铸	929070
乾隆二十三年	柞子	80638	403190	贵州军铅、本省鼓铸	403190
乾隆二十四年	福集	511861	2559305	京运	1535583

年代	矿厂	抽课量	推算产量	流向	流量
乾隆二十六年	莲花	1227375	6136875	京运	3682125
乾隆二十八年	莲花	1221167	6105835	京运	3663501
乾隆三十年	永兴寨	12500	62500	贵州下游军铅	37500
乾隆三十二年	柞子	34475	172375	贵州军铅	172375
乾隆四十六年	莲花	568750	2843750	京运	1706250
乾隆五十年	兴发	55000	275000	四川采买	165000
乾隆五十一年	兴发	56000	280000	四川采买	168000
乾隆五十二年	莲花	641665	3208325	京运	1924995
乾隆五十二年	柞子	191450	957250	贵州军铅、京运、楚运	574350
乾隆五十二年	兴发	55760	278800	四川采买	167280
乾隆五十二年	乐助堡	58224	291120	本省鼓铸	174672
乾隆五十三年	兴发	55780	278900	永宁及大定局	167340
乾隆五十四年	乐助堡	63038	315190	本省鼓铸	189114
乾隆五十五年	莲花	754167	3770835	京运	2262501

年代	矿厂	抽课量	推算产量	流向	流量
乾隆五十六年	莲花	900000	4500000	京运	2700000
乾隆五十七年	莲花	975000	4875000	京运	2925000
乾隆五十八年	福集	395214	1976070	京运	1185642
乾隆六十年	莲花	900000	4500000	京运	2700000
嘉庆二年	兴发	19864	99320	永宁、大定局	59592
嘉庆四年	福集	363883	1819415	京运	1091649
嘉庆九年	福集	363810	1819050	京运	1091430

注:(1)乾隆五年京运白铅183万斤全部由月亮岩厂拨运,,见乾隆五年贵州总督兼管巡抚事务张广泗所奏《贵州总督为黔省额运京铅事》,《内阁大库档案》,编号:000000283。但该厂年产量仅百万斤,此次京运实乃该厂乾隆三年十二月至乾隆五年所产,见乾隆四年十一月十二日,贵州总督兼管巡抚事务张广泗《为遵旨议奏事》,《明清档案》,册号:A91—65。(2)各厂产量俱抽课量推算,抽课率为20%;白铅厂余铅四成官买,柞子黑铅厂余铅乾隆四十六年之前全部官买,之后四成通商,与白铅厂一致。(3)各厂流量为课铅和官买余铅之和,即产量的60%。

　　根据上表所示,雍正十三年之前,黔铅流向主要有二,一是本省鼓铸所需,由砂朱厂官铅供应;二是官府收买余铅运销四川永宁和湖北汉口,丁头山、马鬃岭、小洪关各厂均在其中。雍正十三年黔铅京运正式开始,砂朱厂除课铅供本省鼓铸之外,与其他各厂余铅一并运供京局,此后莲花、月亮岩等厂亦加入京运之列。至于雍正九年之前,宝黔局尚未设立,贵州各厂铅斤基本由官府收购,贩运永宁、汉口销售。

　　乾隆朝初年,莲花、砂朱二厂课余铅主要供京运。如乾隆四年贵州总督张广泗奏称:"莲花、砂朱二厂收存铅斤分拨乾隆五年半运之数外,止存铅七百余万,兼之开采日久,砂朱厂现已衰微,莲花厂亦出产渐少,所抽课项均属无几,……惟有将月亮岩厂所出铅斤议定官商分买,……计算每年收买连抽课,约共可收铅百万余斤,即由月亮岩分路解运,殊为妥便,其不敷办解京局之铅,仍于莲花、砂朱二厂收存铅内拨运。"[117]在黔铅产量不足的情况下,新开月亮岩厂以弥补京运。同时,随着砂朱厂产量的缩减,供应本省鼓铸铅斤改由莲花厂承担。

　　乾隆十年以后,黔铅产量大涨,京运量亦随之增加,楚运重新开始,每年京楚两运高达 600 余万斤。京运主要由莲花、福集二厂负责,辅之以砂朱、茨冲、猓木底、济川等厂,而楚运及本省鼓铸所需白铅由其他小厂供给。乾隆二十八年,贵州巡抚刘藻奏:"窃照黔省年办白铅分解京局、汉口,以供鼓铸之需,从前铅厂较多,足供拨运,继因砂朱、茨冲、猓木底、济川诸厂陆续封闭,抽买课余铅斤,拨用无存,皆取给于水城威宁州属之福集、莲花二厂。乾隆二十四年于筹办疏销积铅案内,议将福集厂铅由新开之南明河运楚销售;二十七年于停止新河案内奏准,将福集厂铅拨供本省鼓铸。"[118]莲花厂主供京运,福集厂主供楚运,而新开乐助堡厂承担起供应本省鼓铸的任务。故乾隆四十年贵州巡抚裴宗锡称:"窃照黔省为产铅之区,每年额办京楚白铅七百余万斤,京铅运送部局,楚铅运交汉口,俾资京外鼓铸。近年以来铅厂止有三处,除都匀县属之乐助厂仅供本省配铸外,其运京运楚两项俱取给于威宁州属之莲花厂、水城厅属之福集厂,历年办运,固无遗误。"[119]

　　在贵州巡抚裴宗锡的倡导下,努力开发新的铅厂以缓解黔铅供不应求的局面[120]。于是,月亮岩、新寨二厂被重新开启,辅助莲花厂供应京局;新开大定府属大兴厂承担起四川采买的任务,减轻了福集厂供应楚运的采办压力。因此,黔铅的货流分配出现一定的变化:京运仍以莲花、福集二厂为主,辅之以月亮岩和新寨二厂;楚运及本省鼓铸以福集厂为主;大兴厂供应四川采买。

　　嘉庆朝初年,随着乐助堡、月亮岩、新寨等厂先后封闭,黔铅货流分布又为之一变。京楚二运又由莲花、福集二厂承担,大兴厂因产量下降仅能供给大定局鼓铸,而贵州省局所需铅斤亦不得不求助于福集厂。

　　以上所论仅就白铅而言,贵州黑铅主要产自柞子厂,主要供本省火器操演所用。如乾隆五年,兵部议覆贵州总督张广泗奏言:"黔省各营储备铅弹,统计三年,需补贮铅九万九千七百余斤。应如所请,于柞子厂课铅内照数动支。"[121]同年,户部议定改铸青钱,"(京局)每年应需黑铅五十万斤,令贵州总督于柞子等厂收买"[122]。柞子厂黑铅转向以供应京局鼓铸为主,满足本省军铅为辅。但乾隆十四年,因贵州黑铅产量下降,将贵州应办京运黑铅改归湖南办解[123],柞子厂黑铅主要供应本省鼓铸、军铅及楚运。至乾隆二十九年,"湖南郴州铅厂封闭,所有每年额办黑铅七十万五百七十一斤,令贵州湖南各半办运。"[124]贵州所办京铅350285由柞子厂承担。同年,为了缓解柞子厂采买压力,新开永兴寨厂,供应贵州省下游各驻军操演军铅和楚运。但其后柞子厂产量进一步下降,乾隆四十年因"贵州黑铅出产短少,每年分办京局黑铅三十五万余斤,全归湖南办解"[125]。柞子厂仅供本省鼓铸、上游各驻军操演军铅及楚运。乾隆四十九年,因柞子厂产量再次增加,京局黑铅仍由湖南、贵州两省分办,次年"宝泉局配用黑铅不敷,于原额之外,令贵州添办黑铅三万二千九百余斤,解京供铸"[126]。柞子厂供应京楚二运、本省鼓铸及上游军铅。乾隆五十九年之后,制钱改由三色配铸,不再需用黑铅,京楚二运黑铅暂停,柞子、永兴寨二厂分别供应本省上下游军铅。嘉庆四年,京局鼓铸恢复旧制,贵州仍照黑铅原额办解;次年,又加办黑铅九万斤[127],仍由柞子厂负责采办。这一货流分布一直延续至咸丰初年。

由此可见,清代黔铅货流分布虽常有变化,但主要矿厂的货流基本稳定。白铅:京楚二运以莲花、福集二厂为主,辅之以砂朱、月亮岩、新寨等厂,而福集厂更偏重于楚运;本省鼓铸用铅先后由砂朱、莲花、乐助堡、福集等厂供应,但以莲花、乐助堡二厂为主;四川采买黔铅来自福集厂,后由大兴厂专供。黑铅:柞子厂黑铅负责京楚二运、本省鼓铸及上游驻军所需军铅,下游军铅由永兴寨厂负责。当然,本文所论黔铅的货流地理分布及其演变主要针对官铅而言,即课铅和官买余铅,不包括通商铅。虽然清代贵州通商铅的份额较大(占40%),但因缺乏相关记载,无从考察其货流分布。

三、清代黔铅的运输布局

在清代黔铅货流分布的基础上,结合本章第一节《黔铅运输路线》以及转运站点,可以分析黔铅的运输布局。

1、京运

黔铅京运始于雍正十年,由莲花、福集、柞子等厂供应。莲花厂位于威宁州,在今赫章县妈姑镇莲花村,地处黔西北乌蒙山区腹地。要将这里的铅运抵京师,有多条路可以选择,如经遵义至四川重庆府,再沿长江、运河至京师,或经贵阳、平越、镇远等府至湖南沅州,再沿沅江而下至湖北汉口,与上条路线汇合。但是,这些路线陆运段过长,耗时费力,不符合便捷、节省的运输原则,因为当时的水运运费要远低于陆运。

距离黔西北最近的水路有永宁河和赤水河,但赤水河航运还未开通,惟有四川永宁县城附近的永宁河可以水运至川江。因此,永宁县城成为黔铅外运的水陆节点,由威宁陆运而来的黔铅在此集结,然后上船,水运至四川重庆等地,沿长江、运河发往京师,故永宁成为黔铅的水陆联运枢纽。《续修叙永永宁厅县合志》记载:"铅局在城西盐店街,康熙初年创立,转运贵州京铅,设局驻永。"[128]永宁铅店负责转运黔铅,但该书记载铅局的设置年代有误[129]。

贵州毕节县是滇川黔三省交通枢纽,黔铅由威宁陆运至永宁必经毕节。《黔南识略》言:"(毕节)岁额运贵西道督办白铅七百二十八万八千五百八十斤,黑铅五十万三千二百三十九斤,由县赴运四川永宁铅局,局有委员驻其地接收。"[130]乾隆三十六年,王昶途径此路,称"毕节为黔滇两省铜运总汇处,市集甚盛"[131]。乾隆末年,贵州学政洪亮吉亦言:"自毕节至四川永宁今已为通衢,运铅往来皆由此道。"[132]《黔南职方纪略》亦载:"威宁各厂运铅至于永宁之局,背负肩承,经过(毕节)县境。"[133]毕节成为黔铅运输重要的中转站在于其优越的区位,威宁至永宁的驿道路过毕节,其路线自今赫章县妈姑起,经水塘堡、赫章县城、野马川、平山而至毕节,再经毕节海子街镇、层台镇、燕子口镇、亮岩镇至清水铺镇,然后过赤水河,经赤水镇、摩尼镇、普市至永宁县城,威宁州莲花、砂朱二厂以及后来的柞子厂,其黑白铅斤均由此路运抵永宁。毕节成为黔铅外运的中转站点,还在于其处于水城至永宁的适中位置。京运的另一主要矿厂福集厂位于水城厅,与威宁州妈姑地区虽然直线距离不足二十公里,但中间所隔乃贵州省最高处韭菜坪(海拔2900米)。福集厂铅势必不能穿越韭菜坪与莲花厂铅同路运输,而是绕道大定府至毕节,然后于莲花、柞子等厂铅斤汇合运抵永宁。

同时,供应楚运的莲花、福集、柞子等厂铅斤亦经由此线运抵湖北汉口,京楚二运每年高达700余万斤,加之部分京铜亦走此路,威宁道运力不堪重负。在云南督抚设法开辟新路分流滇铜之际,贵州督抚亦考虑分流黔铅。乾隆十年,贵州总督张广泗奏请开修赤水河道。经过一年多的施工,汇集于毕节县的京楚铅斤,陆运经白沙(今毕节市田坎乡白沙村),至黔西州鱼塘(今金沙县清池镇渔河村)下船,水运至新龙滩(今仁怀市沙滩乡两江村附近)起剥,陆运三十里至二郎滩(今习水县习酒镇对岸)下船,然后直达四川重庆府。而遵义府新寨、月亮岩二厂铅斤亦可陆运至二郎滩,然后沿赤水河进入长江。赤水河道因分流威宁道运输压力而修,年运输能力约150万斤左右[134]。但因陆路难行,水运艰险,乾隆二十年之后,赤水河铅运基本停止。

永宁以下皆走水路,沿永宁河至泸州入长江,至四川重庆府卸船,在此将熔炼提纯,按要求铸造成块,然后装载上船,沿江而下,至江苏仪征入运河,最后达于京师。这与滇铜京运路线重合,前文已有论述,此不赘言。

2、楚运

楚运铅斤由莲花、福集、柞子、乐助堡等厂供应,其运输路线与京运贵州至汉口段一致。在威宁道运力不敷之际,贵州督抚亦曾努力开辟新路送。乾隆二十四年,贵州巡抚周人骥奏言:"窃臣前闻黔省积铅甚多,又悬帑本,川运险远,办理维艰,爰特川黔道里相较,可以节缩运费,开通本省下游河道,俾利疏销。"请修贵阳经平越至镇远的陆路,与沅江支流衔接,获得朝廷批准[135]。次年,周人骥奏称:"再黔省新河运铅,现在源源无滞,新报之都匀厂产铅甚旺,数月间已积至百万,即饬趱运赴楚,以备各省采买。"[136]但乾隆二十七年,周人骥即因开河徒劳无益而被革职,经湘黔道运送的楚铅亦随之停止[137]。黔铅楚运又回至威宁道,经川江水运汉口。

汉口是黔铅楚运的销售点,也是楚运的终点,但并非是黔铅货流的目的地。贵州委员负责运铅至汉口,设局销售,供各省前来采买,各省委员携银交付湖北省藩库暂存,领铅运回本省鼓铸。就黔铅运输而言,汉口是一大中转枢纽,各省采买楚铅皆由此分运回省,其路线与各省采买滇铜汉口以下基本一致,惟福建、广东二省略有不同。福建采买楚铅,沿长江而下至汉口,再经赣江、闽江及其支流运至福州;而广东采买汉口楚铅沿湘江南下,过灵渠沿桂江、西江而至广州。

3、本省鼓铸与四川采买

雍正九年贵州设钱局于大定府毕节县,所需铅斤先后由砂朱、莲花、福集、柞子等厂供应,由厂至局的路线与京运路线相同。乾隆二十四年,宝黔局移至贵阳,所需黑白铅仍由柞子、福集二厂供应。

乾隆二十八年云南巡抚署贵州巡抚刘藻奏请乐助堡厂白铅就近供应省局鼓铸,至嘉庆元年该厂封闭前,省局白铅一直由乐助堡厂供应[138],省局所需黑铅由柞子厂供应。柞子厂属威宁州,在今赫章县妈姑镇海子村菜园子,其黑铅运至省城贵阳,须途径大定、黔西、清镇等府州县,路程最远;乐助堡厂属都匀县,在近都匀市坝固镇附近,其白铅经由都匀、贵定、龙里至省城,距离最近。自嘉庆元年乐助堡厂封闭以后,省局所需白铅转归福集厂供给,黑铅仍由柞子厂供应。此外,乾隆五十二年分省局五炉于大定府,称之为大定局。大定局所需黑白铅来源,据道光《大定府志》记载:"(大定局岁用)兴发厂白铅八万三千四两有奇,柞子厂黑铅一万二千五百三十斤有奇,……兴发厂至大定局二程,柞子厂至大定局八程"[139]。

　　四川省采买黔铅始于雍正朝,乾隆十九年后每年采买贵州白铅 49.8 万斤。"四川采买贵州白铅,每一百斤照旧给价银三两九钱,自永宁运至成都,每一百斤给水脚银四钱八分。"[140] 四川采买由永宁铅局拨运,矿厂至永局段由贵州负责运送。乾隆朝前期供应四川采买的黔铅矿厂缺乏记载,但据各厂位置和产量而言,莲花、福集二厂可能性最大。乾隆朝后期,新开大定府大兴厂供应四川采买。

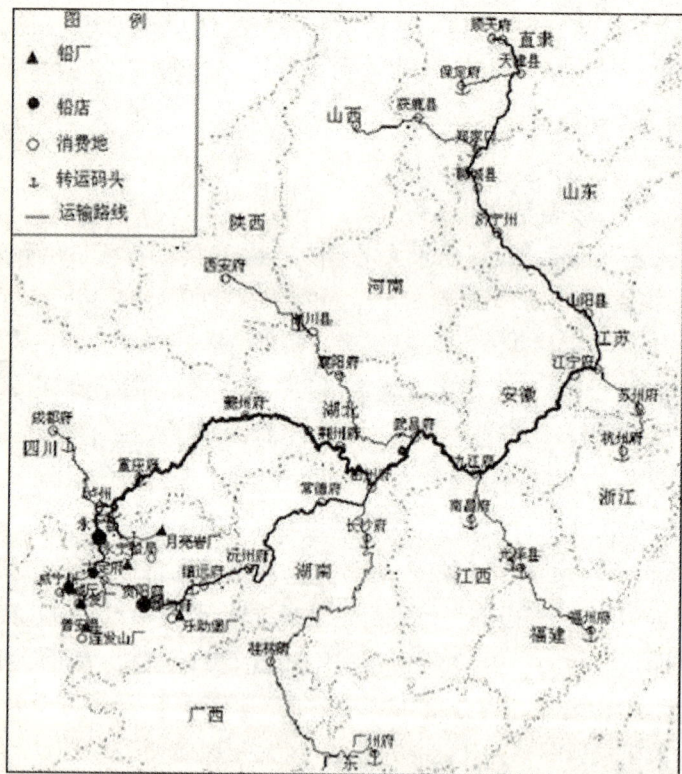

清代黔铅货流状况与运输布局示意图

由此可见,清代黔铅的货流与运输布局基本清晰:莲花、福集、柞子三厂供应京楚二运,本省鼓铸所用铅来自乐助堡厂,之前由福集厂供给,四川采买先后由福集、大兴二厂承担。由于黔铅产地集中,产量更为集中,京楚二运均来自仅有几个大厂,故运输路线单一、流量大,京楚二运路线基本重合,毕节、永宁、汉口成为黔铅外运的主要枢纽。确保京运是清代黔铅运输布局的前提,故本省鼓铸用铅基本来源于各地小厂,只有在小厂封闭之后,才不得已从大厂分流。

注　释

1　邓元鏸、万慎纂修:《续修叙永永宁厅县合志》卷五《建置志·公署》载:"铅局,在城西盐店街,康熙初年创立,转运贵州京铅,设局驻永。"光绪三十四年铅印本。

2　《大清高宗皇帝实录》卷八十二,乾隆三年十二月癸未,户部覆议贵州总督兼管巡抚事张广泗疏报。

3　《大清高宗皇帝实录》卷一百八十五,乾隆八年二月辛亥,户部议覆贵州总督兼管巡抚张广泗疏奏。

4　《大清高宗皇帝实录》卷二百二十五,乾隆九年九月壬辰,户部议覆贵州总督兼管巡抚事务张广泗疏称。

5　《明史》卷三百一十六《贵州土司》。

6　乾隆《毕节县志》卷五《营汛》塘铺条。

7　道光《大定府志》卷五十九《诗第十九下·文征九》。

8　爱必达《黔南识略》卷二十九《毕节县》。

9　罗绕典《黔南职方纪略》卷三《大定府》。

10　王昶《春融堂杂记八种》之《蜀徼纪闻》。

11　洪亮吉《晓读书斋杂录》三录卷上《黔中录》。

12　乾隆四年十一月十二日,贵州总督兼管巡抚事务张广泗《为遵旨议奏事》,《明清档案》,册号:A91—65。

13　乾隆五年,张广泗《奏为黔省额运京铅事》,《内阁大库档案》,编号:000000283。

14　《大清高宗皇帝实录》卷二百二十一,乾隆九年七月戊戌,户部覆云南总督张允随奏称。

15 《大清高宗皇帝实录》卷二百三十九,乾隆十年四月庚申,工部议覆贵州总督张广
泗疏称。

16 《大清高宗皇帝实录》卷四百七十三,乾隆十九年九月[日期不详],贵州巡抚定
长奏。

17 道光《仁怀直隶厅志》卷二《地理志·山川》赤水河条载:京铅"二郎滩至新龙滩三
十里由陆运"。按二郎滩在今习水县习酒镇对岸,沿赤水河上溯三十里,约在今仁
怀市沙滩乡两江村附近。

18 乾隆《毕节县志》卷四《赋役志》铅运条。

19 《大清高宗皇帝实录》卷三百五十七,乾隆十五年正月辛未,上谕贵州巡抚爱必达
所奏该省赤水河工程一案;《大清高宗皇帝实录》卷四百七十三,乾隆十九年九月
[日期不详],贵州巡抚定长奏。

20 道光《仁怀直隶厅志》卷二《地理志·山川》赤水河条。

21 《钦定大清会典》(嘉庆朝)卷十四《户部·广西清吏司》。

22 严中平著《清代云南铜政考》,中华书局,1948 年;E – Tu Zen Sun,"The transporta-
tion of Yunnan copper to Peking in the Ch'ing period,"Journal of Oriental Studies 9
(1971);川胜守《清乾隆期云南铜の京运问题》,九州大学《东洋史论集》第 17 号,
1989 年;蓝勇《清代滇铜京运路线考释》,《历史研究》2006 年第 3 期。

23 《钦定大清会典事例》(嘉庆朝)卷一百七十五《户部·钱法》直省办铜铅锡条。

24 乾隆《毕节县志》卷四《赋役志》铅运条。

25 策楞《奏为遵例具奏事》,乾隆十六年七月二十一日,《宫中档乾隆朝奏折》第一辑,
第 205 页。

26 乾隆四十八年五月二十日,李本《奏为报楚铅开帮日期仰祈圣鉴事》,《内阁大库档
案》,编号:000135218。

27 乾隆二十四年十月二十九日,工部《奏为黔省开修运铅河道事》,《内阁大库档案》,
编号:000034271。

28 《大清高宗皇帝实录》卷六百四十八,乾隆二十六年十一月丙午,上谕军机大臣等。

29 乾隆二十八年十月,户部《奏为改拨厂铅停止水运事》,《内阁大库档案》,编
号:000034291。

30 吴其濬《滇行纪程集》卷下《临湘县至镇宁州》,刻本。

31　《大清高宗皇帝实录》卷五百六十一,乾隆二十三年四月[日期不详],贵州巡抚周琬奏。

32　《钦定大清会典事例》(嘉庆朝)卷一百七十五《户部·钱法》直省办铜铅锡条。

33　《大清高宗皇帝实录》卷一百七十六,乾隆七年十月庚子,户部议覆广西巡抚杨锡绂条奏鼓铸事宜。

34　《大清高宗皇帝实录》卷三百四十七,乾隆十四年八月乙未,大学士等议准广西巡抚舒辂奏添铸钱各事宜。

35　《大清高宗皇帝实录》卷五百八十五,乾隆二十四年四月丁丑,湖南巡抚冯钤奏。

36　《大清高宗皇帝实录》卷六百八十四,乾隆二十八年四月癸巳,上谕军机大臣等。

37　《钦定大清会典事例》(嘉庆朝)卷一百七十五《户部·钱法》直省办铜铅锡条。

38　《钦定大清会典》(嘉庆朝)卷十四《户部·广西清吏司》。

39　乾隆二十八年十月,户部《移会稽察房云南巡抚署贵州巡抚刘藻奏请改拨厂铅停止水运事》,《内阁大库档案》,编号:000034291。

40　乾隆三十一年十二月,户部《奏为贵州省运办铜铅限期》,《内阁大库档案》,编号:000015048。

41　乾隆四十一年八月十二日,裴宗锡《奏为筹请广采山矿以裕民生事仰祈圣训事》,引自《滇黔奏稿录要》,第271—274页。

42　乾隆五十五年五月十八日,额勒春《题为题开采下游铅厂等事》,《内阁大库档案》,编号:000145435。

43　道光《大定府志》卷四十二《食货志四下·厂矿》大兴厂条。

44　《钦定大清会典事例》(嘉庆朝)卷一百七十五《户部·钱法》直省办铜铅锡条。

45　乾隆三十七年七月四日,阿尔泰《奏为川省宝川局辛卯年鼓铸需用白铅委龙泉驿巡捡柴中博赴黔采运逾限事》,《军机处档折件》,编号:000017589。

46　道光《大定府志》卷四十二《食货志四下·厂矿》大兴厂条。

47　《钦定大清会典》(乾隆朝)卷十四《户部·钱法》。

48　《大清高宗皇帝实录》卷一千二百二十一,乾隆四十九年十二月[日期不详],贵州巡抚永保奏。

49　《钦定户部则例》卷三十六《钱法三》贵州陆运京铅。

50　51　55　《钦定户部则例》卷三十六《钱法三》沿途护送查催。

52　《大清高宗皇帝实录》卷三百四十一,乾隆十四年五月甲戌,上谕军机大臣等。

53　乾隆十六年七月初六日,安徽巡抚张师载《奏为奏报铜铅船只入境出境日期仰祈圣鉴事》,《宫中档乾隆朝奏折》第一辑,第69—70页。

54　《大清高宗皇帝实录》卷六百五十一,乾隆二十六年十二月[日期不详],广西巡抚熊学鹏奏。

56　《大清高宗皇帝实录》卷三百九十七,乾隆十六年八月壬戌,户部遵旨议覆四川总督策楞奏称。

57　《钦定户部则例》卷三十六《钱法三》雇募铜铅船只水手。

58　《大清高宗皇帝实录》卷九百十一,乾隆三十七年六月癸巳,户部议覆湖北巡抚陈辉祖奏称。

59　《钦定大清会典》(嘉庆朝)卷十四《户部·广西清吏司》。

60　《大清高宗皇帝实录》卷三百七十三,乾隆十五年九月己巳,户部议覆四川总督策楞奏称。

61　62　《钦定户部则例》卷三十六《钱法三》铜铅沉溺打捞。

63　参见《铜政便览》卷三《滩次》。

64　《大清高宗皇帝实录》卷六百四十六丁丑,乾隆二十六年十月。

65　乾隆二十二年六月十三日,大学士管理户部事务傅恒《题为钦奉上谕事》,《明清档案》,册号:A194—104。

66　同治《毕节县志》卷六《赋役志下》铅运。

67　乾隆四年五月二十八日,协理户部三库事务纳亲《奏为请旨事》,《明清档案》,册号:A89—17。

68　四川省档案馆编《清代巴县档案汇编》(乾隆卷),档案出版社,1991年,第259—261页。

69　乾隆十六年九月初七日,云南巡抚爱必达《奏为敬陈运费就近贮给之未议以重铜务事》,《宫中档乾隆朝奏折》第一辑,第603—604页。

70　《大清高宗皇帝实录》卷九百九十一,乾隆四十年九月[日期不详],湖北巡抚陈辉祖奏。

71　《钦定户部则例》卷三十五《钱法二》铅本。

72　《钦定户部则例》卷三十六《钱法三》京铅运输。

73　《大清高宗皇帝实录》卷三百四十一,乾隆十四年五月甲戌,上谕军机大臣等。

74　乾隆十四年七月十六日,贵州巡抚爱必达《奏报委派试用知县王琮由镇远押运厂铅赴汉销售情形》，《军机处档折件》，编号：004791。

75　乾隆十六年三月九日，工部尚书何克敦《奏为奏闻事》，《内阁大库档案》，编号：000048682。

76　乾隆五十四年一月，工部《移会稽察房四川总督李世杰奏报黔省办运京铅过境日期恭折奏闻事》；乾隆五十四年四月，工部《移会稽察房两江总督兼署江西巡抚书麟奏为奏闻事》；乾隆五十四年五月，工部《移会稽察房安徽巡抚陈用敷奏为奏报铅斤过境日期事》；乾隆五十四年九月，工部《移会稽察房直隶总督刘峨奏为循例具奏事》，《内阁大库档案》，编号：000141924、000142504、000142745、000143830。

77　《大清高宗皇帝实录》卷九百九十七，乾隆四十年闰十一月［日期不详］，吏部奏定例滇省解运京铜。

78　《宫中档乾隆朝奏折》第一辑，第 30、69—70、134—135、195、317、733、907 页。

79　四川大学历史系、四川省档案馆合编：《清代乾嘉道巴县档案选编》，道光十二年十月初八日川督鄂山札，四川大学出版社，1989 年，第 437 页。

80　《钦定大清会典》（嘉庆朝）卷十四《户部·广西清吏司》。

81　《大清高宗皇帝实录》卷四百七，乾隆十七年正月丁亥，上谕：据湖北巡抚恒文奏称。

82　乾隆四十五年四月二十八日，暂护贵州巡抚布政使李本《奏为恭报京铅开行日期仰祈圣鉴事》，《军机处档折件》，编号：027175；乾隆四十五年八月四日，江西巡抚郝硕《奏报贵州运京铅船过境日期由》，《军机处档折件》，编号：028073。

83　乾隆四十五年七月十二日，湖北巡抚郑大进《奏为贵州等省运京铜船过境并无逗遛情形》，《军机处档折件》，编号：027889；乾隆四十五年七月二十四日，江西巡抚郝硕《奏为贵州运京铅船过境日期事》，《军机处档折件》，编号：027995；乾隆四十五年十二月三日，山东巡抚国泰《奏报贵州省领运壬运年上运正加白铅船只过境日期》，《军机处档折件》，编号：029162。

84　乾隆四十五年七月二十七日，江苏巡抚吴坛《奏为贵州省运京局白铅船只过境日期由》，《军机处档折件》，编号：027967。

85　乾隆四十五年十一月十五日，贵州巡抚李本《奏为黔省办运京局铅觔开行日期具奏》，《军机处档折件》，编号：029096。

86　乾隆四十五年十一月二十二日，护理贵州巡抚布政使孙永清《奏报京铅开行日期》，《军机处档折件》，编号：029426。

87　《清代乾嘉道巴县档案选编》,道光十二年十月初八日川督鄂山札,第437页。

88　《大清高宗皇帝实录》卷七百九十三,乾隆三十二年八月甲申,上谕军机大臣等:户部奏。

89　《大清高宗皇帝实录》卷八百三十七,乾隆三十四年六月[日期不详],贵州巡抚良卿奏。

90　《大清高宗皇帝实录》卷八百六十五,乾隆三十五年七月己巳,上谕军机大臣等:据熊学鹏奏。

91　参阅《北征诗话——清代贵州的铅运》,《中国钱币论文集》第五辑,中国金融出版社2009年。

92　《清史稿》卷四百八十一《列传二百六十八·儒林二》。

93　贝青乔《半行庵诗存稿》卷五《运铅船》,同治五年刻本。

94　贝青乔《半行庵诗存稿》卷五《荆州舟行杂诗四首》。

95　贝青乔《半行庵诗存稿》卷五《运铅船》。

96　四川省档案馆编:《清代巴县档案汇编》(乾隆卷),乾隆二十六年七月十三日巴县《为恳宪增价免折血本事》,档案出版社,1991年,第259—261页。

97　《钦定户部则例》卷三十五《钱法二》镕铅。乾隆五十八年之后镕铅改由贵州各厂完成,所需经费在京运三两节省银内支出。

98　四川大学历史系、四川省档案馆合编:《清代乾嘉道巴县档案选编》,道光四年五月初二日袁继沛禀状,四川大学出版社,1989年,第435页。

99　《清代乾嘉道巴县档案选编》,道光十九年十月二十七日督运京铅委员程图南移文,第440—441页。

100　《清代巴县档案汇编》(乾隆卷),乾隆四十四年贵州直隶州庄熊芝督运京铅过渝文,第356—358页。

101　《清代巴县档案汇编》(乾隆卷),乾隆五十二年至二十三年贵州郎岱同知霍敏督运京铅过渝文,第360—363页。

102　《清代巴县档案汇编》(乾隆卷),乾隆五十年贵州屏县知县李溥才督运京铅过渝文,第358—360页。

103　《清代巴县档案汇编》(乾隆卷),乾隆四十三年贵州遵义府绥阳县知县沈世垲督运京铅沉溺案,第371—372页。

104　《清代巴县档案汇编》(乾隆卷),乾隆四十三年贵州遵义府绥阳县知县沈世垲督运京铅沉溺案,第 373—376 页。

105　《朱批奏折》,张廷玉等《奏为遵旨议奏事》引贵州总督张广泗《奏请节省铜铅余息以裨工程一折》,引自《清代的矿业》第 330 页。这条史料并无年代,但据乾隆十一年四月甲申,上谕:"据张广泗奏称,黔省钱局及采买铜勤,内有运铅秤头及钱局公费可以节省,余铅可以获息,每年可得二万余金,以为通省开河修城之用等语。"(《大清高宗皇帝实录》卷二百六十五)张广泗所奏应在此之前;另据张广泗该奏折中所言:"臣此次由威宁大定一路细访折耗之数",与乾隆十年十一月,张广泗奏称:"开修赤水河工程已竣十分之八,俟明春工程将竣时亲赴查勘,便道巡察上游之威宁、大定、黔西、遵义等府州属地方情形,兼阅验各镇协营伍。"(《大清高宗皇帝实录》卷二百五十三)应为同一事,故定本奏时间为乾隆十一年初。

106　《大清高宗皇帝实录》卷三百四十二,乾隆十四年六月乙酉,户部议覆贵州巡抚爱必达奏称。

107　《黔南识略》卷二十六《威宁州》。

108　乾隆四十五年五月二十六日,暂护贵州巡抚印务李本《奏为莲花厂产铅日绌筹请通融补剂仰祈圣鉴事》,《军机处档折件》,编号:027542。

109　《大清高宗皇帝实录》卷一千二百四十三,乾隆五十年十一月[日期不详],云贵总督富纲、贵州巡抚李庆棻等奏。

110　乾隆五十三年十月五日,户部《移会稽察房贵州巡抚李庆棻奏福集等厂白铅攸关京外各局鼓铸今存厂铅斤无多采办又拮据请乞依滇省之例酌加价银预筹调剂厂铅以裕运务事》,《内阁大库档案》,编号:000141220。

111　《朱批奏折》,嘉庆十五年八月二十四日,贵州巡抚鄂云布《奏为黔省妈姑福集二厂开采年久出铅短缩以致缺铅情形恭折奏闻仰恳圣恩俯准减额另觅子厂赡运事》,引自《清代的矿业》,第 339—341 页。

112　《钦定户部则例》卷三十五《钱法二》贵州铅厂章程,数据来源见该书凡例。

113　参见拙文《"莲花"还是"妈姑":清代最大铅锌厂名称考辩》,《贵州文史丛刊》,2012 年第 3 期。

114　雍正十二年八月二十八日,贵州巡抚元展成《为详请题明开采铅厂以供鼓铸事》,《明清档案》,册号:A60—34。

115　乾隆十三年正月二十二日,贵州巡抚孙绍武《题为铅厂矿煤两旺叩赐详准赏采裕课便民事》,《内阁大库档案》,编号:000100883。

116 本表依据清代《内阁大库档案》、《军机处档折件》、《朱批奏折》、《宫中档》等文献中黔铅矿厂奏销资料统计而来。

117 乾隆四年十一月十二日,贵州总督兼管巡抚事务张广泗《为遵旨议奏事》,《明清档案》,册号:A91—65。

118 乾隆二十八年十月,户部《为改拨厂铅停止水运事》,《内阁大库档案》,编号:000034291。

119 乾隆四十年十二月十二日,贵州巡抚裴宗锡《奏报新开大丰铅厂已有成效并改拨京楚二运铅斤事》,《宫中档乾隆朝奏折》第三十七辑,台湾故宫博物院1985年刊行。

120 《朱批奏折》,乾隆四十一年八月十二日,贵州巡抚臣裴宗锡奏《为筹请广采山矿以补民生仰祈圣训事》,引自《清代的矿业》,第336页。

121 《大清高宗皇帝实录》卷一百二十三,乾隆五年七月甲午,兵部等部议覆贵州总督张广泗奏。

122 123 《钦定大清会典则例》(乾隆朝)卷四十四《户部·钱法》办铅锡条。

124 125 126 127 《钦定大清会典事例》(嘉庆朝)卷一百七十三《户部·钱法》办铅锡条。

128 邓元鏸、万慎纂修:《续修叙永永宁厅县合志》卷五《建置志·公署》,光绪三十四年铅印本。

129 黔铅外销最早始于雍正二年,京运始于雍正十三年,故永宁铅局的设置年代应为雍正年间。

130 爱必达《黔南识略》卷二十九《毕节县》。

131 王昶《春融堂杂记八种》之《蜀徼纪闻》。

132 洪亮吉《晓读书斋杂录》三录卷上《黔中录》。

133 罗绕典《黔南职方纪略》卷三《大定府》。

134 乾隆《毕节县志》卷四《赋役志》铅运条。

135 乾隆二十四年十月二十九日,工部奏《为黔省开修运铅河道事》,《内阁大库档案》,编号:000034271。

136 《大清高宗皇帝实录》卷六百十五,乾隆二十五年六月[日期不详],贵州巡抚周人骥奏。

137 《大清高宗皇帝实录》卷六百五十五,乾隆二十七年二月丙午,吏部议;乾隆二十八年十月,户部奏《为改拨厂铅停止水运事》,《内阁大库档案》,编号:000034291。

138 乾隆二十八年十月,户部《移会稽察房云南巡抚署贵州巡抚刘藻奏请改拨厂铅停止水运事》,《内阁大库档案》,编号:000034291。

139 道光《大定府志》卷四十二《食货志四下·钱法》。

140 《钦定大清会典事例》(嘉庆朝)卷一百七十五《户部·钱法》直省办铜铅锡条。

结　　论

　　本书在国家和资源的视角下,以清代滇铜黔铅为中心,考察了清代对重要经济资源和军事战略资源的认识、开发、利用、管理和控制,分析了国家在资源开发过程中的地位和作用,阐释了清代国家塑造下的资源经济。本书的主要结论和创新有以下几点:

　　一、提出了国家资源的概念。国家资源是指关系国家生存和发展的重要经济资源和军事战略资源,是国家必须掌控的重点对象。国家资源概念是指对国家资源的认识、开发、利用、管理和控制,分析国家在资源开发过程中的地位与作用,阐释不同时空尺度下国家塑造的资源经济。重要经济资源关乎国计民生,古今中外任何政府都将管理资源开发作为国家的基本经济职能之一。然而,不同时期国家统治的范围和强度不一,不同社会发展水平对资源的需求以及不同政治体制下的资源开发条件又各不相同,而古代国家也是一个经济利益集团,控制资源、获取财富的目的尤为突出。因此,在历史资源开发研究中,国家的地位与作用不容忽视。资源是资财之源,资源开发可以获得财富,资源开发权益关乎社会各阶层的经济利益,而产业政策又左右资源产业,形成不同的产业布局。资源开发影响产地的社会经济发展,而资源产品投向市场,其社会作用和影响则更为广泛。因此,将国家资源概念的引入历史资源开发研究之中,在国家与资源的视角下,沿着资源——产业——社会这一线索,考察自然、社会、技术三大因素之间的互动,阐释国家控制下的资源开发。

中国历史上的国家资源众多,国家管控的方式也有所不同。对于土地、人口等基本资源,国家以管理为主;对于重要经济资源,如贵金属,铜、铅、锡等币材以及盐、铁、茶、酒等大宗生产生活物资,国家采取严格的控制,甚至实行专营或专卖;对于铜、铅、铁等重要军事战略资源,国家则采取更多的垄断,保证自身的军备优势,便于巩固国防、稳定统治。国家资源概念可以应用于历史时期土地、人口、水、动植物、矿产等资源开发的研究之中。对于历史经济地理、经济史、矿业史、军事史等学科的研究具有理论和方法上的借鉴意义。

二、清代对国家资源实行严格的管控。本书以清代滇铜为中心,从宏观和微观两个层面论述了清代对国家资源的开发与控制,并且分析了这种控制对地方社会所造成的影响。认为清代国家需求是矿政制定的依据,而矿政的演变影响滇铜黔铅的兴衰。铜与铅是清代的重要经济资源和军事战略资源,属于国家资源的范畴。清代国家对铜铅资源的管控首先表现在资源开发政策上,而政策的演变又以国家需求变化为中心。清代矿业格局的形成不仅取决于矿藏的分布,而且与国家的边疆开发战略密切相关。清初铜铅资源主要集中于西南土司地区,以“改土归流”为中心的边疆民族地区政治体制变革为国家大规模铜铅开发创造了条件。矿产开发利害相伴,在满足国家需求的同时尽量避免社会问题的出现,这是明清时期“开边禁内”思想存在的根本原因。清代允许开矿的省份几乎均分布于边疆地区,即是国家边疆开发政策的体现。清代云南不仅作为"矿禁"政策的例外,而且"放本收铜"政策的实施为云南铜矿资源开发提供了资金扶持,政府还提供资金进行矿产品收储,组织运销外地,扩大了西南铜铅矿产品的销售市场。国家的政策支持、资金扶持以及市场开拓行为,造就了清代西南铜铅矿业的辉煌,使云贵地区成为全国性的矿产中心。

清代对滇铜的开发利用实施严格的管控。矿厂奏销制度的实行产生了大量的奏销数据,国家利用这些数据实时掌握全国的产销动态,对产销关系进行必要的调控,实现对矿业生产的监管。正是依据这些原始数据,笔者对清代滇铜的产量进行了重新估算。为了保证国家需求、平衡供求关系,清代国家铜铅收储制度发挥了重要的调节作用。正是由于这一制度的存在,化解了产量的大幅波动,故以销量推算产量存在着严重的缺陷。同时,清代官府控制了绝大部分矿产品的销售权,如滇铜产量的85%、黔铅产量的60%均由国家收购,组织运销。此外,在资源开发的生产、运输、销售等环节,清代国家亦有相应的管理措施,如矿厂管理和矿业行政管理。

当然,这样严格的管控也影响着矿产地的社会经济发展。就清代滇铜而言,大量内地移民涌入矿区,给当地粮食供给造成了巨大的压力,而粮食、燃料的输入和矿产品的外运又使当地的运输能力不堪重负。一方面,矿区资源的重新配置,在满足资源开发需要的同时,也改变了矿区的发展模式、民族构成和经济结构;另一方面,清代国家铜铅资源开发,带动了边疆地区的农业、手工业和交通运输业的发展。更为重要的是,清代滇铜的产、运、销需要大量的云南地方官充任厂员、店员、运员,而地方官本身有繁重的地方政务需要处理。清代滇铜开发加重了云南地方官的管理任务,这将对边疆治理造成一定的负面影响。

三、对清代黔铅开发进行了系统性的研究。清代滇铜因供应全国制钱铸造而闻名天下，实际上铜钱中铅锌的比例高达48%。黔铅不但是清代的主要币材，也是制造火器弹丸的主要原料，其采冶规模、销售范围、地位和作用并不亚于滇铜，亦属清代重点管控的国家资源。但是，在清代矿产开发研究方面，滇铜研究成果丰硕，而黔铅却几乎无人问津，这种"重铜轻铅"的研究倾向与历史史实严重不符。

通过系统性研究，本书认为，清代黔铅开发起步于康熙末年，雍正年间开始快速发展，乾隆初年达到鼎盛，一直到乾隆四十年之后才逐渐走向衰落，黔铅应国家需求的拉动而勃兴，也因国家需求的减弱而衰落。清代黔铅勘探全凭矿工经验，以传统开硐取矿的矿山作业方式开采，在矿井照明、通风、排水、安全防护等方面已经积累了丰富的经验。菱锌矿是清代黔铅冶炼的主要矿石，平均品位高达60%，一般采用传统蒸馏法冶炼，工艺技术较为完备，但冶炼过程中的回收率较低。清代正式设立的黔铅矿厂有30余处，分布于大定、安顺、遵义、都匀、思南、思州、普安、松桃等六府二厅之地，主要集中于黔西北的威宁州和水城厅。莲花厂（俗名妈姑厂）不但是黔铅的最大矿厂，也是清代的最大矿厂，前后持续长达126年，下属子厂多达8处，最高年产量927万斤，年均产量超过500万斤，主供京楚两运。

根据各厂奏销清册中的官铅数据，整理出雍正、乾隆、嘉庆、道光四朝中八个关键年份的产量，推算出雍正二年至道光十八年，黔铅总产量为8.72亿斤，平均年产839万斤，最高年产量超过1400万斤。但黔铅产量表现出明显的波动，历经了两波增长、下降的过程，年际之间差异较大，振幅最高时超过100%。黔铅产量增长的主要原因得益于政策的强力支持和市场的巨大需求，而矿藏衰竭、成本增加是后期产量下降的主要原因。在清代黔铅产量巨大波动的情况下,政府制定了一系列规章、制度来实现黔铅的购销任务,官府出资收购余铅,进行必要的国家铅锌储备,调节产销节奏。清代黔铅销售形成京运、楚运、川黔采买三大渠道,销售市场几乎遍布全国。此外,在考证清代主要产铅省份的产量的基础上,认为清代黔铅产量占全国铅锌总产量的73%以上,贵州是清代全国性的矿产中心。

四、开拓了历史运输地理研究的新方向。本书借助现代交通运输地理学的相关理论和方法,以清代滇铜黔铅为中心,分析了滇铜黔铅的货流状况、运输布局和运输过程,讨论了清代滇铜黔铅运输的时空变化以及国家资源运输过程中的管理和控制。研究显示,清代滇铜产地众多,主要集中于滇东北、滇西和滇中三大区域,而消费地遍及全国,包括中央户工二部以及江苏、浙江、江西、福建、广东、湖北、湖南、陕西、贵州、云南等十省。清代中央铸钱局消费量最大且地点集中,京铜的主要供应地为滇东北产区,不足部分由滇西产区拨运;各省采买量有限且消费地点分散,与滇中产区铜厂众多、产量较小的特点极为相符,以滇中产区供给,不足部分由滇西产区协济;云南本省钱局较为分散,且大多数钱局所在地与铜厂所在地基本一致,故采取就近原则,这样的产销对接体现了主产地与主销地直接挂钩的货流分配原则。

矿厂地处深山之中,远离交通要道,滇铜外运首先必须将各厂铜斤汇集于交通便利之地,然后统一运输,这些铜斤汇集地成为滇铜运输的中转站点,即铜店。如滇东北产区的东川店和寻甸店,分别负责昭通方向和贵州威宁方面的京铜转运任务。云南地处西南边陲,滇铜进京以通过滇东北地区至川江最为便捷,四川泸州成为滇铜京运理想的水陆交通枢纽。但是,滇黔川交界地区运输能力有限,严重制约着滇铜外运,政府采取各种措施缓解运输压力。如新开金沙江、大关河、长宁河等水道,实现货物分流,减轻原有道路的运输压力;修缮、扩宽陆运道路,提高货物通过能力;还将各省采买滇铜分流至广南道,减少滇东北地区货物通过量。各省采买滇铜运输分流至广南道,通过西江、桂江、湘江等水道可直达九省通衢的汉口,便于各省采买运输。

　　清代黔铅的产地较滇铜更为集中,主要分布于黔西北地区,莲花、福集、柞子三厂的产量占黔铅总产量的90%以上,但消费地却遍及全国,包括中央户工二部和江苏、浙江、江西、福建、直隶、山西、湖南、广东、四川、陕西等十省。清代黔铅货流分配基本稳定:京楚二运以莲花、福集二厂为主,福集厂更偏重于楚运;本省鼓铸用铅先后以莲花、乐助堡二厂为主;四川采买黔铅来自福集厂和大兴厂;柞子厂黑铅负责京楚二运、本省鼓铸及上游驻军所需军铅。黔铅京运经毕节转运至永宁铅店,然后沿永宁河、长江、运河抵达京师。黔铅楚运与京运路线基本相同,至湖北汉口卸船,设局发卖,由各省携银采买运回。汉口是黔铅楚运的销售点,也是楚运的终点,但并非是黔铅货流的目的地。汉口是一大中转枢纽,各省采买楚铅皆由此分运回省,其路线与各省采买滇铜汉口以下基本一致。

　　这样的运输布局是结合地理环境、交通条件、运输成本等多方面因素综合考虑的结果。从地理上而言,贵州通往外省的交通路线虽有多条,但湘黔、川黔、黔桂驿道均为陆路,运输成本过高,不适合大量运输。黔铅主产地黔西北地近川江,借助长江水运是京运、楚运的最佳选择,四川永宁成为黔铅外运的水陆交通枢纽。但是,黔西北交通条件较差,运量有限,政府亦曾新开赤水河道和修缮、拓宽湘黔道,以分流黔铅外运。同时,本书还以清代黔铅京运为例,通过沿途督抚奏报、运员、重庆运输节点三个方面,分析了京铅运输的具体环节,考察了京运动态和运员心理路程,复原了黔铅运输的具体过程。这在以往研究中往往被忽视,但却是国家资源运输问题中不可或缺的重要方面。

综上所言,本书提出了国家资源的概念,在国家和资源的视角下重新审视清代滇铜,对清代黔铅进行了系统性的研究,认为清代对国家资源的开发实施了严格的管控,同时在历史地理的学科范畴下,以清代滇铜黔铅为中心,对资源的运输地理进行了实证研究,开拓了历史运输地理的研究内容。本书的研究依赖于大量新史料的发现,也正是基于这些新史料,才有研究视角、研究内容和研究方法上的创新。当然,本书提出的概念、方法和研究内容还需进一步完善,其学术价值还需要更多的实证研究予以证明。

参考资料

一、诏令、奏议、档案与资料汇编

1.《清实录》,中华书局影印本,1985—1987年。

2. 清代《内阁大库档案》,台湾故宫博物院藏。

3. 清代《军机处档折件》,台湾故宫博物院藏。

4. 中国第一历史档案馆编《康熙朝汉文硃批奏折汇编》,档案出版社,1985年。

5. 台湾故宫博物院编《宫中档雍正朝奏折》,1979年。

6. 中国第一历史档案馆编《雍正朝汉文硃批奏折汇编》,江苏古籍出版社,1988年。

7. 李绂编《世宗宪皇帝上谕内阁》,文渊阁四库全书本。

8. 永瑢编《世宗宪皇帝硃批谕旨》,文渊阁四库全书本。

9. 台湾故宫博物院编《宫中档乾隆朝奏折》,1982年。

10. 中国人民大学清史研究所、档案系中国政治制度史教研室合编《清代的矿业》,中华书局,1983年。

11. 台湾中央研究院近代史所编《中国近代史资料汇编·矿

务档》,1960 年。

　　12. 云南省档案馆、云南省经济研究所合编:云南省档案史料丛编第三辑《云南近代矿业档案史料选编》,1990 年。

　　13. 杨雍建《抚黔奏疏》,《近代中国史料丛刊》续编第三十三辑。

　　14. 鄂尔泰《鄂尔泰奏稿》,不分卷。全国图书馆文献缩微复制中心,1991 年。

　　15. 张允随《张允随奏稿》,十册,不分卷,抄本。

　　16. 裴宗锡《滇黔奏稿录要》,全国图书馆文献微缩复制中心,2007 年。

　　17. 贺长龄《耐庵奏议存稿》,《近代中国史料丛刊》第三十六辑。

　　18. 林则徐《林文忠政书》三卷,《近代中国史料丛刊》。

二、正史、政书类

　　19.《清史稿》,中华书局点校本,1977 年版。

　　20. 康熙朝《大清会典》,《近代中国史料丛刊》三编,第 711—730 册。

　　21. 雍正朝《大清会典》,《近代中国史料丛刊》三编,第 761—790 册。

　　22. 乾隆朝《钦定大清会典》,文渊阁四库全书本,第 619 册。

　　23. 嘉庆朝《钦定大清会典》,《近代中国史料丛刊》三编,第 631—640 册。

　　24. 光绪朝《钦定大清会典》,续修四库全书本,第 794 册。

　　25. 乾隆朝《钦定大清会典则例》,文渊阁四库全书本,第

620—625 册。

26. 嘉庆朝《钦定大清会典事例》，《近代中国史料丛刊》三编，第 641—700 册。

27. 光绪朝《钦定大清会典事例》，续修四库全书本，第 798—814 册。

28.《钦定户部则例》，同治十二年校勘本。

29.《清朝文献通考》，浙江古籍出版社，1988 年版。

30. 贺长龄辑《皇朝经世文编》，道光丁亥(1827 年)刻本。

31. 蒋良骐《东华录》，中华书局点校本，1980 年版。

32.《清史列传》，(上海)中华书局铅印本，1928 年版。

三、地方志类

33. 范承勋、王继文修，吴自肃、丁炜纂：康熙《云南通志》，民国初年重印本。

34. 鄂尔泰、尹继善修，靖道谟纂：乾隆《云南通志》，乾隆元年刻本。

35. 谢圣纶《滇黔志略》，抄本。

36. 师范《滇系》，光绪十三年云南通志局刻本。

37. 阮元、伊里布修，王崧、李诚纂：道光《云南通志稿》，道光十五年刻本。

38. 王崧《云南备征志》，清道光十一年刻本。

39. 岑毓英修、陈灿纂：光绪《云南通志》，光绪二十年刻本。

40. 王文韶、魏光焘修，唐炯等纂：光绪《续云南通志稿》，光绪二十七年四川岳池刻本。

41. 龙云、卢汉修，周钟岳纂：民国《新纂云南通志》，民国三十八年铅印本。

42. 崔乃镛纂修：雍正《东川府志》，抄本。

43. 方桂修、胡蔚纂：乾隆《东川府志》，乾隆二十六年刻本。

44. 余泽春修，茅紫芳纂，冯誉骢续修：光绪《东川府志》，光绪二十三年刻本。

45. 陆崇仁修，汤祚纂：民国《巧家县志》，民国三十一年云南印刷局印本。

46. 戴芳、马洲编纂：乾隆《恩安县志稿》，乾隆四十年修，宣统三年抄本。

47. 符廷铨修，杨履乾纂：民国《昭通志稿》，民国十三年铅印本。

48. 查枢修纂：嘉庆《永善县志略》，嘉庆八年修，光绪间抄本。

49. 刘承功、黄崇华修，钟灵、王海卿纂：民国《绥江县志》，民国三十六年石印本。

50. 屠述濂修纂：乾隆《镇雄州志》，乾隆四十九年刻本。

51. 吴光汉修，宋成基纂：光绪《镇雄州志》，光绪十三年刻本。

52. 张铭琛修，周华宗纂：民国《大关县志》，民国三十七年修，民国抄本。

53. 杨竹铭修，陈一德纂：民国《盐津县志》，抄本。

54. 张瑞珂纂《鲁甸县民国地志资料》。

55. 饶梦铭修，陈云龙纂：乾隆《宣威州志》，民国三十五年石印本。

56. 佚名纂：光绪《宣威州志补》，宣统间铅印本。

57. 孙世榕纂修：道光《寻甸州志》，道光八年刻本。

58. 卫既齐修，薛载德纂，阎兴邦补修：康熙《贵州通志》，康熙三十六年刻本。

59. 鄂尔泰等修,靖道谟、杜诠纂:乾隆《贵州通志》,乾隆六年刻本。

60. 爱必达、张凤孙等修撰:《黔南识略》,民国三年刻本。

61. 罗绕典纂《黔南职方纪略》,道光二十七年刻本。

62. 刘显世、谷正伦修,任可澄、杨恩元纂:民国《贵州通志》,民国三十七年铅印本。

63. 黄宅中修、邹汉勋纂:道光《大定府志》,道光二十九年刻本。

64. 董朱英修、路元升等纂:乾隆《毕节县志》,1965 年贵州省图书馆油印本。

65. 王正玺等修:同治《毕节县志稿》,1965 年贵州省图书馆油印本。

66. 陈昌吉修,徐廷燮纂:光绪《毕节县志》,光绪五年刻本。

67. 苗勃然,王祖奕纂:民国《威宁县志》,1964 年毕节地区档案馆油印本。

68. 陈昌言纂《水城厅采访册》,光绪二年纂,1965 年贵州省图书馆油印本。

69. 佚名纂:民国《水城县志》,1960 年油印本。

70. 王粤麟修,曹维祺、曹达纂:乾隆《普安州志》,1965 年贵州省图书馆油印本。

71. 曹昌祺等修,覃梦榕等纂:光绪《普安直隶厅志》,光绪十五年刻本。

四、地方史书、游记、笔记、碑刻、文集类

72. 倪蜕:《滇云历年传》,道光二十六年刻本。

73. 曹树翘:《滇南杂志》,《小方壶斋舆地丛抄》第七辑。

74. 张泓:《滇南新语》,《小方壶斋舆地丛抄》第七辑。

75. 檀萃:《滇海虞衡志》,云南省图书馆重校刊本。

76. 杨琼:《滇中琐记》,《云南史料丛刊》本。

77. 刘崑:《南中杂说》,《云南史料丛刊》本。

78. 吴大勋:《滇南闻见录》,《云南史料丛刊》本。

79. 伊斯兰文化学会编辑,白寿彝校集:《咸同滇变见闻录》,商务印书馆印行,1945 年。

80. 田雯:《黔书》,《中国西南文献丛书》本。

81. 张澍:《续黔书》,《中国西南文献丛书》本。

82. 吴振域:《黔语》,《中国西南文献丛书》本。

83. 黄元治:《黔中杂记》,《小方壶斋舆地丛抄》第十辑。

84. 张澍:《黔中纪闻》,《小方壶斋舆地丛抄》第十辑。

85. 李宗昉:《黔记》,《小方壶斋舆地丛抄》第十辑。

86. 赵翼:《瓯北集》,嘉庆十七年刻本。

87. 郑珍:《巢经巢诗文集》,民国遵义郑征君遗著本。

88. 贝青乔:《半行庵诗存稿》,同治五年刻本。

89. 沈寿榕:《玉笙楼诗录》,光绪九年刻本。

90. 宋翔凤:《忆山堂诗录》,嘉庆二十三年刻本。

91. 吴振棫:《花宜馆诗钞》,同治四年刻本。

92. 陈康祺:《郎潜纪闻二笔》,光绪刻本。

93. 吴仰贤:《小匏庵诗存》,光绪刻本。

94. 魏源:《古欢堂集》,宣统元年刻本。

95. 贵州省博物馆编:《贵州省墓志选集》,1986 年。

五、地质、矿产、调查类

96. 宋应星《天工开物》,中国社会出版社,2004 年。

97. 李时珍《本草纲目》,点校本,人民卫生出版社,1979 年。

98. 方以智《物理小识》,光绪十年刻本。

99. 吴其濬《滇南矿厂工器图略》,《续修四库全书》本。

100. 戴瑞征《云南铜志》,云南省图书馆抄本。

101. 佚名《铜政便览》,云南省图书馆藏刻本。

102.〔日本〕山口义胜《调查东川各矿山报告书》,《云南实业杂志》第 2 卷第 2 期至第 3 卷第 6 期连载。

103. 王子佑《云南东川巧家铜铅锌矿调查简报》,《矿冶半月刊》第 2 卷第 5、6 期,1939 年。

104. 曹立瀛、陈锡叚著:云南工矿调查报告之三《云南会泽巧家之铜矿业》,资源委员会经济研究室油印本,1940 年。

105. 唐八公《贵州西部铅锌矿业之调查》,《西南实业通讯》1942 年第 6 卷 2 期。

106. 云南省地方志编委会编《云南省志·地质矿产志》,云南人民出版社,1997 年。

107. 贵州省地方志编委会编《贵州省志·地质矿产志》,贵州人民出版社,1992 年。

108. 贵州省毕节地区方志编纂委员会编《毕节地区志·文物名胜志》,贵州人民出版社,1994 年。

六、论著论文类

1. 章鸿钊著《石雅》,北平地质调查所,1928 年。

2. 丁文江著《中国官办矿业史略》,北平地质调查所,1928 年。

3. 马韵珂著《中国矿业史略》,开明书店,1932 年。

4. 〔日〕芳贺雄著《支那矿业史》,(东京)电通出版部,昭和十八年(1943 年)出版。

5. 严中平著《清代云南铜政考》,中华书局,1948 年。

6. 章鸿钊著《古矿录》,(北京)地质出版社,1954 年。

7. 编委会编《东川矿业史》,云南人民出版社,1961 年。

8. 云南省历史研究所云南地方史研究室、云南大学历史系编《云南矿冶史论文集》,云南省历史研究所,1965 年印。

9. 云南大学历史系、云南省历史研究所云南地方史研究室编《云南冶金史》,(昆明)云南人民出版社,1980 年。

10. 夏湘蓉等著《中国古代矿业开发史》,地质出版社,1980 年。

11. 许涤新、吴承明主编《中国资本主义发展史》第一卷《中国资本主义的萌芽》,人民出版社,1985 年。

12. 马汝琦、马正大编《清代边疆开发研究》,中国社会科学出版社,1990 年。

13. 李仲均著《中国古代矿业》,天津教育出版社,1991 年。

14. 韦天蛟著《贵州矿产发现史考》,贵州人民出版社,1992 年。

15. 叶显恩主编《清代区域社会经济研究》,中国书局,1992 年。

16. 陈桦主编《清代区域社会经济研究》,中国人民大学出版社,1996 年。

17. 编委会编《贵州六百年经济史》,贵州人民出版社,1998 年。

18. 杨寿川著《云南经济史研究》,云南民族出版社,1999 年。

19. 严中平主编《中国近代经济史:1840——1895》,人民出版社,2000 年。

20. 牛新哲《"矿利"视角下的官商民关系——清代云南矿业研究》,中国人民大学专门史硕士论文,2004 年。

21. 林荣琴《清代湖南的矿业开发》,复旦大学历史地理学博士论文,2004 年。

22. 贺喜《清代前期湘东南的矿业与地方社会——以〈湖南省例成案〉为中心的研究》,中山大学古代史硕士论文,2004 年。

23. 赵文宏《17 世纪后期至 19 世纪中期云南矿冶业的发展及影响》,云南师范大学中国古代史硕士论文,2004 年。

24. 陈征平著《云南工业史》,云南大学出版社,2007 年。

25. 王宠佑《中国矿业历史》,载《东方杂志》第 16 卷第 5 期,1919 年 5 月。

26. 西耕《历代采制矿质之趋势与其发生政治上经济上之影响》,《实业杂志》第 199 期,1934 年。

27. 刘兴唐《古代矿业在文化史上的一考察》,《文化批判》第 1 卷第 1 期,1934 年。

28. 〔日〕里井彦七郎《关于清代的矿业资本》,《东洋史研究》第 11 卷第 1 号,1950 年。

29. 王明伦《鸦片战争前云南铜矿业中的资本主义萌芽》,《历史研究》1956 年第 3 期。

30. 〔日〕里井彦七郎《清代铜、铅矿业的构造》,《东洋史研究》第 17 卷第 1 号,1958 年。

31. 〔日〕里井彦七郎《清代铜、铅矿业的发展》,《桃山学院大学经济学论集》第 2 集,1961 年。

32. 张熠荣《清代前期云南矿冶业的兴盛与衰落》,《云南学术研究》1962 年第 3 期。

33. 安志敏、陈存洗《山西运城洞沟的东汉铜矿和题记》,《考古》1962 年第 10 期。

34. 张熠荣《关于清代前期云南矿冶业的资本主义萌芽问题——兼与黎澍、尚钺同志商榷》,《学术研究》1963 年第 3 期。

35. 〔美〕E – Tu Zen Sun, "*Cooper of Yunnan : a historical sketch*," Mining Engineering 16(1964)。

36. 〔美〕E – Tu Zen Sun, "*The transportation of Yunnan copper to Peking in the Ch' ing period*," Journal of Oriental Studies 9 (1971)。

37. 全汉升《清代云南铜矿工业》,《香港中文大学中国文化研究所学报》1974 年第 1 期。

38. 韦庆远、鲁素《论清初商办矿业中资本主义萌芽未能茁壮成长的原因》,《中国史研究》1982 年第 4 期。

39. 韦庆远、鲁素《清代前期的商办矿业和资本主义萌芽》,《清史论丛》第四辑,中华书局,1982 年。

40. 李仲均《中国古代采矿技术史略》,《科技史文集》第 9 集,上海科技出版社,1982 年。

41. 陈国栋《"回乱"肃清后云南铜矿经营失败的原因(1874—1911)》,《史学评论》1982 年第 4 期。

42. 韦庆远《清代前期矿业政策的演变》(上、下),《中国社会经济史研究》1983 年第 3、4 期。

43. 杨余练《康雍时期矿业政策的演变》,《社会科学辑刊》1983 年第 2 期。

44. 彭泽益《清代宝泉局宝源局与铸钱工业》,《中国社会科学院经济研究所集刊》第 5 辑,中国社会科学出版社,1983 年。

45. 李世瑜《试论清雍正朝改土归流的原因和目的》,《北京大学学报》1984 年第 3 期。

46. 彭雨新《清代前期云南铜矿业及其生产性质的讨论》,《武汉大学学报》1984 年 5 期。

47. 韦庆远、鲁素《清代前期的商办矿业及其资本主义萌芽》,《档房论史文编》,福建人民出版社,1984 年。

48. 李中清《明清时期中国西南的经济发展与人口增长》,《清史论丛》第 5 辑,1985 年。

49. 张永海《清代前期川江铜铅运输档案选》,《四川档案史料》1985 年第 1 期。

50. N,J 威斯特著,赵世瑜译:《从明到清的边疆史》,《史学选译》1985 年 2 月。

51. 杨寿川《张允随与清代前期云南社会经济的发展》,《云南社会科学》1986 年第 4 期。

52. 罗时法《清代前、中期贵州矿业略考》,《贵州社会科学》1986 年第 4 期。

53. 彭雨新《清乾隆时期的矿政矿税与矿业生产发展的关系》,《中国社会科学院经济研究所集刊》第 8 集,中国社会科学出版社,1986 年。

54. 谢彬《林则徐督滇冶矿》,《云南社会科学》1987 年第 1 期。

55. 李伯重《明清江南社会生产中的铁与其他贱金属》,《中国史研究》1987 年第 2 期。

56.张永海、刘君《清代川江铜铅运输简论》,《历史档案》1988 年第 1 期。

57.常玲《清代云南的"放本收铜"政策》,《思想战线》1988 年第 2 期。

58.潘向明《评清代云南的"官治铜政"》,《清史研究通讯》1988 年 3 期。

59.〔日〕中岛敏《清朝铜政洋铜滇铜》,《东洋史学论集》,东京汲古书院,1988 年。

60.陈慈玉《十八世纪中国云南的铜生产》,《国史释论:陶希圣先生九秩荣庆论文集》上册,台北食货出版社,1988 年。

61.秦佩珩《试论清代矿冶的发展》,《淮北煤师院学报》1989 年第 3 期。

62.况浩林《鸦片战争前云南铜矿生产性质再探》,《中央民族学院学报》1989 年第 4 期。

63.〔日〕川胜守《清乾隆期云南铜の京运问题》,九州大学《东洋史论集》第 17 号,1989 年。

64.王纲《论清代四川的铜铅生产管理》,《四川师范大学学报》1990 年第 4 期。

65.陈理《清前期云南矿业的发展与资本主义萌芽》,《中央民族学院学报》1990 年 6 期。

66.杜家骥《清中期以前的铸钱量问题——兼论所谓清代"钱荒"现象》,《史学集刊》1999 年第 1 期。

67.龙登高《浅析清代云南的矿业资本》,《经济问题探索》1991 年第 4 期。

68.王开玺《清前期矿务政策述评》,《安徽史学》1992 年第

2 期。

69. 高王菱《关于清代矿政的几个问题》,《清史研究》1993 年第 1 期。

70. 林满红《嘉道钱贱现象产生原因"钱多钱劣论"之商榷——海上发展深入影响近代中国之一事例》,《中国海洋发展史论文集》5,中研院中山人文社会科学研究所,1993 年。

71. 林满红《银与鸦片的流通及银贵钱贱现象的区域分布(1800—1854)——世界经济多近代中国空间方面之一影响》,《中研院近代史所集刊》22 期,1993 年。

72. 余烈海《贵州有色金属采冶史上的几个问题辨析》,《史志报》1994 年第 1 期。

73. 马维良《清代初中期云南回族的矿冶业》,《回族研究》1994 年第 1 期。

74. 陈庆德《清代云南矿冶业与民族经济的开发》,《中国经济史研究》1994 年第 3 期。

75. 李晓岑《明清时期云南移民与冶金技术》,《中国西南文化研究》,云南民族出版社,1997 年。

76. 刘序枫《清康熙—前隆年间洋铜的进口与流通问题》,《中国海洋发展史论文集》第七辑,台北中研院中山人文社会科学研究所,1999 年。

77. 王凯旋《清代矿政述论》,《辽宁大学学报》2000 年第 1 期。

78. 邓亦兵《清代前期政府的货币政策——以京师为中心》,《北京社会科学》2001 年第 2 期。

79. 邱澎生《十八世纪云南铜材市场中的官商关系与利益观念》,《中央研究院历史语言研究所集刊》,2001 年 3 月。

80. 薛亚玲《中国古代历史上铜、锡矿业分布的变迁》,《中国经济史研究》2001 年 4 期。

81. 李京华《汉代大铁官再研究》,《中原文物》2000 年第 4 期。

82. 侯峰、赵文红《矿冶业在清代云南开发中的作用》,《思茅师范高等专科学校学报》2002 年第 1 期。

83. 吕昭义、吴彦勤、李志农《清代云南矿厂的帮派组织剖析——以大理府云龙州白羊厂为例》,《云南民族大学学报》2003 年第 4 期。

84. 陈征平《清代云南铜矿开发的制度演化及"官冶铜政"的特征》,《思想战线》2003 年第 5 期。

85. 赵文红《17 世纪后期至 19 世纪中期云南矿冶业的长足发展的原因探析》,《思茅师专学报》2003 年第 1 期。

86. 杨熠达《清代云南铜矿开采对生态环境的影响研究》《中国史研究》2004 年第 3 期。

87. 赵文红《17 世纪后期至 19 世纪中期云南矿冶业的长足发展的表现》,《思茅师专学报》2004 年第 2 期。

88. 赵文红《17 世纪后期至 19 世纪中期云南矿冶业的社会影响》,《学术探索》2005 年第 2 期。

89. 钟祥财《论中国历史上反对"与民争利"的思想》,《社会科学》2005 年第 3 期。

90. 蓝勇《清代滇铜京运对沿途的影响研究》,《清华大学学报》2006 年第 4 期。

91. 蓝勇《清代滇铜京运路线考释》,《历史研究》2006 年第 3 期。

92. 袁林《论国家在中国古代社会经济结构中的地位和作用》,《陕西师范大学学报》2006 年第 6 期。

93. 高宏《清代中前期云南铜矿的开发及对交通的影响》,《边疆经济与文化》2007 年第 8 期。

94.戴建兵、许可《清代铜政略述》,《江苏钱币》2007 年第 3 期。

95.陈海莲《从滇南矿厂图略看清代云南铸币铜矿的运输问题》,《内蒙古师范大学学报》(自然科学汉文版)2007 年第 6 期。

96.赵珍《中国古代政区体系与资源调控》,《中国人民大学学报》2009 年第 6 期。

后　记

本书是在博士论文的基础上修改而成。8 年前,在硕士论文研究过程中发现清代黔铅开发问题,它的重要性与学术界的忽视使我一直难以割舍。读博后,在导师的指引下,将清代黔铅与滇铜并列作为主要方向,从国家与资源视角下研究历史时期重要资源开发问题。

以往经济史、矿业史、历史地理等学科研究矿产开发,大多是在区域开发视角下将其看成一种经济资源或地方产业,缺乏从国家层面上进行综合思考,也没有从资源本身的特性理解它的重要意义。如清代滇铜黔铅是主要的币材,关系国计民生,也是制造火器弹丸的主要原料,与国家军事实力的强弱有直接的关系。这类重要经济资源和军事战略资源对国家的重要性不言而喻,其开发势必由国家掌控。由此,国家资源概念的提出、历史运输地理研究的扩展以及对清代黔铅开发的系统性研究构成了本书的三大主题。当然,这些研究概念、方法和内容上的新的探索,还有待于时间的检验。

在此,衷心感谢我的导师——陆韧教授。我从 2004 年进入云南大学历史系,跟随陆老师研习历史地理学。在这 8 年之中,我从陆老师身上学到了很多东西,作为陆老师的学生我真的很幸运。陆老师性格直爽、平易近人,平常交流时谈笑不断,积极帮助学生解决在日常生活和思想上出现的问题。为了我们更多地进行学术交流,了解最近学术动态,开阔学术视野,陆老师积极创造各种条件让我们走出去参加各类学术活动,在经济上给予我们一定的资助。在读博其间,如何对历史时期重要资源开发进行研究是我一直思考的问题。陆老师给我们创造了一个交流的平台,即由我们专业所有博士生和部分老师参加的学术讨论。在这里,大家可以对同一问题发表自己不同的看法,有时甚至相互争论。但在争论中,不经意之间,由于别人的言论而启发自己的深入思考,迸发出思想的火花。我对历史时期重要资源开发过程中国家、资源、边疆三要素的思考也是得益于此。

云南大学历史系的老师一直关心我的学习和生活。从2004年至今,林文勋、吴晓亮、罗群、朱惠荣、林超民、陈庆江、秦树才、潘先林、周琼等诸位老师对我的学习和生活非常关心,提供了很多的帮助,在此对他们表示衷心的感谢。罗婷娓、赵小平、周丽英、陈碧芬、辛亦武等老师也经常表示关心和鼓励。历史系的刘欣、李涛、王丽萍、毛利红、黎志刚等同学与我经常交流、相互鼓励,同窗之情难以忘却。在此,还要感谢复旦大学历史地理研究中心的吴松弟、葛剑雄、满志敏、张伟然、张晓红、李晓杰、安介生、韩昭庆、樊如森、杨煜达、杨伟兵、路伟东等诸位老师,在复旦做博士访学其间,他们给予了我学习和生活上很大帮助。历史地理专业是一个团结的集体,大家相互帮助、积极进取。7年来,我与他们相处融洽,相互促进,共同进步。在此,我向已经毕业的余晓燕师姐、张轲风师兄,以及苏月秋、凌永忠、许新民、彭洪俊、杨海挺、黄芳芳等同学表达真诚的感谢。

在我读书的 24 年之中,在家陪父母的时间加起来还不到 1 年。眼见周围洋房叠起,而我的家却成为危房,年过六旬的父母没有享过一天福,却经常为儿子的学费东拼西凑。父母用一生的心血培养了我,本书的出版或许可以给父母一个宽慰。还有我的爱人,在我一无所有的时候嫁给了我,承担起照顾父母、操持家务的重担,3 年来一直支持着我。在此,我想说,你辛苦了。

马琦

2013 年 3 月于昆明